Fédération Internationale des Instituts d'Études Médiévales
TEXTES ET ÉTUDES DU MOYEN ÂGE, 87

LA LETTERATURA DI ISTRUZIONE NEL MEDIOEVO GERMANICO

STUDI IN ONORE DI FABRIZIO D. RASCHELLÀ

A cura di

Marialuisa Caparrini, Maria Rita Digilio, Fulvio Ferrari

FIDEM

FÉDÉRATION INTERNATIONALE DES INSTITUTS D'ÉTUDES MÉDIÉVALES

Présidents honoraires :
L.E. BOYLE (†) (Biblioteca Apostolica Vaticana et Commissio Leonina, 1987-1999)
L. HOLTZ (Institut de Recherche et d'Histoire des Textes, Paris, 1999-)

Président :
J. HAMESSE (Université Catholique de Louvain, Louvain-la-Neuve)

Vice-Président :
G. DINKOVA BRUUN (Pontifical Institute of Mediaeval Studies, Toronto)

Membres du Comité :
A. BAUMGARTEN (Universitatea Babeş-Bolyai, Cluj-Napoca)
P. CAÑIZARES FERRIZ (Universidad Complutense de Madrid)
M. HOENEN (Universität Basel)
M.J. MUÑOZ JIMÉNEZ (Universidad Complutense de Madrid)
R.H. PICH (Pontificia Universidade Católica do Rio Grande do Sul, Porto Alegre)
C. VIRCILLO-FRANKLIN (Columbia University, New York)

Secrétaire :
M. PAVÓN RAMÍREZ (Centro Español de Estudios Eclesiásticos, Roma)

Éditeur responsable :
A. GÓMEZ RABAL (Institución Milá y Fontanals, CSIC, Barcelona)

Coordinateur du Diplôme Européen d'Études Médiévales :
G. SPINOSA (Università degli Studi di Cassino)

Fédération Internationale des Instituts d'Études Médiévales
TEXTES ET ÉTUDES DU MOYEN ÂGE, 87

LA LETTERATURA DI ISTRUZIONE
NEL MEDIOEVO GERMANICO

STUDI IN ONORE DI
FABRIZIO D. RASCHELLÀ

A cura di

Marialuisa Caparrini, Maria Rita Digilio, Fulvio Ferrari

Barcelona - Roma
2017

Stampato con il contributo del Dipartimento di Filologia e Critica delle Letterature antiche e moderne – Università degli Studi di Siena

Il volume è stato sottoposto a doppia revisione anonima

ISBN: 978-2-503-57927-6

All rights reserved. No part of this publication may be reproduced, stored in a retrieval system or transmitted, in any form or by any means, electronic, mechanical, photocopying, recording or otherwise, without the prior permission of the publisher.

© 2017 Fédération Internationale des Instituts d'Études Médiévales.
Largo Giorgio Manganelli, 3
00142 Roma (Italia)

INDICE

Introduzione	IX
Massimiliano BAMPI, Prodesse et Delectare. Courtly Romance as Didactic Literature in Medieval Sweden	1
Dario BULLITTA, Flock Grazing and Poetic Rumination in Old Norse-Icelandic Literature	15
Marina BUZZONI, The *Orrmulum*: English or Anglicized Norse?	31
Marialuisa CAPARRINI, Grammatikunterricht im spätmittelalterlichen Deutschland: Der *Tractatulus dans modum teutonisandi casus et tempora*	51
Margaret CLUNIES ROSS, Poetic Sources of the Old Icelandic Grammatical Treatises	67
Elena DI VENOSA, Daniel Georg Morhof, il primo maestro di Filologia germanica	83
Margrét EGGERTSDÓTTIR, «Let the children come to me». Religious Education in 16th-Century Iceland	101
Carmela GIORDANO, Il sapere geografico e l'immagine del mondo nel Medioevo tedesco fra fede e conoscenza	119
Dagmar GOTTSCHALL, *Diu zeichen eines wârhaften grundes*. Breve istruzione su come distinguere un uomo che è veramente perfetto da colui che questa perfezione soltanto finge	141
Anna Maria GUERRIERI, La vocazione dei Germani alla cultura: un'analisi terminologica	157
Claudia HÄNDL, Il tedesco come lingua straniera nell'alto Medioevo? La funzione pragmatica delle *Glosse e conversazioni di Kassel*	179
Omar KHALAF, Divenire saggi come un re: Earl Rivers, William Caxton e la circolazione dei *Dicts and Sayings of the Philosophers*	199
Patrizia LENDINARA, Esercizi di traduzione in London, British Library, Harley 1002	217
Maria Cristina LOMBARDI, Kennings, Enigmas and Teaching	239
Letizia VEZZOSI, Ælfric. Some Thoughts on his Grammar	259
Tarrin WILLS, The *Third Grammatical Treatise* and the *Aeneid*	277

Indice delle opere e degli autori antichi, medievali e moderni
(XVIII sec.)   303
Indice degli autori moderni   317
Indice dei manoscritti e degli incunaboli   327

Legenda / Key:

«……»	citazioni /	quotations
"……"	enfasi /	emphasis
'…..'	traduzione /	translation
Italic	1) titoli /	titles
	2) parole straniere /	foreign words
Ivi, p.	citazione: stessa opera ma pagina e/o rigo diverso	
	quotation: same work but different page and/or line	
Ibid.	citazione: stessa opera e stessa pagina e/o rigo	
	quotation: same work and same page and/or line	

INTRODUZIONE

Difficile è sopravvalutare il contributo dato da Fabrizio Raschellà agli studi di Filologia germanica in Italia, non solo come scienziato, ma anche nella sua veste di insegnante e di organizzatore culturale. Professore ordinario della disciplina dal 1986, Fabrizio Raschellà è stato Presidente dell'Associazione Italiana di Filologia Germanica per due mandati consecutivi, dal 2003 al 2008, e in questo ruolo si è impegnato, in un momento già difficile per gli studi filologici, in una difesa ostinata e generosa della posizione della Filologia germanica nell'ordinamento universitario italiano. Consapevole che una disciplina non può essere difesa solo sul piano delle norme e dei regolamenti, ma la si consolida in primo luogo sul piano della vitalità scientifica, in un costante dialogo e confronto con gli altri indirizzi specialistici di studio, ha quindi assunto la carica di direttore responsabile della rivista *Filologia germanica / Germanic Philology*, uno strumento di indagine critica fortemente voluto dall'insieme dell'AIFG e che ha finalmente visto la luce durante il suo periodo di presidenza dell'Associazione.

Non meno fondamentale è stato il ruolo di Fabrizio Raschellà nella formazione di più generazioni di giovani studiosi di Filologia germanica: già nel 1998, infatti, ha assunto l'incarico di Direttore del Dottorato di ricerca in Filologia e linguistica germanica e ha continuato a svolgere questa funzione, nelle varie trasformazioni e nuove denominazioni del percorso di dottorato, fino al 2011, quando gli studi di Filologia germanica sono confluiti in un più ampio dottorato dedicato agli studi filologici e critici.

Questa intensa attività di organizzazione, promozione e formazione non gli ha impedito di condurre una continuativa e coerente ricerca scientifica, che si è concentrata soprattutto su alcune questioni e su alcuni ambiti di studio all'interno del vasto campo delle lingue e delle letterature germaniche medievali. Fondamentali sono in primo luogo, indubbiamente, i suoi contributi alla letteratura grammaticale germanica, e in particolare islandese, nel medioevo. Questo interesse di ricerca si è esteso alla glossografia in area scandinava e agli aspetti grafo-fonematici delle lingue scandinave in epoca medievale. Sempre in ambito scandinavo, inoltre, di grande rilievo sono i suoi studi sul pellegrinaggio in Italia di Nicola di Munkaþverá. Coerente con l'ampio orizzonte di studi che caratterizza la

Filologia germanica italiana, Fabrizio Raschellà si è però occupato anche di tradizioni diverse da quella nordica, con importanti ricerche dedicate al testo gotico di Wulfila, all'*Ormulum* inglese medio e a Ælfric di Eynsham.

Del tutto naturale, quindi è stato il desiderio di un gruppo di amici, che nel corso degli anni con Fabrizio Raschellà hanno lavorato, collaborato e discusso, di rendergli onore, al momento del pensionamento, raccogliendo una miscellanea di saggi scritti per l'occasione da persone che hanno avuto modo di conoscerlo e di apprezzarlo, di averlo come collega e/o come maestro, in Italia e all'estero. Questi saggi sono incentrati su temi di ricerca di cui Fabrizio Raschellà, direttamente o indirettamente, si è occupato nel corso della sua carriera e siamo sicuri che apprezzerà il vederli raccolti per lui in un unico volume.

Un nutrito gruppo di contributi riguarda, naturalmente, la letteratura grammaticale, intesa come specifico oggetto di studio o come fonte per la ricostruzione di aspetti più generali di una o più culture germaniche. Strettamente collegato a questo tema è poi quello delle pratiche di trasmissione e di apprendimento della cultura, indagate a partire da specifiche testimonianze testuali. Anche la letteratura geografica, Ælfric e l'*Ormulum* sono temi analizzati e discussi nella raccolta. Un ultimo gruppo di saggi, infine, tratta argomenti più generali, ma sempre attinenti agli interessi di studio di Fabrizio Raschellà: le letterature nordiche, la tradizione inglese media, la cultura alto tedesca di epoca medievale e la storia della Filologia germanica.

È quasi un'ovvietà, infine, ma comunque importante da sottolineare, che nell'offrire a Fabrizio Raschellà questo volume non stiamo compiendo un atto di celebrazione. Si celebra un'esperienza o un percorso quando sono giunti a conclusione, e noi siamo certi che questa sia solo una tappa di un più lungo cammino: Fabrizio continuerà a essere parte attiva e vitale della comunità dei filologi germanici italiani, continuerà a impegnarci in discussioni che ci vedranno come sempre interlocutori appassionati e magari caparbi, continuerà a fornire preziosi contributi al dibattito e alla ricerca. Quello che stiamo compiendo è un atto che dimostra la nostra stima e la nostra gratitudine, per poi continuare insieme la nostra strada.

Fulvio FERRARI, Maria Rita DIGILIO, Marialuisa CAPARRINI

Massimiliano Bampi*

PRODESSE ET DELECTARE. COURTLY ROMANCE AS DIDACTIC LITERATURE IN MEDIEVAL SWEDEN

The introduction of courtly literature and ideology in medieval Scandinavia was no doubt one major step in the process that brought the Nordic countries in increasingly closer contact with the social and cultural developments that took place in continental Europe from the 12th century onwards. The reception of the ideals that lie at the heart of the fictional representation of the courtly and chivalric world(s) was made possible mainly by a rather intense translation activity promoted by the highest strata of the Scandinavian societies of the High and Late Middle Ages. This translation activity was indeed largely a royal initiative both in Norway and in Sweden. The scholarly consensus holds that King Hákon Hákonarson (1217-1263) was the main promoter of a translation programme that involved some of the major works of courtly literature from the continent, and that was probably meant to endorse the royalist programme that the king was seeking to carry out in Norway[1]. This translation programme was the initial stage of a process that led to giving shape to a new genre in Old Norse-Icelandic literature, i.e. the so-called *riddarasögur* ('sagas of knights')[2].

The rise and development of courtly ideology in medieval Sweden is strictly connected to the political relations with the Norwegian Crown. The three Old Swedish texts customarily known as *Eufemiavisor* are indeed translations of chivalric works that are generally held to have been made at the behest of the Norwegian queen Eufemia, whose daughter Ingeborg was betrothed to Duke Erik Magnusson – son of King Magnus Ladulås of Sweden – when she was one year old, in 1302.

---

* Ca' Foscari University of Venice, Department of Linguistics and Comparative Cultural Studies, Dorsoduro 1075 – 30123 Venice; m.bampi@unive.it

[1] L. Irlenbusch Reynard, «Translations at the court of Hákon Hákonarson: A well planned and highly selective programme», *Scandinavian Journal of History*, 36.4 (2011), pp. 387-405.

[2] On the translated *riddarasögur* as a genre see J. Glauser, «Romance (Translated *riddarasögur*)», in R. McTurk (ed.), *A Companion to Old Norse-Icelandic Literature and Society*, Blackwell, Oxford 2005, pp. 372-87.

The *Eufemiavisor* were probably meant as a gift to the couple[3]. The three translations – *Herr Ivan lejonriddaren*, *Hertig Fredrik av Normandie*, and *Flores och Blanzeflor* – represent the first major example of literature in the vernacular in medieval Sweden. It is safe to assert that they laid the foundations for the reception of courtly literature and its underlying ideology that continued well into the 15th century, in the shape of both original works such as the *rimkrönikor* (most notably *Erikskrönikan*) and translations of other continental works that were meant to address an aristocratic audience[4]. Major examples of such later works, translated from various languages, are *Konung Alexander*, *Karl Magnus*, *Namnlös och Valentin*, *Didrikskrönikan* and *Paris och Vienna*, all of which survive in manuscripts compiled during the course of the 15th century[5].

One of the most debated questions pertaining to the translation of courtly literature in medieval Scandinavia regards the purpose that these texts were meant to serve. The debate has been particularly intense in the field of *riddarasögur*-research, in which two major opposing standpoints have set the tone of the discussion. On one side are those who view the *riddarasögur* as mere entertainment, on the other those who claim that the translated chivalric sagas are endowed with a didactic function[6]. Although

---

[3] See S. WÜRTH, «Eufemia: Deutsche Auftraggeberin schwedischer Literatur am norwegischen Hof», in F. PAUL (Hrsg.), *Arbeiten zur Skandinavistik: 13. Arbeitstagung der deutschsprachigen Skandinavistik in Oslo*, Peter Lang, Frankfurt am Main 2000, pp. 277-281.

[4] M. BAMPI, «Translating Courtly Literature and Ideology in Medieval Sweden: *Flores och Blanzeflor*», *Viking and Medieval Scandinavia*, 4 (2008) 1-14.

[5] On *Konung Alexander* see S-B. JANSSON, *Konung Alexander. En svensk roman från 1300-talet*, Sällskapet Runica et Mediævalia, Stockholm 2015. On Karl Magnus see M. BAMPI, «In Praise of the Copy: Karl Magnus in 15th-century Sweden», in M. BAMPI – F. FERRARI, *Lärdomber oc skämptan. Medieval Swedish Literature Reconsidered*, Svenska fornskriftsällskapet, Uppsala 2008, pp. 11-34. For a presentation of *Namnlös och Valentin* see G. VILHEMSDOTTER, «Den profana litteraturen: Namnlös och Valentin», in I. LARSSON – S-B. JANSSON – R. PALM – B. SÖDERBERG (eds.), *Den medeltida skriftkulturen i Sverige. Genrer och texter*, Sällskapet Runica et Mediævalia, Stockholm 2010, pp. 262-277. A detailed study of *Didrikskrönikan* is provided by B. HENNING, *Didrikskrönikan. Handskriftsrelationer, översättningsteknik och stildrag*, Almqvist & Wiksell, Stockholm 1970. On *Paris och Vienna* see S. LODÉN, «Paris et Vienne and its Swedish Translation», *Medioevi. Rivista di letterature e culture medievali*, 1 (2015), pp. 169-185.

[6] G. BARNES, «Some Current Issues in *Riddarasögur* Research», *Arkiv för nordisk filologi*, 104 (1989), pp. 73-88; J. GLAUSER, «Romance»; M. KALINKE, «Norse

both stances have in different ways contributed towards enlightening various aspects of the narrative universe of the chivalric sagas, the dichotomic view that they appear to establish – entertainment vs. didacticism – carries the risk of being detrimental to our understanding of these texts, and more recent research has indeed progressively moved away from such rigid distinction in favour of a more nuanced approach[7].

The discussion that has arisen in *riddarasögur*-research has progressively come to include the Old Swedish *Eufemiavisor*[8]. The present article aims to make some observations on them as works intended for the instruction of an aristocratic audience. However, the fact that in the following the didactic purpose of the *Eufemiavisor* will be foregrounded should not be taken to imply that their entertaining value is either questioned or marginalised. Although a thorough discussion of this aspect of the intended message of chivalric works falls outside the remit of the present essay, here it may suffice to say that an entertaining work can provide amusement while aiming to convey a message. The observations that will be made in the following are thus based on this assumption.

The debate on the purpose behind the translation of the *Eufemiavisor* on behalf of the Norwegian queen has been quite intense[9].

The scholarly consensus holds that the three texts were translated mainly for ideological purposes. By listening to the stories of knights and kings, queens and princesses, the Swedish aristocrats could learn how to behave according to courtly manners, also by means of negative examples[10]. The *Eufemiavisor* thus contributed towards shaping the collective identity of the Swedish nobility as part of a broader social process that led to the

---

Romance (*riddarasögur*)», in C. CLOVER – J. LINDOW (eds.), *Old Norse-Icelandic Literature. A Critical Guide*, University of Toronto Press, Toronto – Buffalo – London 1985, pp. 316-63; G. W. WEBER, «The Decadence of Feudal Myth: Towards a Theory of *Riddarasaga* and Romance», in J. LINDOW – L. LÖNNROTH – G.W. WEBER (eds.), *Structure and Meaning in Old Norse Literature: New Approaches to Textual Analysis and Literary Criticism*, Odense University Press, Odense 1986, pp. 415-54.

[7] See GLAUSER, «Romance», pp. 379-381.

[8] T. SMÅBERG, «Bland drottningar och hertigar. Utblickar kring riddarromaner och deras användning i svensk medeltidsforskning», *Historisk tidskrift (Sweden)*, 131:2 (2011), pp. 197-226.

[9] See SMÅBERG, «Bland drottningar och hertigar», p. 202.

[10] The prologue and the ending of *Hertig Fredrik* have been described by Stefanie Würth-Gropper as «eine Art Fürstenspiegel» (WÜRTH, «Eufemia. Deutsche Auftraggeberin», p. 279).

establishment and consolidation of a new élite[11]. In addition to providing role models, though, the *Eufemiavisor* also offered narrative material that lent itself to political purposes, especially with regard to the limitations of kingship and the tensions between the aristocracy and the monarchy in 14th-century Sweden[12].

The assumption on which the didactic and ideological use of the *Eufemiavisor* in the early 14th century is based is that they were primarily meant to be read aloud at court[13], as is the case with other more or less such coeval texts as the verse chronicle known as *Erikskrönikan*.

Unfortunately, no original version of the *Eufemiavisor* is extant. The texts have indeed been handed down to us almost exclusively in 15th-century copies. The only exception is represented by a fragment of *Flores och Blanzeflor* – probably the youngest of the *Eufemiavisor* – that dates back to the 1350s (Helsinki, University Library, Cod. Hels. RIII). Here is a list of the major manuscript witnesses[14]:

Stockholm, Kungliga Biblioteket, Cod. Holm. D 2 (ca. 1480-1500)
Stockholm, Kungliga Biblioteket, Cod. Holm. D 3 (1488)
Stockholm, Kungliga Biblioteket, Cod. Holm. D 4 (ca. 1410-1430)
Stockholm, Kungliga Biblioteket, Cod. Holm. D 4 a (1448)
Stockholm, Riksarkivet, E 8822 fol. (ca. 1450-1500)
Copenhagen, Den Arnamagnæanske Samling, AM 191 fol. (before 1492)

The main consequence of the chronological hiatus between the alleged date of translation of the *Eufemiavisor* (i.e. the early 14th century)

---

[11] The Swedish *frälse* ('nobility') was formally established around 1280, when the so-called Alsnö stadga was issued.

[12] K. BERGKVIST, «Debating the Limitations of Kingship in Fourteenth-Century Sweden. Political Language and Norms in Romance and Chronicle», in O. FERM – I. HEDSTRÖM – S. LODÉN – J. PETTERSSON – M. ÅKESTAM (eds.), *The Eufemiavisor and Courtly Culture. Time, Texts and Cultural Transfer*, Kungliga Vitterhets Historie och Antikvitets Akademien, Stockholm 2015, pp. 67-85. For a discussion of the *Eufemiavisor* as political instrument see also W. LAYHER, *Queenship and Voice in Medieval Northern Europe*, Palgrave Macmillan, New York 2010, pp. 107-128.

[13] SMÅBERG, «Bland drottningar och hertigar», p. 205.

[14] For a complete list of manuscripts preserving the *Eufemiavisor* see W. LAYHER, «Manuscripts of the *Eufemiavisor*», in FERM – HEDSTRÖM – LODÉN – PETTERSSON – ÅKESTAM (eds.), *The Eufemiavisor and Courtly Culture*, op. cit., pp. 273-279.

and the date of the extant copies is that we do not know to what extent the *Eufemiavisor* as we now have them reflect the wording of the original translations.

Still, the investigation of how the texts were employed is certainly not restricted to the time in which they are held to have been translated. The study of their manuscript transmission does indeed enable us to make some observations on the kind of purpose these works were probably meant to serve during the 15th century, when they appear to have enjoyed a great deal of popularity, if we are to judge from the number of manuscript witnesses.

Thus, in what follows the question of the didactic use of the *Eufemiavisor* will be approached from the vantage point of their manuscript transmission. As will be shown presently, the fact that the *Eufemiavisor* and other literature intended for an aristocratic audience are preserved exclusively in miscellanies allows us to deal with the question of their use starting from the assumption that some of the works in the manuscripts appear to be meant to be read intertextually. In other words, if we view them as part of a broader codicological context, rather than as individual works, as is often the case, it is possible to detect some textual clusters (i.e. group of texts that are thematically related) that suggest possible reading pathways within the manuscript. This provides us with relevant clues to how the texts would probably have been used.

The 15th- century miscellanies that preserve the *Eufemiavisor* (either all of them or just one single work) contain for the most part other literature that share the same kind of ideology.

In the following attention will be drawn to the contents and structure of four of the aforementioned manuscripts: D 4, D 4 a, D 3 and AM 191 fol. For the sake of brevity, only the texts that appear to point to an aristocratic audience are listed[15]:

D 4
-Herr Ivan (1r-56r)
-Hertig Fredrik, (56v-85v)
-Flores och Blanzeflor (89r-107v)
-Konung Alexander (110r-199v)
-Karl Magnus (219r-229v)

---

[15] For a complete overview see LAYHER, «Manuscripts of the *Eufemiavisor*», pp. 273-277.

-Dikten om kung Albrekt (229v-230v)
-Sju vise mästare, (245r-263r)
-Riddaren Sankt Göran (267r-271r)

D 4 a
-Erikskrönikan (1-111)
-Karl Magnus, 111-150
-Flores och Blanzeflor, 150-203
-Herr Ivan, 207-349
-Namnlös och Valentin, 349-403
-Hertig Fredrik, 403-474

D 3
-Herr Ivan (3-168)
-Karl Magnus (169-212)
-Erikskrönikan, (213-342)
-Flores och Blanzeflor (347-407)
-Namnlös och Valentin (407-461)
-Hertig Fredrik, (461-542)
-Schacktavelslek, (593-626)

AM 191
-Schacktavelslek, (1r-35r)
-Karl Magnus (37r-49r)
-De Alexandro rege (from Själens tröst) (49r-58r)
-Amicus och Amelius (from Själens tröst) (58v-66v)
-Flores och Blanzeflor (67r-89r)
-Sju vise mästare, (126r-137v)
- Prosaiska krönikan (94r-107r)
- Lilla rimkrönikan (107v-112r)

Before moving on to the analysis of the *Eufemiavisor* from within the codicological context in which they appear, some background information on the owners of the aforementioned manuscripts will be provided. This is indeed of paramount importance in order to locate the manuscripts in their social context.

Mss. D 4 a and D 3 are known to have belonged to two noblewomen. D 4 a is indeed also known either as *Codex Verelianus* or as *fru Märtas bok* ('the book of Lady Märta'). Her owner is held to have been the noblewoman Märta Ulfsdotter, daughter of the knight Ulf Bengtsson (Sparre av Hjulsta och Ängsö). The texts that make up the manuscript in its extant form have been copied in all likelihood by Märta's brother, Sigge Ulfsson, who had studied in Leipzig and became bishop in Strängnäs in 1449[16].

Ms. D 3 is named after Elin Gustavsdotter (*fru Elins bok*), daughter of Märta Ulfsdotter and Gustav Algotsson, who was one of the most prominent men of his time in Sweden.

Gustav Algotsson is intimately linked to ms. D 4. Recent studies on this manuscript have indeed shown that it was most probably owned by him, who might have had some monk from Vadstena copy the texts he wanted to have in the collection[17]. According to Roger Andersson, it is likely that he provided the scribe with a copy of the texts to include in the manuscript. Gustav's former wife, Elin Arvidsdotter Oxenstierna, was born into a wealthy family with important political connections with the monarchy as well as with literary interests on both sides[18]. Even Gustav himself was born into a prominent family, from which he might have inherited manuscripts. In either case, it is clear that, according to this hypothesis, three of the most important Swedish miscellanies from medieval times belong to one and the same wealthy family.

If ms. D 4 is an intriguing collection of texts written in three languages, AM 191 fol. is no less fascinating. A note on f. 49^r reveals that, around 1492, the manuscript was owned by Johannis Gerardi, chaplain of a Cistercian nunnery in Askeby (Östergötland), who was also responsible for copying most of the texts that make up the manuscript in its extant form[19].

---

[16] On this aspect see P-A. WIKTORSSON, «On the Scribal Hands in the Manuscripts of Skemptan», in O. FERM – B. MORRIS (eds.), *Master Golyas and Sweden. The Transformation of a Clerical Satire*, Sällskapet Runica et Mediævalia, Stockholm 1997, pp. 226-231. An overview of these manuscripts is provided by R. ANDERSSON, «Die Eufemiavisor - Literatur für die Oberklasse», in J. GLAUSER – S. KRAMARZ-BEIN (Hrsg.), *Rittersagas. Übersetzung, Überlieferung, Transmission*, A. Francke Verlag, Tübingen 2014, pp. 58-65.

[17] B. R. JONSSON, *Erikskrönikans diktare – ett försök till identifiering*, Svenska fornskriftsällskapet, Uppsala 2010, p. 103-131; R. ANDERSSON, «Eufemiavisenes publikum», in B. BANDLIEN (ed.), *Eufemia. Oslos middelalderdronning*, Dreyers forlag, Oslo 2012, pp. 233-245.

[18] ANDERSSON, «Eufemiavisenes publikum», pp. 239-240.

[19] J. CARLQUIST, *Handskriften som historiskt vittne. Fornsvenska samlingshandskrifter – miljö och funktion*, Sällskapet Runica et Mediævalia, Stockholm 2002, p. 112.

A look at the contents of *Codex Askabysensis* – as the manuscript is also called – reveals that most of the texts preserved in it are of a secular nature rather than of a religious one, as one would expect from a book owned by a chaplain. Two major hypotheses have been put forth to explain this fact.

Per-Axel Wiktorsson believes that the manuscript was commissioned to the chaplain by some member of the local aristocracy in Östergötland, where the Askeby nunnery was placed[20].

Another possible explanation is based on what is known about the owner and the nunnery. It is indeed possible that the chaplain used some of the works preserved in AM 191 for the moral instruction of the nuns[21]. If we are to judge from what is known of other nunneries in Sweden (most notably Vreta, to which Askeby was formally related), the nuns living at Askeby were in all likelihood noblewomen. According to James France, the Swedish Cistercian nunneries «were largely the preserve of the nobility and even royalty [...]. Whereas boys were not allowed in Cistercian abbeys, young girls of a certain class were frequently raised in convents»[22].

In either case, though, it seems rather clear that the intended audience of the secular texts in the collection was an aristocratic one.

The analysis of the didactic value of the *Eufemiavisor* and other narrative literature preserved in the four miscellanies described above will now focus especially on two of the aforementioned manuscripts, i.e. Cod. Holm. D 3 and AM 191.

In particular, what is known about the history of composition of the manuscripts and the texts preserved in them suggests that some of the works making up the miscellanies were in all likelihood intended to be read together, or at least as part of a reading programme built around a thematic unity. Whereas in the case of D 3 there is no reason to doubt that the manuscript was compiled for a noblewoman, as far as AM 191 is concerned we can infer from the contents and some clues in the manuscript that at least part of the works were meant to address an audience consisting of noblewomen.

---

[20] P.-A. WIKTORSSON, *Äktenskapsvisan. En lustig visa om samgåendets vedermödor*, Sällskapet Runica et Mediævalia, Stockholm 2007, pp. 14-15.

[21] M. BAMPI, *The Reception of the Septem Sapientes in Medieval Sweden between Translation and Rewriting*, Kümmerle, Göppingen 2007, pp. 35-39.

[22] J. FRANCE, *The Cistercians in Scandinavia*, Cistercian Publications, Kalamazoo 1997, p. 71.

The aforementioned note on fol. 49r in *Codex Askabyensis* gives us some relevant clues on the possible use of some of the texts in the manuscript:

> Anno d*om*inj M cd x cij feria 3:a infra oct*a*uas
> omni*um* s*anc*torum hore decima ante
> pra*n*divm Et e*st* liber d*om*inj joh*ann*is
> gerardi cappellani monasterij
> askaby Et habe*ntur* in isto libro
> p*ri*mo de ludo scakarior*um*/ liber
> blanzaflor / De septe*m* sapienti
> b*us* Et de rege magno karulo

('The 3rd of November in the year of Our Lord 1492, around ten o'clock in the morning. And this book belongs to Johan Gerdsson, chaplain of the Askeby monastery. And in this first book there are On the game of chess/ the book of Blanzaflor/ On the Seven Sages and On King Charlemagne'. The translation is mine.)

Johannis Gerardi mentions four works: *Schacktavelslek*, *Flores och Blanzeflor*, *Sju vise mästare*, and *Karl Magnus*. What binds these texts together is the edifying purpose that they were probably meant to serve in a female aristocratic environment.

It is certainly noteworthy that *Flores och Blanzeflor* is referred to as *liber blanzaflor*. This does indeed foreground the role of the female protagonist of the story. Furthermore it is equally noteworthy that the story in *Flores och Blanzeflor* ends with the noblewoman Blanzeflor retiring to a nunnery (and Flores to a monastery), thus making the whole narrative into some sort of *exemplum*, as Stefanie Würth-Gropper points out[23]. The choice to include *Flores och Blanzeflor* in the collection of works that the chaplain intended to assemble is thus best understood as part of an edifying project that probably included the other works listed by him in his note, together with both stories from the collection of *exempla* known as *Själens tröst* (*Amicus och Amelius* and *De Alexandro rege*, about the deeds of Alexander the Great)[24].

---

[23] WÜRTH, «Eufemia. Deutsche Auftraggeberin», p. 274.

[24] On *Själens* tröst see I. THORÉN, *Studier över Själens tröst. Bidrag till kännedom om den litterära verksamheten i 1400-talets Vadstena*, Hugo Gebers förlag, Stockholm 1942.

An edifying purpose can be hypothesized also for at least part of the collection in D 3. It is indeed noteworthy that the two manuscripts (together with D 4 a) share a significant number of texts: the *Eufemiavisor*, *Karl Magnus*, *Schacktavelslek*, and historiographical works (*Erikskrönikan*, *Lilla rimkrönikan*, *Prosaiska krönikan*).

A key role to understanding the didactic purpose attached to the *Eufemiavisor* and other related works in these two manuscripts is played by *Schacktavelslek*, an allegorical work that contains a description of all classes of society and of the virtues that each of them should possess. The Old Swedish text was translated around 1460 from both the Latin *Liber de moribus hominum et officiis nobilium ac popolarium super de ludo schacorum* (henceforth *Ludo schacorum*) and the Middle Low German Meister *Stephans Schachbuch*, which was based on the Latin *De ludo schacorum* and dates back to 1357-1375[25].

The description begins with the king, the queen and the knight, and proceeds down the social scale. It is noteworthy that the section on the queen has been described by Blomqvist as a *kvinnospegel*, i.e. a work containing moral instructions for noblewomen[26].

If the works preserved in a compilation manuscript are best understood as part of an intertextual dialogue, in AM 191 and D 3 *Schacktavelslek* can be said to provide both the frame within which the stories narrated in other works are interpreted and some narratives that illustrate vices and virtues of the members of each social group.

Such works as the *Eufemiavisor*, *Sju vise mästare*, *Karl Magnus*, *Namnlös och Valentin*, and probably *Erikskrönikan*, would thus offer other examples that could be read against the ideological background provided by *Schacktavelslek*[27].

These examples were no doubt something the female public could relate to as the protagonists are all of noble origin. The many female characters who

---

[25] On *Schacktavelslek* see P-A. Wiktorsson, *Schacktavelslek med Äktenskapsvisan*, Sällskapet Runica et Mediævalia, Stockholm 2016.

[26] G. Blomqvist, *Schacktavelslek och Sju vise mästare. De ludo scaccorum. De septem sapientibus. Studier i medeltidens litteraturhistoria*, Hugo Gebers förlag, Stockholm 1941, p. 72.

[27] On *Schacktavelslek* and intertextual reading in D 3 and AM 191 see M. Bampi, «Schacktavelslek och intertextuell dialog i AM 191 fol. och Cod. Holm. D 3», in J. Adams (ed.), *Østnordisk filologi – nu og i fremtiden*, Universitets-Jubilæets danske Samfund & Syddansk Universitetsforlag, Copenhagen & Odense 2015, pp. 147-157.

play a major role in such works (e.g. Blanzeflor in *Flores och Blanzeflor*, Luneta and Laudine in *Herr Ivan*, Phila in *Namnlös och Valentin*, the empress in *Sju vise mästare*) embody in different ways – even as negative examples, as in the case of the empress in *Sju vise mästare* – the virtues that *Schacktavelslek* illustrates, among which wisdom plays a central role.

The same holds true for the male protagonists. It is certainly interesting that the texts in D 3 and AM 191 provide a broad palette of stories of knights and kings whose behaviour illustrates both virtues and vices.

In *Karl Magnus*, for instance, the exemplary value of the story is revealed by the structure of the work. In the first branch, the conceit of the king and his retinue is brought to the fore, while the second branch is built on the contrast between loyalty and treachery against the background of the fight against the Saracens.

In *Sju vise mästare* in AM 191 the main subject is the contrast between wise counsellors and wicked women. The edifying purpose of the work is overtly stated in the prologue, where one reads that the stories must be interpreted in a spiritual way, as a *caveat* to stay away from sin[28].

Further evidence in support of an edifying reading of the *Eufemiavisor* is provided by ms. E 8822, in which *Herr Ivan* is preserved alongside a number of devotional poems. This manuscript «was compiled by Friar Johannes of Nidaros, a Franciscan living in Trondheim in the third quarter of the fifteenth century»[29]. In a recent study Bjørn Bandlien has shown that «the friars and the pious laity in late fifteenth-century Nidaros and its surrounding district shared their pleasure in the adventures of an Arthurian knight who could be interpreted as experiencing a penitential journey»[30]. What is even more interesting is that Bandlien puts forward the hypothesis that *Herr Ivan* may have been used by the Franciscans in their preaching to address not only the higher strata of society but also farmers «who were

---

[28] «thaa skal man märkia ath j tänna bok warda rörda warastogha istorior ssom fordom waro skedda och warda här aandeligha wttydda oppaa thet wy maagom aaterwända at synda oc bätra waart syndogha liwerne» ('it has to be noticed that this book tells true stories which happened in the past, and which will be interpreted spiritually so that we can give up sinning and improve our sinful lives'. The translation is mine). The passage is taken from G. E. KLEMMING, *Prosadikter från Sveriges medeltid*, Svenska fornskriftsällskapet, Stockholm 1887-1889, p. 221.

[29] B. BANDLIEN, «Yvain among Friars. A Late Medieval Franciscan Manuscript of Herr Ivan», *Journal of the International Arthurian Society*, 1:1 (2013) 81-119, at p. 81.

[30] Ivi, p. 118.

to be inspired to give alms and become part of the spiritual confraternity of the Franciscans»[31].

The kind of analysis that has been carried out in this article may no doubt be extended to other miscellanies preserving the *Eufemiavisor*, and in particular to ms. D 4 a and ms. D 4[32].

The didactic use of the *Eufemiavisor* as examples of conduct for the moral edification of an aristocratic public that the analysis enables us to hypothesize does not exclude other forms of appropriation in the same cultural context. In particular, the question of kingship and royal power and the relationship between the king and the aristocracy as presented, at a fictional level, in the three texts is probably still topical in the turbulent 15th century, a period characterized by fierce internal struggles between various kings and the nobility.

In addition, the case of E 8822 indicates that the *Eufemiavisor* may have reached a wider public than the original one. All this, I believe, bears witness to the hermeneutic and semantic richness of these works.

Bibliography

ANDERSSON, R., «Eufemiavisenes publikum», in B. BANDLIEN (ed.), *Eufemia. Oslos middelalderdronning*, Dreyers forlag, Oslo 2012, pp. 233-245.

—, «Die Eufemiavisor - Literatur für die Oberklasse», in J. GLAUSER – S. KRAMARZ-BEIN (Hrsg.), *Rittersagas. Übersetzung, Überlieferung, Transmission*, A. Francke Verlag, Tübingen 2014, pp. 58-65.

BANDLIEN, B., «Yvain among Friars. A Late Medieval Franciscan Manuscript of Herr Ivan», *Journal of the International Arthurian Society*, 1:1 (2013) 81-119.

BAMPI, M., *The Reception of the Septem Sapientes in Medieval Sweden between Translation and Rewriting*, Kümmerle, Göppingen 2007.

—, «In Praise of the Copy: Karl Magnus in 15th-century Sweden», in M. BAMPI – F. FERRARI, *Lärdomber oc skämptan. Medieval Swedish Literature Reconsidered*, Svenska fornskriftsällskapet, Uppsala 2008, pp. 11-34.

---

[31] Ivi, p. 119.
[32] BAMPI, «In Praise of the Copy », pp. 11-34.

—, «Translating Courtly Literature and Ideology in Medieval Sweden: *Flores och Blanzeflor*», *Viking and Medieval Scandinavia*, 4 (2008) 1-14.

—, «Schacktavelslek och intertextuell dialog i AM 191 fol. och Cod. Holm. D 3», in J. ADAMS (ed.), *Østnordisk filologi – nu og i fremtiden*, Universitets-Jubilæets danske Samfund & Syddansk Universitetsforlag, Copenhagen & Odense 2015, pp. 147-157.

BARNES, G., «Some Current Issues in *Riddarasögur* Research», *Arkiv för nordisk filologi*, 104 (1989), pp. 73-88.

BERGKVIST, K., «Debating the Limitations of Kingship in Fourteenth-Century Sweden. Political Language and Norms in Romance and Chronicle», in O. FERM – I. HEDSTRÖM – S. LODÉN – J. PETTERSSON – M. ÅKESTAM (eds.), *The Eufemiavisor and Courtly Culture. Time, Texts and Cultural Transfer*, Kungliga Vitterhets Historie och Antikvitets Akademien, Stockholm 2015, pp. 67-85.

BLOMQVIST, G., *Schacktavelslek och Sju vise mästare. De ludo scaccorum. De septem sapientibus. Studier i medeltidens litteraturhistoria*, Hugo Gebers förlag, Stockholm 1941.

CARLQUIST, J., *Handskriften som historiskt vittne. Fornsvenska samlingshandskrifter – miljö och funktion*, Sällskapet Runica et Mediævalia, Stockholm 2002.

FRANCE, J., *The Cistercians in Scandinavia*, Cistercian Publications, Kalamazoo 1997.

GLAUSER, J., «Romance (Translated *riddarasögur*)», in R. MCTURK (ed.), *A Companion to Old Norse-Icelandic Literature and Society*, Blackwell, Oxford 2005, pp. 372-87.

HENNING, B., *Didrikskrönikan. Handskriftsrelationer, översättningsteknik och stildrag*, Almqvist & Wiksell, Stockholm 1970.

IRLENBUSCH REYNARD, L., «Translations at the court of Hákon Hákonarson: A well planned and highly selective programme», *Scandinavian Journal of History*, 36.4 (2011), pp. 387-405.

JANSSON, S-B., *Konung Alexander. En svensk roman från 1300-talet*, Sällskapet Runica et Mediævalia, Stockholm 2015.

JONSSON, B. R., *Erikskrönikans diktare – ett försök till identifiering*, Svenska fornskriftsällskapet, Uppsala 2010.

KALINKE, M., «Norse Romance (*riddarasögur*)», in C. CLOVER – J. LINDOW (eds.), *Old Norse-Icelandic Literature. A Critical Guide*, University of Toronto Press, Toronto – Buffalo – London 1985, pp. 316-63.

KLEMMING, G. E., *Prosadikter från Sveriges medeltid*, Svenska fornskriftsällskapet, Stockholm 1887-1889.

LAYHER, W., *Queenship and Voice in Medieval Northern Europe*, Palgrave Macmillan, New York 2010.

—, «Manuscripts of the *Eufemiavisor*», in O. FERM – I. HEDSTRÖM – S. LODÉN – J. PETTERSSON – M. ÅKESTAM (eds.), *The Eufemiavisor and Courtly Culture. Time, Texts and Cultural Transfer*, Kungliga Vitterhets Historie och Antikvitets Akademien, Stockholm 2015, pp. 273-279.

LODÉN, S., «Paris et Vienne and its Swedish Translation», *Medioevi. Rivista di letterature e culture medievali*, 1 (2015), pp. 169-185.

SMÅBERG, T., «Bland drottningar och hertigar. Utblickar kring riddarromaner och deras användning i svensk medeltidsforskning», *Historisk tidskrift (Sweden)*, 131:2 (2011), pp. 197-226.

THORÉN, I., *Studier över Själens tröst. Bidrag till kännedom om den litterära verksamheten i 1400-talets Vadstena*, Hugo Gebers förlag, Stockholm 1942.

VILHEMSDOTTER, G., «Den profana litteraturen: Namnlös och Valentin», in I. LARSSON – S-B. JANSSON – R. PALM – B. SÖDERBERG (eds.), *Den medeltida skriftkulturen i Sverige. Genrer och texter*, Sällskapet Runica et Mediævalia, Stockholm 2010, pp. 262-277.

WEBER, G. W., «The Decadence of Feudal Myth: Towards a Theory of *Riddarasaga* and Romance», in J. LINDOW – L. LÖNNROTH – G. W. WEBER (eds.), *Structure and Meaning in Old Norse Literature: New Approaches to Textual Analysis and Literary Criticism*, Odense University Press, Odense 1986, pp. 415-54.

WIKTORSSON, P-A., «On the Scribal Hands in the Manuscripts of Skemptan», in O. FERM – B. MORRIS (eds.), *Master Golyas and Sweden. The Transformation of a Clerical Satire*, Sällskapet Runica et Mediævalia, Stockholm 1997, pp. 226-231.

—, *Schacktavelslek med Äktenskapsvisan*, Sällskapet Runica et Mediævalia, Stockholm 2016.

—, *Äktenskapsvisan. En lustig visa om samgåendets vedermödor*, Sällskapet Runica et Mediævalia, Stockholm 2007, pp. 14-15.

WÜRTH, S., «Eufemia: Deutsche Auftraggeberin schwedischer Literatur am norwegischen Hof», in F. PAUL (Hrsg.), *Arbeiten zur Skandinavistik: 13. Arbeitstagung der deutschsprachigen Skandinavistik in Oslo*, Peter Lang, Frankfurt am Main, 2000, pp. 269-281.

Dario Bullitta*

FLOCK GRAZING AND POETIC RUMINATION IN OLD NORSE-ICELANDIC LITERATURE

Book IV, 22 of *Historia ecclesiastica gentis Anglorum*, concluded by Bede in the year 731, transmits one of the most famous early medieval accounts of a dream vision. It relates the story of Cædmon, a cowherd working on one of the estates of St. Hilda's Benedictine monastery of Whitby, Northumbria[1]. One day, during a banquet at the monastery, embarrassed over his inadequacy since he never learned anything of versifying «nil carminum aliquando didicerat», as was his custom until that very day, Cædmon flees the hall of those brothers who were singing in turn with the harp «Vnde nonnumquam in conuiuio, cum esset laetitiae causa decretum ut omnes per ordinem cantare deberent, ille ubi appropinquare sibi citharam cernebat, surgebat a media caena» and goes to the stable, where he was assigned to attend the cows that night «ad stabula iumentorum quorum ei custodia nocte illa erat delegata». There he falls asleep and is visited in a dream by a man who asks him to sing him his praise «Cædmon, inquit, canta mihi aliquid». At this request, Cædmon replies that he cannot sing and that that was the reason why he left the entertainment «Nescio, inquit, cantare; nam et ideo de conuiuio egressus huc secessi, quia cantare non poteram». The man insists, saying that, however, he shall sing to him «Attamen, ait, mihi cantare habes», suggesting that he sing about the origin of creatures «principium creaturarum». The next day, Abbess Hilda and her learned monks marvel at Cædmon's newfound ability to turn biblical matters into

---

* Ca' Foscari, University of Turin, Department of Humanities (StudiUm), via S. Ottavio, 50, 10124 Torino; dario.bullitta@unito.it

An early version of this article was presented at the «Dreams of Fame and Honor: Late Medieval Icelandic Prose Fiction, 1400-1700» International Conference, hosted on 30 September – 3 October 2010 by the Skandinavisches Seminar, Albert-Ludwigs-Universität Freiburg. I am considerably indebted to Carla Falluomini, Fulvio Ferrari, Christopher Sanders (†2013), and Marteinn Helgi Sigurðsson for insightful discussions and useful suggestions during the research.

[1] All quotations of the Latin text are taken from Beda, *Historia ecclesiastica gentis Anglorum = Storia degli Inglesi*, ed. by M. Lapidge, trans. by P. Chiesa, 2 vols., Arnaldo Mondadori Editore, Milano 2010, II, pp. 277-283.

traditional Old English poetry. Following the abbess' suggestion, Cædmon takes the vows and becomes a monk at the monastery where he was taught a series of sacred stories «seriem sacrae historiae», which, as if he were ruminating like a clean animal «quasi mundum animal ruminando», he converted into the sweetest of poems «in carmen dulcissimus conuertebat». No other poet could ever compare with him, since he did not learn the art of poetry from men or from any human instructor, but directly from God «Namque ipse non ab hominibus neque per hominem institutus canendi artem didicit, sed diuinitus adiutus gratis canendi donum accepit».

As is well known, similar stories to that of Cædmon and his acquisition of the poetic gift through divine assistance are recorded in literatures of many nations and periods. Hesiod's encounter with the Muses on Mount Helicon and Æschylus' dream vision as a source of inspiration to write tragedy are only two examples from a long list[2].

Within the Germanic literary context, the closest parallel is the Latin text that precedes the Old Saxon *Heliand* and *Genesis* in the modern critical editions. The text is in two parts: the *Praefatio in librum antiquum lingua Saxonica conscriptum* and the attached *Versus de poeta et interprete huius codicis*, in prose and verse respectively[3]. The first part of the *Praefatio* reports that the emperor «Ludouuicus Piissimus Augustus», either Louis the Pious (reign 814-840) or Louis the German (reign 843-876), had commissioned a famous Saxon poet to translate the Old and New Testament into the vernacular, so that all his subjects who spoke the «Theudisca lingua» - namely *litterati* and *illiterati* alike - would have direct access to the Scriptures. The second part of the *Praefatio* relates how the same poet, once ignorant of the art of poetry «dum adhuc artis huius penitus esset», had received the poetic gift when encouraged in a dream by a celestial voice to versify the sacred laws in his own language. The result of this was such an excellent poem that its beauty overshadowed all other vernacular poetry «Theudisca poëmata».

The following *Versus de poeta* in leonine verses gives further information about the aforementioned poet. When still a cowherd, he fell

---

[2] See for instance discussion in F. KLAEBER, «Analogues of the Story of Caedmon», *Modern Language Notes*, 42 (1927) 390; G. A. LESTER, «The Caedmon Story and Its Analogues», *Neophilologus*, 58 (1974) 225-237; J. D. NILES, «Bede's Cædmon, The Man Who Had No Story», *Folklore*, 117 (2006) 141-155, at p. 141.

[3] Excerpts of the two Latin texts are taken from *Heliand und Genesis*, ed. by O. BEHAGHEL, 9th ed. rev. by B. TAEGER, Max Niemeyer, Tübingen 1984, pp. 1-4.

asleep under a tree after having led his cows to the pasture «egerat exiguo paucos menando iuvencos». In his dream, a voice from above exhorted him to begin reciting the sacred laws in order to transfer the clearest dogma in his own language «incipe divinas recitare ex ordine leges, transferre in propriam clarissima dogmata lingua». The cowherd proves to be a great poet and sings verses relating the history of Creation, from the origin of the world «origine mundi» to the advent of Christ «adventum Christi».

Though not extant in any medieval manuscript, and despite being first published in 1562, the *Praefatio* and *Versus de poeta* seem unlikely to be late medieval variants of the same legend[4]. These texts are generally regarded to be authentic, one reason being the recurrent use of the word *vitteas* for 'a poetic section' - this being a Latinization of a Germanic word (see Old English *fitt* 'song, poem') - which could scarcely have had currency in the sixteenth century[5].

Whereas there is no unanimous agreement on the precise dating of the Latin preface, the following verses, and Bede's influence on these texts, most scholars agree that the Cædmon legend - as we know it from book IV, 22 of *Historia ecclesiastica* - did, to some extent, serve as a model for the account of the Saxon cowherd who was initiated into the art of poetry in a dream that was divinely inspired[6]. The close connection of the two texts is further

---

[4] The two texts were first published in 1562 by the Gnesio-Lutheran historian Matthias Flacius Illyricus in the second amplified edition of his *Catalogus testium veritatis, qui ante nostram aetatem pontifici Romano, eiusque erroribus reclamarunt: iam denuo longe quam antea, et emendatior et auctoris editus*, ex officina Ioannis Oporini, Basileae 1562.

[5] As recently summarized by G. MIERKE, *Memoria als Kulturtransfer: Der altsächsische „Heliand" zwischen Spätantike und Frühmittelalter*, Böhlau Verlag, Köln 2008, pp. 52-55.

[6] In the studies *Heliand*, ed. by E. SIEVERS, Weisenhaus, Halle 1878, p. xxvi; W. SCHERER, *Kleine Schriften zur altdeutschen Philologie*, ed. by K. BURDACH, Weidmann, Berlin 1893, p. 572; *Das Hildebrandslied: eine geschichtliche Einleitung für Laien, mit Lichtbildern der Handschrift, alt- und neuhochdeutschen Texten*, ed. by G. BAESECKE, Max Niemeyer, Halle 1945, p. 43 a direct influence from Bede's writings in tenth-century Germany is postulated. Asserting a late composition of the *Praefatio* and *Versus de poeta*, T. M. ANDERSON, «The Caedmon Fiction in the Heliand Preface», *PMLA. Publications of the Modern Language Association of America*, 89 (1974) 278-284, p. 283 and T. HOFSTRA, «Gedanken zu den *Versus de poeta et interprete huius codicis*», in *NOWELE*, 28/29 (1996), *A Frisian Germanic Miscellany Published in Honour of Nils Århammar, 7 August 1996*, pp. 387-398, p. 395, assume that the prefaces were modelled on a sixteenth-century printed version of Bede's

supported by the presence of a manuscript of Bede's *Historia Ecclesiastica* in the library of Fulda abbey dating to the eighth century[7]. Rabanus Maurus, abbot of Fulda between 822 and 842, or else someone working within the same intellectual circle, is generally held to be the author of the *Praefatio*[8].

It has been argued that Bede's account of Cædmon was responsible for a new Christian model of poetic inspiration that is much later employed in the Icelandic tale of Hallbjǫrn hali, recorded in *Þorleifs þáttr jarlsskálds* (chap. 8)[9]. This Icelandic tale relates that a certain herdsman «sauðamaðr», called Hallbjǫrn and nicknamed «hali» 'tail', often grazed his flock at Þingvellir near the grave-mound of the illustrious Icelandic poet Þorleifr jarlsskáld. It often occurred to Hallbjǫrn that he would like to compose a poem in praise of Þorleifr, and he therefore lay frequently on the poet's mound. But since Hallbjǫrn himself was not a poet and had never acquired any poetic skill «hann var ekki skáld ok hann hafði þeirar listar eigi fengit», he was never able to get any further in his composition than these three words: «Hér liggr skáld» 'Here lies a poet'.

One night, while Hallbjǫrn was sleeping on Þorleifr's mound, as was his custom, the poet himself appeared to the herdsman in a dream and said that he would recite a *vísa* for him. If, when once awake, Hallbjǫrn could remember it and learn it by heart, then he would become a famous poet and praise many chieftains with his poetry «þá munt þú verða þjóðskáld ok yrkja lof um marga hǫfðingja». Þorleifr then grasped Hallbjǫrn's tongue and, dragging it out, completed the unfinished verse «Síðan togar hann á honum tunguna ok kvað vísu», initiating thereby Hallbjǫrn's new career as a professional court poet. But before returning back into his mound, Þorleifr admonished Hallbjǫrn to ensure that he would make careful use of both metre and diction, and above all *kenningar* «vanda sem mest bædi hátt ok orðfæri ok einna mest kenningar». Subsequently, Hallbjǫrn becomes a renowned poet performing his art for many chieftains and kings abroad.

Historia ecclesiastica, which was circulating widely in Germany in the middle of the sixteenth century.

[7] Kassel, Landesbibliothek 4° MS. theol. 2. CLA VIII, no. 1140. *Das Hildebrandslied*, op. cit., p. 43.

[8] *Heliand*, op. cit., p. 416.

[9] G. TURVILLE-PETRE, «Dreams in Icelandic tradition», in ID., *Nine Norse Studies*, Western Printing Services, London 1972, pp. 30-51, p. 50. In the following discussion I refer to *Þorleifs þáttr jarlsskálds*, in *Eyfirðinga sögur*, ed. by J. KRISTJÁNSSON, Hið íslenzka fornritafélag, Reykjavík 1956, pp. 215-229.

Except for a number of post-medieval copies, *Þorleifs þáttr jarlsskálds* is only extent in the great Icelandic codex *Flateyjarbók* (Reykjavík, Stofnun Árna Magnússonar í íslenskum fræðum, GKS 1005 fol., ff. 27v-28v) completed during the last decade of the fourteenth century, where it is woven into *Ólafs saga Tryggvasonar enn mesta* 'the Greater saga of king Ólafr Tryggvason'[10]. Being inserted at the very end of this *þáttr* about Þorleifr jarlsskáld, and taking place at his grave mound, some two hundred years after his death, the anecdote of Hallbjǫrn hali seems to provide an epilogue to the adventurous life of the poet and his successful career abroad. According to *Þorleifs þáttr*, Þorleifr sails to Vík in Norway where he wants to trade his goods with Hákon Sigurðarson Hlaðajarl (reign 975-995). The poet insists on trading fairly on his own conditions, incurring thereby the earl's wrath. One day, while Þorleifr is trading his goods in the market, Hákon burns his ship and has all his companions hanged. Þorleifr then flees to Denmark where he spends a winter at the court of King Sveinn Tjúguskegg and starts plotting his revenge. He soon sails back to Norway where, disguised as an old man who calls himself ominously Níðungr Gjallandason, and recites a poem for Hákon. The earl seems to like his verses and perceives praise in every stanza. However, as the poem progresses Hákon begins to itch severely, making him beg the old visitor to cease his recital of the encomium. Þorleifr thereupon intensifies his *níð* 'abuse poem' against the earl, which reaches its climax with the so-called *Þokuvísur* 'Fog Verses', which cause the weapons hanging on the wall to fight of their own accord and kill many men in Hákon's hall. The earl is severely injured and humiliated, but survives the attack.

This central episode is followed by the account of how Hákon kills Þorleifr by means of witchcraft. Þorgarðr, Hákon's golem-like automaton, travels to the Alþingi in Iceland and kills Þorleifr who is then buried at Þingvellir. Long after this event, when Iceland has been Christian for generations, his mound is visited by the aforementioned herdsmen.

It should be noted that Þorleifr skáld and Hallbjǫrn hali come from quite different social backgrounds: this is made plain or it is at least implicit by the fact that Hallbjǫrn has never received the poetic training, which is

---

[10] Available in *Flateyjarbók, en samling af norse konge-sager, med indskudte mindre fortællinger om begivenheder i og udenfor Norge samt annaler*, ed. by G. Vígfússon and C. R. Unger, 3 vols., P. T. Mallings forlagsboghandel, Christiania 1860, I, pp. 207-219.

the traditional preserve of the higher classes. Like the majority of Icelandic poets in the Middle Ages, Þorleifr belonged to a distinguished family[11], and is said to be «snemma gildr ok gǫrviligr ok inn mesti atgǫrvimaðr um íþróttir; hann var skáld gott» 'fully capable at an early age, skilful and especially talented. He was a good poet'[12].

By contrast, we are told nothing about Hallbjǫrn's parents or family. He is simply a herdsman whose biname is «hali» 'tail', the menial farmhand of a certain Þorkell at Þingvellir. Accordingly, the author can say about Hallbjǫrn «Hann var ekki skáld ok hann hafði þeirar listar eigi fengit» 'he was not a poet and he had not received that art'[13].

The description of Hallbjǫrn hali's career as a court poet recalls that of another Icelandic cowherd, Sneglu-Halli, who went abroad and performed his poetry before several chieftains and kings. *Sneglu-Halla þáttr*, which is also preserved in *Flateyjarbók*, describes how King Haraldr harðráði (reign 1047-1066) accepted, with some hesitation, this Icelander as a professional poet at his court in Norway[14]. We are consequently given to understand that this new-comer had little or no training as a *skáld* fit for a royal court, and he lacks the education displayed by the king's chief poet or *hǫfuðskáld*, the famous Þjóðólfr Arnórsson.[15] He was an Icelander of humble origin, quite envious of new-comers at the king's court «Hann var ættsmár ok menntr vel, ǫfundsjúkr við þá, er til kómu»[16]. The two come close to actually fighting when, one day, Halli asks the king to hear a *drápa* he composed about him. Haraldr asked him if he had ever composed such a poem before and Halli claims he never did. The king thinks Halli

---

[11] Cf. G. Nordal, *Tools of Literacy: The Role of Scaldic Verse in Icelandic Textual Culture of the Twelfth and Thirteenth Centuries*, University of Toronto Press, Toronto 2001, p. 142 and the general social background of Icelandic court poets.

[12] *Þorl. þátt. jarls.*, op. cit., p. 216. Moreover, we are also informed that his maternal uncle Miðfjarðar-Skeggi fostered him and was his mentor until he was nineteen years old. It is said that «Skeggi mundi fleira kenna Þorleifi í fræðum fornligum en aðrir mundi vita» 'Skeggi would teach Þorleifr more about ancient learning than others could ever know' See ivi, p. 216.

[13] *Þorl. þátt. jarls.*, op. cit., p. 227.

[14] *Flatey*, op. cit., III, pp. 415-428. In the following discussion, I refer to *Sneglu-Halla þáttr* in *Eyfirðinga sögur*, ed. by J. Kristjánsson, Hið íslenzka fornritafélag, Reykjavík 1956, pp. 261-295.

[15] «Hann var með Haraldi konungi í inum mestum kærleikum; kallaði konungr hann hǫfuðskáld sitt ok virði hann mest allra skálda», ivi, p. 264.

[16] 'He was of humble origins, well brought up, and envious of new-comers', *ibid*.

is undertaking an audacious task, seen the calibre of the poets who have previously composed verses on him, and asks for Þjóðólfr's advice. The chief poet blames Halli for deceiving the king in saying that he had never composed a poem before, and reveals to the king that when Halli was still a cowherd back in Iceland, he had composed poems about cows, what Icelanders call *Kolluvísur* 'Cow Verses' «Þat kǫllum vér Kolluvísur, er hann orti um kýr, er hann gætti út á Íslandi»[17]. Halli justifies himself by saying that he failed to mention this poem because, if the poem were to be heard, it would hardly be deemed worthy of praise[18].

On a later occasion, Sneglu-Halli fools Einarr fluga, the king's fearful tax collector in Hálogaland, by lying and making him pay a fine for having assassinated his non-existing brother. In order to convince King Haraldr of this, he reports a dream in which he thought he was Þorleifr skáld and Einarr fluga Hákon Hlaðajarl. In the dream he had composed an abuse poem or *níð* against Hákon, Einar fluga's counterpart, and once awake, he claimed to remember part of that poem. In the presence of the king and the court, Sneglu-Halli goes to the middle of the hall and mumbles as if he were trying to recall the *níð* from the dream. The king, fearing that this would result in catastrophe as in Hákon's hall long ago, urges Einarr fluga to pay the fine[19].

The logic of the scenario is clearly built on Þorleifr's legendary dealings with Hákon Hlaðajarl as related in *Þorleifs þáttr jarlsskálds*. This scene clearly plays upon Þorleifr's role as the heroic enemy of an evil pagan chieftain. Sneglu-Halli equates himself with Þorleifr and Einarr fluga is clearly a second Hákon Hlaðajarl in his dealings with the Icelandic poet.

The *Flateyjarbók* redaction of *Sneglu-Halla þáttr* draws a further parallel to *Þorleifs þáttr*, by having Sneglu-Halli ultimately assassinated by evil magic once he has returned to Iceland. He dies when eating *grautr* 'porridge' and we are evidently meant to understand that Einarr fluga is somehow responsible for his ignominious death.

---

[17] *Ibid*. The only other occurrence of the name Kolluvísur is found in *Bjarnar saga Hítdœlakappa* (chap. 20) where, although it is strictly forbidden by penalty of death, Þorkell Dálksson recites the *Kolluvísur* to his *húskarl*. He attributes these offensive verses to Bjǫrn Arngeirsson, before being killed as a consequence of this by Bjǫrn, the hero of the saga. See *Bjarnar saga Hítdœlakappa*, ed. by S. NORDAL - G. JÓNSSON, Hið íslenzka fornritafélag, Reykjavík 1938, p. 170.

[18] *Snegl.-Hall. þátt.*, op. cit., p. 276.

[19] *Ibid*.

Further evidence of the idealization of Þorleifr skáld as the virtuous poet fighting the infamous pagan Hlaðajarl with the performance of a *níð* in the guise of a *lofkvæði* 'encomium' is found in the preface to *Þorleifs þáttr*[20]. This anticipates how, on account of his use of *kunstru*, *galdr*, and *gerning* 'magic arts, witchcraft, and sorcery', Hákon Hlaðajarl led a damned life under the influence of the devil, and accordingly, suffered the pains of hell. At the end of his days he is said to have been «drekktr í dǫkkri dyflissu dárliga kvala með eymd ok ánauð utan enda» 'drowned in the dark dungeon of wretched torments with slavish misery without end'[21]. The highly florid and clerical style of this preface, which seems to suggest a late fourteenth-century composition, seems to indicate that this passage is a late addition to the original *þáttr*[22].

The anecdote of Hallbjǫrn hali could, in my view, constitute an adequate epilogue to *Þorleifs þáttr* and may likewise be a later addition, though its style is consistent with the general tone of the postulated original *þáttr*. This final section, which relates how Hallbjǫrn received the poetic gift from the dead poet Þorleifr at his tomb in Þingvellir, harks back to the Christian interpretational framework when Hallbjǫrn rehabilitates Þorleifr's Christian cause, approximately two centuries after his death.

The insertion of Hallbjǫrn's anecdote and his encomiastic poem in praise of Þorleifr might serve as an epilogue to the life of Þorleifr as a pre-Christian, but essentially anti-pagan, heroic *skáld*. Eventually, the anecdote does justice to his unfair death. In this context, Þorleifr seems to concurrently represent a model of poetic eloquence and the prototypical defender of Christianity before the actual Conversion of Iceland and Norway. He meets his death at Þingvellir, as the consequence of his dealings with Hákon, the unscrupulous king accused of wickedness and above all apostasy «mannillska ok guðníðingskapr»[23]. The anticipation of Hákon Hlaðajarl's eventual damnation, set even before the actual beginning of the *þáttr*, vividly contrasts with the pious image of a humble herdsman attempting to compose an encomiastic verse before the poet's grave mound.

---

[20] «Ok beiddi hann hlýða kvæði því, er ek hefi ort um yðr», *Þorl. þátt. jarls.*, op. cit., p. 222.

[21] Ivi, p. 215.

[22] See J. HARRIS, «Þorleifs þáttr jarlsskálds», in P. PULSIANO – K. WOLF – P. ACKER – D. K. FRY (eds.), *Medieval Scandinavia: An Encyclopedia*, Garland, New York 1993, pp. 671-672, at p. 672.

[23] *Þorl. þátt. jarls.*, op. cit., p. 215.

Hallbjǫrn hali happens to be mentioned in *Skáldatal*, a listing of the most famous court poets, serving under Scandinavian chieftains and kings from the legendary Starkaðr inn gamli to the poets of the thirteenth century. According to this medieval catalogue transmitted in the *Codex Upsaliensis* (Uppsala, Universitetsbibliotek, DG 11, ff. 23r-25r), written in the first quarter of the fourteenth century, Hallbjǫrn was a professional *skáld* at the Swedish court of King Knútr Eiríksson (reign 1173-1196) and at the Norwegian court of King Sverrir Sigurðarson (reign 1184-1202)[24]. This information matches with the description of his career in *Þorleifs þáttr jarlsskálds*, where he is hyperbolically said to have been often abroad and to have composed poems about many rulers, received great honour and good gifts from the kings he visited, and thus achieved enormous wealth[25].

Another man named Hallbjǫrn hali is mentioned in the *Flateyjarbók* redaction of *Jómsvíkinga saga*, which precedes *Þorleifs þáttr jarlsskálds* in this late fourteenth-century manuscript[26]. In this context, his name is attested as «Hallbjǫrn hali hinn fyrri» together with the otherwise unknown Steingrímr Þórarinsson, and with Ari prestr fróði Þorgilsson (1068-1148), the famous author of *Íslendingabók*. These three men are cited as a source for the *Flateyjarbók*'s account of the legendary sea-battle in Hjǫrungavogr where the forces of Hákon Hlaðajarl defeated the earl's enemy[27]. Apparently, the appellative «inn fyrri» was given to this Hallbjǫrn in order to distinguish him from the much later Hallbjǫrn hali Jónsson, recorded in *Íslendinga saga*[28]. The latter Hallbjǫrn has no connection to poetry in

---

[24] *Snorre Sturlasson Edda. Uppsala-Handskriften DG 11*, Facsimileedition i ljustryck på uppdrag av Sveriges riksdag, ed. by A. GRAPE – G. KALLSTEINUS – O. THORELL, 2 vols., Almqvist & Wiksell, Uppsala 1962-1977, I, p. 43.

[25] «Fór utan flótliga ok kvað kvæði um marga hǫfðingja ok fekk af þeim miklar virðingar ok góðar gjafir ok græddi af því stórfé», *Þorl. þátt. jarls.*, op. cit., p. 229.

[26] *Jómsvíkinga saga* is preserved on ff. 13ra-14rb and *Þorleifs þáttr jarlsskálds* on ff. 27va-28va of *Flateyjarbók*.

[27] «Þetta er sognn Hallbiarnar hala hins fyrra ok Steingrims Þorarinssonar ok frasognn Ara prestz froda Þorgilssonar», *Jómsvíkinga saga*, in *Flatey.*, op. cit., I, pp. 153-203, on p. 194.

[28] *Íslendinga saga*, in *Sturlunga saga*, ed. by J. JÓHANNESSON – M. FINNBOGASON – K. ELDJÁRN, 2 vols., Sturlungaútgáfan, Reykjavík 1946, II, pp. 229-534, at p. 516. This was written by Sturla Þórðason and forms part of *Sturlunga saga*, a thirteenth-century extensive account of the political conflicts between chieftains in

view of the sources that survive. It thus seems reasonable to suppose that Hallbjǫrn hali inn fyrri is more closely associated with, or indeed identical with, his namesake in *Þorleifs þáttr jarlsskálds* and *Skáldatal*. Hallbjǫrn hali the court poet appears to have flourished in the second half of the twelfth century[29].

In the *Flateyjarbók* redaction of *Ólafs saga Tryggvasonar enn mesta*, the so-called *Frásagnir af Beda presti* 'Accounts of Bede the priest' (chap. 198), a paraphrase of the very beginning of *Landnámabók*, follows in the manuscript the death of Hákon Hlaðajarl, and accompanies Ólafr Tryggvason's accession to the throne and his relation to the cult of Sunniva (chap. 196), Irish princess and saint[30]. The insertion of the well-known account of the first settlement of Iceland at this point of the manuscript serves to remind the readers/audience that Iceland, just like Norway, claimed "venerable" connections to Christianity long before the official Conversion. King Ólafr's discovery of the holy remains of Saint Sunniva - who died in a cave while hiding from the pagan Hákon Hlaðajarl, her persecutor - parallels with the discovery of Irish books, bells, and croziers reportedly found in Iceland by the first Norse settlers according to *Íslendingabók* and *Landnámabók*[31].

Besides *Flateyjarbók*, the aforementioned *frásagnir* of Bede the priest are extant in Copenhagen, Den Arnamagnæanske Samling, AM 764 4to (ff. 39r-40r), a late fourteenth-century manuscript containing Christian encyclopaedic material, dated and located by Svanhildur Óskarsdóttir, to the years 1367-1386 in the Benedictine nunnery of Reynisstaðr[32]. Interestingly, another account concerning Bede, with the rubric *Ævintýr af Beda presti*, is found in the very same manuscript on f. 36r, only three

---

Iceland. Hallbjǫrn hali Jónsson is here mentioned in connection with the slain of Oddr Þórarinsson in or around the year 1255 in Geldingaholt: «Var þá unnit á Oddi. Nikulás Þórarinsson hjó í hǫfuð honum, ok var þat banasár. Hallbjǫrn hali Jósson vann ok á honum», *ibid*.

[29] Sometime after Ari's death (†1148).

[30] *Flatey.*, op. cit., I, respectively pp. 247 and 245-246.

[31] *Landnámabók*, in *Íslendingabók. Landnámabók*, ed. by J. BENEDIKTSSON, Hið íslenzka fornritafélag, Reykjavík 1968, pp. 29-397, at p. 32.

[32] See D. K. FRY, «Bede», in P. PULSIANO – K. WOLF – P. ACKER – D. K. FRY (eds.), *Medieval Scandinavia*, op. cit., pp. 36-37, at p. 37 and S. ÓSKARSDÓTTIR, *Universal History in Fourteenth-Century Iceland: Studies in AM 764 4to*, Ph.D. diss., University College London, 2000, p. 2.

leaves before the *frásagnir*. In this case, two traditional explanations of his saintly title *venerabilis*, rather than *sanctus* or *beatus*, are provided[33]. These are recorded along with paraphrase of chaps. 38 and 39 of Bede's own *Vita sancti Cuthberti*[34].

The first explanation of Bede's title is connected to a tradition that relates of a cleric who went to Bede's tomb soon after his death in order to compose a verse in his praise. The couplet began: «Hac sunt in fossa» 'Here are in this tomb'. However, the cleric could by no means find a satisfying completion of the verse «Þat gat hann með ǫngum hætti fengið þar við svá at honum likaði». He then goes home and spends the night trying to find the right words that would scan the leonine verse. The following morning, he returns to the grave and finds that the inscription was completed as follows: «Hac sunt in fossa, Bedae venerabilis ossa» 'Here are in this tomb, Bede's the venerable bones'.

As first pointed out by Jón Sigurðsson in the Latin commentary of his edition of *Snorra Edda*, and later by Jónas Kristjánsson and Turville-Petre, Hallbjǫrn's first attempt to praise Þorleifr before his mound at Þingvellir - when «Hér liggr skáld» 'Here lies a poet' were the only words that he could utter - is most certainly modelled on the cleric's attempt to compose the encomiastic epitaph in leonine verses before Bede's tomb[35]. The cleric and Hallbjǫrn share a similar frustration and sense

---

[33] A rather similar account on the origin of Bede's appellatives - together with three different explanations of this - are preserved in the E redaction *Maríu saga* (chap. 61), transmitted in Stockholm, Kungliga Biblioteket, Perg. 4to no. 1, dated to the first half of the fourteenth century, *Maríu Saga, Legender om Jomfru Maria og hendes Jertegn efter gamle haandskrifter*, ed. by C. R. UNGER, 2 vols., Brogger & Christie, Christiania 1871, II, 650-652. See also FRY, «Bede», p. 37. The Latin legend and the three explanations of his appellative are published in *Nova Legenda Anglie: As collected by John of Tynemouth, John Capgrave and others, first printed, with new lives, by Wynkyn de Worde ad mdxvi*, ed. by C. HORSTMANN, 2 vols., Clarendon Press, Oxford 1901, II, p. 111.

[34] Bede, *Vita sancti Cuthberti*, in *Two Lives of Saint Cuthbert. A Life by an Anonymous Monk of Lindisfarne and Bede's Prose Life. Texts, Translation and Notes*, ed. and trans. by B. COLGRAVE, *Two Lives of Saint Cuthbert: Texts*, Cambridge University Press, Cambridge 1940, pp. 141-307, at pp. 280-285.

[35] *Edda Snorra Sturlusonar. Edda Snorronis Sturlæi*, ed. by J. SIGURÐSSON and F. JÓNSSON, 3 vols., Sumptibus Legati Arnamagnæani, Hafniæ 1880, III, pp. 374-375; *Snegl.-Hall. þátt.*, op. cit., p. C and G. TURVILLE-PETRE, «Dreams in Icelandic Tradition», *Folklore*, 69 (1958) 93-111, at p. 110.

of inadequacy at their impediment in composing encomiastic verses worthy of their illustrious models. The origin of the gift to compose poetry consequently had to conform to new Christian paradigms and be attributed, ideally, to the Christian God, even though this is not always made evident to the reader.

The story of Sighvatr Þórðarson in Snorri's *Separate saga of Saint Ólafr* may be taken as an example for reasons of comparison and contrast[36]. We are told that Sighvatr, when a young man in Iceland, was advised by an unnamed «austmaðr», presumably a Norwegian, to catch and eat a big fish. Having done so and eaten the fish, he becomes a clear-thinking man «skírr» and a good poet «skáld gott».

As suggested by Clunies Ross, this story is reminiscent of the legend of Sigurðr Fáfnisbani, who learned to understand the language of birds by tasting the boiling blood from the heart of the dragon Fáfnir, whom he had slain[37]. According to Clunies Ross' interpretation, the mysterious man who advises Sighvatr to catch and eat the fish, in order to gain poetic eloquence, might have undergone a process of "humanisation" required by a later Christian readjustment of the story. In fact, it is not unlikely that an older version of this account referred to the stranger as a supernatural being, rather than a mere mortal. The idea to substitute the nature of the donor of the gift with that of an ordinary Norwegian man was not accidental. The chief poet of the saintly Christian king could not have obtained his poetic gift from a recognisable pagan deity[38].

Hallbjǫrn hali, the humble Icelandic herdsman who, just like his English and Saxon counterparts, was accorded the gift of poetry in a dream, could not have gained his poetic eloquence by means of human instruction, since we are plainly told that he had no training in verse composition. Still less, his gift could not be explained as deriving from a pagan deity. Instead, his source of inspiration was adapted to the object of his first encomium, Þorleifr jarlsskáld. Þorleifr was a pre-Christian but honourable

---

[36] *Saga Ólafs konungs hins helga: Den store saga om Olav den hellige efter Pergamenthåndskrift i Kungliga Biblioteket i Stockholm nr. 2 4to, med varianter fra andre håndskrifter*, ed. by O. A. JOHNSEN – J. HELGASON, 2 vols., Kjeldeskriftfondet, Oslo 1941, I, pp. 689-690 and 706-707.

[37] M. CLUNIES ROSS, *Prolonged Echoes: Old Norse Myths in Medieval Northern Society*, vol. 2, *The Reception of Norse Myths in Medieval Iceland*, Odense University Press, Odense 1998, p. 181.

[38] Ivi, pp. 125-126.

poet and defender of the true Faith, especially in view of his heroic fight with the *guðníðingr* Hákon who, in turn, is reminiscent of Emperor Julian the Apostate, the most infamous *guðníðingr* and denier of God in medieval Christian literature[39].

It is highly likely that Bede's Christian model on the acquisition of poetic eloquence and the subsequent legend concerning the production of verses at his grave were, to some extent, purposely echoed and evoked by the redactor of *Þorleifs þáttr jarlsskálds* in order to explain and endorse the otherwise inexplicable ability of an otherwise unknown, uneducated herdsman, to compose and perform estimable poetry, achieving great fame and honour at foreign courts as a professional *skáld*.

Bibliography

ANDERSON, T. M., «The Caedmon Fiction in the Heliand Preface», *PMLA. Publications of the Modern Language Association of America*, 89 (1974) 278-284.

Bede, *Historia ecclestiastica gentis Anglorum = Storia degli Inglesi*, ed. by M. LAPIDGE, trans. by P. CHIESA, 2 vols., Arnaldo Mondadori Editore, Milano 2010, II, pp. 277-283.

Bede, *Vita sancti Cuthberti*, in *Two Lives of Saint Cuthbert. A Life by an Anonymous Monk of Lindisfarne and Bede's Prose Life. Texts, Translation and Notes*, ed. and trans. by B. COLGRAVE, *Two Lives of Saint Cuthbert: Texts*, Cambridge University Press, Cambridge 1940, pp. 141-307.

Bjarnar saga Hítdœlakappa, ed. by S. NORDAL – G. JÓNSSON, Hið íslenzka fornritafélag, Reykjavík 1938.

---

[39] Another example of apostasy and ignoble death of a Norse ruler is found in *Liber de Miraculis Sancti Eadmundi*, attribuited to Hermann the Archdeacon and composed around the year 1097. Here King Sveinn tjúguskegg is said to have been killed by Saint Edmund in the same manner that Saint Mercurius killed Julian the Apostate. See Hermann the Archdeacon, *Liber de Miraculis Sancti Eadmundi*, in *Memorials of St Edmund's Abbey*, ed. by T. ARNOLD, 3 vols., London 1890-1896, I, pp. 26-93, at 32-39. For discussion see G. KLANICZAY, *Holy Rulers and Blessed Princesses: Dynastic Cults in Medieval Central Europe*, Cambridge University Press, Cambridge 2002, pp. 161-163 and M. FJALLDAL, *Anglo-Saxon England in Icelandic medieval Texts*, University of Toronto Press, Toronto 2005, pp. 39-40.

CLUNIES ROSS, M., *Prolonged Echoes: Old Norse Myths in Medieval Northern Society*, vol. 2, *The Reception of Norse Myths in Medieval Iceland*, Odense University Press, Odense 1998.

Das Hildebrandslied: eine geschichtliche Einleitung für Laien, mit Lichtbildern der Handschrift, alt- und neuhochdeutschen Texten, ed. by G. BAESECKE, Max Niemeyer, Halle 1945.

Edda Snorra Sturlusonar. Edda Snorronis Sturlæi, ed. by J. SIGURÐSSON – F. JÓNSSON, 3 vols., Sumptibus Legati Arnamagnæani, Hafniæ 1880, III.

FJALLDAL, M., *Anglo-Saxon England in Icelandic medieval Texts*, Toronto University Press, Toronto 2005.

Flateyjarbók, en samling af norse konge-sager, med indskudte mindre fortællinger om begivenheder i og udenfor Norge samt annaler, ed. by G. VÍGFÚSSON – C. R. UNGER, 3 vols., P. T. Mallings forlagsboghandel, Christiania 1860, I.

Flateyjarbók, en samling af norse konge-sager, med indskudte mindre fortællinger om begivenheder i og udenfor Norge samt annaler, ed. by G. VÍGFÚSSON – C. R. UNGER, P. T. Mallings forlagsboghandel, Christiania 1862, II.

Flateyjarbók, en samling af norse konge-sager, med indskudte mindre fortællinger om begivenheder i og udenfor Norge samt annaler, ed. by G. VÍGFÚSSON – C. R. UNGER, P. T. Mallings forlagsboghandel, Christiania 1868, III.

FRY, D. K., «Bede», in P. PULSIANO – K. WOLF – P. ACKER – D. K. FRY (eds.), *Medieval Scandinavia: An Encyclopedia*, Garland, New York 1993, pp. 36-37.

HARRIS, J., «Þorleifs þáttr jarlsskálds», in P. PULSIANO – K. WOLF – P. ACKER – D. K. FRY (eds.), in *Medieval Scandinavia: An Encyclopedia*, Garland, New York 1993, pp. 671-672.

Heliand, ed. by E. SIEVERS, Weisenhaus, Halle 1878.

Heliand und Genesis, ed. by O. BEHAGHEL, 9th ed. rev. by B. TAEGER, Max Niemeyer, Tübingen 1984.

Hermann the Archdeacon, *Liber de Miraculis Sancti Eadmundi*, in *Memorials of St Edmund's Abbey*, ed. by T. ARNOLD, 3 vols., London, 1890-1896, I, pp. 26-93.

HOFSTRA, T., «Gedanken zu den *Versus de poeta et interprete huius codicis*», *NOWELE*, 28/29 (1996), *A Frisian Germanic Miscellany Published in Honour of Nils Århammar, 7 August 1996*, pp. 387-398.

Íslendinga saga, in *Sturlunga saga*, ed. by J. JÓHANNESSON – M. FINNBO-GASON – K. ELDJÁRN, 2 vols., Sturlunguútgáfan, Reykjavík1946, II, pp. 229-534.

Jómsvíkinga saga, in *Flateyjarbók, en samling af norse konge-sager, med indskudte mindre fortællinger om begivenheder i og udenfor Norge samt annaler*, ed. by G. VÍGFÚSSON – C. R. UNGER, 3 vols., P. T. Mallings forlagsboghandel, Reykjavík 1860, I, pp. 153-203.

KLAEBER, F., «Analogues of the Story of Caedmon», *Modern Language Notes,* 42 (1927) 390.

KLANICZAY, G., *Holy Rulers and Blessed Princesses: Dynastic Cults in Medieval Central Europe*, Cambridge University Press, Cambridge 2002.

Landnámabók, in *Íslendingabók. Landnámabók*, ed. by J. BENEDIKTSSON, Hið íslenzka fornritafélag, Reykjavík 1968, pp. 29-397.

LESTER, G. A., «The Caedmon Story and Its Analogues», *Neophilologus*, 58 (1974) 225-237.

Maríu Saga, Legender om Jomfru Maria og hendes Jertegn efter gamle haandskrifter, ed. by C. R. Unger, 2 vols., Brogger & Christie, Christiania 1871, II.

Matthias Flacius Illyricus, *Catalogus testium veritatis, qui ante nostram aetatem pontifici Romano, eiusque erroribus reclamarunt: iam denuo longe quam antea, et emendatior et auctoris editus*, ex officina Ioannis Oporini, Basilae 1562.

MIERKE, G., *Memoria als Kulturtransfer: Der altsächsische „Heiland" zwischen Spätantike und Frühmittelalter*, Böhlau Verlag, Köln 2008.

NILES, J. D., «*Bede's Cædmon, The Man Who Had No Story*», *Folklore*, 117 (2006) 141-155.

NORDAL, G. *Tools of Literacy: The Role of Scaldic Verse in Icelandic Textual Culture of the Twelfth and Thirteenth Centuries*, University of Toronto Press, Toronto 2001.

Nova Legenda Anglie: *As collected by John of Tynemouth, John Capgrave and others, first printed, with new lives, by Wynkyn de Worde ad mdxvi*, ed. by C. HORSTMANN, 2 vols., Clarendon Press, Oxford 1901, II.

ÓSKARSDÓTTIR, S. *Universal History in Fourteenth-Century Iceland: Studies in AM 764 4to*, Ph.D. diss., University College of London, 2000.

Saga Ólafs konungs hins helga: Den store saga om Olav den hellige efter Pergamenthåndskrift i Kungliga Biblioteket i Stockholm nr. 2 4to, med varianter fra andre håndskrifter, ed. by O. A. Johnsen – J. Helgason, 2 vols., Kjeldeskriftfondet, Oslo 1941, I.

Scherer, W., *Kleine Schriften zur altdeutschen Philologie*, ed. by K. Burdach, Weidmann, Berlin 1893.

Sneglu-Halla þáttr, in *Flateyjarbók, en samling af norse konge-sager, med indskudte mindre fortællinger om begivenheder i og udenfor Norge samt annaler*, ed. by G. Vígfússon – C. R. Unger, 3 vols., P. T. Mallings forlagsboghandel, Christiania 1868, III, pp. 415-428.

Sneglu-Halla þáttr in *Eyfirðinga sögur*, ed. by J. Kristjánsson, Hið íslenzka fornritafélag, Reykjavík 1956, pp. 261-295.

Snorre Sturlasson Edda. Uppsala-Handskriften DG 11, Facsimileedition i ljustryck på uppdrag av Sveriges riksdag, ed. by A. Grape – G. Kallsteinus – O. Thorell, 2 vols., Almqvist & Wiksell, Uppsala 1962-1977, I.

Turville-Petre, G., «Dreams in Icelandic tradition», in Id., *Nine Norse Studies*, Western Printing Services, London 1972, pp. 30-51 [Originally published as «Dreams in Icelandic Tradition», *Folklore*, 69 (1958) 93-111].

Þorleifs þáttr jarlsskálds, in *Eyfirðinga sögur*, ed. by J. Kristjánsson, Hið íslenzka fornritafélag, Reykjavík 1956, pp. 215-229.

Marina Buzzoni*

THE *ORRMULUM*: ENGLISH OR ANGLICIZED NORSE?

> In effetti, dell'*Ormulum* non si può dire con sicurezza
> molto di più che in esso abbondano parole e forme di
> chiara matrice scandinava, mentre sono rari i francesismi.
> [Raschellà, *Ormulum*, p. 15]

1. Aim of the paper

Despite a generalized discredit of its literary value[1], the early Middle English exegetical verse text known as *Orrmulum* presents many peculiarities that demand and deserve the attention of the scholars. To mention just a few of the still open issues that this text arises, one could list: the peculiarity of the orthographic system (probably the best-known and most extensively studied feature of the *Orrmulum*); the origin and provenance of the twelfth-century manuscript which transmits most part of the text that has come down to us; Jan van Vliet's seventeenth-century transcription which contains lost portions in the original manuscript; the identity of the author; the genre to which the text can be attributed; and – last but not least – the language in which it is written.

After briefly sketching the documentary history of the *Orrmulum*, this paper will focus on one of the most debated linguistic problems posed by the text, i.e. the dialectal variety to which it belongs. The issue will be addressed from the new perspective opened up by Emonds and Faarlund's recent hypothesis that the late 12th-century exegetical text is the first known work to employ a form of Anglicized Norse from which Middle and Modern English developed. A crucial question

---

* Ca' Foscari University of Venice, Department of Linguistics and Comparative Cultural Studies, Ca' Bembo, Fondamenta Toffetti, Dorsoduro 1075, I-30123 Venezia; mbuzzoni@unive.it

[1] See, among others, the blunt statement by Richard M. Wilson on the «deadly monotony of the rhythm» (R.M. Wilson, *Early Middle English Literature*, Methuen & Co, London 1939, p. 174), and his final judgement of the whole work as «an intolerably diffuse and tedious work» (Ivi, p. 176).

will be posed, whether the textual data can actually support this claim or not.

2. Documentary history

The extant over 20,000 verses (roughly 125,000 words) that make up what remains of the text named by its author *Orrmulum*[2] are transmitted in Oxford, Bodleian Library, MS Junius 1; these verses are only about an eighth of the originally planned work[3]. According to Malcom Parkes, the manuscript was presumably produced at the Arroaisian House of SS. Peter and Paul in Bourne in southern Lincolnshire in the late twelfth century. His evidence about the provenance comes from the list of *capitula*, which indicates that the latter stages of the work pivoted upon the deeds of SS. Peter and Paul, to whom the Augustinian abbey in Bourne was dedicated. Parkes' assumption on the date of the *Orrmulum*, which represents the modern consensus view, is based on the scrutiny of the characteristics of the writing of the so-called "Hand C", responsible for inserting the Latin incipits of the Gospel texts. These initial parts are not likely to have been written later than 1180, and since they were added after Orrm had finished writing and revising the English text of his homilies, it seems reasonable to assume that this work was carried out between ca. 1160 and 1180[4].

---

[2] Unless otherwise stated, the original text is quoted from R. HOLT (ed.), *The Ormulum*, with the Notes and Glossary of Dr. R.M. WHITE, 2 vols., At the Clarendon Press, Oxford 1878. Preface 1-2: «Þiss boc iss nemmnedd Orrmulum / Forrþi þatt Orrm itt wrohhte» 'This book is called Orrmulum, / because Orrm composed it'. A second passage in the Dedication, ll. 323-324, reads: «Icc wass þær þær I crisstnedd wass Orrmin bi name nemmnedd» 'Where I became a Christian, I was given the name of Ormmin'. The name of the author seems thus to be Orrm or Orrmin (the latter is probably derived from the former with the addition of a derivational suffix of unclear and disputed origin). The title *Orrmulum* has been interpreted as either *Orrm* followed by the Latin diminutive suffix *–ulum* (a form of *captatio benevolentiae*), or as a calque on the technical term *speculum*.

[3] In the table of contents 242 homilies are mentioned, of which only 32 remain.

[4] M.B. PARKES, «On the Presumed Date and Possible Origin of the Manuscript of the 'Ormulum': Oxford, Bodleian Library, MS. Junius 1», in E.G. STANLEY – D. GRAY (eds.), *Five Hundred Years of Words and Sounds: A Festschrift for Eric Dobson*, Brewer, Cambridge, pp. 115-127.

Further hypotheses have been put forth as regards the provenance of the manuscript, as well as of the author himself. Some scholars, especially in the 19th century, have strongly made the point that the North-Western territories of Cumberland and Lancashire are quite realistic alternatives to Lincolnshire[5].

Very little is known of the fate of the manuscript before the seventeenth century, when it fell into possession of Sir Thomas Aylesbury (1579/80–1658), who eventually brought it to the Low Countries where he was exiled after the execution of King Charles I in 1649. The manuscript was then purchased for 18 florins by Jan van Vliet, town clerk of Breda and antiquarian, who made a note of the price on folio 2r in the manuscript along with his signature, «Jani Vlisij», and the place and date of purchase «Bredae 1659, 6 Febr.». It is exactly in this period that the folios carrying columns 13-28, 45-52, 69-76, 97-104, 137-144, 157-160, 181-204, 221-224, 237-244, 257-260, 277-280, 297-300, and 399-406, altogether 27 folios with 108 columns of text, were missed from MS Junius 1; luckily enough, van Vliet had recorded material from them – in some cases single verses or groups of verses, in other cases individual words – on old note paper from his student days; van Vliet's notebook is now London, Lambeth Palace Library, MS 783. This very rich material was unknown to the nineteenth-century *Orrmulum* editors, Dr. Robert Meadows White in 1852, and Rev. Robert Holt in 1878[6]; the text passages from folios 51r-72v in MS 783 (now lost in Junius 1) were published by Neil Ker in a diplomatic edition in 1940[7], and a survey of single words written down by van Vliet from missing folios was published by Robert W. Burchfield

---

[5] See, among others, R.G. LATHAM, «Upon the Orms of Lancashire in the Twelfth Century, and Orm the writer of the *Ormulum*», *Transactions of the Historic Society of Lancashire and Cheshire*, third series – V (1876-77) 91-104.

[6] R.M. WHITE (ed.), *The Ormulum*, 2 vols., Oxford University Press, Oxford 1852; HOLT (ed.), *The Ormulum*. The latter is available in .pdf format at https://archive.org/details/ormulumwithnotes01whituoft (last accessed 2016-10-28). A searchable online version which allows also lexical queries is included in the *Corpus of Middle English Prose and Verse*, http://quod.lib.umich.edu/c/cme/ (last accessed 2016-10-28). The text is also part of the Penn-Helsinki-Parsed Corpus of Middle English (PPCME2) which is available at http://www.ling.upenn.edu/mideng (last accessed 2016-10-28).

[7] N.R. KER, «Unpublished parts of the Ormulum printed from MS. Lambeth 783», *Medium Ævum*, 9 (1940) 1-22.

in 1961[8]. A new edition of the text by the Swedish scholar Nils-Lennart Johannesson is presently in progress (*The Orrmulum Project*)[9]. Van Vliet owned the manuscript from 1659 to his death in 1666, after which it was acquired by Franciscus Junius (1589-1678); finally, it entered the Bodleian Library with Junius' collection in 1678.

The manuscript, whose parchment – presumably sheepskin of irregular shape – seems to be rather poor, is considered a holograph[10]. Orrm himself performed a large amount of editing over time, with the help of (at least) two collaborators known as «Hand B» and «Hand C». This has led Johannesson to claim that «[t]he manuscript can be seen as one huge illustration of writing as process rather than product»[11] (see Fig. 1).

---

[8] R.W. BURCHFIELD, «Ormulum: Words copied by Jan van Vliet from parts now lost», in N. DAVIS – C.L. WRENN (eds.), *English and Medieval studies presented to J.R.R. Tolkien on the occasion of his seventieth birthday*, Allen & Unwin, London 1961, pp. 94-111. On Jan van Vliet see also: K. DEKKER, *The origins of Old Germanic studies in the Low Countries*, Brill, Leiden 1999.

[9] N.-L. JOHANNESSON, *The Orrmulum Project*, http://www.orrmulum.net/orrmulum_site.html (last accessed 2016-10-28).

[10] It consists of 119 fols, 90 of which are original and 29 later additions containing revisions by Orrm. The original leaves are generally in two columns (one column where the leaves were too small). J. TURVILLE-PETRE, «Studies in the Ormulum MS», *Journal of English and Germanic Philology*, 46 (1947) 1-27.

[11] N.-L. JOHANNESSON, «*Orrmulum*: Genre membership and text organization», in N.-L. JOHANNESSON – G. MELCHERS – B. BJÖRKMAN (eds.), *Of butterflies and birds, of dialects and genres: Essays in honour of Philip Shaw*, Acta Universitatis Stockholmiensis, Stockholm 2013, pp. 77–89.

Fig. 1. MS Junius 1, ff. 9v-10r, showing the irregular shape of the parchment, and writing as process.
Source: LUNA, http://bodley30.bodley.ox.ac.uk:8180/luna/servlet
(last accessed 2016-10-28)

3. Structure of the work and genre issue

The work is usually described as a homily collection, but a closer analysis carried out by N.-L. Johannesson has shown that the *Orrmulum* is a hybrid, in that it combines properties of (at least) two contemporary text genres[12]. On the one hand it exhibits some typical features of a homiliary, such as a verse-by-verse exegesis of the gospel texts; and yet, differently from homiliaries, the *lectiones* do not follow the same arrangement as in the Missal, i.e. they do not follow the liturgical year. The gospel lections are rather presented in chronological sequence, since they report events which have taken place before, during and after the lives of John the Baptist and Christ. This chronological arrangement makes the text closer to a gospel harmony, in which the narratives of the four gospels are combined into one coherent story.

The prefatory part of the *Orrmulum* can similarly be shown to be a hybrid. It displays all the properties of a Ciceronian *praefatio*, in that it comments on the relationship between the author and various other people, such as his patron, his readers, his copyist, and his detractors; and yet it also shows the typical features of the prologue of a twelfth-century exegetical work, since it contains the name of the author and of the work, it states its purpose, etc.

As for the structure, the work is composed of an apparently extremely articulated prefatory part followed by the real textual body, namely the homilies.

On the basis of Holt's 1878 edition, the prefatory matter of *Orrmulum* is made up of four sections: *Dedication*, *Preface*, *Texts* (i.e. a numbered list of Latin incipits to the homiletic texts) and *Introduction*. Burchfield, however, pointed out that this assumption is based on a misunderstanding. In fact, the text contained in folio 9 recto, as well as the first 25 lines of folio 9 verso (Holt's *Preface*) are in the wrong place, since they were marked by Orrm to be inserted after verse 156 of Holt's *Dedication*, immediately before Orrm's explanation of what «goddspell» means.[13] Therefore:

---

[12] N.-L. Johannesson, «*Orrmulum*: Genre membership and text organization», in N.-L. Johannesson – G. Melchers – B. Björkman (eds.), *Of butterflies and birds, of dialects and genres: Essays in honour of Philip Shaw*, Acta Universitatis Stockholmiensis, Stockholm 2013, pp. 77-89; N.-L. Johannesson, «Orm's relationship to his Latin sources», in G. Mazzon (ed.), *Studies in Middle English Forms and Meanings*, Peter Lang, Frankfurt am Main 2007, pp. 133-143.

[13] R.W. Burchfield «The language and orthography of the Ormulum MS», *Transactions of the Philological Society*, 55 (1956) 56-87, at p. 72. See also

Once Holt's *Preface* is inserted in its proper place (where it fits seamlessly) and his *Introduction* is allocated to Homily i/ii (for the Introduction to a homily, see section 3.3 below), the prefatory matter of *Orrmulum* is reduced to one running text (Holt's *Dedication + Preface*) and one numbered list of Latin incipits of the gospel lections (Holt's *Texts*)[14].

In this prefatory part, Orrm first addresses his patron and threefold brother Walter (in the flesh, in the faith, and in the order[15]), who commissioned the work, and then declares (with conventional expressions of modesty) that he has completed the task assigned to him. The *prefatio* in the proper sense contains some reworking of exegetical works, as well as the motivations for having carried out the work, namely in order that the souls of English people may be saved; as a reward from God for his labour Orrm expects his own salvation. The list of Latin incipits provides some background for the following homilies. These may show a very complex structure, whose obligatory elements are (i) the homiletic text (ii) its exegesis[16].

The homilies, as well as the prefatory material, are written in verse, in a metre in which an octosyllabic verse[17] is followed by a heptasyllabic one (septenarius). Therefore, each (long) line has fifteen syllables divided into seven feet, without rhyme or alliteration. There is a caesura after the eighth syllable (fourth feet), and the rhythm is iambic[18]. To sum up,

---

H.C. MATTHES, *Die Einheitlichkeit des Orrmulum: Studien zur Text-kritik, zu den Quellen und zur sprachlichen Form von Orrmins Evangelienbuch*, C. Winter, Heidelberg 1933, in particular pp. 36-37.

[14] JOHANNESSON, «*Orrmulum*: Genre membership», p. 82.

[15] Ll. 1-5: «NU, broþerr Wallterr, broþerr min / Affterr þe flæshess kinde; / & broþerr min i Crisstenndom / Þurrh fulluhht & þurrh trowwþe; / & broþerr min i Godess hus, [...]».

[16] According to Johannesson, the sections that can make up a homily are the following (mandatory sections are marked with an asterisk): Introduction / (Text heading) / *Text A / (Text heading) / Text B / Transition / *Exposition A / Exposition B / Coda / Prayer (JOHANNESSON, «*Orrmulum*: Genre membership», p. 85).

[17] Here 'verse' is synonymous with 'half-line'.

[18] On the metre of the *Orrmulum* the bibliography is rather extensive, both within a descriptive and within a formal framework. See: M. KALUZA, *A short history of English versification*, transl. by A.C. Dunstan, Allen, London 1911; I. HALL, *Selections from Early Middle English*, Clarendon, Oxford 1920; F. MOSSÉ, *A Handbook of Middle English*, transl. by J.A. Walker, John Hopkins University Press, Baltimore 1952; E.G.

the metre of the *Orrmulum* shows the following dominant feet pattern, in which ‖ represents the caesura, <w> stands for weak position, and <s> for strong position:

[w s | w s | w s | w s ‖ w s | w s | w s | w]

Martin J. Duffell has recently claimed that «[i]n terms of parametric theory, *Ormulum*'s prominent type is strength: only the weak syllables of polysyllabic words are constrained from appearing in strong positions»[19].

An analysis of the extensively studied innovative spelling system introduced by Orrm goes beyond the scope of this essay. To our purposes, it suffices to say that it is remarkable for its innovations and inventiveness, and departs strikingly from Old English spelling. In a nutshell: most scholars are inclined to think that Orrm generally doubled the consonants of closed syllables in which the vowel is etymologically short (e.g. Orr|mulum; wro*hh*|te; bro|þerr; Wa*ll*|terr), leaving long vowels unmarked by spelling (e.g. *boc*)[20]. In all probability the practical aim of the phoneticism of his

---

STANLEY, «Rhymes in Early Medieval Verse: from Old English to Middle English», in E.D. KENNEDY – R. WALDRON – J.C. WITTIG (eds.), *Medieval English Studies presented to George Kane*, D.S. Brewer, Cambridge 1988, pp. 19-54; D. MINKOVA, «Non-primary Stress in Early Middle English accentual-syllabic verse», in C.B. MCCULLY – J.J. ANDERSON (eds.), *English Historical Metrics*, Cambridge University Press, Cambridge 1996, pp. 95-120; E. SOLOPOVA, «The metre of the *Ormulum*», in M.J. TOSWELL – E.M. TYLER (eds.), *Studies in English Language and Literature. 'Doubt wisely'. Papers in Honour of E.G. Stanley*, Routledge, London – New York 1996, pp. 423-439; W. ZONNEVELD, «The 'Ormulum' and the 'Lutgart': Early Germanic iambs in context - Medieval English measures: Studies in metre and versification», *Parergon*, 18.1 (2000) 27-52; C. TRIPS, *From OV to VO in Early Middle English*, John Benjamins, Amsterdam 2002 (in particular, section 7.4.2.1: The metre of the *Ormulum*); F.D. RASCHELLÀ, «La flessibilità del 'rigido' verso ormiano: regolarità e variazione metrica nell'*Ormulum*», in P. LENDINARA (a cura di), '*... un tuo serto di fiori in man recando'. Scritti in onore di Maria Amalia D'Aronco*, vol. II, Forum – Editrice Universitaria Udinese, Udine 2008, pp. 347-357; M.J. DUFFELL, *A New History of English Metre*, Modern Humanities Association and Money Publishing, London 2008 (in particular, Chap. 4); R.D. FULK, *A History of Old English Meter*, University of Pennsylvania Press, Philadelphia 2015 (in particular, Chap. 10: *Later Developments*).

[19] DUFFELL, *A New History of English Metre*, p. 78.

[20] Cf. H. SWEET, A History *of English Sounds from the Earliest Period, with Full Word List*, 2nd ed., At the Clarendon Press, Oxford 1888, pp. 165-66. It has also been proposed that the doubled consonants should be considered as

script was to regulate pronunciation in subsequent oral delivery of the text[21]. An evaluation of this system in terms of a new linguistic theory will be given in the following section.

4. The language

Though various hypotheses have been put forth, the dialectal features of the *Orrmulum* are far from fixed[22]. The ambiguity is due to both paucity of information about the exact configuration of Middle English dialectal varieties, as well as some uncertainty about authorship and provenance which still remains albeit Malcom Parkes' widely accepted view of the Lincolnshire origin of the manuscript[23].

On the basis of the numerous Old Norse phrases[24], and the very few Old French influences[25], it seems undeniable that the Early Middle English dialectal variety of the *Orrmulum* can be taken as robustly "Danelaw". The *Orrmulum* would therefore show both the poor productivity of the Norman influence in the formerly Danish areas of England, as well as the assimilation of Old Norse features into Early Middle English.

---

real geminate sounds, independently of the preceding vowel (in the wake of M. TRAUTMANN, «Orms Doppelkonsonanten», *Anglia Anzeiger*, 7 (1885) 94-99; 208-210.

[21] See K. SISAM, «MSS. Bodley 340 and 342: Aelfric's Catholic Homilies», *The Review of English Studies*, 9 (1933) 1-12; M. MARKUS, «The Spelling Peculiarities in the *Ormulum* from an Interdisciplinary Point of View: A Reappraisal», in U. BÖKER – M. MARKUS – R. SCHÖWERLING (eds.), *The Living Middle Ages: Studies in Mediaeval English Literature and Its Tradition: A Festschrift for Karl Heinz Göller*, Belser, Stuttgart 1989, pp. 69-86.

[22] See F.D. RASCHELLÀ, «*Ormulum*: una singolare testimonianza letteraria e linguistica del primo inglese medio», in V. DOLCETTI CORAZZA – R. GENDRE (a cura di), *Lettura di Beowulf*, Edizioni dell'Orso, Alessandria 2005, pp. 3-27, at p. 15.

[23] Orrm identifies himself as an Augustinian canon; yet, one shouldn't forget that judging from the numerous Augustinian monasteries at that time, more than one place can be compatible with the working retreat of the *Orrmulum*'s author, e.g. Elsham or Bourne in Lincolnshire (East Midlands), but also Carlisle in Cumberland (North-West area).

[24] Particularly doublets, where an Old Norse word is accompanied by an English one.

[25] J.A.W. BENNETT, *Middle English Literature*, ed. and completed by D. GRAY, Clarendon, Oxford 1986, p. 33.

More precisely, the hypothesis that the *Orrmulum* was written in the East Midland dialect of Middle English is coherent with the assumption that Orrm composed his work at the Abbey of Bourne in southern Lincolnshire[26]. A further hypothesis according to which the text would be written in a North-Western dialect of Middle English is instead grounded on Orrm's provenance from either Cumberland or Lancashire[27].

The overall picture becomes even more complicated if one checks the linguistic data taken from the *Orrmulum* against a fairly recent (revolutionary) theory on the nature of Middle English. It is no news that, about a century after the Conquest, English began again to be written with a morphosyntax remarkably different from the previous period. The sharp grammatical discrepancies between Old and Middle English seem to be the motivation for the title of John McWhorter's 2004 article, *What happened to English?* The triggers for what seem to be abrupt changes have been so far accounted for within different theoretical frameworks, ranging from purely descriptive to more formal ones. The common ground of all these studies is the underlying idea of a continuity between the periods in which the history of English can be subdivided. However, in 2012 the linguist Jan Terje Faarlund, interviewed by the University of Oslo research magazine *Apollon*, gives notice to the wide public of the hypothesis that Modern English is not a descendant of Old English, but rather – on syntactic grounds – it should be grouped with North Germanic. According to this view Old English, i.e. West Germanic English, died out in England in the late Middle Ages and was replaced by a variety of Norse that underwent an "anglicization" process. This theory was subsequently formalized in a publication authored by Faarlund together with the English scholar Joseph E. Emonds which appeared at the end of 2014, *English: The Language of the Vikings*, published as the third volume in the series *Olomouc Modern Language Monographs* at Palacký University, Olomouc, Czech Republic.

What is most interesting for us here, is that the authors consider the *Orrmulum* as (probably) the first book in that form of Anglicized Norse

---

[26] See above, section 2. As already said, this claim was strongly made by M. Parkes on palaeographic grounds, and then embraced by other scholars, among whom the latest editor of the *Orrmulum*, N.-L. Johannesson.

[27] See, for example, H. BRADLEY – J. WILSON, «Where was the *Ormulum* written?», *The Athenæum*, 4099 (1906) 609; 4108 (1906) 73-74.

which they take to be at the basis of Middle English[28]. Orrm's work, therefore, would be written in a language totally different from Old English, i.e. in a variety of Norse. The assumption is not surprising in itself: the claim that Middle English is in fact a creole was put forth by Charles-James N. Bailey and Karl Maroldt in 1977 (who considered it as deriving from admixture of Old English and Norman French) and Patricia Poussa in 1982 (who argued for combination of Old English and Old Norse rather than French)[29]. Emonds and Faarlund are however the first to propose that Middle English descended directly from Old Norse, and that Old English simply died out (with the exception of some lexical borrowings). They are also the first to consider the *Orrmulum* as written in Norse – albeit anglicized.

In the light of this view, the two scholars speculate that the unorthodox spelling system in the 12th-century *Orrmulum* is an invention of the Scandinavian author Orrm who «felt that he was inventing *ab initio* a writing system for the previously unwritten Anglicized Norse, and so he conscientiously introduced (enduring) graphic mechanisms such as double consonants after short vowels.[30]» This assumption is no further developed, and no mention is made of the fact that the orthography of the *Orrmulum* remains a *unicum* in the history of English.

Of the (syntactic) evidence considered by Emonds and Faarlund to support their hypothesis, two features in particular will be discussed in this section, namely those which in their book are exemplified specifically through the *Orrmulum*: the complementizer *þat* (Orrm. *þatt*), and the periphrastic future construction with *shall*.

---

[28] This claim is made on various occasions throughout the book, e.g. pp. 28, 63, 79, 111.

[29] Ch.-J. N. BAILEY – K. MAROLDT, «The French lineage of English», in J.M. MEISEL (éd.), *Langues en contact – Pidgins – Creoles*, Narr, Tübingen 1977, pp. 21-53. P. POUSSA, «The Evolution of Early Standard English: The Creolization Hypothesis», *Studia Anglica Posnaniensia*, 14 (1982), 69-85. See also M. GÖRLACH, «Middle English – a creole?», in D. KASTOVSKY – A. SZWEDEK (eds.), *Linguistics Across Historical and Geographical Boundaries*, de Gruyter Mouton,, Berlin 1986, pp. 329-344.

[30] J.E. EMONDS – J.T. FAARLUND, *English: The Language of the Vikings*, Palacký University, Olomouc 2014, p. 63.

4.1. Early Middle English þat(t) vs þe

In typical relative clauses, the most common complementizer in Old English was *þe* (although other possibilities were not excluded)[31]; similarly, Norse used a different but still invariant complementizer *er*, later *sem*. In Early Middle English, Old English *þe* gradually disappeared, and was replaced by *þat* from approximately the 13th century. Since the new invariant *þat* spread from North to South, Emonds and Faarlund look upon this feature as though the Norse *er* first relexified as the Anglicized Norse *þat*, which then spread southwards[32].

For the sake of brevity, I shall here omit to discuss the issue that Old English had in fact a more complex relative clause system; I shall only mention that Emonds and Faarlund's point that Old Norse, like Middle English, does not have any type of casemarked relativizers, but rather only invariant complementizers disregards that Old Norse did have a determiner which could be endowed with a relative meaning in conjunction with the invariant form *er*. An example given in a previous publication by Faarlund himself is the following[33]:

(1)   í borginni var hǫfðingi *sá, er* Óðinn var kallaðr   (*Ynglingasaga*, Chap. 2)
      'in the castle was a chieftain who (lit. who that) was called Odin'

Another, even clearer, example is reported below:

(2)   Svá er friðr kvenna, *þeira er* flátt hyggja   (*Hávamál* 90.1)
      'this is the love of women, who (lit. those.G that) are deceitful in spirit'

In the same study, Faarlund claims that this is a common construction[34]. In such clauses, the demonstrative bears the case of the antecedent according

---

[31] B.M.H. STRANG, *A history of English*, Methuen, London 1970, p. 270; examples of gaps in positions of all four Old English cases are provided by van Kemenade (A. VAN KEMENADE, *Syntactic Case and Morphological Case in the History of English*, Foris, Dordrecht 1987, in particular section 5.1.3) and Mitchell (B. MITCHELL, *Old English Syntax*, 2 vols., Clarendon, Oxford 1985). In addition, relative clauses in Old English could be constructed with the demonstrative *se* as the relative pronoun, or with a combination of the demonstrative and the complementizer: *se þe* (a syntactic phenomenon known as the Doubly-Filled-Comp Filter (DFCF)).

[32] EMONDS – FAARLUND, *English: The Language*, p. 111.

[33] J.T. FAARLUND, *The Syntax of Old Norse*, Oxford University Press, Oxford 2004, p. 259.

[34] Ivi, p. 264.

to the well known phenomenon of *attractio relativi* (case attraction)[35], but there are exceptions where the demonstrative has the case of the relativized element. Terje Wagener has recently noted that the relative *sá* can form an extraposed syntactic unit with the relative clause, as in (3), where *maðr* represents the antecedent:[36]

(3) hinn fyrsti *maðr* var scapaðr or ó-saurgaðre iorðu *sa er* glataðe í dauða ser siolfum ok ollu kyni sinu.
(*Old Norwegian Homily Book*, AM 619 4to)
'The first man was made from clean soil, he who caused death upon himself and all his kind.'

In such contexts, Old Norse *sá er* behaves very similarly to Old English *se þe*. What has been discussed so far makes the hypothesis of the relexification of Middle English *þat* on the basis of Old Norse *er* (later *sem*) less probable, and rather leads to think in terms of parallel developments starting from a similar – though not completely identical – situation.

Another point made by Emonds and Faarlund to support their view is that Middle English *þat* spread from North towards the Southern territories, where *þe* persisted longer. On p. 111 of their book, they agree with the claim by Olga Fischer - among other scholars - that «*þe* is more frequent than *þat* in south and southeast midland texts in the 12th century, while in the northeast midland texts (e.g., in the *Ormulum*) *þat* is the usual form».

This observation is undeniably true, albeit only descriptive. I made a lexical query in the *Corpus of Middle English Prose and Verse*, item: *Ormulum*, which resulted into 3,687 occurrences of *þatt* vs 1,659 occurrences of *þe*. The elicited data is raw; yet, it is evident that the two forms are not in competition, since *þe* is normally used as a definite article (see 4a), rather than as a relativizer/complementizer (see 4b and 4c).

---

[35] For a survey on «case attraction» in medieval Germanic languages, see M. Buzzoni, «L'adozione di modelli formali nella linguistica germanica: prospettive ecdotiche ed ermeneutiche», in C. Händl – C. Benati (a cura di), *La linguistica germanica oggi: problemi e prospettive*, ECIG, Genova 2008, pp. 69-89, in particular pp. 75-85.

[36] T. Wagener, *The History of Norwegian Relative Clauses*. Ph.D. dissertation, University of Oslo 2013, p. 135.

(4) a. Þatt sinndenn o þe messeboc / Inn all þe ȝer att messe. / & aȝȝ affterr
þe Goddspell stannt / Þatt tatt te Goddspell meneþþ, / Þatt mann birrþ
spellenn to þe follc /   (*Dedication* 31-35)
b. Þatt broþerr **þatt** tiss Ennglissh writt   (*Dedication* 331)
c. All mannkinn, fra **þatt** Adam wass /   (*Introduction* 1)

Also in light of this, no strong evidence support the claim of a Norse origin of *þatt*, which on the contrary probably descended directly from Old English, where it already played the role of a relativizer in appropriate contexts as the neuter nominative and accusative form of the demonstrative:

(5) oþþæt hie comon on Eastseaxna lond easteweard, on an igland *þæt* is ute on þære sæ, *þæt* is Meresig haten
(*The Anglo-Saxon Chronicle*, MS A, s.a. 894)
'until they came to the eastern part of East Saxony, to an island that is out in the sea, that is called Meresig'

Old English also features clauses with a double *þæt* as in (6), where the second *þæt* is clearly a relativizer.

(6) ne gode gelæstan *þæt þæt* we scoldan.
'nor to grant to God that which (= what) we should'
(Wulfstan, *Secundum Lucam*, MS Hatton 133)

Since there is no evident discontinuity from the previous period, it could be claimed that the system changed as a result of bleaching (and eventually disappearance) of the morphological case on the noun, which caused the *se*-paradigm to be dismantled[37]. Consequently, the *se*, as well as the *se þe* relatives became more and more unproductive. Once the definite article *þe* had arisen, the relativizing function was taken up by the most distinct form, i.e. *þat* (*Orrm. þatt*).

As a matter of fact, a closer scrutiny of the data taken from *Orrmulum* within the history of the English language seems to confirm that the change under inspection is an internal feature of English, rather than a phenomenon triggered by Old Norse.

---

[37] It is no surprise that these changes were quicker and more intense in the Northern territories, where interference with other peoples was stronger.

4.2. The periphrastic future

In Middle English, the present tense is still regularly used to refer to the future, although periphrastic constructions are becoming more numerous starting with early Middle English texts[38]. Emonds and Faarlund maintain that «one of Fischer's future periphrastics is from the 12th-century *Ormulum*»[39]. I shall report the example below for the sake of clarity:

(7) And whase wilenn *shall* þiss boc efft oþerr siþe writtenn,   (*Orrm*. 48–49)
  'And whoever shall wish to copy this book at some other time,'

The two scholars further notice that by the 13th century, in Danish, *skulu* seems to have become the most common way to express future tense, and since at just this time the use of *shall* in English increases remarkably, the obvious conclusion within their general hypothesis is that we are in front of a Scandinavian syntactic feature borrowed by Middle English from Old Norse.

The occurrences of *shall* in the *Orrmulum* amount to a total of 241, some of which endowed with a slightly more deontic meaning; however, the wide majority of them refers to future events. There are two major objections to the assumption of a Norse origin of the periphrastic *shall*, and they are, so-to-say, interwoven. Firstly, anticipatory uses of *shall* in contexts expressing futurity are detectable also in Old English, as shown in (8):

(8) OE forðæm ge *sculon* [...] wepan
  Lat. quoniam flebitis
  'because you will weep'
      (from Quirk – Wrenn, *An Old English Grammar*, p. 78)

Randolph Quirk and C.L. Wrenn comment on these forms as follows: «although *willan* and *sculan* with the infinitive usually imply volition or obligation respectively, these constructions are found occasionally translating Latin futures»[40]. The speakers of Old English were thus already on the way to use *shall* as future marker.

---

[38] O. Fischer, «Syntax», in N. Blake (ed.), *The Cambridge History of the English Language*, vol. 2: *1066–1466*, Cambridge University Press, Cambridge 1992, pp. 207-408, at p. 241.

[39] Emonds – Faarlund, *English: The Language*, p. 79.

[40] R. Quirk – C.L. Wrenn, *An Old English Grammar*, Methuen, London – New York 1957, at p. 78.

The second point that should be raised is more general, in that a development of modal verbs such as *shall* and *will* into future tense markers is a natural kind of grammaticalization, which might have taken place independently in Old English, as it in fact did not only in Norse, but also in other sister languages like German[41].

5. Conclusions

Returning to the question posed in the title, namely whether the *Orrmulum* can really be considered the first example of Anglicized Norse as surmised by Emonds and Faarlund, I would favour a negative answer. On the one hand, the textual evidence is too scanty to allow for such a conclusion. On the other hand, the data collected seem to point to an English origin of the syntax of the *Orrmulum*, which is in continuity with the previous stages of the language, as the scrutiny of the two case studies in 4.1 and 4.2 has shown. A question which still remains open is the apparent quickness with which relatively new oppositions – like the one between the relativizer *þatt* and the definite article *þe* – became fully grammaticalized.

Even more surprising from the perspective of the Anglicized Norse hypothesis is the fact that, in a text that should be an early embodiment of this variety, no instance of a crucial, distinctive syntactic feature of medieval Nordic languages – i.e. the postponed definite article – is present; and neither are the typically Norse middle voice verbal endings.

Bibliography

BAILEY, Ch.-J. N. – MAROLDT, K., «The French lineage of English», in J.M. MEISEL (éd.), *Langues en contact – Pidgins – Creoles*, Narr, Tübingen 1977, pp. 21-53.

---

[41] Though Emonds and Faarlund are perfectly aware of this possibility, they conclude by stating that «compounded with the other Norse characteristics of Middle English described in this (and the following) chapters, our hypothesis of Norse as the ancestor of Middle and Modern English is a simpler and more natural account» (EMONDS – FAARLUND, *English: The Language*, p. 81). Their argument however risks being circular.

BENNETT, J.A.W., *Middle English Literature*, ed. and completed by D. GRAY, Clarendon, Oxford 1986.

BRADLEY, H. – WILSON, J., «Where was the *Ormulum* written?», *The Athenæum*, 4099 (1906) 609; 4108 (1906) 73-74.

BURCHFIELD, R.W., «The language and orthography of the Ormulum MS», *Transactions of the Philological Society*, 55.1 (1956) 56-87.

—, «Ormulum: Words copied by Jan van Vliet from parts now lost», in N. DAVIS – C.L. WRENN (eds.), *English and Medieval studies presented to J.R.R. Tolkien on the occasion of his seventieth birthday*, Allen & Unwin, London 1961, pp. 94-111.

BUZZONI, M., «L'adozione di modelli formali nella linguistica germanica: prospettive ecdotiche ed ermeneutiche», in C. HÄNDL – C. BENATI (a cura di), *La linguistica germanica oggi: problemi e prospettive*, ECIG, Genova 2008, pp. 69-89.

DEKKER, K., *The origins of Old Germanic studies in the Low Countries*, Brill, Leiden 1999.

DUFFELL, M.J., *A New History of English Metre*, Modern Humanities Association and Money Publishing, London 2008.

EMONDS, J.E. – FAARLUND, J.T., *English: The Language of the Vikings*, Palacký University, Olomouc 2014.

FAARLUND, J.T., *The Syntax of Old Norse*, Oxford University Press, Oxford 2004.

FISCHER, O., «Syntax», in N. BLAKE (ed.), *The Cambridge History of the English Language*, vol. 2: *1066-1466*, Cambridge University Press, Cambridge 1992, pp. 207-408.

FULK, R.D., *A History of Old English Meter*, University of Pennsylvania Press, Philadelphia 2015.

GÖRLACH, M., «Middle English – a creole?», in D. KASTOVSKY – A. SZWEDEK (eds.), *Linguistics Across Historical and Geographical Boundaries*, de Gruyter Mouton, Berlin 1986, pp. 329-344.

HALL, I., *Selections from Early Middle English*, At the Clarendon Press, Oxford 1920.

HOLT, R. (ed.), *The Ormulum*, with the Notes and Glossary of Dr. R.M. WHITE, 2 vols., At the Clarendon Press, Oxford 1878.

JOHANNESSON, N.-L., «*Orrmulum*: Genre membership and text organization», in N.-L. JOHANNESSON – G. MELCHERS – B. BJÖRKMAN (eds.), *Of butterflies and birds, of dialects and genres: Essays in honour of Philip Shaw*, Acta Universitatis Stockholmiensis, Stockholm 2013, pp. 77-89.

JOHANNESSON, N.-L., «Orm's relationship to his Latin sources», in G. MAZZON (ed.), *Studies in Middle English Forms and Meanings*, Peter Lang, Frankfurt am Main 2007, pp. 133-143.

—, «Overwriting, Deletion and Erasure: Exploring the Changes in the Ormulum Manuscript», *Jestin: Journal for English Studies in Norway*, 2.2 (1997) 21-29.

KALUZA, M., *A short history of English versification*, transl. by A.C. Dunstan, Allen, London 1911.

KEMENADE, A. VAN, *Syntactic Case and Morphological Case in the History of English*, Foris, Dordrecht 1987.

KER, N.R., «Unpublished parts of the Ormulum printed from MS. Lambeth 783», *Medium Ævum*, 9 (1940) 1-22.

LATHAM, R.G., «Upon the Orms of Lancashire in the Twelfth Century, and Orm the writer of the *Ormulum*», *Transactions of the Historic Society of Lancashire and Cheshire*, third series – V (1876-1877) 91-104.

MARKUS, M., «The Spelling Peculiarities in the *Ormulum* from an Interdisciplinary Point of View: A Reappraisal», in U. BÖKER – M. MARKUS – R. SCHÖWERLING (eds.), *The Living Middle Ages: Studies in Mediaeval English Literature and Its Tradition: A Festschrift for Karl Heinz Göller*, Belser, Stuttgart 1989, pp. 69-86.

MATTHES, H.C., *Die Einheitlichkeit des Orrmulum: Studien zur Textkritik, zu den Quellen und zur sprachlichen Form von Orrmins Evangelienbuch*, C. Winter, Heidelberg 1933.

MCWHORTER, J.H., «What Happened to English?», in W. ABRAHAM (ed.), *Focus on Germanic Typology*, Akademie Verlag, Berlin 2004, pp. 19-60.

MINKOVA, D., «Non-primary Stress in Early Middle English accentual-syllabic verse», in C.B. MCCULLY – J.J. ANDERSON (eds.), *English Historical Metrics*, Cambridge University Press, Cambridge 1996, pp. 95-120.

MITCHELL, B., *Old English Syntax*, 2 vols., Clarendon, Oxford 1985.

MOSSÉ, F., *A Handbook of Middle English*, transl. by J.A. Walker, John Hopkins University Press, Baltimore 1952.

PARKES, M.B., «On the Presumed Date and Possible Origin of the Manuscript of the 'Ormulum': Oxford, Bodleian Library, MS. Junius 1», in E.G. STANLEY – D. GRAY (eds.), *Five Hundred Years of Words and Sounds: A Festschrift for Eric Dobson*, Brewer, Cambridge 1983, pp. 115-127.

Poussa, P., «The Evolution of Early Standard English: The Creolization Hypothesis», *Studia Anglica Posnaniensia*, 14 (1982) 69-85.

Quirk, R. – Wrenn, C.L., *An Old English Grammar*, Methuen, London – New York 1957.

Raschellà, F.D., «*Ormulum*: una singolare testimonianza letteraria e linguistica del primo inglese medio», in V. Dolcetti Corazza – R. Gendre (a cura di), *Lettura di Beowulf*, Edizioni dell'Orso, Alessandria 2005, pp. 3-27.

—, «La flessibilità del 'rigido' verso ormiano: regolarità e variazione metrica nell'*Ormulum*», in P. Lendinara (a cura di), '*... un tuo serto di fiori in man recando'. Scritti in onore di Maria Amalia D'Aronco*, vol. II, Forum – Editrice Universitaria Udinese, Udine 2008, pp. 347-357.

Sisam, K., «MSS. Bodley 340 and 342: Aelfric's Catholic Homilies», *The Review of English Studies*, 9 (1933) 1-12.

Solopova, E., «The metre of the *Ormulum*», in M.J. Toswell – E.M. Tyler (eds.), *Studies in English Language and Literature. 'Doubt wisely'. Papers in Honour of E.G. Stanley*, Routledge, London – New York 1996, pp. 423-439.

Stanley, E.G., «Rhymes in Early Medieval Verse: from Old English to Middle English», in E.D. Kennedy – R. Waldron – J.C. Wittig (eds.), *Medieval English Studies presented to George Kane*, D.S. Brewer, Cambridge 1988, pp. 19-54.

Strang, B. M. H., *A history of English*, Methuen, London 1970.

Sweet, H., *A History of English Sounds from the Earliest Period, with Full Word List*, 2nd ed., At the Clarendon Press, Oxford 1888.

Trautmann, M., «Orms Doppelkonsonanten», *Anglia Anzeiger*, 7 (1885) 94-99; 208-210.

Trips, C., *From OV to VO in Early Middle English*, John Benjamins, Amsterdam 2002.

Turville-Petre, J., «Studies in the *Ormulum* MS», *Journal of English and Germanic Philology*, 46 (1947) 1-27.

Wagener, T., *The History of Norwegian Relative Clauses*, Ph.D. dissertation, University of Oslo 2013.

White, R.M. (ed.), *The Ormulum*, 2 vols., Oxford University Press, Oxford 1852.

Wilson, R.M., *Early Middle English Literature*, Methuen & Co, London 1939.

ZONNEVELD, W., «The 'Ormulum' and the 'Lutgart': Early Germanic iambs in context - Medieval English measures: Studies in metre and versification», *Parergon*, 18.1 (2000) 27-52.

Sitography (last accessed 2016-10-28)

Corpus of Middle English Prose and Verse, http://quod.lib.umich.edu/c/cme/

LUNA collections, Bodleian Library, http://bodley30.bodley.ox.ac.uk:8180/luna/servlet

The Orrmulum Project, ed. by N.-L. Johannesson, http://www.orrmulum.net/orrmulum_site.html

Penn-Helsinki-Parsed Corpus of Middle English (PPCME2), http://www.ling.upenn.edu/mideng

MARIALUISA CAPARRINI[*]

GRAMMATIKUNTERRICHT IM SPÄTMITTELALTERLICHEN DEUTSCHLAND: DER *TRACTATULUS DANS MODUM TEUTONISANDI CASUS ET TEMPORA*

Der Münsteraner Rechtsgelehrte und Domherr Heinrich von Keppel schrieb 1451 eine kurze deutschsprachige Lateingrammatik in Form einer Epistel, die er seinem noch in den Windeln liegenden gleichnamigen Neffen widmete[1]. Die Originalfassung der so genannten *Münsterschen Grammatik* ist nicht mehr erhalten; heute ist der Text unter dem Titel *Tractatulus dans modum teutonisandi casus et tempora* in zwei Druckexemplaren überliefert, die auf das Jahr 1488 datiert und dem Drucker Joachim Westval aus Stendal zugeschrieben werden können[2].

Das Werk Heinrichs von Keppel ist keine volkssprachliche Bearbeitung der meistverwendeten Lehrbücher des Mittelalters, etwa

---

[*] Università di Ferrara, Dip. di Studi Umanistici, via Paradiso 12, 44121 Ferrara; marialuisa.caparrini@unife.it

[1] Zu Heinrich von Keppel und seinem Leben siehe U. TÖNS, «Tractatulus dans modum teutonisandi casus atque tempora (1451). Vorstellungen zur Reform des Grammatikunterrichts aus dem Umkreis der spätmittelalterlichen Domschule in Münster», in G. LASSALLE (Hrsg.), *1200 Jahre Paulinum in Münster 797-1997*, Aschendorff, Münster 1997, S. 646-658; U. TÖNS, «Leben und Werk des münsterischen Domherrn Heinrich von Keppel (ca. 1400-1476)», *Niederdeutsches Wort*, 44 (2004) 45-76 und M. MALM, «Heinrich von Keppel», in W. ACHNITZ (Hrsg.), *Deutsche Literatur-Lexikon. Das Mittelalter*, Bd. 7 *Das wissensvermittelnde Schrifttum im 15. Jahrhundert*, mit einem Essay von M. MÜLLER, de Gruyter, Berlin – New York, 2015, Sp. 654-657.

[2] Das erste Exemplar wird in der Universitätsbibliothek Göttingen unter der Signatur 8° LING IV, 144 Inc. aufbewahrt; dazu siehe C. BORCHLING – B. CLAUSSEN, *Niederdeutsche Bibliographie. Gesamtverzeichnis der niederdeutschen Drucke bis zum Jahre 1800*, 2 Bde., Hes Publishers, Utrecht 1976 [unv. Nachdruck der Ausgabe 1931-36], Nr. 141 (Bd. 1, Sp. 64). Das zweite befindet sich in der Herzog August Bibliothek Wolfenbüttel unter der Signatur M: Ko 223; dazu siehe W. BORM, *Incunabola Guelferbytana (IG): Blockbücher und Wiegendrucke der Herzog August Bibliothek Wolfenbüttel: ein Bestandsverzeichnis*, Harrassowitz, Wiesbaden 1990, Nr. 2647. Beide Exemplare überliefern denselben Text, nur weichen sie in der Bindung und in der Rubrizierung von einander ab. Die Erstedition des Texts nach der Göttinger Inkunabel erschien 1877: E. WILKEN, «Eine Münstersche Grammatik aus der Mitte des XV. Jahrh.», *Jahrbuch des Vereins für niederdeutsche Sprachforschung*, Jahrgang 1877 (1878) 36-56.

der *Ars Grammatica* des Aelius Donatus oder des späteren *Doctrinale* Alexanders von Villedieu[3]; vielmehr handelt es sich um ein selbständiges Werk, das nicht die ganze lateinische Morphologie behandelt, sondern das sich auf die Erläuterung von Bedeutung und korrekter Verwendung einiger Grundbegriffe beschränkt[4]. Der Text besteht aus vier Teilen: einer durchgehend in lateinischer Sprache verfassten Vorrede, einem Abschnitt über die sechs lateinischen Fälle, einem längeren Abschnitt über die Tempora und Modi und einem kurzen deutschsprachigen Schlusswort (*notabile*). Der Grund für diese Beschränkung auf die elementaren Begriffe wird vom Verfasser selbst sowohl in der Vorrede als auch im Schlusswort der Epistel erklärt. Die Erlernung der Grammatik solle dazu dienen, das richtige Studium der Texte, sprich der Heiligen Schriften und der Rechtstexte zu ermöglichen[5]. Deswegen stellten die Fälle und Tempora die notwendigen ersten Schritte für eine stufenweise Einführung in die lateinische Morphologie dar: «casus et tempora [...] pueris pro ostio et

---

[3] Vgl. dazu TÖNS, «Tractatulus», S. 646-658. Zu den Verdeutschungen der *Ars grammatica*, insbesondere der *Ars minor* des Donatus siehe E. ISING, *Die Anfänge der volkssprachlichen Grammatik in Deutschland und Böhmen. Dargestellt am Einfluß der Schrift des Aelius Donatus De octo partibus orationis ars minor, Teil I: Quellen*, Akademie Verlag, Berlin 1966 und E. ISING, *Die Herausbildung der Grammatik der Volkssprachen in Mittel- und Osteuropa. Studien über den Einfluß der lateinischen Elementargrammatik des Aelius Donatus De octo partibus orationis ars minor*, Akademie Verlag, Berlin 1970.

[4] Zu dem *Tractatulus* siehe A. BÖMER, *Das literarische Leben in Münster bis zur endgültigen Rezeption des Humanismus*, Verlag der Coppenratschen Buchhandlung, Münster 1906; J. FREY, «Zur Geschichte der lateinischen Schulgrammatik», in *Fünfundsiebzigster Jahresbericht über das Königliche Paulinische Gymnasium zu Münster i. W. für das Schuljahr 1894-95*, Aschendorff, Münster 1895, S. 3-24 [18-24]; J. MÜLLER, *Quellenschriften und Geschichte des deutschsprachlichen Unterrichts bis zur Mitte des 16. Jahrhunderts*, mit einer Einführung von M. Rössing-Hager, Wissenschaftliche Buchgesellschaft, Darmstadt 1969 [repr. Nachdruck der Ausgabe Gotha 1882; F. J. WORSTBROCK, «Heinricus, Verfasser eines grammatikalischen Lehrbuchs», in *Die deutsche Literatur des Mittelalters. Verfasserlexikon*, 2., völlig neu bearb. Aufl., de Gruyter, Berlin – New York, Bd. 3 (1981), Sp. 931; U. MAAS, «Lateinisch-niederdeutsche Grammatik, Münster 1451», in C. MECKSEPER (Hrsg.), *Stadt im Wandel. Kunst und Kultur des Bürgertums in Norddeutschland 1150-1650. Landesausstellung Niedersachsen 1985, Braunschweigisches Landesmuseum 1985*, Ausstellungskatalog 4 Bde., Edition Cantz, Stuttgart-Bad Cannstatt 1985, Bd. 1, S. 532-533.

[5] Vgl. TÖNS, «Tractatulus», S. 655 und TÖNS, «Leben und Werk», S. 59.

introitu ad grammaticam [sunt]» (Bl. a2ª, 14-15)[6]. Konzipiert war also der kurze Traktat für Anfänger, nicht für Fortgeschrittene. Fälle und Tempora galten als elementare, grundlegende Sachkenntnisse; doch oft würden sie – so der Verfasser – von Grammatiklehrern und Dozenten falsch verwendet: «et eos sepe, qui ad magisterij etiam apicem sunt prouecti, hec puerilia - presertim ipsa tempora - turpiter videmus ignorare, quod non tam ridiculosum, quam esse dampnosum arbitror» (Bl. a2ª, 15-18).

Insbesondere kritisiert Heinrich von Keppel die ungenügende Beherrschung, ja Unkenntnis vieler Gelehrter und Magister der Freien Künste im Hinblick auf das lateinische Verbalsystem, und beobachtet, wie oft das Plusquamperfekt anstatt des Perfekts gebraucht werde: «equidem multos non tantum communes grammaticos, sed et in artibus magistros adeo turpissime comperi ignorare tempora, vt dum preterito perfecto vti debent semper preterito plusquamperfecto vtantur» (Bl. a2ª, 21-24).

Auch bemerkt er, wie problematisch die Verwendung des Konjunktivs vor allem in deutschen Landen sei (Bl. a2ª, 24-26: «porro in coniunctiuo modo ad modum pauci inueniuntur - maxime nostre germanice nationis - non errantes») und wie oft aus Unwissenheit stattdessen ein Indikativ gesetzt werde (Bl. a2ª, 27-28: «quamobrem preterire solent illum ignari, indicatiuo pro eo abutentes»).

Die Polemik gegen die Gelehrten seiner Zeit und ihre mangelhafte Bildung, als typisches «Anliegen des Humanismus»[7], wird auch wieder im Schlusswort laut, in dem Heinrich von Keppel erklärt, wie wichtig auch eine korrekte Kenntnis und Verwendung der übrigen Redeteile (Adverb, Partizip, Konjunktion, Präposition und Interjektion) sei und wie häufig diese Begriffe eben von Akademikern falsch gebraucht und nicht völlig verstanden würden:

> wente men vynt vele baccularios, magistros, licentiatos vnde doctores in allen faculteten, de in eren sermocioneren vnde dicteren mennich aduerbia, mennige conjunctie, mennige prepositie bruken,

---

[6] Alle Zitate folgen hier dem Exemplar von Göttingen. Abkürzungen wurden stillschweigend aufgelöst und die Interpunktion nach modernen Regeln eingeführt.

[7] Töns, «Leben und Werk», S. 61. Zu dem humanistischen Hintergrund des *Tractatulus* siehe Töns, «Tractatulus», S. 650; Töns, «Leben und Werk», S. 61-62. Diesbezüglich siehe auch K. Jensen, «The Humanist Reform of Latin and Latin Teaching», in J. Kraye (ed.), *The Cambridge Companion to Renaissance Humanism*, Cambridge University Press, Cambridge 1996, S. 63-81.

de sy nicht to rechte vorstaen, vnde yd synt ock vele aduerbia, coniunctiones vnde prepositiones, de se nicht en weten edder nicht bruken der, ren vmme des wyllen, dat sy der nicht wol en vorstaen. (Bll. c4^b, 32 - c5^a, 1-8)

Im Zentrum des Werks steht also die Polemik gegen die mangelhafte Kenntnis der lateinischen Morphologie seitens der Gelehrten seiner Zeit und das Bemühen, den jungen Schülern eine neue Sprachdidaktik des Lateinischen zu bieten.

Noch augenfälliger ist aber die Kritik Heinrichs von Keppel an der traditionellen Schulpraxis des ausgehenden Mittelalters. Besonders tadelt er die Gewohnheit, die lateinische Grammatik mittels der lateinischen Sprache zu lehren, was die jungen Schüler zwinge, Begriffe und Wörter mechanisch auswendig zu lernen:

> sed ne mali moris, quo scholarium rectores in hijs presertim partibus vti solent, vt pueris etiam illis, quibus vix omni adhibita diligentia materna lingwa latini sermonis sensum imprimerent, non vulgaribus sed latinis verbis latinum exponant sicque pueros ipsos docere conentur que nesciunt per verba que non intelligunt, imitator existam, vulgaribus tecum verbis vtar. (Bl. a2^b, 15-21)

Um das Verständnis der elementaren Grundbegriffe der lateinischen Morphologie zu erleichtern und zu fördern, brach Heinrich von Keppel mit dieser Praxis: Die Erläuterung der lateinischen Fälle und Tempora erfolgt im *Tractatulus* in der Muttersprache, d.h. auf Mittelniederdeutsch, so dass der Text einen der ersten Versuche der deutschsprachigen Literatur- und Sprachgeschichte darstellt, die Volkssprache als «Metasprache»[8] in der Grammatiklehre zu benutzen[9].

---

[8] G. CORDES, «Mittelniederdeutsche Grammatik», in G. CORDES - D. MÖHN (Hrsg.), *Handbuch zur niederdeutschen Sprach- und Literaturwissenschaft*, Erich Schmidt Verlag, Berlin 1983, S. 209-237, hier S. 211.

[9] Es ist interessant, dass der *Tractatulus* noch Mitte des 15. Jahrhunderts als isoliertes Experiment (vgl. U. BODEMANN, «Lateinunterricht im Spätmittelalter. Beobachtungen an Handschriften», *Das Mittelalter*, 2/1 (1997) 29-46, hier Anm. 5, S. 30) betrachtet wurde. Allerdings erinnern gerade diese Vorbemerkungen, seine theoretischen Prämissen wie auch sein methodischer Aufbau und die Verwendung der Volkssprache an ein bekanntes Vorgängerwerk in der Geschichte der Grammatikliteratur, und zwar an die *Grammatik* Ælfrics von Eynsham.

Das Mittelniederdeutsche wird also regelmäßig nicht nur für die Erläuterung der einzelnen grammatischen Grundbegriffe, sondern auch für

Etwa fünf Jahrhunderte vor Heinrich von Keppel sah Ælfric die Notwendigkeit, für die Klosterschule in Cernel eine neue Didaktik des Lateins zu verfassen; zwischen 992 und 1002 schrieb er drei didaktische Werke – die *Grammatik*, das *Glossar* und das *Colloquium* –, die die Erlernung der lateinischen Sprache erleichtern sollten. Die Grammatik basierte auf den *Excerptiones de Prisciano*, einer gekürzten Bearbeitung der *Institutiones* des Priscian, und war die erste, in der die altenglische Volkssprache als Metasprache verwendet wurde, um den jungen Klosterschülern die Grundlagen der lateinischen Flexionsmorphologie (vgl. H. GNEUSS, *Ælfric von Eynsham und seine Zeit*, Beck, München 2002, S. 30) nahezubringen. Das Ziel des Werks wird in dem ersten, lateinisch verfassten Vorwort verdeutlicht, in dem Ælfric ganz bewusst durch die Wahl der Volkssprache als Metasprache mit der Schultradition seiner Zeit brach: «Ego Ælfricus, ut minus sapiens, has excerptiones de Prisciano minore uel maiore uobis puerulis tenellis ad uestram linguam transferre studui, quatinus perlectis octo partibus Donati in isto libello potestis utramque linguam, uidelicet latinam et anglicam, uestrae teneritudini inserere interim, usque quo ad perfectiora perueniatis studia. noui namque multos me reprehensuros, quod talibus studiis meum ingenium occupare uoluissem, scilicet grammaticam artem ad anglicam linguam uertendo» (J. ZUPITZA (Hrsg.), *Ælfrics Grammatik und Glossar. Text und Varianten*, Weidmann, Berlin 1880 [4. unv. Aufl. mit einer Einleitung von H. Gneuss, Weidmann, Hildesheim 2003], S. 1, 3-11). Die Wahl der Volkssprache als Metasprache entspricht Ælfrics Zweck, ein elementares Lehrbuch vorzulegen, das nicht für die Fortgeschrittenen bestimmt war, sondern für die englische Jugend, und in dem unnötige Schwierigkeiten vermieden werden sollten: «sed ego deputo hanc lectionem inscientibus puerulis, non senibus, aptandam fore. scio multimodis uerba posse interpretari, sed ego simplicem interpretationem sequor fastidii uitandi causa» (ZUPITZA, *Ælfrics Grammatik*, S. 1, 11-14). Dazu siehe auch F. D. RASCHELLÀ – F. RIPA, «Elfrico grammatico e l'insegnamento linguistico nell'Inghilterra anglosassone», *AION. Sez. Germanica*, I, 1-2 (1991) 7-36, hier S. 10 und GNEUSS, *Ælfric von Eynsham*, S. 30. Dieser elementare Zuschnitt des Werks kommt auch in dem zweiten, volksprachlichen Vorwort zum Tragen, in dem Ælfric darauf verweist, dass die richtige Erlernung der Grammatik die erste Stufe in der Schulbildung sein solle, damit die Jugend über Kenntnisse und insbesondere die notwendigen Grundbegriffe für das korrekte Studium der Texten verfügen möge: «Ic Ælfric wolde þas lytlan boc awendan to engliscum gereorde of ðam stæfcræfte, þe is gehaten *grammatica*, syððan ic ða twa bec awende on hundeahtatigum spellum, forðan ðe stæfcræft is seo cæg, ðe ðæra boca andgit unlicð; and ic þohte, þæt ðeos boc mihte fremjan jungum cildum to anginne þæs cræftes, oððæt hi to maran andgyte becumon» (ZUPITZA, *Ælfrics Grammatik*, S. 2, 13-19). Zu dem elementaren Zuschnitt der Grammatik Ælfrics siehe P. LENDINARA, «*Grammatica*, *Glossario* e *Colloquio*: modelli e intenti», in V. DOLCETTI CORAZZA – R. GENDRE (a cura di), *Lettura di Ælfric*, Edizioni dell'Orso, Alessandria 2012, S. 83-124, hier S. 107.

die volkssprachliche Formulierung grammatischer Fachtermini und aller Beispielsätze gebraucht.

Gerade mit Blick auf diese Übersetzungen wird das Bemühen um Verständlichkeit des *Tractatulus* deutlich. In der deutschsprachigen Übertragung des Fachwortschatzes versuchte Heinrich von Keppel, formal und etymologisch an das lateinische Vorbild anzuknüpfen[10] und die Grundbedeutung der einzelnen Termini so treu wie möglich zu bewahren, so dass die Schüler die semantischen Nuancen aller lateinischen Redeteile besser verstehen, sie im Gedächtnis behalten und dann eigenständig im Satzbau verwenden konnten. Der grammatische Fachwortschatz erscheint also in Gestalt von Lehnbedeutungen (z.B. val – *casus*, tyd – *tempus*, mate – *modus*[11]), öfter aber als formale Lehnbildungen[12]. Lehnbildungen sind

Auch die Kritik Heinrichs von Keppel an der mangelnden Bildung der Gelehrten seiner Zeit verweist auf eine weitere Stelle des Werks Ælfrics, wo er daran erinnert, dass es zu der Zeit von Dunstan und Æthelwold vor allem im kirchlichen Bereich nur mangelhafte Kenntnisse der lateinischen Sprache gab. Die richtige Erlernung der lateinischen Grammatik sollte also dazu dienen, einen ‚neuen' kulturellen Verfall zu vermeiden und die Kontinuität der Lese- und Schreibfähigkeit, ja der Kultur zu garantieren: «is nu for ði godes þeowum and mynstermannum georne to warnigenne, þæt seo halige lar on urum dagum ne acolige oððe ateorige, swaswa hit wæs gedon on Angelcynne nu for anum feawum gearum, swa þæt nan englisc preost ne cuðe dihtan oððe asmeagean anne pistol on leden, oðþæt Dunstan arcebisceop and Aðelwold bisceop eft þa lare on munuclifum arærdon» (ZUPITZA, *Ælfrics Grammatik*, S. 3, 9-16). Dazu siehe LENDINARA, «Grammatica, Glossario e Colloquio», S. 91 ff.; RASCHELLÀ – RIPA, «Elfrico grammatico», S. 13; V. LAW, «Anglo-Saxon England: Ælfric's "Excerptiones de arte grammatica anglice"», *Histoire Épistémologie Langage*, 9/1 (1987), *Les premières grammaires des vernaculaires européens*, 47-71, hier S. 55 ff.

[10] Diesbezüglich vgl. H. GLÜCK, *Deutsch als Fremdsprache in Europa vom Mittelalter bis zur Barockzeit*, de Gruyter, Berlin – New York 2002, S. 94.

[11] Im *Tractatulus* sind auch *manere, maneer, manyre* zur Bezeichnung des Modus gebräuchlich. Es handelt sich um ein Fachwort, das aus dem Französischem entnommen wird und das besonders in der niederländischen Tradition vorkommt. Dazu siehe ISING, *Die Herausbildung der Grammatik*, S. 249.

[12] Auch in Bezug auf die Fachtermini zeigen sich bemerkenswerte Ähnlichkeiten zwischen den Werken Heinrichs von Keppel und Ælfrics. Auch in seiner *Grammatik* besteht der Fachwortschatz meist aus Lehnbedeutungen (z.B. nama – *nomen*, word – *verbum*, tid – *tempus*, gemet – *modus*, stæf – *littera*, cynn – *genus*) und Lehnbildungen (beispielsweise u.a. dælnimend – *participium*, nemnjendlic – *nominativvs*, clypjendlic/ gecigendlic – *vocativvs*, betwuxaworpennys – *interjectio*, foresetnys – *praepositio*). Vgl. diesbezüglich E. R. WILLIAMS, « Ælfric's Grammatical Terminology», *PMLA. Publications of the Modern Language Association of America*, 73, 5/1 (1958) 453-

beispielsweise alle Kasusbegriffe (noemhafftich – *nominativus*, teelhafftich – *genitivus*, gheueafftich – *dativus*, schuldichaftich – *accusativus*, roepafftich edder eyschafftich – *vocativus*, afnemeaftich – *ablativus*), und Modusbezeichnungen (wyszaftych / wyseafftige mate vp eyne maneer – *indicativus* / *indicativus modus*, bedeafftich edder doeanafftich / gebedachtige edder doenheytenachtighe manere – *imperativus* / *imperativus modus*, wunsachtich edder begherachtich / wunschende edder begherende manere – *optativus* / *optativus modus*, tohopevochachtich – *coniunctivus*, endeachtich – *finitivus*, vnendeachtich – *infinitivus*), aber auch Fachwörter, die eine Diathese ausdrücken (werckachtich – *activum*, lydeachtich – *passivum*)[13]. Die ursprünglichen lateinischen Fachtermini, die mit attributiver Endung auf -*īvus* gebildet wurden, blieben also auch im mittelniederdeutschen *Tractatulus* formal gewahrt und wurden mit entsprechenden volkssprachlichen Suffixen auf -*(h)afftich* / -*achtich* wiedergegeben.

Beispiele von Lehnwörtern fehlen natürlich auch nicht. Man bemerkt aber, dass sie, im Gegensatz zu den Lehnbedeutungen und Lehnbildungen, welche regelmäßig für die volkssprachliche Wiedergabe der Begriffe verwendet werden, nur dann in Erscheinung treten, wenn es gilt, grammatische Kategorien zu bezeichnen, die an der betreffenden Textstelle nicht direkt Gegenstand der Abhandlung sind und die deshalb keiner semantischen Erläuterung bedürfen. In solchen Fällen verwendet Heinrich von Keppel oft auch das ursprüngliche lateinische Fachwort. In der Erläuterung des Ablativs schreibt er z.B.: «Unde desse *casus* heth darumme afnemeaftich, wente he steyt gerne by desser prepositien eyn: *a, ab, abs, absque, sine, de*. Unde desse prepositien synt afnemeaftigher nature» (Bl. a5ᵃ, 10-13), aber weiter: «In deme Donato in *prepositio* vyndestu desser *prepositiones* wol meer, de dessen *casum* by syck esschen tho staende» (Bl. a5ᵇ, 20-22).

462; L. Vezzosi, «Ælfric e il suo linguaggio», in V. Dolcetti Corazza – R. Gendre (a cura di), *Lettura di Ælfric*, op. cit., S. 223-276, hier S. 226-227. Zum Lehngut im Altenglischen siehe H. Gneuss, *Lehnbildungen und Lehnbedeutungen im Altenglischen*, Erich Schmidt Verlag, Berlin 1955.

[13] In der hochdeutschen grammatischen Überlieferung zeigt sich, dass sich die Kasus- und Modusbezeichnungen formal vom lateinischen Vorbild entfernen und regelmäßig als Substantive (z.B. der nenner – *nominativus*, der geberer – *genitivus*, der zöger – *indicativus*, der gepieter – *imperativus*, der zamenfüger – *coniunctivus* usw.) und nicht als Adjektive in die Volkssprache übersetzt wurden. Dazu siehe Ising, *Die Herausbildung der Grammatik*, S. 253.

Um das Verständnis der behandelten Begriffe zu erleichtern, wird die formale Wiedergabe jedes lateinischen Terminus außerdem mit der mittelniederdeutsch formulierten etymologischen Herleitung des Fachwortes und einer semantischen Erläuterung versehen. So lauten z.B. die Beschreibungen des Nominativs und des Genitivs:

> *Nominatiuus. Nomino, as, are*: dat heth nomen; dar kommet aff *nominatiuus*, dat heth noemhafftich, wente wan men eyn dinck nomen schal, dar bruket men dessen *casum* to. (Bl. a3ª, 6-10)
> *Genitiuus. Gigno, is, ere*: dat heth telen, alse wan eyn man eyn wyff myt kinde gemaket hefft, so hefft he eyn kint getelet. Van *gigno* kompt *genitiuus*, dat heth teelhafftich. Desse *casus* heth darumme teelhafftich, wente alse eyn minsche van deme anderen getelet wert, so werden eyn deel *casus* van *genitiuo* formeret. Vnde ok wente de *genitiuus* is anhangender, to gedaner vnde to behoriger nature. Vnde maket sick vnde den anderen *casum*, dar he by steyt, to hopehangen vnde mennich ander to gedaen vnde to horen, euen alse vader, moder vnde kint vnde ander naturlike vrunde an eyn ander hangen vnde eyn den anderen tohoret vnde to ghedaen is. (Bll. a3ª, 22-32 - a3ᵇ, 1-2)

Der Modus Indikativ wird so erläutert:

> *Indico, as, are* dat heth wysen, alse eyn minsche deme anderen den wech wyset vp eyn hus, vp anders wat, dar he vmme gevraget wert. Hir van kummet *indicatiuus*, dat heth wyszaftych. *Modus, modi* dat heth eyn mate vp eyn manere; Unde so is *indicatiuus modus* also vele gespraken, alse eyne wyseafftige mate vp eyne maneer. (Bl. a6ª, 22-28)[14]

---

[14] Auch die Art der Kommentare Heinrichs von Keppel lässt an die Erklärungen der *Grammatik* von Ælfric denken. Man denke an die Erläuterung des Nominativs und des Genitivs: «*Nominativvs* ys nemnjendlic: mid ðam *casv* we nemnað ealle ðing swylce ðu cweðe: *hic homo equitat þes man rit*» (Zupitza, *Ælfrics Grammatik*, S. 22, 10-11), «*genitivvs* is gestrynendlic oððe geagnjendlic: mid þam *casv* byð geswutelod ælces ðinges gestreon oþþe æhta: *huius hominis filius þises mannes sunu*» (Zupitza, *Ælfrics Grammatik*, S. 22, 12-14); oder auch des Indikativs: «*Modvs* ys gemet oððe þære spræce wise, and ðæra synd fif. *indicativvs* ys gebicnjendlic: mid ðam we geswuteljað, hwæt we doð oððe oðre menn» (Zupitza, *Ælfrics Grammatik*, S. 124, 13-15).

Jeder Erklärung werden dann entweder volkssprachliche Mustersätze oder lateinische sodann ins Mittelniederdeutsche übersetzte Beispielsätze beigefügt, so dass die Schüler den korrekten syntaktischen Gebrauch der fraglichen morphologischen Kategorien vor Augen hatten[15]. So verwendet Heinrich von Keppel zur Erläuterung des Nominativs und des Akkusativs die folgenden Beispielsätze:

> *Exemplum*: Ick vrage dy, wo dyn name sy; du antwerdest my vnde spreckst: *Henricus*. Ick vraghe dy, wo dyn vader heth; du antwerdest my: *Hermannus*. Ik vrage dy, wat eyn boek in latine heth; du antwerdest my: *liber*. (Bl. a3ª, 10-14)
> *Exemplum*: *pater corrigit filium suum* de vader houwet sinen sone; *Magister docet scholarem suum* de meyster leret synen schulre. [...]
> *Exemplum*: *Schribo librum* ick schriue eyn boek; *Legitur librum* men lest yd boek; *Loquor latinum* Ick spreke latin. (Bl. a4ª, 18-21, 26-28)

Interessant sind besonders die Beispielsätze, mit denen Heinrich von Keppel solche grammatischen Fälle erläutert, die keine direkte Entsprechung in der Volkssprache haben. Mit Bezug auf den Vokativ, der im Lateinischen synthetisch ausgedrückt wurde, formuliert er ein Beispiel, in dem der eigentliche Vokativ nur in dem lateinischen Satz erscheint, während in der entsprechenden volkssprachlichen Wiedergabe der Nominativ benutzt wird. Ergänzend erklärt er daraufhin den Unterschied zwischen den beiden Fällen:

> *Exemplum: Henrice, veni huc!* Henrick, kum heer! Wen du eynen ropest edder eyschest, so schaltu nycht seggen in *nominatiuo Henricus! Bernardus! Albertus!* Men du schalt seggen in *vocatiuo Henrice! Bernarde! Alberte!* (Bl. a5ª, 3-6)

Auch in den Beispielsätzen zum Ablativ vermeidet der Verfasser einen direkten Parallelismus zwischen beiden Sprachen und erläutert die korrekte Verwendung des Falles nur anhand der verschiedenen lateinischen Präpositionen, die den Ablativ regieren[16]:

---

[15] Siehe dazu Töns, «Tractatulus», S. 654.
[16] Auch in den Beispielsätzen zeigen sich interessante Analogien zur *Grammatik* Ælfrics, besonders hinsichtlich der Erläuterung des Vokativs und Ablativs mit analytischem Satzbau. Beispielsätze mit dem Vokativ: «*o homo, ueni huc* eala ðu man,

> *Exemplum: audeo [!] quotidie a magistro vnam bonam lectionem* ick hore dageliken van deme meyster eyne gude lectie [...] *Ab omnibus scholaribus recipit magister precium suum exceptis pauperibus* Uan allen schulren nempt de meyster syn loen vthgenomen de armen [...] *Absque misericordia corrigit magister truphatores* Sunder barmeherticheit houwet de meyster de bouen. (Bl. a5ª, 13-15, 16-19, 20-22)

In der Erläuterung und den Beispielsätzen der lateinischen Modi und Tempora, die meist mit dem Verb *lego*, teilweise aber auch mit *amo*, gebildet werden, wendet Heinrich von Keppel dieselbe Methodik an. So, wie er für die Fälle nicht die einzelnen Deklinationen wiedergibt, stellt er auch hier nicht alle Konjugationen vor[17]: Sein Hauptzweck besteht darin, vor allem die Bedeutung und die syntaktische Funktion der einzelnen Kategorien zu erklären[18]. Dies zeigt sich an der Beschreibung vom lateinischen Präteritum Plusquamperfekt:

> *Legeram*: ick hadde gelesen. *Preteriti plusquamperfecti temporis indicatiui modi. Exemplum: Quando tu venisti ad scholas ego bene per horam legeram* do du to der scholen quemest, do hadde ick wol eyne stunde gelesen. Dyt *venisti* is *preteriti perfecti temporis*, dat is eyne vorgaengen tijd de vulkamen is edder eyne tijd de vulkameliken vorgaen is. *Legeram* dat is *preteriti plusquamperfecti temporis*, dat is eyne tijd de vorgaen is vnde meer wen vulkamen is. Edder de meer den vulkameliken vorgaen is, wente de tijd, dat du to der schole quemest, de is vulkameliken vorgaen. Men de tijd mynes lesens is meer den vulkameliken vorgaen, wente se is ehr vorgaen vnde ehr vullenkamen den de tijd, dat du to der scholen quemest, wente ik hadde myn lesent gheendighet, ehr wen du quemest. (Bl. b1ª, 12-27)

---

cum hider; *o homo, loquere ad me* eala ðu man, sprec to me; *o magister, doce me aliquid* eala ðu lareow, tæce me sum ðing» (Zupitza, *Ælfrics Grammatik*, S. 23, 3-6). Beispielsätze mit dem Ablativ: «*ab hoc homine pecuniam accepi* fram þisum men ic underfeng feoh; *ab hoc magistro audiui sapientiam* fram ðisum lareowe ic gehyrde wisdom» (Zupitza, *Ælfrics Grammatik*, S. 23, 9-12).

[17] Als einzige Ausnahme nennt er die Konjugation des Indikativs Präsens: «*Ego lego*: Ik lese. *Tu legis*: du lest. *Ipse legit*: he lest. *Nos legimus*: wy lesen. *Uos legitis*: gy lesen. *Ipsi legunt*: se lesen» (Bl. a6ª, 29-31).

[18] Töns, «Tractatulus», S. 652.

Auch in diesem Abschnitt ist interessant, wie sich der Verfasser bei der Erläuterung und volksprachlichen Wiedergabe der lateinischen Strukturen verhält, die formal im Mittelniederdeutschen anders kodifiziert werden[19].

Beispielsweise die syntaktisch-semantische Erläuterung und die volkssprachliche Wiedergabe des Futurs, da das Futur in der lateinischen Sprache synthetisch ausgedrückt wird, nicht aber im Mittelniederdeutschen. Um dies so genau wie möglich zu verdeutlichen, verwendet Heinrich von Keppel zwangsläufig einen analytischen Satzbau, und zwar ein periphrastisches Futur mit den Modalverben *wollen* oder *sollen*. Dies zwingt ihn aber, auch den semantischen Unterschied, bzw. Bedeutungsnuancen zwischen beiden (deutschen) Modalverben zu erklären:

> *Legam* ick wyl edder ick schal lesen edder, alse de auerlender[20] seggen, ik werde lesen; *futuri temporis indicatiui modi. Futurum tempus* dat heth to kamende tijd, alse de noch nicht vorgaen is, vnde de ok nicht yegenwardich is, men de noch kamen schal. *Exemplum: Hodie vel cras legam vnam lectionem in grammattica* Huden edder morgen wyl ick eyne lectie lesen in grammattica. Unde wattan men *legam* dudet ick wyl lesen, vnde men ock *debeo legere* dudet ik schal lesen, denne so is vnderwylen vnderscheit twysschen *legam* vnde *debeo legere*. Wente wan du emende beduden wylt, dat du

---

[19] Diesbezüglich ergibt sich noch eine Analogie zwischen dem *Tractatulus* und der *Grammatik* von Ælfric, und zwar sowohl in der Fachterminologie als auch in der Erläuterung der lateinischen Modi und Tempora. Man beachte beispielsweise, wie Ælfric geeignete Wendungen für die volkssprachliche Wiedergabe der lateinischen Verbformen prägt: «*Tempvs accidit verbo* tid gelimpð worde for getacnunge mislicra dæda. æfter gecynde synd þreo tida on ælcum worde, þe fulfremed byð: *praesens tempvs* ys andwerd tid: sto ic stande; *praeteritvm tempvs* ys forðgewiten tid: steti ic stod; *fvtvrvm tempvs* is towerd tid: stabo ic stande nu rihte oððe on sumne timan. ac swa ðeah wise lareowas todældon þone *praeteritvm tempvs*, þæt is, ðone forðgewitenan timan, on þreo: on *praeteritvm inperfectvm*, þæt is unfulfremed forðgewiten, swilce þæt ðing beo ongunnen and ne beo fuldon: stabam ic stod. *praeteritvm perfectvm* ys forðgewiten fulfremed: steti ic stod fullice. *praeteritvm plvsqvamperfectvm* is forðgewiten mare, þonne fulfremed, forðan ðe hit wæs gefyrn gedon: steteram ic stod gefyrn» (ZUPITZA, *Ælfrics Grammatik*, S. 123, 12-17/124, 1-9). Dazu siehe RASCHELLÀ – RIPA, «Elfrico grammatico», S. 29-30; VEZZOSI, «Ælfric e il suo linguaggio», S. 226.

[20] Hierbei bezieht sich Heinrich von Keppel auf das Oberdeutsche. Obwohl der *Tractatulus* keine Grammatik der (mittelnieder)deutschen Sprache ist, enthält er ab und zu auch interessante Hinweise auf einige Aspekte der deutschen Morphologie, wie gerade im Fall der Bildung des Futurs.

> wyllen hefst to lesende, so sechstu *legam*. Men wyltu emande beduden, dat du schuldich bist, dyt edder dat to lesende, so ist beter gesecht: *debeo legere*. *Exemplum*: ick vrage dy, wat du morgen in der metten doen schalt, du antwerdest: Ick schal eyne lectie lesen, de my geordenerit is, so is beter gesecht: *debeo legere vnam lectionem michi ordinatam*, den *legam vnam lectionem michi ordinatam*. Item wattan men ock *legam* dudet Ick wyl lesen vnde *volo legere* heth ok ik wyl lesen, doch so is vnderwylen beter gesecht *volo legere*, vnderwilen is ock beter gesecht *legam*. (Bl. b1^b, 1-23)

Gerade an dieser Stelle des *Tractatulus* kommt die Polemik Heinrichs gegen die vielerorts mangelhafte Kenntnis der lateinischen Grammatik zum Tragen:

> De genne, de ere tempora nicht enkonen, wan de in *futuro indicatiui* spreken scholen, alse ik wyl lesen edder ik schal lesen, de en seggen nummer *legam*, men se seggen alle tijd *volo legere* edder *debeo legere*, dat eyn groet *vicium* is. (Bl. b1^b, 23-28)

In der Erläuterung der Vergangenheitszeiten interessant ist auch die Verwendung des mittelniederdeutschen Präteritums, das in der volkssprachlichen Wiedergabe sowohl für das lateinische Präteritum Imperfekt («*Legebam*: ick las», Bl. a6^b, 8) als auch für das Präteritum Perfekt («*Legi*: ik las edder ik hebbe gelesen», Bl. a6^b, 22) gebraucht wird. Da Heinrich von Keppel das Ziel eines korrekten und vollständigen Verständnisses der lateinischen Morphologie verfolgt, fügt er hier eine ergänzende Erklärung ein, damit die Schüler den unterschiedlichen semantischen Wert der beiden deutschen Präterita und den Unterschied zwischen beiden lateinischen Formen nachvollziehen konnten:

> *Legi*: ik las edder ik hebbe gelesen; *preteriti perfecti temporis indicatiui modi*. *Preteritum perfectus tempus*, dat heth eyne tyd, de vorgaen vnde volkamen is. Wen du spreken wylt: yk las, so ys yd sere allyke vele, efft du sprekest *legebam* edder *legi*. Doch is hir al wat vnderscheydes, des men nicht wol scriuen edder spreken en kan, alse du suluen alletliken wol vorstan schalt, deistu dynen vlyt dar to. Men wen du spreken wylt: ik hebbe gelesen, so en machstu nicht spreken *legebam*, men du machst seggen: *legi*, wente *legebam* dat heth alleyne: yk las, men *legi* dat en heth nycht alleyne: ik las, men [...] yd heth ock ick hebbe gelesen. Unde wen ick segge: Ik

hebbe gelesen, dar vorsteystu vth, dat de tijd des lesens vorgaen is vnde dat dat werck des lesens vulkamen is. Unde wan dat werck des lesens vulkamen is, so is ock de tijd des lesens vulkamen. Unde darumme is *legi* eyne tijd de vorgaen is vnde vulkamen is. (Bll. a6[b], 22-32 - b1[a], 1-8)

Was die Art der Beispielsätze betrifft, so werden sie meist dem Alltagsleben (z.B. «*Ego habito inter duos bonos homines* Ik wane twisschen twen guden luden» oder «*Ego habito citra aquam* Ick wane vppe desse side des waters», Bl. a4[b], 15-17, 22-23) oder dem Schulbereich («*Ego spero quod scholares mei proficient, cum legam eis multum diligenter* Ick hape, myne schulre scholen proficeren, wente ick lese em sere vlijtliken», Bl. b4[a], 14-17) entnommen[21], was als Beweis der Lehrerfahrung Heinrichs von Keppel gelten kann[22]. Seltener beziehen sich die Mustersätze auf den kirchlichen Bereich: «*Confessor quidam meus iniunxit michi pro penitencia, vt legam omni die vnum miserere* myn bichtvader heft my to penitencien gesettet, dat ick alle daghe eyn *miserere* lese edder lesen schal» (Bl. b3[b], 1-5). Bei allen Beispielen wird in der Regel eine deutschsprachige Übersetzung hinzugefügt; nur die Mustersätze, die den Klassikern oder der Bibel entnommen sind, werden nicht übersetzt[23]: «*Exemplum*: Alse in den ewangelien steyt: *Uide nemini dixeris!* vnde in Apocalipsi: *Uide ne feceris!* vnde als Seneca secht: *Quod tacitum esse vis, nemini dixeris!*» (Bl. c2[b], 12-15).

Gedacht als Geschenk für seinen kleinen Neffen, darf der *Tractatulus* nicht als Lateingrammatik im eigentlichen Sinne betrachtet werden[24]: Ziel des Verfassers war nur eine Einführung in die lateinische Morphologie und die Erklärung des richtigen Gebrauchs einiger ihrer Grundbegriffe. Doch seine Bedeutung ist nicht zu unterschätzen: Die weitgehende Verwendung der Volkssprache als Metasprache, die Bildung einer grammatischen Fachterminologie, das Prinzip der leichten Verständlichkeit, die Kritik an der traditionellen Sprachdidaktik deuten auf eine neue Schulmethodik hin, in der man den Einfluss des Humanismus mit seiner Forderung nach einer Reform des Lateinunterrichts spüren kann.

---

[21] «Die Beispiele sind […] dem Erfahrungsschatz eines Jungen angemessen» (GLÜCK, *Deutsch als Fremdsprache*, S. 93).

[22] Dazu TÖNS, «Tractatulus», in G. LASSALLE (Hrsg.), *1200 Jahre Paulinum*, op. cit., S. 650

[23] Vgl. BÖMER, *Das literarische Leben*, S. 45

[24] Vgl. FREY, «Zur Geschichte der lateinischen Schulgrammatik», S. 23

Zitierte Literatur

BODEMANN, U., «Lateinunterricht im Spätmittelalter. Beobachtungen an Handschriften», *Das Mittelalter*, 2/1 (1997) 29-46.

BÖMER, A., *Das literarische Leben in Münster bis zur endgültigen Rezeption des Humanismus*, Verlag der Coppenratschen Buchhandlung, Münster 1906.

BORCHLING, C. – CLAUSSEN, B., *Niederdeutsche Bibliographie. Gesamtverzeichnis der niederdeutschen Drucke bis zum Jahre 1800*, 2 Bde., Hes Publishers, Utrecht 1976 [unv. Nachdruck der Ausgabe 1931-36].

BORM, W., *Incunabola Guelferbytana (IG): Blockbücher und Wiegendrucke der Herzog August Bibliothek Wolfenbüttel: ein Bestandsverzeichnis*, Harrassowitz, Wiesbaden 1990.

CORDES, G., «Mittelniederdeutsche Grammatik», in G. CORDES – D. MÖHN (Hrsg.), *Handbuch zur niederdeutschen Sprach- und Literaturwissenschaft*, Erich Schmidt Verlag, Berlin 1983, S. 209-237.

FREY, J., «Zur Geschichte der lateinischen Schulgrammatik», in: *Fünfundsiebzigster Jahresbericht über das Königliche Paulinische Gymnasium zu Münster i. W. für das Schuljahr 1894-95*, Aschendorff, Münster 1895, S. 3-24 [18-24].

GLÜCK, H., *Deutsch als Fremdsprache in Europa vom Mittelalter bis zur Barockzeit*, de Gruyter, Berlin – New York 2002.

GNEUSS, H., *Lehnbildungen und Lehnbedeutungen im Altenglischen*, Erich Schmidt Verlag, Berlin 1955.

—, *Ælfric von Eynsham und seine Zeit*, Beck, München 2002.

ISING, E. *Die Anfänge der volkssprachlichen Grammatik in Deutschland und Böhmen. Dargestellt am Einfluß der Schrift des Aelius Donatus De octo partibus orationis ars minor, Teil I: Quellen*, Akademie Verlag, Berlin 1966.

—, *Die Herausbildung der Grammatik der Volkssprachen in Mittel- und Osteuropa. Studien über den Einfluß der lateinischen Elementargrammatik des Aelius Donatus De octo partibus orationis ars minor*, Akademie Verlag, Berlin 1970.

JENSEN, K., «The Humanist Reform of Latin and Latin Teaching», in J. KRAYE (ed.), *The Cambridge Companion to Renaissance Humanism*, Cambridge University Press, Cambridge 1996, S. 63-81.

LAW, V., «Anglo-Saxon England: Ælfric's "Excerptiones de arte grammatica anglice"», *Histoire Épistémologie Langage*, 9/1 (1987). *Les premières grammaires des vernaculaires européens*, 47-71.

LENDINARA, P., «*Grammatica, Glossario* e *Colloquio*: modelli e intenti», in V. DOLCETTI CORAZZA – R. GENDRE (a cura di), *Lettura di Ælfric*, Edizioni dell'Orso, Alessandria 2012, S. 83-124.

MAAS, U., «Lateinisch-niederdeutsche Grammatik, Münster 1451», in C. MECKSEPER (Hrsg.), *Stadt im Wandel. Kunst und Kultur des Bürgertums in Norddeutschland 1150-1650. Landesausstellung Niedersachsen 1985, Braunschweigisches Landesmuseum 1985*, Ausstellungskatalog 4 Bde., Edition Cantz, Stuttgart-Bad Cannstatt 1985, Bd. 1, S. 532-533.

MALM, M., «Heinrich von Keppel», in W. ACHNITZ (Hrsg.), *Deutsche Literatur-Lexikon. Das Mittelalter*, Bd. 7 *Das wissensvermittelnde Schrifttum im 15. Jahrhundert*, mit einem Essay von M. MÜLLER, de Gruyter, Berlin – New York, 2015, Sp. 654-657.

MÜLLER, J., *Quellenschriften und Geschichte des deutschsprachlichen Unterrichtes bis zur Mitte des 16. Jahrhunderts*, mit einer Einführung von M. Rössing-Hager, Wissenschaftliche Buchgesellschaft, Darmstadt 1969 [repr. Nachdruck der Ausgabe Gotha 1882.

RASCHELLÀ, F. D. – RIPA, F., «Elfrico grammatico e l'insegnamento linguistico nell'Inghilterra anglosassone», *AION: Annali dell'Istituto Orentali di Napoli. Sezione Germanica*, I, 1-2 (1991) 7-36.

TÖNS, U., «Tractatulus dans modum teutonisandi casus atque tempora (1451). Vorstellungen zur Reform des Grammatikunterrichts aus dem Umkreis der spätmittelalterlichen Domschule in Münster», in G. LASSALLE (Hrsg.), *1200 Jahre Paulinum in Münster 797-1997*, Aschendorff, Münster 1997, S. 646-658.

—, «Leben und Werk des münsterischen Domherrn Heinrich von Keppel (ca. 1400-1476)», *Niederdeutsches Wort*, 44 (2004) 45-76.

VEZZOSI, L., «Ælfric e il suo linguaggio», in V. DOLCETTI CORAZZA – R. GENDRE (a cura di), *Lettura di Ælfric*, Edizioni dell'Orso, Alessandria 2012, S. 223-276.

WILKEN, E., «Eine Münstersche Grammatik aus der Mitte des XV. Jahrh.», *Jahrbuch des Vereins für niederdeutsche Sprachforschung*, Jahrgang 1877 (1878) 36-56.

WILLIAMS, E. R., «Ælfric's Grammatical Terminology», *PMLA. Publications of the Modern Language Association of America*, 73, 5/1 (1958) 453-462.

WORSTBROCK, F. J., «Heinricus, Verfasser eines grammatikalischen Lehrbuchs», in *Die deutsche Literatur des Mittelalers. Verfasserlexikon*, 2., völlig neu bearb. Aufl., de Gruyter, Berlin – New York, Bd. 3 (1981), Sp. 931.

ZUPITZA, J., (Hrsg.), *Ælfrics Grammatik und Glossar. Text und Varianten*, Weidmann, Berlin 1880 [4. unv. Aufl. mit einer Einleitung von Helmut Gneuss, Weidmann, Hildesheim 2003].

Margaret Clunies Ross*

POETIC SOURCES OF THE OLD ICELANDIC GRAMMATICAL TREATISES

One consequence of the new edition of the corpus of Old Norse poetry now well underway[1] is that it becomes possible to see more clearly than previously how certain bodies of poetic texts map onto bodies of discreet kinds of Old Norse-Icelandic literature. At an early stage in the planning of the new edition the editors decided to divide the poetic corpus chronologically, but chronologically according to its context of preservation, so that it would be easier for users to see where and how the poetry was recorded by medieval (and occasionally later) compilers, even though this procedure has sometimes resulted in the poetry attributed to specific skalds being published in different volumes. Thus, for example, the poetry of Einarr Skúlason appears in Volumes II, III and VII. Such a procedure, it was hoped, would allow modern users of the edition to grasp the ways in which certain poetic works functioned within specific genres of text, such as kings' sagas, sagas of Icelanders, *fornaldarsögur* and contemporary sagas. There are also cases where poetry has been preserved outside a prose context, as with much of the Christian religious poetry from the twelfth through the fourteenth century[2].

One of the most interesting and revealing volumes, prepared according to the classification system adopted by the editors of *SkP*, is Volume III, *Poetry from Treatises on Poetics*, edited by Kari Ellen Gade and Edith Marold, published in 2017. This volume includes all the poetry cited in

---

* Adjunct Professor, School of Humanities, University of Adelaide, South Australia 5000, Australia; Emeritus Professor, Department of English, University of Sydney, New South Wales 2006, Australia; margaret.cluniesross@sydney.edu.au

[1] M. Clunies Ross – K. E. Gade – E. Marold – G. Nordal – D. Whaley – T. Wills (eds.), *Skaldic Poetry of the Scandinavian Middle Ages* (henceforth abbreviated as *SkP*). 9 vols. Brepols, Turnhout 2007–. Four volumes (I, II, III and VII) have now been published. Volumes I, II and VII are available on the project's web site skaldic.abdn.ac.uk/db.php

[2] See the objectives of the editors set out in the «General Introduction, 1. 4. The division of the corpus in this edition», in D. Whaley (ed.), *SkP*, vol. I, Brepols, Turnhout 2012, Part 1, pp. xxv-xxvii.

the so-called Icelandic grammatical treatises, which are unique in the vernacular literature of the Western Middle Ages in treating the Icelandic language and the diction and metre of Old Norse poetry in the context of medieval Latin *grammmatica*. This has been the field of Old Norse studies to which Fabrizio Raschellà has made a major contribution and it is a pleasure for me to acknowledge the importance of his work with this short chapter.

Volume III includes all the poetry cited in the grammatical treatises that does not appear in other parts of the Old Norse-Icelandic corpus. Citations are usually given as examples of particular sounds, figures of diction or specific verse-forms. Not all the treatises quote poetic examples. The ones that do are, in likely chronological order, the *First Grammatical Treatise* (three citations, one being in Latin from a version of the *Disticha Catonis*), Snorri Sturluson's *Edda* (c. 1225), the *Third Grammatical Treatise* (c. 1250) by Snorri's nephew Óláfr Þórðarson hvítaskáld, and the anonymous *Fourth Grammatical Treatise*, from some time in the second quarter of the fourteenth century. Some poetry, unrecorded elsewhere, has also been preserved in the so-called *Laufás Edda*, a version of Snorri's *Edda* compiled in the early seventeenth century by Magnús Ólafsson of Laufás. Another fragmentary treatise, sometimes referred to as the *Fifth Grammatical Treatise*, cites three pieces of poetry. In addition, the volume contains the mid-twelfth-century *clavis metrica Háttalykill* composed by the Orkney jarl Rǫgnvaldr Kali Kolsson and the Icelandic poet Hallr Þórarinsson, as well as some free-standing poetry found in manuscripts containing poetic treatises, such as the anonymous *Málsháttakvæði* and some learned fragments.

In the edition of Volume III the poetry is laid out in alphabetical order according to its authorship by named poets and followed by the considerable amount of anonymous poetry to be found in *Snorra Edda* manuscripts and the *Third* and *Fourth Grammatical Treatises*. Thus whatever poems or fragments are attributed to a particular skald in the combined corpus of all the poetic treatises will be found together in Volume III, though differentiated into specific items so one can easily see how extensively that poet has been cited in this body of texts and where in the texts citations from this poet have occurred. This in itself is interesting enough information, as I will go on to discuss, but it is now possible to compare the citational profile of the individual text corpora in Volume III with that present in other volumes of the new edition. So one can compare which poets are cited in the grammatical treatises and which poetry appears there, with the citational profiles of individual poets and groups of poets in other volumes. It is also possible to quantify differences in the citational profiles across the various volumes. Given that the grammatical treatises are normative works, explicitly holding up an authoritative standard of poetic composition to thirteenth- or fourteenth-century Icelandic students, it is useful to a modern scholar to be able to tap into contemporary assessments of which poets and which works were considered valuable, at least inferentially.

Before I proceed to further analysis, it is important in this regard to identify the criteria that the grammarians are likely to have used to select the poems or fragments of poems they used to exemplify their remarks on language and poetics. One criterion that must have been ever-present for them was purely pragmatic: to find texts or (often) scraps of texts that exemplified their arguments[3]. So, for example, the First Grammarian chose to quote the first two lines of stanza 3 of a poem by Þjóðólfr Arnórsson about King Haraldr Sigurðarson's *leiðangr* 'levy' because he needed an example of the noun *rœði* 'oars'.[4] The fact that it was exemplified in a poem was a guarantee of its authority, as the First Grammarian says explicitly[5]. However, even in such cases of need, one could argue that the poetry a grammarian was most familiar with, liked the most, or thought cleverest or most prestigious was more likely to come into his mind than poetry that lacked some or all of these characteristics. It is not possible, at this remove, to go further into what particular thoughts caused a writer to choose one particular poetic example over others[6].

---

[3] It seems increasingly likely that the Third and Fourth Grammarians probably made up at least some of their own examples, and modelled them on the Latin examples cited by their Latin sources. See M. CLUNIES ROSS – J. WELLENDORF (eds.), *The Fourth Grammatical Treatise*, Viking Society for Northern Research, University College London 2014, pp. xlix-liii.

[4] D. WHALEY (ed.), «Stanzas about Haraldr Sigurðarson's *leiðangr*», in K. GADE (ed.), *SkP*, vol. II, Part 1, p. 152.

[5] H. BENEDIKTSSON (ed.), *The First Grammatical Treatise*, University of Iceland Publications in Linguistics 1. Institute of Nordic Linguistics, Reykjavík 1972, pp. 224-227. Cf. M. CLUNIES ROSS, *A History of Old Norse Poetry and Poetics*, D. S. Brewer, Cambridge 2005, pp. 154-155.

[6] Although even as far back as the time of the First Grammarian (mid-twelfth century) the composers of these treatises were clearly literate, they are likely to have still relied on their oral memories of a good deal of the poetry they recorded.

Undoubtedly, however, the criterion of authority was of importance over and above that of pragmatic suitability. This is confirmed by Snorri Sturluson in his so-called "advice to young poets"[7] and by his successors, the Third and Fourth Grammarians and the anonymous author of the Preface to all the grammatical treatises in the Codex Wormianus (AM 242 fol), all of whom refer back to their illustrious predecessor, whether in their choice of examples or in their use of his terminology, even though they do not always use them in the same way that Snorri does. Moreover, Snorri refers at several points to a group of poets he calls the *hǫfuðskáld* 'chief poets' as authorities for the conventions of diction, principally in regard to the use of kennings and *heiti*, that he exemplifies in his treatise. While it is obvious who some of these chief poets are, it is instrumental both to identify them in a systematic way and then to see how these poets are represented in other parts of the skaldic corpus[8].

There is some poetry and some poets that are uniquely represented in the grammatical treatises and not found elsewhere. A very obvious and a very early group are the poets, mostly Norwegian, who composed mythological *drápur* (long poems with refrains) about material objects in the style of an ekphrasis. These poems, Bragi Boddason's *Ragnarsdrápa*, Þjóðólfr of Hvinir's *Haustlǫng*, Eilífr Goðrúnarson's *Þórsdrápa* and Úlfr Uggason's *Húsdrápa* are only found in some manuscripts of the *Skáldskaparmál* section of *Snorra Edda*. Aside from *Húsdrápa*, which is cited piecemeal in *Skáldskaparmál*, all the other poetry of this kind is cited, unusually, in large chunks of numbers of stanzas without intervening prose. It is possible in some cases that the chunks were additions to the *Edda* manuscripts. These long, formal poems are unique to this particular source and bear witness to Snorri's (or his medieval editors') great interest in mythological narratives. In other parts of the corpus, these poets have a small presence, with the exception of Þjóðólfr, whose *Ynglingatal* and a few other compositions are published in *SkP* I with other poetry from kings' saga manuscripts: Bragi has a single *lausavísa* cited in three sources (*Landnámabók*, *Geirmundar þáttr* in *Sturlunga saga* and *Hálfs saga ok*

---

[7] A. FAULKES (ed.), *Snorri Sturluson Edda. Skáldskaparmál*, 2 vols., Viking Society for Northern Research, University College London, 1998, I, p. 5.

[8] The following analysis is suggestive of what could be a longer and more rigorous study, which is only sketched out here. It is unfortunately not possible to perform the same kind of analysis on the anonymous poetry in the treatises, for obvious reasons.

Hálfsrekka), Eilífr does not appear outside *Skáldskaparmál*, while Úlfr Uggason appears as a character in *Laxdœla saga* and has a single *lausavísa* recorded in manuscripts of *Óláfs saga Tryggvasonar en mesta*, *Kristni saga* and *Njáls saga*. All these poets, aside from Úlfr, are mentioned in *Skáldatal* 'List of Skalds' as serving various rulers[9], but their poetry, with the exception of *Ynglingatal*, is hardly recorded outside the grammatical literature, where it occupies a unique position.

A good many of the poets whose works are cited in the grammatical literature are only found there. Taking the corpus of poetry edited for Volume III as the basis for calculation, 31 out of 72 named skalds, or 43%, are not represented in any other text corpus aside from that of the grammatical treatises. In many cases almost nothing is known about them and the circumstances of composition of the poems or fragments attributed to them are likewise unknown. In certain instances the actual subject of the poem or fragment can only be guessed at. In some of these cases there is information available in sources outside the grammatical treatises about these skalds, their dates and their ethnicity, usually assumed to be Icelandic, but in others nothing is known of them beyond what is said in the prose of the treatises, and that is often very little. A good many of these otherwise unknown skalds are cited in the *Skáldskaparmál* section of Snorri's *Edda*, others in the *Third Grammatical Treatise*[10]. It seems reasonable to assume that the Icelandic audiences and early readers of the treatises would have known or been aware of much more of the oeuvre of those poets who are otherwise unknown to us.

In some cases external evidence confirms that poets whose work is recorded in such a meagre fashion and only in the grammatical treatises must have had a much more extensive and significant output than has survived to posterity. Three such examples of individual poets will illustrate the discrepancy between what has survived and what was probably composed. One half-stanza (*helmingr*) attributed to the eleventh-century skald Atli

---

[9] *Skáldatal* 'List of Skalds', probably from c. 1260, records the names of Scandinavian rulers and the poets who served them. One version of the list is inserted into the Uppsala manuscript of Snorri's *Edda* (DG 11), while another is extant in the manuscript AM 761a 4to, which is a copy of the lost medieval manuscript Kringla.

[10] The latter have been the subject of a study by G. SIGURÐSSON, «Óláfr Þórðarson hvítaskáld and Oral Poetry in the West of Iceland c. 1250: The Evidence of References to Poetry in *The Third Grammatical Treatise*», in M. CLUNIES ROSS (ed.), *Old Icelandic Literature and Society*, Cambridge University Press, Cambridge 2000, pp. 96-115.

litli 'the Short' survives in manuscripts of the *Skáldskaparmál* section of Snorri's *Edda*. It is cited to exemplify kennings for fire, but its context is otherwise unknown. However, it is likely to have belonged to a poem in praise of the Norwegian king Óláfr kyrri 'the Quiet' Haraldsson (r. 1067-93), because *Skáldatal* records that this poet served Óláfr[11]. Another single half-stanza, quoted in the prose of the *Háttatal* section of the *Edda* to illustrate a point in Snorri's discussion of the variant of the *dróttkvætt* metre known as *alhent* 'completely rhymed', is attributed there to the mid-twelfth-century Icelandic bishop of Skálholt Klœngr Þorsteinsson (d. 1176). Yet, according to *Hungrvaka*, Klœngr was famous for his learning and was *it mesta skáld* 'the greatest poet'[12]. Finally, the case of Eyjólfr Brúnason, a thirteenth-century Icelander from whom a single *helmingr* has been recorded in *Laufás Edda*, shows how precarious the written record can be. The author of the *Fourth Grammatical Treatise* reveals that this Eyjólfr was a friend of Snorri Sturluson, and Snorri composed a *lausavísa* for him, which is recorded in the *Fourth Grammatical Treatise*, along with the Fourth Grammarian's assessment that «þessi Eyjólfr var ... skáld einkar gott og búþegn góðr, en eigi fieríkr» 'This Eyjólfr was ... an exceptionally good poet and a good farmer, although not a wealthy one'[13].

The foregoing discussion reveals that the grammatical treatises are very important sources for our knowledge of the range of skaldic poetry that was once extant, even if the actual examples to be found there are just the tip of an unrecorded iceberg. They provide a glimpse of an even richer poetic corpus than that which has actually been preserved in all the text corpora that we know. It is difficult to be certain about the ethnicity of many of the poets whose fragments have been preserved only in the grammatical treatises, but, with those whose personal background is known, the majority are Icelandic, and it is tempting to surmise that the likelihood of survival of the compositions of those who were not associated with royal courts and other institutions of authority, like bishoprics and monasteries in the Christian era, was much less than if they were so connected. It is ironic, therefore, that normative grammatical treatises, which were

---

[11] J. Sigurðsson – S. Egilsson – F. Jónsson (eds.), *Edda Snorra Sturlusonar. Edda Snorronis Sturlæi*, 3 vols., Legatum Arnamagnæanum, Copenhagen 1848-87, III, pp. 254, 262, 275, 615.

[12] A. Egilsdóttir (ed.), «Hungrvaka», in Ead. (ed.), *Byskupa sögur* II, Hið Íslenzka Fornritafélag, Reykjavík 2002, p. 34.

[13] Clunies Ross – Wellendorf, *Fourth Grammatical Treatise*, pp. 12-13.

produced by an educated elite, should be the vehicle for the survival of the detritus of an extensive, and often orally transmitted, Icelandic vernacular tradition of poetic composition that is likely to have been enjoyed by many members of society. This is of course the impression created by sagas of Icelanders, where individuals at various levels of society are credited with the composition of poetry. While this could be seen as part of the saga writers' creation of a fictional world and unlikely to have been literally true, the evidence of the grammatical treatises encourages us to entertain the notion that there may well have been some truth to this representation of the democratisation of what originated as an elite art form.

The corpus of poetry preserved in the grammatical treatises is capable of revealing other information about the skaldic corpus as a whole if it is compared with the poetry preserved in other textual genres, as it can now be, thanks to the classification system of the new skaldic edition[14]. One thing that emerges through such a comparison is evidence identifying the poets whom Snorri Sturluson and Óláfr Þórðarson, and, to a lesser extent, the Fourth Grammarian, recognised as the *hǫfuðskáld* who set the standard for skaldic practice. It has long been evident to any diligent student of Snorri's *Edda* and the other treatises that certain poets were favoured sources, in that examples of their work were quoted extensively and sometimes more than once. One clear-cut case is the eleventh-century skald Arnórr jarlaskáld 'Jarls' poet' Þórðarson, whose poetry is cited a great deal in the treatises, particularly in *Skáldskaparmál*. What is particularly interesting is the comparison that can now be made between what of his output is cited uniquely in the grammatical treatises and what is cited in them but also in other text corpora, where they belong fundamentally in contextual terms. This can be done by comparing the items listed under Arnórr's name in the "Poetry by Named Skalds" section of Volume III with the poetry that is cited in the treatises but published in Volumes devoted to other text corpora, in Arnórr's case all in Volume II, *Poetry from the Kings' Sagas 2*[15]. Here we find most of the court poetry he composed in honour of his

---

[14] I am most grateful to Kari Ellen Gade for allowing me to use here parts of the second section of the Introduction to the Volume III of *SkP*, entitled «The Poetry in this Volume». There is also a table of poetic citations in *Skáldskaparmál* in the Introduction to FAULKES, *Snorri Sturluson Edda. Skáldskaparmál*, I, pp. lv-lix.

[15] K. E. GADE (ed.), *Poetry from the Kings' Sagas 2; From c. 1035 to c. 1300*, Parts 1-2. Brepols, Turnhout 2009. Arnórr's poetry is here edited by D. WHALEY in Part 1, pp. 177-281.

various patrons, which has been recorded largely in manuscripts of kings' sagas. The sum of Arnórr's poetry recorded uniquely in the grammatical treatises is very small, comprising eight fragments from various locations in *Skáldskaparmál*, *Laufás Edda* and the *Third Grammatical Treatise* and one couplet in *Skáldskaparmál* from a poem commemorating the Icelander Hermundr Illugason, but it swells considerably when we include all the poetry cited in the treatises but published in Volume II. If we examine the list of poetry cited in the grammatical treatises but not published in Volume III of *SkP* it is obvious that Arnórr's work is among the most frequently cited of all the poets who provided examples for *Skáldskaparmál* and the *Third Grammatical Treatise*, while the Fourth Grammarian uses one of the same examples (*Hrynhenda* stanza 3) as Óláfr Þórðarson. In *Skáldskaparmál* there are twenty separate citations from Arnórr's poetry that is published elsewhere, two of them given twice, while there are three in the *Third Grammatical Treatise*.

Similar analyses reveal a list of other "chief poets" in the eyes of the Icelandic grammarians, poets whose oeuvre spans both the grammatical treatises and other text corpora, of which the most prominent are compilations recording kings' sagas and other historical works. This emphasis is not unexpected, given the views Snorri Sturluson expressed elsewhere, both in the prologue to *Ynglinga saga* in *Heimskringla* and in the prologue to the separate saga of St Óláfr Haraldsson[16]. In these passages Snorri was discussing poetry about rulers in terms of its truth value as a source for historians, but this reason for valuing encomia highly, in addition to the elite status of royal skalds, must have fed into the parallel evaluation of such poetry as exemplary classroom material. Other "chief poets" whose output appears in the grammatical treatises but is primarily located in either Volume I or Volume II[17] include (in alphabetical order) Einarr skálaglamm 'Tinkle-scales' Helgason, Einarr Skúlason, Glúmr Geirason, Markús Skeggjason, Óttarr svarti 'the Black' and Sigvatr Þórðarson. Frequently cited poets who do not have any poetry preserved solely in the treatises are Eyvindr skáldaspillir 'Plagiarist' Finnsson (citations from *Háleygjatal*

---

[16] For these statements and an English translation of them, see CLUNIES ROSS, *History of Old Norse Poetry and Poetics*, pp. 72-73.

[17] For Volume II, see footnote 15 above. Volume I includes poetry that commemorates or is otherwise associated with Scandinavian kings and jarls from the earliest times to c. 1035; D. WHALEY (ed.), *Poetry from the Kings' Sagas 1: From Mythical Times to c. 1035*. Parts 1-2. Brepols, Turnhout 2012.

and some *lausavísur*), Þorbjǫrn hornklofi 'Horncleaver (?)' (citations from *Haraldskvæði* and *Glymdrápa*) and Þjóðólfr Arnórsson (especially his *Sexstefja*). These men are among the grammarians' *hǫfuðskáld*.[18]

One question that springs to mind in the present context is whether Snorri Sturluson himself could be considered a *hǫfuðskáld*. The evidence is equivocal. Most of his recorded poetic oeuvre has been preserved in the grammatical treatises. While his *Háttatal* is a poetic *tour de force,* there are only four additional fragments of his poetry preserved in the *Third* and *Fourth Grammatical Treatises*, yet his influence as a grammarian and a poet is evident in both of them, suggesting a posthumous reputation at least in scholarly circles. Outside the grammatical literature, four *lausavísur* are preserved in manuscripts of *Sturlunga saga* plus three lines from the *klofastef* 'split refrain' of a poem about his Norwegian patron Skúli Bárðarson, for which people in the south of Iceland mocked him, according to his nephew Sturla Þórðarson's *Íslendinga saga*.[19] Versions of *Skáldatal* claim[20] that he composed several encomia for contemporary Norwegian rulers and magnates and some other of his compositions are mentioned in prose sources, but none of them has survived. Perhaps it would be fairest to say that Snorri was an academic poet, a grammarian's poet, but not one of the *hǫfuðskáld*, who all, with the exception of Markús Skeggjason and Einarr Skúlason, belonged to the ninth, tenth or eleventh centuries.

So far I have concentrated on poetry from the grammatical treatises that occurs there alone and on poetry of major poets that has a presence both in the grammatical treatises and in kings' sagas. Quite different citational profiles emerge when one checks the Volume III material against other text corpora belonging to further volumes of *SkP*. These include Volume IV, *Poetry on Icelandic History*, Volume V, *Poetry in Sagas of*

---

[18] We should probably add to this list the poets whose mythological *drápur* have been discussed above.

[19] In particular they parodied the refrain's opening line «Harðmúlaðr var Skúli» 'Skúli was hard-mouthed (tough)'. See J. Jóhannesson – M. Finnbogason – K. Eldjárn (eds.), *Sturlunga saga*, 2 vols., Sturlungaútgáfan, Reykjavík 1946, I, pp. 278-279, 284.

[20] Sigurðsson, *Edda Snorra Sturlusonar*, 1848-87, III, pp. 255-257, 264-266, 278-279, 282, 652-672. For a summary assessment of the evidence for his contemporary reputation as a poet, see A. Faulkes (ed.), *Snorri Sturluson Edda. Háttatal*, 2nd ed., Viking Society for Northern Research, University College London 2007, pp. xviii-xix.

Icelanders, Volume VI, *Runic Poetry*,[21] Volume VII, *Poetry on Christian Subjects* and Volume VIII, *Poetry in fornaldarsögur*. Although only one of these volumes (VII) has so far been published, their contents have already been determined and are listed on the skaldic project's web site.

One would not expect to find many poems destined for Volume IV on Icelandic history that could have appeared in Snorri's *Edda*, as much of this material is of later date than the 1220s, when Snorri is thought to have compiled his treatise. However, it is noteworthy that there are no overlapping citations from the Volume IV corpus in either the *Third* or the *Fourth Grammatical Treatises*, even though there was a great deal of poetry of quite diverse kinds composed in Iceland during the thirteenth and fourteenth centuries[22]. Similarly surprising is the absence of any overlap with the copious Christian poetry of the period from the mid-twelfth through the fourteenth century recorded in Volume VII. The sole exception is the famous poem *Geisli* 'Light beam' in honour of St Óláfr by the *hofuðskáld* Einarr Skúlason, which the poet delivered in 1153 to a royal audience in the newly elevated bishopric of Niðaróss (Trondheim)[23]. One half-stanza from *Geisli* appears in *Skáldskaparmál*, and another in additional text to the Codex Wormianus and in the *Laufás Edda*, while a different half-stanza is cited in the *Third Grammatical Treatise*. Religious poetry is not absent from the treatises, however, and the Fourth Grammarian in particular includes a number of anonymous examples that employ quite elaborate Christian symbolism, but none of the grammarians refers to major poems or poets of this corpus other than Einarr. This is a surprising omission in the cases of the Third and Fourth Grammarians, especially the latter, who is likely to have been an ecclesiastic himself, possibly a monk at one of the northern Benedictine monasteries[24].

Most of the poetry preserved in *fornaldarsögur* is not skaldic, but rather in *fornyrðislag* or other eddic metres. Hence it comes as no surprise that there

---

[21] There are no stanzas cited in the grammatical treatises that are also found in runic inscriptions.

[22] For a survey, see G. NORDAL, *Tools of Literacy. The Role of Skaldic Verse in Icelandic Textual Culture of the Twelfth and Thirteenth Centuries*, Toronto University Press, Toronto – Buffalo – London 2001. See also CLUNIES ROSS, *History of Old Norse Poetry and Poetics*, pp. 206-231.

[23] See M. CHASE (ed.), «Einarr Skúlason, *Geisli*», in M. CLUNIES ROSS (ed.), *Poetry on Christian Subjects*, Parts 1-2, Brepols, Turnhout 2007, Part 1, pp. 5-65.

[24] See CLUNIES ROSS – WELLENDORF, *Fourth Grammatical Treatise*, p. xii.

is very little overlap between the predominantly skaldic poetry cited in the grammatical treatises and the poetry in *fornaldarsögur*, with the exception of two fragments (embedded in the prose text of *Skáldskaparmál*) from *Hrólfs saga kraka* and three lines from one of the riddles of Gestumblindi from *Heiðreks saga* cited in the *Third Grammatical Treatise*.

In some respects the most interesting examples of overlap between the poetry cited in the grammatical treatises and that which has its primary location in other text corpora involves Volumes III and V, *Poetry in Sagas of Icelanders*. The question of the age and authenticity of the stanzas that appear in many sagas of Icelanders as the compositions of characters represented in the saga narratives has long been debated by scholars on a variety of grounds and in terms of metre, diction and context of use. Opinion has varied from scepticism that any of these stanzas could be the compositions of tenth-century individuals, to a cautious acceptance that some of the poetry, at least, passes tests of linguistic and metrical authenticity[25]. In the light of these latter findings, particularly as they apply to the so-called poets' sagas (*skáldasögur*), the fact that all three of *Skáldskaparmál*, the *Third* and the *Fourth Grammatical Treatises* use a reasonable number of citations from sagas of Icelanders can be seen as a confirmation of the authenticity of some of the poetry that appears in manuscripts of these sagas. If medieval Icelandic grammarians considered such citations reliable, it becomes difficult to argue that they must all have been duped into thinking so.

There are in all eighteen citations in *Skáldskaparmál* (including two from additional text in the Codex Wormianus and the *Laufás Edda*) that also appear in manuscripts of sagas of Icelanders. Of these the greatest number (10) is attributed to Egill Skallagrímsson, particularly from the long poems *Hǫfuðlausn* (4), *Sonatorrek* (2) and *Arinbjarnarkviða* (2), as well as from two of Egill's *lausavísur*. The next most frequently cited poet from the *Íslendinga saga* corpus is Víga-Glúmr 'Killer-Glúmr' Eyjólfsson with one whole and three half-stanzas. Other *Íslendinga saga* poets to score one stanza or a half-stanza each are Grettir Ásmundarson, Gunnlaugr

---

[25] The most reliable and recent analyses in terms of language and metre are by K. E. GADE, «The Dating and Attribution of Verses in the Skald Sagas», in R. POOLE (ed.), *Skaldsagas. Text, Vocation, and Desire in the Icelandic Sagas of Poets*, De Gruyter, Berlin – New York 2001, pp. 50-74, and, most recently, K. J. MYRVOLL, *Kronologi i skaldekvæde. Distribusjon av metriske og språklege drag i høve til tradisjonell datering og attribuering*, University of Oslo doctoral thesis, Oslo 2014.

ormstunga 'Serpent tongue' Illugason and Hólmgǫngu-Bersi 'Dueling-Bersi' Véleifsson. The one stanza attributed to Gestr Þorhallsson in the Codex Wormianus addition and the *Laufás Edda* will be discussed in connection with the *Fourth Grammatical Treatise*'s apparent knowledge of related material. There is, in addition, one couplet cited in the prose text of *Háttatal* attributed in *Eyrbyggja saga* to Þórarinn svarti 'the Black' máhlíðingr Þórólfsson.

The relatively frequent citation of stanzas from sagas of Icelanders in the grammatical treatises continues in the *Third Grammatical Treatise*, where there is a total of nine stanzas or part-stanzas cited, again with Egill Skallagrímsson predominating with five stanzas or part-stanzas. One of these (*Arinbjarnarkviða* 24) is cited twice in each of the two manuscripts of the treatise. Four out of the five citations are from the long *kviðuháttr* poem in honour of Egill's friend Arinbjǫrn, now conventionally termed *Arinbjarnarkviða*, which does not form an integral part of *Egils saga* in the one manuscript, Möðruvallabók (AM 132 fol), in which it has been recorded, but is written after the text of the saga on a leaf (99v) that is now extremely hard to read. There is no doubt that additional stanzas of the poem were once present on this leaf, but how many and which ones are uncertain. Two of the stanzas (conventionally numbered 24 and 25) recorded in the *Third Grammatical Treatise* are not present on f. 99v, but most editors have considered them to be part of the poem nevertheless on grounds of their subject-matter and metre and placed them at the end of the poem. However, this attribution is by no means certain and Þorgeir Sigurðsson has recently argued against it[26]. Óláfr Þórðarson certainly ascribes the stanzas to Egill («sem Egill kvað» 'as Egill said') but he does not indicate which poem they belong to.

Of the remaining four stanzas or part-stanzas found in the *Third Grammatical Treatise* and also in manuscripts of sagas of Icelanders, there is one attributed to each of Bjǫrn Hítdœlakappi Arngeirsson, Hallfreðr vandræðaskáld Óttarsson and Hólmgǫngu-Bersi Véleifsson plus an anonymous stanza from *Njáls saga*. With the exception of the anonymous stanza all these, together with most of those cited in *Skáldskaparmál*, are attributed to skalds who figure in poets' sagas and, in the case of Hallfreðr, also has a presence in manuscripts of kings' sagas.

---

[26] Þ. SIGURÐSSON, «Arinbjarnarkviða – varðveisla», *Són. Tímarit um Óðfræði*, 11 (2013) 13-33.

The *Fourth Grammatical Treatise*'s coverage of the chief poets of the eleventh and twelfth centuries is noticeably restricted compared with its predecessors, though the author makes up for this by his use of many anonymous examples, in some cases probably of his own composition[27]. This treatise includes the first six lines of one stanza recorded elsewhere in an *Íslendinga saga*, in this case *Heiðarvíga saga*, possibly one of the earliest of this genre, but very poorly preserved[28]. This saga was probably compiled somewhere in northern Iceland, possibly at Þingeyrar in Húnavatnssýsla, where the *Fourth Grammatical Treatise* may also have been written and the Codex Wormianus, its sole exemplar, was very likely compiled[29]. The poet Eiríkr viðsjá 'the Circumspect', whose stanza is cited by the Fourth Grammarian, is mentioned in the saga as a good poet and seven stanzas are ascribed to him there, all about the battle on the heath fought in 1014, from which the saga takes its name. They are cited nowhere else except that the seventh stanza is included in the *Fourth Grammatical Treatise*. It is possible that the monastery at Þingeyrar possessed a copy of *Heiðarvíga saga* from which the Fourth Grammarian took the stanza, and this possibility is strengthened by the citation of the first line of a *lausavísa* attributed to Gestr Þorhallsson, another character in *Heiðarvíga saga*, in an addition to the Codex Wormianus which is not present in other manuscripts of Snorri's *Edda*. The full half-stanza to which this single line belongs is found in one version of the *Laufás Edda*, together with the preceding prose text of a sentence of *Heiðarvíga saga* that introduces the character Gestr and the first of his two preserved stanzas. This has led Anthony Faulkes to suggest that Gestr's poetry is more likely to have come to the *Laufás Edda* directly from a version of the saga rather than from a version of Snorri's *Edda*[30].

This contribution in honour of Fabrizio Raschellà has shown in a preliminary way how the organisational principles of the new skaldic edition can allow us to compare the citational profiles of skaldic poetry

---

[27] See CLUNIES ROSS – WELLENDORF, *Fourth Grammatical Treatise*, pp. xlv-liii.

[28] Much of the sole known medieval manuscript was destroyed by fire in Copenhagen in 1728.

[29] See the discussion in CLUNIES ROSS – WELLENDORF, *Fourth Grammatical Treatise*, p. xlvii.

[30] See A. FAULKES (ed.), *Two versions of Snorra Edda from the 17th century*. 2 vols. I. *Edda Magnúsar Ólafssonar (Laufás Edda)*, p. 58. Stofnun Árna Magnússonar, Reykjavík 1979.

recorded in various text corpora with one another to produce important new deductions. The validity of such inferences, furthermore, is broadly supported by emic criteria that medieval Icelandic culture itself determined rather than by modern constructs. Thus a comparison of the poetic examples that the medieval Icelandic grammarians themselves selected to illustrate their treatises can be aligned with poetry from other genres of prose text to reveal the kinds of poetry that the grammarians considered worthy of inclusion in their manuals. Equally, a search of the whole corpus of Old Norse-Icelandic literature reveals the uniqueness of nearly half of the poetic content of the grammatical treatises, which demonstrates how valuable this tip of the iceberg of medieval Icelandic poetry actually is.

Bibliography

BENEDIKTSSON, H. (ed.), *The First Grammatical Treatise*, University of Iceland Publications in Linguistics 1. Institute of Nordic Linguistics, Reykjavík 1972.

CHASE, M. (ed.), «Einarr Skúlason, *Geisli*», in M. CLUNIES ROSS (ed.), *Poetry on Christian Subjects*, Parts 1-2, Brepols, Turnhout 2007, 1, pp. 5-65.

CLUNIES ROSS, M., *A History of Old Norse Poetry and Poetics*, D. S. Brewer, Cambridge 2005.

CLUNIES ROSS, M. – GADE, K. E. – MAROLD, E. – NORDAL, G. – WHALEY, D. – WILLS, T. (eds.), *Skaldic Poetry of the Scandinavian Middle Ages*, 9 vols., Brepols, Turnhout 2007-.

CLUNIES ROSS, M. – WELLENDORF, J. (eds.), *The Fourth Grammatical Treatise*, Viking Society for Northern Research, University College London 2014.

EGILSDÓTTIR, A. (ed.), «Hungrvaka», in EAD. (ed.), *Byskupa sögur* II, Hið Íslenzka Fornritafélag, Reykjavík 2002, pp. 1-43.

FAULKES, A. (ed.), *Two versions of Snorra Edda from the 17th century*, 2 vols., I. *Edda Magnúsar Ólafssonar* (*Laufás Edda*), Stofnun Árna Magnússonar, Reykjavík 1979.

—, (ed.), *Snorri Sturluson Edda. Skáldskaparmál*, 2 vols., Viking Society for Northern Research, University College London 1998.

—, (ed.) *Snorri Sturluson Edda. Háttatal*, 2nd ed., Viking Society for Northern Research, University College London 2007.

GADE, K. E., «The Dating and Attribution of Verses in the Skald Sagas», in R. POOLE (ed.), *Skaldsagas. Text, Vocation, and Desire in the Icelandic Sagas of Poets*, De Gruyter, Berlin – New York 2001, pp. 50-74.
—, (ed.), *Poetry from the Kings' Sagas 2; From c. 1035 to c. 1300*, Parts 1-2, Brepols, Turnhout 2009.
JÓHANNESSON, J. – FINNBOGASON, M. – ELDJÁRN, K. (eds.), *Sturlunga saga*, 2 vols., Sturlungaútgáfan, Reykjavík 1946.
MYRVOLL, K. J., *Kronologi i skaldekvæde. Distribusjon av metriske og språklege drag i høve til tradisjonell datering og attribuering*, University of Oslo doctoral thesis, Oslo 2014.
NORDAL, G., *Tools of Literacy. The Role of Skaldic Verse in Icelandic Textual Culture of the Twelfth and Thirteenth Centuries*, Toronto University Press, Toronto – Buffalo – London 2001.
SIGURÐSSON, G., «Óláfr Þórðarson hvítaskáld and Oral Poetry in the West of Iceland c. 1250: The Evidence of References to Poetry in *The Third Grammatical Treatise*», in M. CLUNIES ROSS (ed.), *Old Icelandic Literature and Society*, Cambridge University Press, Cambridge 2000, pp. 96-115.
SIGURÐSSON, J. – S. EGILSSON – F. JÓNSSON (eds.), *Edda Snorra Sturlusonar. Edda Snorronis Sturlæi*, 3 vols., Legatum Arnamagnæanum, Copenhagen 1848-87.
SIGURÐSSON, Þ., «Arinbjarnarkviða — varðveisla», *Són. Tímarit um Óðfræði*, 11 (2013) 13-33.
WHALEY, D. (ed.), *Poetry from the Kings' Sagas 1: From Mythical Times to c. 1035*, Parts 1-2, Brepols, Turnhout 2012.

ELENA DI VENOSA[*]

DANIEL GEORG MORHOF, IL PRIMO MAESTRO DI FILOLOGIA GERMANICA

L'insegnamento che oggi chiamiamo Filologia germanica nasce senza dubbio nel XVII sec. con Daniel Georg Morhof. Letterato e storico molto noto per aver redatto l'enciclopedia *Polyhistor* (1688)[1] e per la sua produzione poetica in latino, Morhof ha destato finora meno interesse per il suo principale lavoro in lingua tedesca, il trattato *Unterricht von der Teutschen Sprache und Poesie* (1682)[2], che offre interessanti osservazioni linguistiche e il primo tentativo in Germania di una panoramica della letteratura europea[3]. Alcuni temi trattati da Morhof nell'*Unterricht* sono stati già vagliati da studi sulla storia della Filologia, come la letteratura tedesca tardo medievale[4]; tuttavia non sono ancora state analizzate le sezioni del trattato relative alle lingue germaniche e alla letteratura tedesca antica, e in generale si parla poco del ruolo fondamentale di Morhof nello sviluppo della Filologia germanica. In questo contributo in onore di Fabrizio Raschellà, mio stimato maestro di dottorato, cercherò di mettere in luce gli studi storico-filologici e i pregi del suo illustre predecessore Morhof.

[*] Università degli Studi di Milano, Piazza S. Alessandro 1, Milano; elena.divenosa@unimi.it

[1] Daniel Georg Morhof, *Polyhistor sive de auctorum notitia et rerum commentarii*, Lübeck 1688 (ma completata postuma, sulla base dei suoi appunti delle lezioni, nel 1707). Le citazioni sono tratte dall'edizione digitalizzata, Lübeck 1732³, http://diglib.hab.de/drucke/ea-494/start.htm.

[2] Ristampa dell'edizione Lübeck 1700 a cura di H. BOETIUS (Hrsg.), *Daniel Georg Morhofens Unterricht von der teutschen Sprache und Poesie*, Gehlen, Bad Homburg – Berlin – Zürich 1969 (Nachdruck der Ausgabe Lübeck 1700); digitalizzazione della prima edizione, Kiel 1682, http://www.deutschestextarchiv.de/book/show/morhof_unterricht_1682.

[3] H. CHRISHOLM, «Morhof, Daniel Georg», *Encyclopædia Britannica*, 18 (1911¹¹), p. 836.

[4] K. KIESANT, «Zur Rezeption spätmittelalterlicher Literatur im 17. Jahrhundert. Daniel Georg Morhof», in W. SPIEWOK (Hrsg.), *Deutsche Literatur des Spätmittelalters: Ergebnisse, Probleme und Perspektiven der Forschung*, Ernst-Moritz-Arndt-Universität Greifswald, Greifswald 1986, pp. 376-385.

Nato il 6 febbraio 1639 a Wismar, Morhof frequenta le scuole nella città natale e a Stettino. Nel 1657 si immatricola all'Università di Rostock per studiare Giurisprudenza, dove viene nominato professore di Poesia ed Eloquenza nel 1660. In seguito egli si trasferisce a Kiel, presso la cui università, appena fondata nel 1665, diventa docente e nel 1669 rettore. Nel 1673 accetta l'insegnamento di Storia all'Università di Rostock e qui nel 1680 assume il ruolo di direttore della biblioteca. Muore il 30 giugno 1691 durante un viaggio a Lubecca[5].

Da studente Morhof viaggia molto nell'Europa occidentale, soprattutto in Olanda e Inghilterra: questi sono Paesi che, essendo stati colpiti marginalmente dalla Guerra dei Trent'anni, stanno vivendo un periodo di grande fioritura delle scienze e della cultura. Da notare che le mete di Morhof sono solo in Paesi di lingua germanica; egli non è interessato ad approfondire gli studi nei centri di cultura romanza in Francia o in Italia[6]. Nel corso di alcuni viaggi fa la conoscenza di uomini dotti oggi ben noti a filologi e storici, come Franciscus Junius e Isaac Vossius[7].

L'epoca in cui vive Morhof vede il superamento dell'Umanesimo: mentre questo si rivolgeva al passato, ora ci si concentra sul presente; la Riforma, le scoperte e le invenzioni recenti contribuiscono a spostare l'attenzione verso la realtà concreta e fanno crescere l'interesse sia per una cultura ampia e universale, sia per la specializzazione scientifica[8]. Predomina in questa epoca il pensiero del pedagogista protestante Comenio: egli è convinto della preesistenza delle cose, che prima di tutto

---

[5] I dati biografici di Morhof si possono trarre da diverse fonti, tra cui F. A. ECKSTEIN, «Morhof, Daniel Georg», in ID., *Nomenclator Philologorum*, Teubner, Leipizig 1871, vollständiger, korrigierter Text, bearbeitet von Johannes Saltzwedel, Hamburg 2005, p. 320; A. ELSCHENBROICH, «Morhof, Daniel Georg», in *Neue Deutsche Biographie*, vol. 18, Duncker & Humblot, Berlin 1997, p. 127s.; G. FRICKE, «Daniel Georg Morhof. Ein universaler Gelehrter und ein Lehrer Deutschlands aus der Frühzeit der Kieler Universität», in P. RITTERBUSCH – H. LÖHR – O. SCHEEL – G. E. HOFFMANN (Hrsg.), *Festschrift zum 275-jährigen Bestehen der Christian-Albrechts-Universität Kiel*, Hirzel, Leipzig 1940, pp. 274-279; M. KERN, *Daniel Georg Morhof*, Diss. Freiburg, Landau 1928.

[6] FRICKE, «Daniel Georg Morhof», p. 275.

[7] Grazie a Vossius Morhof può visitare la Biblioteca reale di Londra, dove visiona molti codici e manoscritti, tra cui quelli acquistati a un prezzo irrisorio da Vossius stesso dalla regina Cristina di Svezia, che li aveva sottratti alla biblioteca imperiale di Rodolfo II d'Asburgo; Junius invece gli fa conoscere la biblioteca dell'Aia. KERN, *Daniel Georg Morhof*, p. 16.

[8] Ivi, p. 29.

devono essere conosciute per poter essere descritte linguisticamente e vagliate dalla ragione[9]; Morhof elabora di conseguenza una concezione molto moderna dell'apprendimento linguistico, che a suo avviso consiste nel partire da premesse e dati già noti[10].

È grazie all'Umanesimo, tuttavia, se i dotti del Seicento possono godere di una disponibilità di libri mai vista prima; Morhof stesso è un vero e proprio bibliofilo che ama circondarsi di manoscritti e stampe. Tali circostanze contribuiscono alla riscoperta delle opere medievali[11] e permettono di ampliare e modernizzare gli studi; "pansofia", "polimatia" ed "enciclopedia" sono le parole chiave di questa epoca di erudizione, anche se Morhof critica il mero e superficiale nozionismo dei pansofisti, riduttivo nei confronti di tanta abbondanza libraria[12]. Egli si sente ispirato dallo spirito enciclopedico, che è spirito di ricerca; a lui interessa la cultura ampia acquisita attraverso i libri, ma comprende anche la necessità di operare una selezione dei testi, purché avvenga attraverso la loro lettura attenta e non con la speculazione a priori[13]. Leggendo il *Polyhistor* emergono idee sorprendentemente attuali di Morhof sulla cultura libraria e letteraria. Egli considera fondamentale prima di tutto la loro catalogazione[14]: l'ordine dei libri deve seguire l'ordine delle cose, così da favorirne la conoscenza. Come il filosofo suo contemporaneo Gottfried Wilhelm Leibniz, Morhof pensa che il sapere sia un'impresa collettiva: è convinto dell'importanza della collaborazione, anche attraverso le accademie, per produrre conoscenza e per trasmetterla alle generazioni successive[15]. Nel *Polyhistor* (I, XX, 4ss.) troviamo illustrata la sua concezione di quello che oggi definiremmo "lavoro di squadra", finalizzato all'organizzazione del sapere: ogni esperto viene incaricato della catalogazione di tutti gli autori della propria

---

[9] A. GARDT, *Geschichte der Sprachwissenschaft in Deutschland. Vom Mittelalter bis ins 20. Jahrhundert*, de Gruyter, Berlin – New York 1999, p. 94.

[10] KERN, *Daniel Georg Morhof*, p. 36.

[11] A. BLAIR, «The Practices of Erudition according to Morhof», in F. WAQUET (ed.), *Mapping the World of Learning: The Polyhistor of Daniel Georg Morhof*, Harrassowitz, Wiesbaden 2000, pp. 59-74, p. 59.

[12] J.-M. CHATELAIN, «Philologie, pansophie, polymathie, encyclopédie: Morhof et l'histoire du savoir global», in F. WAQUET (ed.), *Mapping the World of Learning*, op. cit., pp. 15-29, p. 18.

[13] BLAIR, «The Practices of Erudition», p. 67.

[14] Ivi, p. 64.

[15] CHATELAIN, «Philologie, pansophie, polymathie, encyclopédie», p. 20; BLAIR, «The Practices of Erudition», p. 63s.

disciplina e deve redigere una sinossi di tutti i libri di quell'ambito, dai manoscritti alle stampe, fornendo riassunti e lemmari non solo dei capitoli, ma anche del contenuto di ogni capitolo. Sia gli autori che le loro opere devono poi essere messi in ordine cronologico in base alla data della prima pubblicazione. Questo spoglio è molto utile per individuare plagiatori e interpolatori[16], oltre che per mettere i dati a disposizione degli altri studiosi, così che da una invenzione ne possano derivare altre per analogia: «ex illo analogismo homini solerti plura inveniendi subministraretur occasio» (I, XX, 11).

Morhof sottolinea l'importanza che le biblioteche siano accessibili e facilmente usufruibili; egli teme che un libro o un manoscritto si perdano solo perché nessuno ne conosce l'esistenza, abbandonati e lasciati preda di vermi e parassiti: «Nimirum quasi scenæ tot libri inserviunt, oculos tantum moraturi, non animos saturaturi. Cui bono thesaurus absconditus? Ergo in tinearum *et* blattarum gratiam tot opes impenduntur, tot libri colliguntur» (I, III, 26)[17].

L'enciclopedismo di matrice umanista abbracciato da Morhof è un modello filologico in senso ampio; riguarda la *historia literaria*[18] e la conoscenza dei grandi testi: poetici, retorici o storici; cioè tutto lo spettro del sapere necessario all'interpretazione delle opere dell'antichità. Quindi la filologia nasce dall'enciclopedismo, ma in forma di commento critico e di ricerca, che richiedono uno studio approfondito anche della realtà che è sottesa al testo[19].

Morhof ragiona anche sull'esegesi testuale (III, V): si deve cercare il vero significato di quello che trasmettono gli autori, facendone diverse letture ed esaminando le scelte lessicali di ognuno. Le varie interpretazioni possono essere aggiunte sui margini dei libri o disposte su pagine separate. Per stabilire criticamente il valore di una parola usata da un determinato autore, Morhof propone di collazionarne le diverse occorrenze. Il risultato è un'informazione lessicale vicina a quella trovata in un buon dizionario; per fare questo, lo studioso deve anche padroneggiare la paleografia, una disciplina che si sviluppa proprio alla fine del XVII sec.[20].

---

[16] BLAIR, «The Practices of Erudition», p. 64.
[17] Ivi, p. 66.
[18] CHATELAIN, «Philologie, pansophie, polymathie, encyclopédie», p. 17.
[19] Ivi, p. 21.
[20] BLAIR, «The Practices of Erudition», p. 68.

Nel trattato *Unterricht von der Teutschen Sprache und Poesie* si incontrano molti dei temi poi ripresi dal *Polyhistor*. L'opera si divide in tre parti: la prima (capp. I-VII, pp. 1-150), intitolata *Von der Teutschen Sprache*, è una sorta di grammatica storica; la seconda (capp. I-IX, p. 151-446) *Von der Teutschen Poeterey Uhrsprung und Fortgang* è una storia della letteratura; la terza (capp. I-XVII, pp. 447-779) *Von der Teutschen Poeterei an ihr selbst*, tratta l'ortografia e i vari generi letterari, soprattutto poetici[21]. Ogni capitolo è preceduto da un indice dei contenuti. È il primo manuale che racchiude la storia della lingua, della letteratura e la poetica, anche se l'unità è solo esteriore[22]: l'autore concepisce il tutto come opera unica, ma le tre parti non formano un insieme organico; i contenuti per noi più rilevanti dal punto di vista storico-filologico sono discussi in più punti delle tre sezioni.

Il trattato nasce non solo per aspirazioni enciclopediche, ma anche per ragioni politiche[23], cioè per dare dignità alla lingua tedesca in un'epoca in cui l'interesse degli studiosi ricade soprattutto sull'ebraico, considerato la lingua madre di tutte le altre, o sul latino, la lingua dotta per eccellenza; il francese inoltre sta progressivamente soppiantando le lingue classiche grazie al predominio politico e culturale del regno di Luigi XIV. Non è un caso che Morhof rediga il manuale proprio in tedesco e non in latino o in francese, pur consapevole che questa scelta avrebbe oscurato la sua opera alla comunità scientifica del suo tempo[24]. Dunque è soprattutto per patriottismo che Morhof cerca di screditare il francese e dimostrare che il tedesco ha un'origine antica; antichità come pregio rappresentato dalla semplicità: più una lingua è "grezza", più è antica: «je einfåltiger und gröber eine Sprache/ desto älter und ungemischter sie sey/ und denen andern vorgehe» (p. 69)[25]»; e più avanti:

---

[21] Alla fine della terza parte (pp. 779-807) Morhof aggiunge un'appendice con diversi modelli poetici; l'ultima pagina riporta la *errata corrige*.

[22] KERN, *Daniel Georg Morhof*, p. 51.

[23] I. M. BATTAFARANO, «Vico und Morhof», in ID., *Von Andreae zu Vico, Untersuchungen zur Beziehung zwischen deutscher und italienischer Literatur im 17. Jahrhundert*, Heinz, Stuttgart 1979, pp. 171-198, p. 180 et s. Da qui le due citazioni successive.

[24] KERN, *Daniel Georg Morhof*, p. 51-52.

[25] Le citazioni sono tratte dall'edizione digitalizzata Kiel 1682 (cf. nota 2). Le abbreviazioni sono state sciolte.

> Die Hoffsprach in Franckreich ist am meisten verdorben. Vocales werden am meisten geändert/ nach der Gleichheit und nach der natürlichen Neigung des Landes. (p. 92)

Morhof si inserisce così nella discussione sull'origine delle lingue. La teoria dominante, solo leggermente scalfita da Leibniz[26], è a favore della discendenza di tutte le lingue da quella ebraica, ma Morhof, docente di Storia, concepisce la prospettiva diacronica meglio di altri dotti[27] ed è molto scettico a proposito di questa teoria, come afferma nel *Polyhistor*: «Verum *et* libellus ipse miris ineptiis, ac plus quam Cabbalisticis nugis refertus est» (IV, III, 1)[28].

Egli conosce bene anche altre teorie[29], di tipo diacronico e comparatistico, che circolavano già nel Cinquecento; esse hanno condotto, ad esempio, alla raccolta di campioni linguistici operata da Konrad Gessner con il confronto di ventidue traduzioni del *Pater noster*[30], anche se lavori di questo tipo erano frutto di un modello descrittivo e la prospettiva storica era ancora solo abbozzata e imprecisa. Morhof concorda anche con i grammatici umanisti, come Petrarca e Lorenzo Valla, secondo i quali la lingua è in perenne modificazione: la conoscenza delle fasi dello sviluppo di una lingua permette di datare i manoscritti anonimi, distinguere un'opera falsa da una autentica e capire quali stili letterari sono appropriati a un determinato periodo storico[31].

---

[26] D. DROIXHE, *La linguistique et l'appel de l'histoire (1600-1800). Rationalisme et révolutions positivistes*, Droz, Genève 1978, p. 34. Leibniz ha lavorato anche nell'ambito linguistico e ha accolto l'eredità di Morhof. Molte delle osservazioni sul riconoscimento storico delle lingue, oggi attribuite a Leibniz, derivano invece da Morhof o sono state sviluppate da entrambi indipendentemente uno dall'altro (KERN, *Daniel Georg Morhof*, p. 84).

[27] Morhof ha tenuto delle lezioni anche su Tacito (A. GRAFTON, «Morhof and History», in F. WAQUET (ed.), *Mapping the World of Learning*, op. cit., pp. 155-177, p. 159ss.). In questo periodo la scienza cerca di chiarire la questione della *Völkerverwandschaft* (KERN, *Daniel Georg Morhof*, p. 55), che porta all'incontro tra studi linguistici e storici.

[28] D. DROIXHE, «À l'ami Daniel Georg Morhof (1639-1691)», *Language and History*, 53/2 (2010) 97-114, p. 103.

[29] KERN, *Daniel Georg Morhof*, p. 56.

[30] Nel trattato *Mithridates sive de differentiis linguarum tum veterum tum quae hodie*. Cf. DROIXHE, *La linguistique et l'appel de l'histoire*, p. 51. La ricerca è stata ampliata da altri linguisti come Wolfgang Lazius e Claude Duret; il modello è stato ripreso nell'Ottocento da Johann Christian Adelung.

[31] A. GRAFTON, «Morhof and History», p. 161.

Nella prefazione dell'*Unterricht* Morhof spiega di aver coltivato lo studio della lingua tedesca e delle lingue nordiche sin dalla giovane età[32] e di aver notato quanto sono antiche, al punto da pensare che possano essere all'origine del greco e del latino[33]:

> Ich habe von erster Jugend an auff die Teutsche und andere Nordische Sprachen ein absonderlich Auge geworffen/ und ein hőhers und ehrwűrdigers Alterthum in ihnen vermerckt/ als man sonst ins gemein davor hǻlt. Ich habe in Griechischer und Lateinischer Sprache so viele Fußstapffen derselben ersehen/ daß ich mir auch einmahl ein gantzes weitlǻufftiges Buch Originum Germanicarum zu schreiben vorgenommen. (Prefazione, fotogramma 10)

Da questo punto di vista il suo pensiero sembra avvicinarsi a quello di Georg Stiernhielm[34], il quale, come la maggior parte degli studiosi del tempo, segue la teoria della discendenza di tutte le lingue da una sola (definendo le varie lingue "dialetti" della prima), ma al posto dell'ebraico propone quella "svedese o scitica". Come già visto, per motivi patriottici Morhof pone la questione della superiorità del tedesco, che in questo caso risulta antico almeno quanto la lingua primigenia svedese.

Morhof vanta la superiorità del tedesco anche rispetto ad altre lingue: dell'inglese riconosce la derivazione dall'anglosassone, ma esso stesso discenderebbe dal tedesco: «welche heutiges Tages von alten Versen noch übrig seyn/ kommen von den Anglo-Saxonibus her die Teutsches Ursprungs sein» (p. 227). L'inglese appare inoltre come lingua "femminea", mentre la "mascolinità" deriverebbe dal materiale linguistico "tedesco":

> die Engelsche/ die eine bastard-teutsche ist/ und durch die vermischung/ und die Weibische pronuntiation gar verdorben/ daß sie schier nichts mǻnnliches an sich hat/ was aber gutes an ihr ist/ eintzig und allein der Teutschen/ die ihre Mutter ist/ zuschreiben muß. (p. 230)

---

[32] Morhof è nato a Wismar, città che passa sotto la dominazione svedese proprio durante la sua infanzia; questo potrebbe aver risvegliato in lui l'interesse per le lingue scandinave. DROIXHE, «À l'ami Daniel Georg Morhof», p. 98.

[33] Il cap. III dell'*Unterricht* è intitolato «Daß viel Griechische und Lateinische Wőrter von den alten Teutschen oder Scythischen herkommen» (p. 46).

[34] DROIXHE, «À l'ami Daniel Georg Morhof», p. 105.

A proposito del neerlandese, Morhof riconosce che è la lingua più simile, anche per età, al tedesco; anzi la varietà basso tedesca, la sua lingua madre, sarebbe più antica dell'alto tedesco: «Die Poeterey der Niederländer/ [...] ist von der Teutschen nicht unterschieden/ ja sie ist selbst Teutsch/ Die Hochteutsche ist gegen sie ein gar neuer Dialectus» (p. 255).

Morhof osserva i "dialetti" germanici e nota che nonostante derivino da un'unica lingua, sono molto diversi uno dall'altro: «ziemlich weit entfernet/ wie etwa heute Schwedisch und Teutsch/ Hollåndisch und Schwåbisch. Welche ein Außländer leichtlich vor gantz unterschiedene Sprachen halten kŏnnen» (p. 31)[35]. Anche il tedesco si divide in dialetti; Morhof cita a riguardo le osservazioni di Caspar Schoppe, il quale ne aveva distinti sei tipi: *Meißnerisch, Rheinisch, Schwäbisch, Schweizerisch, Sächsisch, Bayerisch*[36]. Egli concorda che il dialetto di Meißen, la lingua di Lutero già riconosciuta nel Seicento come varietà di prestigio che si impone a livello nazionale, sia la migliore, pur con qualche difetto: «Der Meißner Außrede ist die zierlichste/ aber sie haben auch einige sonderlichkeiten/ die nicht nachzuahmen sein» (p. 480).

Le intuizioni di Morhof sull'etimologia sono sorprendenti e antesignane: egli riconosce che gli *Stammwörter* sono da ricercare nelle varietà dialettali più arcaiche e isolate dagli influssi di altre lingue:

> Will man nun die Stammwŏrter einer jetzo außgearbeiteten Sprache suchen/ so muß man nicht zu einer gehen/ die in gleicher Vollkommenheit ist/ sondern man muß auf dem Lander unter den Bauren/ an Oertern/ da niemahls Frembde hingekommen/ dieselbe suchen. (p. 69-70)

Sebbene debba ancora essere messa a fuoco la distinzione tra piano grafico e piano fonetico, e nonostante la forzatura ideologica della derivazione del latino dal tedesco, sono accurate le osservazioni di Morhof circa l'evoluzione di una parola, che nel tempo si modifica nel vocalismo e nel consonantismo; egli individua correttamente, anche se in direzione opposta, il legame tra alcune parole latine e tedesche, come «vermis von Worm/ vallum von Wall/ discus von Disch/ murus von Můr/ habeo von

---

[35] KERN, *Daniel Georg Morhof*, p. 53.
[36] *Ibid.*

habe/» (p. 93)[37]. Egli riconosce anche l'etimologia dell'anglosassone *cynne*: «Cynne (Genus) Cennan, Acennan generare Kind. geno, gigno, γείνομα» (p. 121) dimostrando così di aver riconosciuto il passaggio gr. e lat. /k, h/ > germ. /h, g/[38].

Oltre alle osservazioni di carattere storico-linguistico ed etimologico è interessante ciò che Morhof insegna della letteratura tedesca antica e il modo innovativo in cui la presenta. Infatti la trasmissione della tradizione storico-letteraria avveniva nel medioevo mediante cataloghi e nel periodo rinascimentale attraverso le "poetiche"; prodotti che però non hanno nessun legame con la storia della letteratura. Così Morhof si distingue dai suoi predecessori, perché non si limita a enumerare opere e aspetti poetici esteriori, ma si chiede dell'origine e dello sviluppo della Poesia, dimostrando di essere già ben consapevole del rapporto tra lingua e letteratura di un popolo[39].

Gli argomenti letterari sono raccolti in modo abbastanza omogeneo nella seconda parte dell'*Unterricht*. Qui egli non tratta solo della letteratura tedesca, ma anche di quella inglese, francese, italiana, spagnola, neerlandese e nordica, sempre con osservazioni storiche. Della letteratura inglese, ad esempio, egli afferma che è «viel zimlich verkrochen und tunckel/ so woll in der zusammensetzung der Wŏrter/ als in dem Verstande selbst» (p. 232) e pensa che gli inglesi siano portati per le tragedie. Egli individua Geoffry Chaucer come primo poeta della storia della letteratura inglese ed è consapevole della non originalità di alcune sue opere; si dimostra anche conoscitore della tradizione letteraria romanza: «Romain von der Rose ist eine Frantzŏsische und keine Englische Erfindung. Guillaume de Lorris hat sie erst angefangen: Jean Clopinel de Meun vollfŭhret» (p. 226). Morhof ha nozioni anche di letteratura del periodo precedente quello medio inglese e nomina prima di Chaucer due figure fondamentali della letteratura anglosassone: «Der Kŏnig Ælfredus und Aldhelmus die ersten Angelsachsische Poeten. Aldhelmus bringt die Britten durch seine Lieder zur Gottesfurcht und Tugend. Ælfredi ŭbergebliebene fragmenta» (p. 226).

Morhof si interessa anche di gotico. Egli legge i Vangeli di Ulfila nell'edizione di Franciscus Junius basata sul *Codex Argenteus* e conosce

---

[37] L'elenco comprende anche errori evidenti, come «Locus von Lock/ hochteutsch Loch [...] porcus von Borg/ [...] axis von Art [...]».
[38] Come già Junius. KERN, *Daniel Georg Morhof*, p. 56.
[39] *Ibid*.

il *Glossarium Ulphila-Gothicum linguis aliquot affinibus* curato da Stiernhielm e Junius[40], che accompagnava l'edizione della Bibbia stessa. È possibile che Morhof capisse il gotico, come si deduce da una sua osservazione sulla mancanza di rime finali nella letteratura gotica: «wann man die Poesin der alten Gothen ansieht/ so findet man/ so viel man nachricht haben kan/ keine Reime an dem Ende der Verse/ in den Liedern» (p. 592)[41].

Alla *nordische Poeterey* Morhof dedica un capitolo apposito (cap. VIII, p. 395ss.). Il tema gli offre l'occasione di continuare il confronto tra cultura tedesca e svedese per sostenere la maggiore antichità della prima. Tuttavia i suoi argomenti sono vaghi, affermando che tutto è molto "incerto": «Die Nordische Poeterey ist alt. Ist aber ungewiß ob sie an Alterthum der Teutschen vorzuziehen. [...] Es ist alles davon ungewiß» (p. 395). In suo aiuto viene solo la *Literatura Runica* di Olaus Wormius (p. 402), che indica come poeta danese più antico Ragnar Lodbrok, morto nell'857 e quindi successivo ai primi poeti tedeschi. Morhof ammette tuttavia che la letteratura nordica ha un pregio: si è conservata più copiosa di quella tedesca antica: «In diesem sein aber die Nordischen Vőlcker etwas glűcklicher/ daß sie mehr von ihren monumentis beybehalten haben/ als die Teutschen» (p. 403-404). Egli prosegue la dissertazione con i dettagli delle due *Edda*, però ammette di non capire l'antico nordico: «Es sind zweyerley Eddæ gewesen/ die eine als die ǎlteste/ ist in alte unverstǎndliche Verse verfasset» (p. 404). Seguendo la tradizione dell'epoca, Morhof attribuisce l'*Edda* poetica a Sæmundur fróði Sigfússon, che avrebbe redatto l'opera attorno al 1077. L'*Edda* in prosa invece, conosciuta attraverso l'edizione di Petrus Resenius, la attribuisce a Snorri Sturluson, che avrebbe tratto spunto dall'*Edda* poetica. Nell'*Edda* di Snorri Morhof sa che si parla di poesia scaldica e ne spiega la natura. Basandosi principalmente sugli insegnamenti di Olaus Wormius, descrive anche i vari tipi di metro nordico[42]; a proposito della allitterazione, ad esempio, egli afferma:

---

[40] DROIXHE, «À l'ami Daniel Georg Morhof», p. 105. L'edizione della Bibbia gotica è accompagnata dalla *Dissertatio de linguarum origine* di Stiernhielm, uno dei trattati da cui Morhof trae spunto per le sue osservazioni sull'origine delle lingue.

[41] KERN, *Daniel Georg Morhof*, p. 37.

[42] In questa sede non è possibile approfondire la ricerca, ma l'*Unterricht* di Morhof meriterebbe di essere esaminato anche come testimonianza della ricezione della poesia antico nordica in area tedesca e dello studio in Germania dei trattati di poetica scandinavi.

> Worinnen die Kunst der Verse bestanden/ solches wird weitläufftig
> von Wormio außgeführet/ und ist merckwürdig/ daß sie keine bey
> uns übliche Reime gehabt haben/ sondern die Verse sind bestanden
> in gewisser Zahl der Sylben/ und gleichstimmung derselben/ aber
> nicht am Ende. (p. 407)

Alla letteratura tedesca Morhof dedica maggiore spazio. A proposito lo studioso avanza due proposte di periodizzazione[43]. Una si rifà ad antichi modelli che si basano sulle età della vita: infanzia (gli inizi, soprattutto sulla base della testimonianza di Tacito), giovinezza (l'epoca di Carlo Magno), adultità (l'epoca degli Staufer), anzianità (dopo il 1250) e rinascita (a partire da Martin Opitz)[44]. L'altra, che Morhof adotta, è una divisione in tre epoche: la *Uhralte Zeit*, dagli inizi all'800 circa, la *Mittele Zeit*, da Carlo Magno alla fine del XVI sec., e la *Neueste Zeit*, il XVII sec. (p. 277-278).

Morhof riconosce il ruolo fondamentale di Carlo Magno per la nascita della cultura tedesca e ne elenca tutti i meriti:

> Er hat die alte unbeschriebene Gesetze seiner Völcker zusammen
> schreiben lassen. Er hat eine Teutsche Grammaticam zu schreiben
> angefangen/ um zu er weisen/ daß er zugleich ein König und
> Lehrmeister seines Volcks were. Er hat die alte Teutsche Gedichte/
> wie droben gedacht auffzeichnen lassen. Er hat alle Wissenschafften
> außgeübt/ hohe und niedrige Schulen vor dieselben gestifftet. (p.
> 308)

Egli si sbaglia solo sulle capacità scrittorie dell'imperatore: «Er hat auch selbst die Feder angesetzt und so woll in Lateinischer als Teutscher Sprache Carmina geschrieben» (p. 308-309); ma non è da escludere che gli abbia attribuito una certa produzione poetica per esaltarne ulteriormente il valore.

Tuttavia le sue conoscenze enciclopediche gli permettono di mettere a fuoco un quadro generale abbastanza preciso, tanto da saper correggere altri eruditi suoi contemporanei. A proposito di Otfrid von Weißenburg, Morhof riferisce che il poeta era allievo di Rabano Mauro e che aveva dedicato la sua opera all'arcivescovo di Magonza Liutberto; egli lo colloca

---

[43] KIESANT, «Zur Rezeption spätmittelalterlicher Literatur», p. 378.
[44] Morhof si rifà alla dissertazione *De variis Germanicæ Poëseos ætatibus* (1657) di Carl Ortlob.

correttamente sotto il regno di Lotario I, ma spiega che i Vangeli in "versi tedeschi" risalgono al regno di Ludovico II. Qui Morhof lamenta che «Herr Hoffmann»[45] abbia collocato erroneamente Otfrid sotto il regno di Lotario II[46] e Federico Barbarossa, e che probabilmente abbia confuso il nome *Ludwig* con *Friedrich*:

> Ist also vielleicht ein Fehler der flüchtigen Feder/ daß der Herr Hoffmann in der Vorrede seiner Getichte ihn unter die Zeit des Lotharii und Friedrichs setzt/ wodurch niemand anders als Lotharius II. und Fridericus Barbarossa könte verstanden werden. Aber er hat vielleicht an stat Fridrichs den Nahmen Ludewig schreiben wollen. (p. 316)

Egli segnala anche una lacuna nella raccolta di traduzioni della Bibbia curata da Johann Heinrich Hottinger e se ne meraviglia, conoscendo la perizia del collega: «Es wundert mich daß Hottingerus, da er Bibl. Theolog. l. 1. c. 3. so fleissig ist in den vielfältigen Ubersetzungen der Biebel hervor zu suchen/ dieser/ die von dem Ludovico I. angestellet/ nichts gedencket. Es ist aber vermuthlich daß sie verlohren gegangen» (p. 313), anche se non è chiaro a quale traduzione risalente al regno di Ludovico I Morhof si riferisse.

In un altro passo, a proposito della riscrittura del *Rolandslied* intitolata *Karl der Große* composta dallo Stricker, Morhof è in grado di correggere Goldast: «Es ist aber diß Buch nicht über sechsthalb hundert Jahr alt/ wie aus Goldasti Anmerckung über die paræneses p. 361. zu sehen» (p. 310)[47].

Egli contesta (p. 321)[48] anche le opinioni di Pierre de Caseneuve, che nel trattato *L'Origine des jeux fleureaux* ritiene che i poeti tedeschi abbiano imitato quelli francesi: Morhof considera inaccettabile l'unico esempio proposto da Casaneuve in proposito, le rime finali impiegate da

---

[45] KERN, *Daniel Georg Morhof*, p. 66, tace questo particolare forse perché non in grado di identificare «Herr Hoffmann»; in base a una breve ricerca nei cataloghi online delle principali biblioteche tedesche, si tratta probabilmente di Christian Hofmann von Hofmannswaldau.

[46] Deve trattarsi però di Lotario III Supplimburgo, l'unico dell'epoca di Federico Barbarossa.

[47] KERN, *Daniel Georg Morhof*, p. 65-66, sembra invece attribuire l'errore di datazione a Morhof.

[48] La discussione sul primato della letteratura tedesca ai tempi del Barbarossa prosegue fino a p. 325.

Otfrid, poiché l'opera di Otfrid è molto più antica della poesia provenzale, la quale nasce invece solo all'epoca di Barbarossa, quando quella tedesca è già pienamente sviluppata.

Nel capitolo dedicato alla poesia nordica visto precedentemente, Morhof ironizza sulle opinioni di un altro studioso suo coetaneo: a proposito dei *carmina antiqua* cantati dai Germani, di cui parla Tacito, Morhof rifiuta la proposta di Olaus Rudbeck di considerarli "svedesi", così tornando sulla diatriba politica sul predominio culturale della Germania o della Svezia. Poiché tali componimenti erano cantati dalle popolazioni di cui Tacito poteva aver avuto notizia, Morhof esclude che si potesse trattare degli Svedesi, e che potessero essere solo i Tedeschi, appunto il popolo più a stretto contatto con il mondo romano:

> Dieses hat niemand in zweiffel gezogen/ und stehet es ja so klar alhie/ daß man deßhalben nicht nöthig hat die geringste Grubeley zu machen. Aber es hat dennoch neulich den Teutschen der Herr Olaus Rudbeckius diß streitig gemacht [...] Ich ehre dieses vornehmen Mannes hohen Verstand: Aber hierin kan ich ihm keinen Beyfall geben. (p. 279)

Morhof cita e data correttamente anche altre opere della fase antica. Egli segnala ad esempio l'esistenza di una traduzione in tedesco delle Sacre Scritture, «damit auch das gemeine Volck den Verstand haben/ und sie zugleich dem Gedächtniß einverleiben könte», basandosi sulla sua fonte, André Du Chesne, autore della prefazione di un «in Sächsischer Sprache geschriebenen Buch(s)» (p. 311). Si tratta senza dubbio dello *Heliand*[49], che Morhof colloca con esattezza sotto il regno di Ludovico il Pio.

L'approccio enciclopedico e filologico di Morhof nel trattare la letteratura tedesca antica è molto moderno, come si può notare, tra l'altro, dalla frequenza e puntualità con cui egli cita le sue fonti. Dal *Polyhistor* sappiamo che Morhof legge la letteratura tedesca antica attraverso varie edizioni[50], tra cui i *Parænetici veteres* di Melchior Goldast (1604); fonte della sua conoscenza della letteratura alto tedesca antica e media è anche il Catalogo del patrimonio librario conservato alla Biblioteca di Vienna a cura di Peter Lambeck. Il *Liber evangeliorum* di Otfrid lo legge nell'edizione Basilea 1571 di M.F. Illyricus, di cui fornisce il titolo

---

[49] KERN, *Daniel Georg Morhof*, p. 66.
[50] Ivi, p. 36 et s.

completo: *Evangelienbuch in alt Fränkischen Reymen durch Ottfridum von Weissenburg, Münchn zu S. Gallen, vor siebenhundert Jarn beschrieben: jetzt aber in den Truck verfertiget* (III, IV, 3).

Nell'*Unterricht* Morhof cita anche altre opere antico alto tedesche[51]: varie traduzioni di salmi (intende sicuramente quelle di Notker III di San Gallo e un frammento alemanno del IX sec.), la traduzione dei Vangeli (si riferisce al Taziano), il *Symbolum Apostolicum*, una formula confessionale tedesca (forse le *Beichten* di Fulda del X o XI sec.), oltre al racconto «deß was zwischen Christo und dem Samaritanischen Weibe vorgegangen in alter teutscher Sprache» (p. 313).

Morhof nomina anche Williram, autore della parafrasi latina del Cantico dei Cantici, che consulta nell'edizione Leida 1598 di Paolo Merula. Williram però non lo annovera tra i poeti tedeschi, in quanto la sua produzione poetica è in gran parte in latino, ma lo considera meritevole di essere citato: «Selber gehöret woll nicht unter die Teutsche Poeten/ aber er ist werth/ daß wir ihn hier berühren. Es ist ein schönes Denckmahl der alten Sprache» (p. 319). Egli definisce Williram erroneamente «Abt zu Merßburg»[52], ma lo colloca correttamente sotto il regno di Enrico III e IV.

Morhof ritiene che l'epoca d'oro della poesia tedesca sia quella di Federico Barbarossa (p. 320ss.). Tra i più importanti poeti del tempo cita Wolfram von Eschenbach (p. 328), alcuni *carmina* del quale sono conservati in uno *Heldenbuch* che trasmette diversi carmi eroici antichi: si tratta dell'*Ambraser Heldenbuch*[53]. Risalgono all'epoca di Barbarossa, oltre alle opere cortesi, anche i poemetti didattici *Winsbeke* e *Winsbekin*, editi da Goldast, che Morhof dichiara di apprezzare molto. Egli elenca in seguito cinquantotto poeti, tra cui Walther von der Vogelweide, di cui cita, in termini molto generici, solo un libro del 1200 dedicato «an den kaiser Philippum»[54]. Incontriamo qui anche Hroswitha, le traduzioni dei *Disticha Catonis* e l'*Annolied*.

---

[51] Morhof non fornisce i titoli delle opere; ipotesi di attribuzione di KERN, *Daniel Georg Morhof*, p. 66.

[52] Morhof non dispone di informazioni precise su Williram: il poeta nasce all'inizio dell'XI sec. e muore nel 1085. È stato monaco a Fulda e dal 1040 *Scholasticus* a Bamberg. D. KARTSCHOKE, *Geschichte der deutschen Literatur im frühen Mittelalter*, DTV, München 1994², p. 249s.

[53] KERN, *Daniel Georg Morhof*, p. 66, n. 5. La conferma si ha più avanti, p. 332, dove Morhof cita l'edizione a stampa di Francoforte 1560.

[54] Ovvero re Filippo di Svevia. KERN, *Daniel Georg Morhof*, p. 66 et s., dubita che Morhof abbia letto alcuna opera di Walther von der Vogelweide.

Secondo Morhof l'epoca d'oro della poesia si chiude in corrispondenza di una crisi politica causata dalla mancanza di un forte potere centrale e dalle conseguenti lotte tra regnanti: poiché i cavalieri e i nobili si devono dedicare alle guerre, la poesia «geriht unter die Hände des gemeinen Pŏbels [...] wie die Ritter und Edele immer in den Waffen lagen/ diese Edle Kunst gar verlassen und viel ungeschicktes Dinges von nichtswŭrdigen Leuten geschrieben worden» (p. 335-336).

Degni di citazione sono comunque anche dei poeti successivi, come Hugo von Trimberg, con il suo poema didattico *Renner*, e il suo contemporaneo Freidank, autore di una *Laienbibel*[55]. Con il *Renner* Morhof svolge un vero e proprio studio di critica testuale *ante litteram*: analizzando in parallelo uno dei manoscritti[56] con la stampa di C. Jacob zum Bock del 1549, egli attua il primo lavoro di collazione della filologia tedesca[57]: «Wir wollen ein Stŭck des Capittels von den Meyden vornehmen/ und das gedruckte Exemplar mit dem geschriebenen zusammen halten/ da man den grossen Unterscheid mercken wird» (p. 352). Segue, nelle tre pagine successive, una tabella con la trascrizione del passo nella versione stampata a sinistra e quella manoscritta a destra, da cui emerge che la stampa ha ampliato notevolmente e arbitrariamente la fonte: «Aus diesem Exempel ist zu ersehen/ wie man mit den alten Versen gehandelt/ nach belieben außgelassen/ und hinein gesetzt was man gewolt/» (p. 355).

Morhof considera anche generi testuali diversi che comunque hanno un valore poetico, come il *Sachsenspiegel* di Eike von Repgow, che ha una prefazione in versi (p. 357) di cui riporta quelli finali[58]. Anche in questo caso egli nota alcune differenze tra la versione manoscritta e quella a stampa; in particolare si riferisce ai manoscritti conservati a Oldenburg e alle citazioni trascritte dal giurista e storico Johann Gryphiander nel trattato *De Weichbildis Saxonicis* (p. 359).

L'opera di Morhof ha pregi e difetti. Nell'*Unterricht* manca a volte la coerenza nell'esposizione dei temi; la divisione del manuale in tre parti e la scansione dei capitoli è solo indicativa, poiché l'autore passa dai temi

---

[55] KERN, *Daniel Georg Morhof*, p. 68, identifica l'opera con la *Bescheidenheit*.
[56] È un manoscritto non meglio specificato, messogli a disposizione da Marquardo Gudio.
[57] KERN, *Daniel Georg Morhof*, p. 75.
[58] Secondo l'edizione digitalizzata, sono i vv. 261-280: http://drw-www.adw.uni-heidelberg.de/drw-cgi/zeige?index=tasiglen&term=SspLR.&seite=praefatio+rhythmica.

linguistici a quelli storico-letterari e viceversa, e non segue rigorosamente l'ordine cronologico; egli vi alterna inoltre molte divagazioni e soprattutto commenti sui libri letti e sulle edizioni di altri studiosi, anche al fine di far risaltare la lingua e la cultura tedesca rispetto alle altre. Tuttavia è evidente che Morhof sa operare in modo sistematico, mettendo ordine nel sapere trasmesso dai suoi contemporanei e da studiosi precedenti: con il suo *Unterricht* egli insegna non solo le nozioni, ma anche a fare collegamenti; preferisce trascurare il dettaglio delle singole opere per inserirle in un quadro storico generale.

Morhof può essere preso a modello come insegnante di Filologia germanica: non solo possiede una cultura vastissima e competenze in varie discipline umanistiche, ma ha anche una concezione molto moderna della didattica. Come emerge dal *Polyhistor*[59], nel suo ruolo di docente universitario egli consiglia ai suoi studenti di farsi un'idea di tutte le Facoltà prima di concentrarsi solo su una; chi ha desiderio di apprendere deve porsi delle mete, deve impegnarsi molto e non deve essere frettoloso; in più pensa che uno studente non debba mai vergognarsi di spendere soldi per comprare libri. Tuttavia egli considera importante anche l'insegnamento "a viva voce", che può essere più efficace di tanti testi scritti: «si Doctores in illa arte excellunt, quam profitentur, viva voce plus docebunt, quam e multis libris capias» (II, VIII, 26)[60], e consiglia di insegnare presto agli altri, perché così si impara molto[61]. Con il suo esempio di vita egli dimostra inoltre che per apprendere non basta leggere, ma è necessario anche viaggiare, visitare le biblioteche e scambiare idee con altri studiosi.

Non si può negare il suo ruolo pionieristico nel trattare e apprezzare la letteratura tedesca antica, che nel XVII sec. era quasi del tutto dimenticata[62]. Egli prende la decisione coraggiosa di redigere l'*Unterricht* in tedesco nonostante la consapevolezza che i dotti lo avrebbero ignorato, preferendo assumere il ruolo di divulgatore. Anche se le sue motivazioni sono patriottiche, la sua esortazione a frequentare le biblioteche e a mettere a disposizione di tutti, dotti e studenti, il patrimonio librario tenuto nascosto («Es ist traun unverantwortlich/ daß man dergleichen Alterthůme so gar im finstern stecken låst», p. 289-

---

[59] KERN, *Daniel Georg Morhof*, p. 14.
[60] BLAIR, «The Practices of Erudition», p. 62.
[61] KERN, *Daniel Georg Morhof*, p. 14.
[62] Ivi, p. 73.

290) è sicuramente ispirata soprattutto dal suo desiderio di conoscenza e dalla consapevolezza – che possiamo estendere anche alla situazione attuale – che c'è ancora molto da leggere, ricercare e studiare e mettere a disposizione delle generazioni successive.

Bibliografia

BATTAFARANO, I. M., «Vico und Morhof», in ID., *Von Andreae zu Vico, Untersuchungen zur Beziehung zwischen deutscher und italienischer Literatur im 17. Jahrhundert*, Heinz, Stuttgart 1979, pp. 171-198.

BLAIR, A., «The Practices of Erudition according to Morhof», in F. WAQUET (ed.), *Mapping the World of Learning: The Polyhistor of Daniel Georg Morhof*, Harrassowitz, Wiesbaden 2000, pp. 59-74.

BOETIUS, H. (Hrsg.), *Daniel Georg Morhofens Unterricht von der teutschen Sprache und Poesie*, Gehlen, Bad Homburg – Berlin – Zürich 1969, (Nachdruck der Ausgabe Lübeck 1700).

CHATELAIN, J.-M., «Philologie, pansophie, polymathie, encyclopédie: Morhof et l'histoire du savoir global», in F. WAQUET (ed.), *Mapping the World of Learning: The Polyhistor of Daniel Georg Morhof*, Harrassowitz, Wiesbaden 2000, pp. 15-29.

CHRISHOLM, H., «Morhof, Daniel Georg», *Encyclopædia Britannica*, 18 (1911[11]), p. 836.

DROIXHE, D., *La linguistique et l'appel de l'histoire (1600-1800). Rationalisme et révolutions positivistes*, Droz, Genève 1978.

—, «À l'ami Daniel Georg Morhof (1639-1691)», *Language and History*, 53/2 (2010) 97-114.

ECKSTEIN, F. A., «Morhof, Daniel Georg», in ID., *Nomenclator Philologorum*, Teubner, Leipzig 1871, vollständiger, korrigierter Text, bearbeitet von Johannes Saltzwedel, Hamburg 2005, p. 320.

EIKE VON REPGOW, SACHSENSPIEGEL, http://drw-www.adw.uni-heidelberg.de/drw-cgi/zeige?index=tasiglen&term=SspLR.&seite=praefatio+rhythmica.

ELSCHENBROICH, A., «Morhof, Daniel Georg», in *Neue Deutsche Biographie*, vol. 18, Duncker & Humblot, Berlin 1997, p. 127 et s.

FRICKE, G., «Daniel Georg Morhof. Ein universaler Gelehrter und ein Lehrer Deutschlands aus der Frühzeit der Kieler Universität», in P. RITTERBUSCH, H. LÖHR, O. SCHEEL, G. E. HOFFMANN (Hrsg.),

Festschrift zum 275-jährigen Bestehen der Christian-Albrechts-Universität Kiel, Hirzel, Leipzig 1940, pp. 274-279.

GARDT, A., *Geschichte der Sprachwissenschaft in Deutschland. Vom Mittelalter bis ins 20. Jahrhundert*, de Gruyter, Berlin – New York 1999.

GRAFTON, A., «Morhof and History», in F. WAQUET (ed.), *Mapping the World of Learning: The Polyhistor of Daniel Georg Morhof*, Harrassowitz, Wiesbaden 2000, pp. 155-177.

KARTSCHOKE, D., *Geschichte der deutschen Literatur im frühen Mittelalter*, DTV, München 1994[2].

KERN, M., *Daniel Georg Morhof*, Diss. Freiburg, Landau 1928.

KIESANT, K., «Zur Rezeption spätmittelalterlicher Literatur im 17. Jahrhundert. Daniel Georg Morhof», in W. SPIEWOK (Hrsg.), *Deutsche Literatur des Spätmittelalters: Ergebnisse, Probleme und Perspektiven der Forschung*, Ernst-Moritz-Arndt-Universität Greifswald, Greifswald 1986, pp. 376-385.

MORHOF, D. G., *Polyhistor sive de auctorum notitia et rerum commentarii*, Lübeck 1688; 1707[2]; 1732[3]: http://diglib.hab.de/drucke/ea-494/start.htm.

—, *Unterricht von der Teutschen Sprache und Poesie*, Kiel 1682, http://www.deutschestextarchiv.de/book/show/morhof_unterricht_1682.

Margrét Eggertsdóttir[*]

«LET THE CHILDREN COME TO ME».
RELIGIOUS EDUCATION IN 16th-CENTURY ICELAND

The Reformation played an essential role in education and learning in sixteenth-century Iceland, a country and community which was at this time essentially rural, with neither universities, urban centers, nor a middle class. As on the Protestant mainland, all children had to learn Luther's catechism by heart, but, while in countries like Denmark this was achieved through primary schools, in Iceland it was parents who were responsible for teaching their children, while pastors supervised their reading and overall spiritual progress.

Although formal schooling was inaccessible to most, in nearly every household the final part of the so-called *kvöldvaka* (lit. 'evening wake') consisted of a religious service. To familiarize the Icelandic population with the new faith, religious and moral tracts were translated in large numbers, along with hymns and other kinds of religious poetry. Prefaces to hymn collections, both in printed books and manuscripts, provide us with information about the role of devotional poetry in people's everyday life. Though reading and writing were fundamental channels for religious education, music and song also played an important role.

This paper seeks to make use of prefaces to several sixteenth-century printed books and hand-written hymn collections as indirect evidence for learning about the religious upbringing of children and common people, and the role of the home as a center of education.

Studies in literacy in Scandinavia confirm that the general level of literacy in Iceland was relatively high as far as reading was concerned. In a letter to the magistrate Ormur Sturluson and the priest and district magistrate Pétur Einarsson, dated 10 March 1546, Peder Palladius, bishop of Zealand claims that he has:

> [...] had the New Testament sent to you [Icelanders] in your own language so that you better can receive the holy gospel and

---

[*] The Árni Magnússon Institute for Icelandic Studies, Árnagarður við Suðurgötu, IS-101 Reykjavík; megg@hi.is
I wish to thank Andrew Wawn for linguistic revision of my article.

evangelium, as I am aware that there are not many in your country who are not able themselves to read and write your native tongue, that magnificent and wonderful thing, which brings great advantage and benefit[1].

And, further, in the work 'On the Norwegian State' (*Om Norgis rige* 1567), the theologian Absalon Pedersön Beyer states:

> In that country [Iceland] lives a courageous, virile and resolute people, who easily learn all kinds of art and skills, where their usual custom is to teach their children to read and write, women as well as men[2].

It was Guðbrandur Þorláksson (c. 1541-1627), Bishop of Hólar for half a century, who contributed most to the establishment of Lutheranism in Iceland. Guðbrandur Þorláksson was an innovative and influential publisher, churchman, map-maker and translator. He is not least known for his ground-breaking translation of the Bible into Icelandic[3]. Admittedly, others were involved in the Bible translation, but Guðbrandur was the editor who read everything, made it consistent and bore the responsibility

---

[1] «... beskicke Eder det Ny Testamente paa Eders eget Sprog. at i dis bedre kunde nemme det hellige gudspiald og Evangelium. som ieg formerker at der icke skal findes mange udi landet som icke kunde self baade læse og skrive deres Maaders Maal. det megtig og herlig thing. og haver megen nytte og gafn med sig», *Diplomatarium Isalndicum* = *Íslenzkt fornbréfasafn* XI, 2 (Reykjavík, 1915-1925), p. 460. See also P. E. ÓLASON, *Menn og menntir siðskiptaaldarinnar á Íslandi*, I-IV, Bókaverzlun Guðm. Gamalíelssonar, Reykjavík 1919-1926, IV, p. 11; G. GUNNLAUGSSON, «Reading and Writing in Medieval Iceland», in P. R. ROBINSON (ed.), *Teaching, writing, learning to write. Proceedings of the XVIth colloquium of the Comité international de paléographie latine*, King's College London, Centre for Late Antique & Medieval Studies, London 2010, pp. 155-162, p. 156.

[2] «Paa det land er eit dappert, mandeligt oc frimodigt folch, bequemt til alle hande konster at lere, blant huilche folch er en almindelig seduane at de lere deris börn [til at lese oc skriffue, saa vel quindfolch som karlfolch [...]», A. P. BEYER, «Om Norgis rige», in G. STORM (ed.), *To norske historisk-topografiske skrifter fra 1500-tallet*, Universitetsforlaget, Oslo 1968, pp. 43-114, at p. 46. See also ÓLASON, *Menn og menntir*, IV, p. 13.

[3] S. KARLSSON, «Um Guðbrandsbiblíu», *Saga*, XXII (1984), pp. 46-55; O. Bandle, *Die Sprache der Guðbrandsbiblía: Orthographie und Laute, Formen*, Munksgaard, Kopenhagen 1956.

for the text as a whole. He also translated and published writings in Danish and German[4].

We know the titles of about a hundred books that Guðbrandur had printed, but only seventy-nine of them have survived, and it is likely that even more works from his hand have been lost[5]. Guðbrandur himself translated forty of the hundred books that were printed when he was bishop[6]. He wrote prologues to thirty-three volumes[7]. He translated works by five Danish authors, twenty Germans, and four individuals of other nationalities.

Guðbrandur was the first Icelander known to have studied at the University of Copenhagen, which was the chief intellectual and cultural center for Icelanders from soon after the Reformation until well into the twentieth century. Guðbrandur was a student there from 1561 to 1564 and among his teachers were accomplished scholars such as Niels Hemmingsen and Poul Madsen, who later became Bishop of Zealand[8]. Guðbrandur absorbed the new teachings of Luther and other leading Reformation figures, himself being influenced by the new humanism.

Bishop Guðbrandur began his publishing activities in Iceland around 1575. During his time as bishop he edited and published some 100 books, including the Bible in Icelandic 1584 and the Icelandic legal code. In the year 1599 the Layman's Bible was published at Hólar entitled: *BIBLIA LAICORUM, that is the Layman's Bible, the golden Catechism of that glorious man D. Martin Luther, of most praiseworthy memory, composed and augmented with short simple questions and answers, for both young people and the general public.*

In his preface Bishop Guðbrandur does not address young people but rather all the clergymen in the diocese. He states that the contents of this

---

[4] See H. HERMANNSSON, *Icelandic Books of the Seventeenth Century 1601-1700*, Cornell University Library, Ithaca NY 1922 and ÓLASON, *Menn og menntir*, IV, Rithöfundar (Reykjavík: Bókaverzlun Ársæls Árnasonar 1926), esp. pp. 383–385.

[5] E. G. PÉTURSSON, «Bókaútgáfa á biskupsstólunum», in G. KRISTJÁNSSON (ed.), *Saga biskupsstólanna*, Bókaútgáfan hólar, Reykjavík 2006, pp. 569-605, here p. 583.

[6] Included in this number are eight re-editions, see ivi, p. 584.

[7] Included are five re-editions, though the prologues were sometimes revised, cf. *ibid*.

[8] J. BENEDIKTSSON, «Hafnarháskóli og íslensk menning», in H. GUÐMUNDSSON, S. TÓMASSON AND Ö. THORSSON (eds.), *Lærdómslistir. Afmælisrit 20. júlí 1987*, Mál og menning-Stofnun Árna Magnússonar, Reykjavík 1987, pp. 206-219, here pp. 208-209.

book are «the sum, substance and marrow of the Holy Scripture» and should therefore be understandable and known to every Christian soul but this, he claims, is far from being the case. The bishop notes that too often children and young people learn the Catechism by heart, without understanding their meaning; the aim of the book is to correct this unsatisfactory situation. He says:

> And even though this simple little Catechism of Luther may be rubbed into young people so that they know it by heart, those who live out in the country and by many good farmers, who love the word of God and practice it in their homes, nevertheless many of them understand very little of the Catechism, even though they may read it. Now, so that this may be improved and corrected, that is the ignorance of the general public, and so that they will achieve a clearer understanding of the word of God and understand better words and sentences in these most essential teachings, I let this Catechism be published in a small volume in our native language, translated from the Saxonian language, originally written by the eminent Johannes Aumannus, superintendens in Syling in the country Saxony[9].

It is generally thought to be a modern pedagogical strategy to appeal to students' understanding rather than suffocating them with facts and forcing them to learn everything by heart. The bishop's mode of expression is interesting: that learning is rubbed into the young people, without much success. The aim of his publication is to serve as a (supplementary) form of instruction:

> [...] so that you will have some help, guidance and instruction as to how to teach the youth and direct them correctly to understand this Luther's Catechism [...] especially when you visit and travel

---

[9] «Og enn þó að þessum einfalda litla Catechismo Lutheri verði núið að ungdóminum svo að hann kann fyrir utan víðast í sveitum og hjá mörgum góðum bændum sem Guðs orð elska og iðka láta í þeirra húsum, þá eru þó allmargir sem þar skilja harla lítið af, þó þeir lesi Catechismum. Nú uppá það að nokkur bót og leiðrétting mætti verða á þessu efni, sem er fáfræði almúgans, og að hann mætti fá enn ljósara skilning á Guðs orði og skilja betur orð og atkvæði þessa nauðsynlegasta lærdóms þá læt ég nú þennan Catechismi bækling prentast á vort móðurmál, útlagðan úr saxversku máli og í öndverðu skrifaðan af hálærðum manni sem heitir Johannes Aumannus, superintendens til Syling í landinu Saxen».

in your parishes, to teach the people, and the children before they receive communion[10].

The attitude towards children and "the ignorant ones" is certainly not a negative one. It may have something to do with Jesus's words (Matt. 18,3): «Truly I tell you, unless you change and become like little children, you will never enter the kingdom of heaven.» One of the questions in the book is: «Can Catechism be called anything else or does it have other names?» The answer is:

> Yes, it is called Biblia Laicorum, that is the Layman's Bible, it is also called Learning for children, and it can be called the smaller Bible [...] Not in the sense that only children and young people should learn it, because no-one, young and old, lay and learned, even if they spend all their life studying it, will ever learn it perfectly.

In 1603 Children's sermons or *Kinderpostilla über die Sonntags- und der vornehmsten Festevangelia durch das ganze Jahr*, written by the German theologian Veit Dietrich (printed in Wittenberg 1549 and many times after that) was translated into Icelandic as: *Barnapredikanir*, i.e. 'Children's sermons. Explanations for the gospels that are read in the church from Advent to Easter day. Written in German by Vito Theodoro, but now translated into Icelandic ANNO MDCIII'[11]. The book was printed in two parts in 1603-1605 and was definitely intended for private devotion at home[12].

In his preface to the *Children's sermons* Bishop Guðbrandur says that he has long been interested in publishing a sermon book for farmers, which

---

[10] «... so að þér mættuð hafa hér nökkra manuductionem, leiðsögu og ávísan hvörnen þér eigið ungdóminum að kenna og undervísa réttilega að skilja þennan Lutheri Catechismum [...] einkanlega þá þér visiterið og farið um yðar þingár, fólkinu að kenna og börnunum áður en þau eru til sakramentis tekin».

[11] *Barnapredikanir. Útleggingar yfir þau evangelia sem í kirkjunni lesin verða frá aðventunni til páskadags. Skrifaðar í þýsku máli af Vito Theodoro. En nú á íslensku útlagðar ANNO MDCIII*.

[12] T. S. HJALTALÍN, «elska Guð og biðja»: guðræknibókmenntir á Íslandi á lærdómsöld, Háskóli Íslands, hugvísindasvið, Reykjavík 2016 (unpubl. doctoral dissertation), p. 43; J. HELGASON, *Kristnisaga Íslands frá öndverðu til vorra tíma*, 1-2, s.n., Reykjavík 1925-1927, p. 111.

they could read aloud to their household and servants[13]. He is aware that certain people are against this, claiming that it would be humiliating for the priests if the general public were to become as well-read or even better than they are. Guðbrandur's policy is completely in accordance with Luther's emphasis on "the priesthood of all believers", whereby every Christian can and may read, interpret and preach the word of God. Guðbrandur rejects the notion that this might undermine respect for the priests; on the contrary he believes that priests should be grateful and relieved if ordinary people wish to learn and understand the gospel. He discusses the difference between those who are deeply learned, highly learned and unlearned («djúplærðum, hálærðum, og ólærðum») and argues that the last mentioned should not be underestimated. He also discusses here as elsewhere the problems of living in scattered rural areas, *sundurlausar byggðir*, in Iceland; how difficult travelling conditions can prevent people from attending church services and leave them needing to be able to read and listen to the word of God at home.

In a preface to one of the books Guðbrandur published he notes that he first translated it for his own children and a few good friends to use privately at home and had not intended it for publication[14]. The book is *Meditationes Sanctorum Patrum* by the German author Martin Moller (1547-1606), printed at Hólar in 1607[15]. Guðbrandur had five children with his wife and one daughter out of wedlock[16]. Two of his children died as infants, but his daughters Halldóra (1573-1658) and Kristín (1574-1652) were renowned for their education and knowledge of foreign languages; the son Páll on the other hand is described thus: «'a noble man, generous and free-handed, a good farmer but not interested in books or learning'», (i.e. «Höfðinglegur maður, örlyndur og veitull, búmaður góður en lítt hneigður til bókar»)[17].

---

[13] «handa bændum og búendum sem þeir mættu lesa sínum hjúum og heimafólki».

[14] «Bænir þessar eða meditationes heilagra lærifeðra hef eg fyrir nokkrum árum útlagt handa börnum mínum og nokkrum góðum vinum þeim til uppvakningar og að halda þeim við sannan guðsótta, og hugsaði eg ekki að þær skyldu víðar koma».

[15] *Meditationes Sanctorum Patrum: Góðar bænir, guðrækilegar hugsanir, alvarlegar iðrana áminningar, hjartnæmar þakkargjörðir [...] úr bókum þeirra heilögu lærifeðra Augustini, Bernhardi, Tauleri og fleiri annarra.*

[16] Her son became Guðbrandur's successor as Bishop at Hólar.

[17] P. E. ÓLASON, *Íslenskar æviskrár frá landnámstímum til ársloka 1940*, I-VI, Hið íslenzka bókmenntafélag, Reykjavík 1948-1976, I, p. 134.

Bishop Guðbrandur did not always take the opportunity to direct books towards children. In the year 1596 he translated from German the book *Lustgarten der Seelen* by Georg Rhau (1488-1548). The title in Icelandic is: *HORTULUS ANIMAE. Það er: Aldingarður sálarinnar, hvar inni að finnast sérlegar góðar greinir, ólærðum til undirvísunar, so og heilnæmar lækningar fyrir þá sem hungraðir og þyrstir eru eftir Guðs ríki. Hortulus Animæ*. Which is: 'The orchard of the soul, in which can be found especially good teachings for the instruction of the ignorant, as well as wholesome remedies for those who hunger and thirst for the kingdom of God'. In the author's preface to the edition printed in Nürnberg in 1556 «mit schönen Figuren» ('with beautiful images') he addresses all his four daughters by their names and writes that Jesus had been a special friend of children. Bishop Guðbrandur's preface is quite different, there is no mention of children, but he emphasizes that it is the priests' duty to educate their parishioners. If they neglect it, common people can nevertheless read this book and make use of it:

> Even if the priests are unable or unwilling to perform the duties of their office out here (in Iceland), those who are able to read may have this instruction for the use and profit of those who love the Word and want to learn it (Prologue, p. 6)[18].

A year later, in 1597, a translation was published with the title: *Bænabók lítil skrifuð í þýsku máli* written by Andreas Musculus (1514-1581)[19]. Musculus, also called Meusel, was a firm follower of Luther and Melanchthon, and had arguments and disputes with many people on account of his strict interpretation of theological doctrines[20]. His prayerbooks were nonetheless popular and important both for devotion and church music, in that Heinrich Schütz (1585-1672) used their texts in his *Cantiones sacrae* (1625), as did the composer Dietrich Buxtehude (1637/39-1707). Musculus is the originator of the so-called 'Devils' books' (*Teufelsbücher*)

---

[18] «Nú þó prestarnir vilji ekki eður kunni ekki að gjöra skyldu síns embættis hér úti, þá mega þeir þó sem lesa kunna þessa undirvísan sér og öðrum til gagns og nytsemdar að færa, þeir eð orðið elska og það læra vilja» (preface, p. 6).

[19] Cf. HERMANNSSON, *Icelandic Books*, p. 76–77 and ÓLASON, *Menn og menntir*, IV, p. 386.

[20] H. GRIMM, «Musculus, Andreas», in *Neue deutsche Biographie*, vol. 18, Duncker & Humblot, Berlin 1997, pp. 626-627, here p. 626.

which were very popular and often reprinted. In *Breechesdevil* he rails against a new fashion, the *Pluder- und Pumphosen*, a form of trousers fashionable among young men. After a colleague of Musculus delivered an impassioned speech against these trousers, one Sunday at church at Frankfurt on the Oder, where Musculus served, a pair of Pluderhose were hung up right in front of the pulpit, to Musculus' chagrin. In the work 'Marriagedevil' (*Eheteufel*) he listed the various vices that married people can use to cause each other irritation and annoyance. Musculus' unusual and pointed style obviously had great influence, and his writings are an important cultural source.

Guðbrandur's prologue to the reader is short, only two pages, and mentions that the prayerbooks are sold out but that many want to obtain them:

> But in order that virtuous people, and those who wish to love and practice these prayers, may have some sort of guide and indication of which prayers people should read on a daily basis, it seems to me the following procedure is most suitable; people may pay attention to it as they please[21].

A year later, in 1601, he published 'Christian instruction about the immortality of the soul [...] and what souls experience when they part from the body. Concerning the last day and judgment, eternal death and eternal life'[22]. In the original language it is: *Christlicher Bericht von Unsterbligkeit und Zustand der Seelen nach ihrem Abschied und letzten Hendeln der Welt. Sampt gründlicher und ausführlicher erklerung aus den Schrifften der Veter Jtem Herrn D. Martini Lutheri, Iohannis Mathesii, D. Martini Miri, und Iohannis Gigantis*[23], printed in Eisleben

---

[21] «En upp á það að góðfúsar manneskjur og þeir eð þessar bænir vilja elska og iðka mættu hafa svo sem nokkra leiðsögu eða ávísan og svo sem vissan hátt hvörjar bænir maður skal helst lesa daglega þá virðist mér þessi háttur skikkanlegastur sem eftirfylgir, þeir taki eftir sem vilja».

[22] 'Kristileg undirvísun um ódauðleika sálarinnar [...] og hvað um sálirnar líður þegar þær skilja við líkamann. Um þann seinasta dag og dóm, eilífan dauða, og eilíft líf'.

[23] The author was Gregor Weiser, as can be seen on the title page of the work: *In Frag und Antwort zusammen getragen durch Gregoriam Weiser pfarherrn zu Peritz cum privilegio M.D.Lxxxviii = 1588*. Páll E. Ólason discusses this work in *Menn og menntir*, III, pp. 727 ff.

in 1588[24]. The title page of the Icelandic translation strongly resembles the title page of the German original, the same parts of the heading are in red and the format is similar. However, the dedication, addressed to the reader, and table of contents that begin the German edition are not incorporated in the Icelandic one, which only contains Bishop Guðbrandur's prologue. As indicated in the title, the work had many authors: Martin Luther, Johannes Matthaeus, Martinus Mirus, Johannes Gigas, as well as Bernard of Clairvaux and St. Augustine. Johannes Gigas (1514-1581) was an evangelical theologian, author of hymns, humanist, and promoter of education and the Reformation. Johannes Matthaeus or Mathesius (1504-1565) was a German priest and lutheran reformer. He was a highly respected and influential preacher. Bernard of Clairvaux (1090-1153) was a Cistercian monk, preacher of the crusades and mystic – and venerated by Martin Luther. Augustine of Hippo (354-430), one of the fathers of the church, is one of the best-known theologians of Christianity, an innovator in theology and philosophy in the west.

The most notable member of this group is however the Croat Marko Marulić (1450-1524)[25]. His Latin writings were widely disseminated and translated into many languages. Marulić was a Christian humanist of noble birth. He was born in Split in Dalmatia. He is the national poet of the Croats and called the father of the Croatian Enlightenment. He renewed and created the written form of the Croatian language by composing poetry in that language that followed the rules of Latin poetry. He was very interested in women in the Bible, and composed in Croatian an epic poem about Judith based on the Book of Judith. He also composed a poem about Susanna.

As noted, *Christian instruction* contains several works; the chapter by Marulić is from his *De institutione bene uiuendi per exempla sanctorum* ('How to live a virtuous life with saints as models') The first known edition was printed in Venice in 1507[26]. The book consists of six parts, corresponding to the six days it took to create the world, and contains around seventy chapters with information according to subject matter and/or chronology. A volume dedicated to his works states:

---

[24] In his description of this and other printed books from the seventeenth century, Halldór Hermannsson notes: «The German original of this work I have not been able to find», see HERMANNSSON, *Icelandic books*, p. 18.

[25] See HJALTALÍN, *elska Guð og biðja*, p. 73.

[26] B. LUČIN (ed.), *The Marulić reader*, Književni Krug Split, Split 2007, p. 12.

It was the *De institutione* that spread the fame of Marulić throughout Europe, and beyond. During the 16th and 17th centuries, it was printed in the original form at least 15 times, in Venice, Basel, Cologne, Solingen, Antwerp and Paris. The extent of the success can be seen in the number of translations that were published by the end of the 16th century: the work had been translated into Italian (which went through 11 or 12 editions), German (7 editions), Portuguese (2 editions) and French (at least 5 editions); in the 17th century it was translated into Czech and in more recent times into Croatian[27].

It is clear that Marulić's works were widely known, and this is consistent with Guðbrandur's ambition and his aim to publish in Icelandic that which was foremost in the European literary scene. In his discussion of Guðbrandur's translation Páll E. Ólason says that it shows clearly how the Reformers, first and foremost Guðbrandur, consciously promoted fear of Hell[28]. At the same time, he notes that this emphasis is not found in Guðbrandur's other works[29]. It is, to say the least, strange to take a translated work as typical of Guðbrandur's opinions rather than those he authored himself. It may also be pointed out that the horrible descriptions of hell are primarily found in a text by Marulić, who was a dedicated Catholic. In his prologue Guðbrandur makes reference to the church father John Chrystostom (ca. 349-407), saying: «Inferni meminisse non sinit in gehennam incidere» ('To think of hell prevents people from going there'). Guðbrandur's prologue is a close translation of the prologue of the original, omitting only the address to the powerful patron and dedicatee. In Marulić's section of *Kristileg undirvísan* the four elements earth, fire,

---

[27] *Ibid.*, p. 13. Branko Jozic has published an article on the Icelandic translation of this work in *Vijenac* (449), 2011. The title of that article in Danish is: 'Den kroatiske klassikers nye receptionskredse: Marulić i Island og Tyskland. På sporet af en bibliografisk note, skrevet om bogen, som i 1601 blev oversat fra tysk til islandsk, hvori Marulić' traktat om Kristus ankomst og dommedagen findes'. I thank Professor Neven Jovanović, Professor of Latin at the University of Zagreb, for this information.

[28] «Skoðanir Guðbrands byskups á þessum efnum munu koma bezt í ljós í riti því, er hann hefir þýtt og nefnist „Kristileg undirvísun um ódauðleika sálarinnar". Kom það út á Hólum 1601, og er fimmti kafli þess (bls. 241–78) um helvíti». ÓLASON, *Menn og menntir*, III, p. 727.

[29] «Það er og mála sannast, að Guðbrandi byskupi er ekki margrætt um ógnakenningar í ritum sínum, og er það þrátt fyrir allt bernskuarfur úr kaþólskum sið». ÓLASON, *Menn og menntir*, III, p. 730.

air, and water are personified. They accuse mankind of being unable to appreciate the good gifts of God, which ought to suffice everyone if they were used properly. As can be seen in the following example, Guðbrandur follows the original text closely:

Die Erde	Jörðin
Die Erde wird ihn anklagen vnd sagen: HERR, mich hastu dem Menschen zu gut vnd nutze geschaffen vnd auff deinen befehl habe ich jhme Früchte gebracht deren er genossen hat. Jch habe jme herfür bracht herrliche vnd schöne Beume in welcher Schatten er sich vor der Hitze der Sonnen vnd dem Regen beschirmet vnd verteidiget hat. Jch habe jme geben Wälde Holtz Steine vnd Kreuter, herrlichen Geruch vnd Blumen, köstliche Kreuterwasser vnd Salben, Lein, Garn, Seiden und desgleichen welches er alles zu seinem nutz gebrauchet hat. Jch habe jme gegeben Schafe von deren Wolle er sich vnd die seinen gekleidet hat. Jch habe jme gegeben Ochsen vnd Rinder durch welcher Arbeit er seine Ecker beschicket hat. Ich habe jme gegeben Pferde Esel Maulesel vnd Kamelen darauff vnd damit er hat können Reiten vnd Fahren vnd das seine tragen vnd führen lassen wohin er gewolt hat. Jch habe jhme geben mancherley Thier von welchen er Milch Butter Kese vnd Fleisch zu essen gehabt von denen er Heute und Peltze fürn Winter bekomen hat. Jch habe jme gegeben Gold Silber Ertz Kupffer Eisen Bley vnd mancherley Edelgestein. Er aber hat für dieses alles dir weder gedancket noch gefolget (bls. 376-377).	Jörðin mun áklaga þá og segja: Drottinn, mig þú hefur skapað mönnunum til gagns og góða og eftir þínu boði hef eg borið allra handa ávöxtu þeim til fæðslu. Af mér hafa upprunnið og vaxið öll ávaxtarsöm tré undir þeirra skugga hafa þeir verið verndaðir fyrir regninu og hita sólarinnar. Ég hef gefið þeim skóga, tré, steina, grös, jurtir og allra handa herleg blómstur, hamp og hör, lín og silki og margt annað þvílíkt þeim til gagns og nytsemdar. Ég hef gefið þeim sauðina, þeir hafa klætt sig með þeirra ullu. Ég hef gefið þeim naut og uxa til þeirra akurverks og erfiðis; kýr og geitfé þeim til mjólkur; hesta, asna, úlfalda þeim til að ríða og að bera það þeir hafa viljað. Ég hef gefið þeim allskyns dýr hvar af þeir hafa haft þeirra fæðu og þeirra skinn til skjóls og fóðurs. Ég hef gefið þeim gull og silfur, járn og eir og allra handa málm og kopar. En fyrir allt þetta hafa þeir ekki þakkað þér einu sinni[30].

[30] 'Earth will complain of them and say: Lord, you created me for the good and advantage of mankind and at your command I produced all kinds of fruit as their

There is a slight inclination to shorten the text, for example 'milk, butter, cheese and bacon' are translated as 'food', and Guðbrandur doesn't translate 'exquisite perfumes and oils' «köstliche Kreuterwasser und Salben». The tortures of the doomed in hell are described in great detail, and the author considers that all heathens, Jews, and heretics will end up there. The joy of the elect in heaven is described as truly wonderful. There will be beautiful singing and music. The description of the musical instruments is simplified and shortened in the Icelandic translation:

Jn ihrer Gesellschafft ewig bleiben / vnd mit ihnen den HERREN aller Herrn / jmmer loben vnd preisen / mit Psalmen / Liedern vnd Jubilieren / welches alle Musicalische Jnstrumenta vbertreffen wird / welchem keine Tromet / keine Laute / keine Harffe / keine Cymbalen / keine Heerdrommel / kein Psalter / keine Orgel / keine Symphonet / kein Sekkenspiel / kein Krumpffhorn / keine Fideln / vnd Pfeiffen / Ja keines Menschen Stimme noch Vogelgesang / kan verglichen werden (438)	... hjá útvöldum Guðs eilíflega og með þeim DROTTinn allra Drottna að lofa og dýrka eilíflega með sálmum og lofsöngvum og alls kyns lystilegum hljóðfærum hvör yfirganga munu öll veraldleg hljóðfæri, allra manna raddir og allra fugla söng[31].

food. From me all kinds of fruit trees grew, and (human beings) have been protected under their shade from rain and the heat of the sun. I have given them woods, timber, stones, grain, herbs, and all kinds of wonderful flowers, hemp and linen, silk and many similar things for their advantage and use. I gave them the sheep, they have clothed themselves with their wool. I gave them cattle and oxen for ploughing and tilling the soil: cows and goats for milk; horses, asses, camels, to ride on and bear that which they wished. I have given them all kinds of animals for food, and their hides for protection and warmth. I have given them gold and silver, iron and bronze/ brass and all kinds of metal and copper. And for all that they haven't even thanked thee.'

[31] '... among the elect of God eternally, and with them the LORD of all Lords, to praise and glorify eternally with psalms and songs of praise and all kinds of delightful instruments, which will exceed all worldly instruments, all human voices and all birdsong', p. 459.

It goes without saying that Guðbrandur's readers would in any case not have known the difference among the various musical instruments that are listed in the original. After the work itself, on p. 534, is an epilogue by Guðbrandur where he complains of criticism of the contents of the volume. He says that: «[...] many think that the human conscience is too terrified by sermons about God's wrath, like those in this book, about the punishment and penalty of sins and the pains of hell and torments of the next world». Guðbrandur responds as follow:

> For that reason, I note that it is my opinion that not everyone will want to hear or read it, first and foremost those who love this world and don´t think about other than useless, perishable things; likewise those who live for their mouth and stomach, don't think about the salvation of their souls, as if there was no anger, no day of reckoning, and hell did not exist. And even if they are reminded and rewarned, even though they are threatened, reminded of God's coming wrath, they have nothing more to say than if one threw water on a stone. There are also those who are so ungodly that they dare to say that these things are only written as threats and to terrify people; God is not so angry, it is not true that he will doom any baptized person, whether he repents or not. Such people and ungodly stupid creatures are not worthy of reply other than what St. Paul says, that their damnation is justified, yes, truly justified, since they so openly disregard God and his word.

In the German original there is in this same volume also a poetic work that was printed in Hamburg in 1591. It is the *Beschreibung des Zustandes im Himmel vnd der Hellen* and contains stories and poetry, among others by Bartholomeus Ringwaldt and Meister Eckart, with many illustrations. None of this made its way into Guðbrandur's edition.

Despite Guðbrandur's great vigour he fell short of the mark he had set for himself. It is clear from the preface to the *Vísnabók* ('Book of Verse'), which he published in 1612, that he did not feel his previous endeavors had borne sufficient fruit. The *Vísnabók* is a large collection of vernacular devotional poetry and includes a number of favorite medieval poems, among them Catholic devotional poetry. It is obvious that on this occasion the bishop had attempted to collect poetry which he thought would appeal to a wide audience while at the same time serving to promote the message of the Church.

In the diocese of Hólar, Guðbrandur had a printing press at his disposal. One of the first Lutheran bishops in the diocese of Skálholt, and Guðbrandur's contemporary, was Gísli Jónsson (1513-1587), who was from 1546 the priest in Selárdalur and then bishop in Skálholt 1558-1587. Gísli was an ardent reformer. He studied abroad and was in a group of young Icelanders who were interested in the theology of Martin Luther. He became active in the Protestant movement and participated in the translation of Lutheran writings into Icelandic.

The manuscript AM 622 4to written by him is a very interesting source about Icelandic culture in the 16th century[32]. It was written shortly before the Reformation in Iceland; its title page bears the date 1549 and the owner is said to be Gísli's daughter, Helga (b. ca. 1540). The previous year Gísli had been excommunicated by the last catholic bishop in Iceland, Jón Arason (1484-1550), and in 1550 Jón Arason and his two sons were executed in Skálholt.

The manuscript can be divided into three sections. The first contains hymns and melodies, an assortment of Catholic and Lutheran material. In the manuscript Gísli has copied many Catholic religious poems, though making a number of emendations, i.e. he omits stanzas that invoke Mary alone, altering them so that only Jesus is invoked. The manuscript also includes Lutheran hymns[33]. Among these is one printed in Copenhagen in 1547, illustrating just how fast new writings could find their way to Iceland[34]. By contrast, the second section preserves some of the masterpieces of late medieval Icelandic sacred poetry, including *Lilja* ('The Lily'), *Rósa* ('The Rose'), *Milska* ('Mary mild') and a poem attributed to Bishop Jón Arason, *Píslargrátur* ('Lament of the Passion'). The third section of the manuscript preserves poetry by Hallur Ögmundsson, a 16th century poet, who was a relative of Gísli's wife. Guðrún Nordal has argued that the main purpose of the manuscript was to preserve his poetry in the family.

The manuscript bears witness to the way in which a leader of the reformation copied Catholic religious poetry for private use among his

---

[32] G. NORDAL, «Á mörkum tveggja tíma», *Gripla*, 16 (2005) 209-228.

[33] M. KRISTENSEN (ed.), *En klosterbog fra middelalderens slutning AM 76 8vo*, Samfund til udgv. af gammel nordisk litteratur, København 1928-33.

[34] G. NORDAL, «Helga's book: Catholic songs and Lutheran hymns», in M. DRISCOLL – S. ÓSKARSDÓTTIR (eds.), *66 Manuscripts from the Arnamagnæan Collection*, Museum Tusculanum Press, University of Copenhagen, Copenhagen 2015, pp. 126-127.

family, thereby saving this poetry from oblivion and securing its post-reformation survival. It is a private book and reveals a different side to this Lutheran bishop.

There is a connection between the manuscript and the aforementioned *Vísnabók*, published by bishop Guðbrandur Þorláksson in 1612, in that some of the poems in AM 622 4to «found their way into the printed Vísnabók, slightly emended so as not to conflict with Reformation dogmas»[35].

The manuscript and printed book had different roles at this time. The book presents the public confession and religious teaching of the church while the manuscript is intended for private devotion in the home. It is possible to interpret the Lutheran priest's activity as something of a contradiction, but it may rather be an example of the respect that, despite everything, the reformers had for the Christian heritage of the Catholic church. Interestingly neither the name of Gísli nor his wife appears in the manuscript - just that of their daughter. Thereafter the manuscript was preserved by the female line of the family. Helga later (1565) married Rasmus Villadsen, a priest of Danish origin, which confirms that she was only a child when the manuscript was written. It has been suggested that the manuscript was intended by her father to serve as a reader for Helga.

In conclusion, I would like to draw attention to an interesting connection between the manuscript written by bishop Gísli Jónsson (AM 622 4to) and a manuscript written in Denmark in the late 15th century (1452-1467) and preserved in Copenhagen[36]. AM 76 8vo is written in Latin and Danish and includes varied material, such as Songs to the Virgin Mary, paraphrases of the Apostolic Creed, prayers and charms, but also Lutheran hymns. In all likelihood the manuscript was originally a teacher's manual in a Danish primary school[37]. Unusually, however, many of the songs in the manuscript are accompanied by musical notation. And for some reason the same hymns and musical notations are to be found in both manuscripts. This

---

[35] M. CHASE, «Devotional poetry at the end of the middle ages in Iceland», in ID. (ed.), *Eddic, skaldic and beyond. Poetic variety in medieval Iceland and Norway*, Fordham University Press, New York 2014, pp. 136-149, p. 139.

[36] Part of the manuscript AM 622 4to has been published by Marius Kristensen as appendix to the manuscript AM 76 8vo.

[37] Cf. B. O. FREDERIKSEN, «A schoolteacher's handbook?», in M. DRISCOLL – S. ÓSKARSDÓTTIR (eds.), *66 Manuscripts from the Arnamagnæan Collection*, op. cit., p. 198-199.

seems to attest to the fertile cultural links between Iceland and Denmark at the time of the Reformation. Sources confirm that members of Gísli Jónsson's family were both interested in music and musically talented. His daughter Vilborg (b. 1555), who later became the owner of the manuscript AM 622 4to, gave boys singing lessons and ran a kind of a school in her home[38]. Vilborg may have used the musical notations in AM 622 4to in her teaching.

The sources we have for the upbringing and education of children in 16th century Iceland are limited. However we know that prayers, hymns, religious and moral tracts were used both at home and in the church. In the following centuries Lutheran hymns became the most important genre in Iceland as elsewhere in Northern Europe, but Catholic devotional poetry also survived and is preserved in quite a few post-medieval manuscripts. According to Katelin Parsons sources indicate «that educated men and women born a full century or more after the Reformation were actively involved in the continuing transmission and performance of *Maríukvæði*»[39]. This may be due to the fact that in certain families and homes this poetry continued to be appreciated and practiced. This serves to confirm the socio-cultural importance of the home or the farm, which in several cases would function as both a school and a church.

Bibliography

BANDLE, O., *Die Sprache der Guðbrandsbiblía: Orthographia und Laute, Formen*, Munksgaard, Kopenhagen 1956.

BENEDIKTSSON, J., «Hafnarháskóli og íslensk menning», in H. GUÐMUNDSSON, S. TÓMASSON AND Ö. THORSSON (eds.), *Lærdómslistir. Afmælisrit 20. júlí 1987*, Mál og menning-Stofnun Árna Magnússonar, Reykjavík 1987, pp. 206-219.

BEYER, A. P., «Om Norgis rige», in G. STORM (ed.), *To norske historisk-topografiske skrifter fra 1500-tallet*, Universitetsforlaget, Oslo 1968, pp. 43-114.

---

[38] Jón from Grunnavík says Árni Magnússon said that Gísli's daughter, Vilborg, who later owned the manuscript, taught boys singing and held a school, i.e. «kenndi piltum söng og hélt svo sem skóla» KB Add. 3 fol., f. 158[159]r–v.

[39] K. PARSONS, «Text and context: Four Maríukvæði in Lbs 399 4to», in M. DRISCOLL – M. EGGERTSDÓTTIR (eds.), *Mirrors of Virtue. Manuscript and print in late pre-modern Iceland*, Museum Tusculanum Press, Copenhagen 2017, pp. 57–86, here p. 71.

CHASE, M., «Devotional poetry at the end of the middle ages in Iceland», in ID. (ed.), *Eddic, skaldic and beyond. Poetic variety in medieval Iceland and Norway*, Fordham University Press, New York 2014, pp. 136-149.

DIETRICH, V., *Barnapredikanir. Útleggingar yfir þau evangelia sem í kirkjunni lesin verða frá aðventunni til páskadags. Skrifaðar í þýsku máli af Vito Theodoro. En nú á íslensku útlagðar ANNO MDCIII*, Hólum í Hjaltadal 1603.

Diplomatarium Islandicum = Íslenzkt fornbréfasafn 11, Hið íslenzka bókmenntafjelag, Reykjavík, 1915-1925.

FREDERIKSEN, B. O., «A schoolteacher's handbook?», in M. DRISCOLL – S. ÓSKARSDÓTTIR (eds.), *66 Manuscripts from the Arnamagnæan Collection*, Museum Tusculanum Press, University of Copenhagen, Copenhagen 2015, p. 198-199.

GRIMM, H. «Musculus, Andreas», in *Neue deutsche Biographie*, vol. 18, Duncker & Humblot, Berlin 1997, pp. 626-627.

GUNNLAUGSSON, G., «Reading and Writing in Medieval Iceland», in P. R. ROBINSON (ed.), *Teaching, writing, learning to write. Proceedings of the XVIth colloquium of the Comité international de paléographie latine*, King's College London, Centre for Late Antique & Medieval Studies, London 2010, pp. 155-162.

HELGASON, J., *Kristnisaga Íslands frá öndverðu til vorra tíma*, 1-2, s.n., Reykjavík 1925-1927.

HERMANNSSON, H., *Icelandic Books of the Seventeenth Century 1601-1700*, Cornell University Library, Ithaca NY 1922.

HJALTALÍN, T. S., *«elska Guð og biðja»: guðræknibókmenntir á Íslandi á lærdómsöld*, Háskóli Íslands, hugvísindasvið, Reykjavík 2016 (unpubl. doctoral dissertation).

KARLSSON, S., « Um Guðbrandsbiblíu», *Saga*, XXII (1984), pp. 46-55.

KRISTENSEN, M. (ed.), *En klosterbog fra middelalderens slutning AM 76 8vo*, Samfund til udgv. af gammel nordisk litteratur, København 1928-1933.

LUČIN, B. (ed.), *The Marulić reader*, Književni Krug Split, Split 2007.

MUSCULUS, A., *Bænabók lítil skrifuð í þýsku máli af Andrea Musculo Doct.*, Hólum í Hjaltadal 1597.

MOLLER, M., *Meditationes Sanctorum Patrum: Góðar bænir, guðrækilegar hugsanir, alvarlegar iðrana áminningar, hjartnæmar þakkargjörðir […] úr bókum þeirra heilögu lærifeðra Augustini, Bernhardi, Tauleri og fleiri annarra*, Hólum í Hjaltadal 1607.

Nordal, G., «Á mörkum tveggja tíma. Kaþólskt kvæðahandrit með hendi siðbótarmanns, Gísla biskups Jónssonar», *Gripla*, 16 (2005) 209-228.

—, «Helga's book: Catholic songs and Lutheran hymns», in M. Driscoll – S. Óskarsdóttir (eds.), *66 Manuscripts from the Arnamagnæan Collection*, Museum Tusculanum Press, University of Copenhagen, Copenhagen 2015, pp. 126-127.

Ólason, P. E., *Íslenskar æviskrár frá landnámstímum til ársloka 1940*, I-VI, Hið íslenzka bókmenntafélag, Reykjavík 1948-1976.

—, *Menn og menntir siðskiptaaldarinnar á Íslandi* I-IV, Bókaverzlun Guðm. Gamalíelssonar, Reykjavík 1919-1926.

Parsons, K., «Text and context: Four Maríukvæði in Lbs 399 4to», in M. Driscoll – M. Eggertsdóttir (eds.), *Mirrors of Virtue. Manuscript and print in late pre-modern Iceland*, Museum Tusculanum Press, Copenhagen 2017, pp. 57–86.

Pétursson, E. G. «Bókaútgáfa á biskupsstólunum», in G. Kristjánsson (ed.), *Saga biskupsstólanna*, Bókaútgáfan Hólar, Reykjavík 2006, pp. 569–605.

Rhau, G., *Hortulus Animae. Það er: Aldingarður sálarinnar, hvar inni að finnast sérlegar góðar greinir, ólærðum til undirvísunar, so og heilnæmar lækningar fyrir þá sem hungraðir og þyrstir eru eftir Guðs ríki. Samantekið og útlagt af Guðbrandi Þorlákssyni*, Hólar í Hjaltadal 1596.

Storm, G. (ed.), *To norske historisk-topografiske skrifter fra 1500-tallet*, Universitetsforlaget, Oslo 1968.

Carmela Giordano*

IL SAPERE GEOGRAFICO E L'IMMAGINE DEL MONDO NEL MEDIOEVO TEDESCO FRA FEDE E CONOSCENZA

Geographisches Wissen äußert sich im Mittelalter in ganz unterschiedlichen Formen und Inhalten, doch scheint es außer zu speziellem Gebrauch keine umfassende Aufbereitung erfahren zu haben. Es dürfte bezeichnend sein, daß in einer Enzyklopädie wie derjenigen des Konrad von Megenberg eine systematische Beschreibung der Regionen der Erde fehlt. Erst im späten Mittelalter darf man auf Grund der stark steigenden Produktion von lateinischer und zunehmend volksprachiger Literatur auf eine umfassendere Wertschätzung schließen. Grundlage dieser Literatur waren im wesentlichen ältere Pilger- und Reiseberichte (z.B. Hieronymus, Beda), doch wurden sie bald erneuert und durch Autopsie ergänzt (Burchardus, Marco Polo, Odorico), wobei mehr und mehr spezielles Wissen wie z.B. die Kartographie (Breidenbach) Berücksichtigung findet. Die volkssprachigen Texte werden bis weit über die Reformation hinaus und durch den Buchdruck begünstigt zur Massenware. Zahlenmäßig stehen die Berichte von Palästina-Pilgern oben an[1].

La geografia – o, meglio, la scienza della terra – e la cosmografia medievali non sono scienze autonome e si distinguono con difficoltà dalle scienze naturali e dall'astronomia. La fonte di molti testi geografici è nelle *summae* o in opere enciclopediche come le *Etymologiae* di Isidoro di Siviglia e l'*Imago Mundi* di Onorio o, ancora, della *Philosophia Mundi* di Guglielmo di Conches, per citarne alcune. Opere, queste, di origine e contenuto religiosi, con ampie sezioni dedicate alla descrizione della terra, della sua forma, della sua suddivisione e delle genti che abitano in ogni parte del mondo, con lo scopo principale di glorificare, attraverso il creato, il Creatore. Spesso brevi passi o interi capitoli delle loro sezioni geografiche vengono rielaborati per altri testi letterari – come cronache del mondo o testi odeporici, in versi e in prosa. Successivamente queste sezioni, ampliate e di volta in volta attualizzate, arrivano a costituire cosmografie autonome.

Questo lavoro intende evidenziare alcune modalità della diffusione del sapere geografico in area tedesca. La descrizione del mondo nella

---

* Dipartimento di Studi Letterari, linguistici e comparati, Università di Napoli "L'Orientale", via Duomo, 219- 80138 Napoli; cgiordano@unior.it

[1] «Forschungsprogramm des Sonderforschungsbereich 226 "Wissensorganisierende und Wissensvermittelnde Literatur im Mittelalter"», in N. R. Wolf (Hrsg.), *Wissensorganisierende und Wissensvermittelnde Literatur im Mittelalter: Perspektiven ihrer Erforschung. Kolloquium Vom 5. bis 7. Dezember 1985*, Reichert, Wiesbaden 1988, pp. 9-22, qui p.15.

letteratura geografica tedesca è insieme rielaborazione di quella presente nelle opere citate – *in primis* l'*Imago Mundi* di Onorio – e versione letteraria dell'immagine della terra offerta dalle *mappae mundi*. I rimaneggiamenti di tali informazioni dotte travalicano dubbi e quesiti della scienza e spesso contraddicono i dogmi della Chiesa cristiana.

La *Fachliteratur* tedesca di ambito geografico è strettamente collegata alla letteratura di viaggio che, a sua volta, è intrecciata a quella cristiana dei pellegrinaggi verso i luoghi sacri, soprattutto in Palestina e in Terra Santa. Si tratta di testi geografici che offrono una descrizione della terra molto simile – grazie all'uso delle stesse fonti, soprattutto latine – e rivelano varie analogie con le carte del mondo, in particolare quelle di Hereford e di Ebstorf, anche quando non contengono una *mappa mundi*[2]. Se alcune opere sembrano concepite per fornire una descrizione della terra – o dei pianeti e degli elementi, come accade nella *Mainauer Naturlehre*[3] – in altre l'elaborazione di certi argomenti ha scopi differenti: si pensi alla *Weltchronik* di Rudolf von Ems, il cui intento è principalmente quello di una storia cristiana universale, o all'epica *Herzog Ernst*, il cui tema di partenza – inserito in fatti storici reali – è quello dell'esilio dell'eroe ribelle, entrambe con sezioni che si possono definire geografiche, in cui l'amato tema medievale del viaggio fra *monstra* e *mirabilia* delle terre d'Oriente ha un ruolo preponderante[4].

---

[2] La carta del mondo di Hereford (1285-1295, versione digitale: http://www.themappamundi.co.uk) è la carta più grande esistente al mondo, da quando quella di Ebstorf (1300 circa) andò bruciata nel 1943, v. http://www. landschaftsmuseum. de / Seiten/Museen/ Ebstorf1.htm. (ultima visita ai due siti: 27.08.2016)

[3] W. WACKERNAGEL, *Meinauer Naturlehre*, Literarischer Verein, Stuttgart 1851; A. DEIGHTON, «Eine zweite Handschrift der sogenannten Mainauer Naturlehre», *Zeitschrift für deutsches Altertum*, 126 (1997), pp. 200-213; F. B. BRÉVART, «Die Mainauer Naturlehre. Ein astronomisch-diätetisch-komputistisches Lehrbuch aus dem 14. Jh. Mit einer Quellenuntersuchung», *Sudhoffs Archiv* VII (1987), pp. 157-179.

[4] G. EHRISMANN (Hrsg.), *Rudolf von Ems Weltchronik. Aus der Wernigeroder Handschrift*, Weidmann, Dublin – Zürich 1967, vv. 1306-3065. I versi 2249-2395 parrebbero un'aggiunta successiva, O. VON DOBERENTZ, «Die Erde- und die Völkerkunde in der Weltchronik des Rudolf von Hohen-Ems», *Zeitschrift für deutsche Philologie*, 12 (1885) 257-301, 387-454; 13 (1886) 29-57, 165-223. *Herzog Ernst. Ein mittelalterlichen Abenteuerbuch*, hrsg. von K. BARTSCH, Braumüller, Wien 1869 (neu herausgegebe von B. SOWINSKI, Reclams Universal-Bibliothek, Stuttgart 1970, rist. 2015); K. SIMROCK, *Die deutschen Volksbücher; gesammelt und in ihrer ursprünglichen Echtheit wiederhergestellt*, Heinr. Ludw. Brönner, Frankfurt a.

Nella maggior parte dei casi, almeno agli albori della tradizione, nella *Fachliteratur* tedesca non troviamo testi nati come manuali di geografia o cosmografia e il sapere geografico-cosmologico viene, per così dire, diluito all'interno di opere letterarie di diverso contenuto. È alla letteratura di viaggio che sembra spettare il compito di riunire le diverse discipline che oggi classificheremmo come geografia, cosmologia e cosmografia. Inizialmente, dall'Alto Medioevo fino al diffondersi delle prime note di viaggio, è l'Europa il *focus* delle trattazioni geografiche. Quando si ampliano gli orizzonti e si impone sempre più la visione della terra come sfera, accanto alla suddivisione del globo tripartito dello schema O-T con Asia, Europa e Africa, ereditato dagli Antichi, nasce una *mappa mundi* di tipo complesso, con Gerusalemme al centro del mondo: il più famoso esempio è quello della *Ebstorfer Weltkarte*.

Con le traduzioni dall'arabo nel XII sec. nasce una geografia più realistica, mentre con i racconti dalle Crociate e dei viaggi verso l'Oriente, la ricerca del leggendario regno del Prete Gianni, i pellegrinaggi verso Gerusalemme, Santiago di Compostela o Roma, si ampliarono le conoscenze concrete della geografia europea ed extraeuropea. Solo nel XVI si ebbe una vera e propria geografia 'scientifica': in Germania la prima cattedra di geografia fu istituita nel 1509 presso l'università di Wittenberg[5]. Fino a quando non diventa materia di insegnamento, la geografia è sempre descrizione della terra, della natura, dei luoghi più o meno reali e di strane popolazioni che li abitano, e non di confini, distanze e misurazioni di superfici. Si tratta di una «géographie du phantastique», per usare le parole di Lecouteux:

> Plus un pays est éloigné de l'Occident medieval, plus il est paré de traits merveilleux: la géographie du Moyen Âge prend une dimension mythique en accueillant toutes les informations permettant de connaître une contrée et de laisser subsister aucun blanc sur une carte, d'en faire disparaître l'expression 'terra incognita'[6].

M. 1845, (H.E.) vol. 3, pp. 269-360; T. EHLEN, *Hystoria ducis Bauarie Ernesti. Kritische Edition „Herzog Ernst" C*, Narr, Tübingen 1996.

[5] P. ASSION, *Altdeutsche Fachliteratur*, S + V Steuer- und Wirtschaftsverlag, Berlin 1973, p. 102. Per una panoramica sul sapere geografico tedesco dalle origini, cf. B.D. HAAGE – W. WEGNER, *Deutsche Fachliteratur der Artes in Mittelalter und früher Neuzeit*, Erich Schmidt, Berlin 2007, pp. 135-145.

[6] C. LECOUTEUX, *Les Monstres dans la Littérature allemande du Moyen Âge, 1. Étude, 2. Dictionnaire, 3. Documents*, Kümmerle Verlag, Göppingen 1982, qui vol. 3, p. 30.

«Diu erde, diu ist kugeleht [...] unde daz mer hat dise welt in driu also geteilit: daz minste heizit Europa, daz ander Affrica, daz dritte Asya»: così viene introdotta la descrizione della terra nella *Mainauer Naturlehre*, trattatello di astronomia e dietetica risalente al 1250 circa. Quando descrive i quattro elementi e parla della terra, l'autore fa una digressione sul globo terrestre, affermando appunto che la terra è sferica. Nel manoscritto B della *Mainauer Naturlehre*[7], perpendicolare al testo è un piccolissimo grafico di tipo O-T, con l'Asia estesa nella metà destra del cerchio e l'Europa e l'Africa nella metà sinistra, una sorta di glossa grafica o un esercizio di memoria di un utente del ms. B, inserita accanto alla frase della terra tripartita[8].

Il dubbio sulla sfericità della terra rispetto all'idea che nell'antichità fosse considerata piatta non sembra sfiorare la letteratura scientifica tedesca del tempo e parrebbe solo un'ipotesi degli studiosi moderni. Nei testi come la *Weltchronik* di Rudolf von Ems, il *Lucidarius*, il *Buch Sidrach*, lo *Herzog Ernst* si descrive la terra come rotonda e suddivisa in tre parti – Asia, Africa, Europa. Si parte idealmente dallo schema della carta del mondo O-T, come quello materialmente presente nella *Mainauer Naturlehre*. L'idea della sfericità della terra implicava che dall'altra parte dell'emisfero ci fossero altre terre e altri popoli. Sono in campo teorie religiose sugli Antipodi, a volte confusi con uno dei popoli mostruosi (gli *Antipedes*) elencati nelle opere enciclopediche dall'Antichità al Medioevo. Ma se lo schema O-T suddivide in tre parti il globo terrestre non implica che la terra fosse intesa davvero come un cerchio: queste carte, diffuse sin dai primi manoscritti del *De Rerum Natura* di Isidoro, raffigurano idealmente solo la superficie del mondo abitato e parte del mare, ma non tutto il globo e non provano che la terra venisse concepita come un disco piatto[9].

[7] Ms. B (Basel, Öffentliche Bibliothek, B. VIII.27, f. 293r-304r), f. 293ra.
[8] Su questo grafico si veda F. D. RASCHELLÀ – L. BUSANI, «Un'edizione critica anche per l'immagine?», in M.G. SAIBENE – M. BUZZONI (a cura di), *Testo e immagine nel Medioevo germanico*, Cisalpino, Milano 1999, pp. 225-253, qui 240; M. MOSIMANN, *Die „Meinauer Naturlehre" im Kontext der Wissenschaftsgeschichte*, Francke Verlag, Tübingen – Basel 1994, pp. 176, 181-182.
[9] Di questo tipo di carta a ruota esistono vari tipi e tutti molto diversi, come nella tradizione della *Philosophia Mundi* di Guglielmo di Conches (Parigi, B.N., ms. lat. 6560, f. 63v) e del *De Natura Rerum* di Isidoro, (Leiden, Bibl. der Rijksuniversitet, Cod. E Leg., f. 2, f. 45), cf. J.-G. ARENTZEN, *Imago Mundi carthographica. Studien zur Bildlichkeit mittelalterlicher Welt-und Ökumenekarten*, Fink, München 1984, pp. 63-131 (qui 64 e figg. 8 e 22).

Fino al XVI secolo, la questione se nella metà meridionale del globo ci fossero altre terre abitate era molto discussa. Oggi sappiamo per certo che le carte del mondo più estese del tempo – e le loro informazioni rielaborate in versi o in prosa – sono solo una proiezione, uno schema astratto di quel che era il mondo ai loro occhi:

> Die Weltkarten gehen von einer anderen Prämisse aus, sie wollen, die bekannte Erdoberfläche schematisch darstellen und gleichzeitig mit dem Kreis, in den diese schematiche Darstellung eingetragen wird, die Rundung der Erdkugel in zweidimensionaler Form auf dem Pergamentblatt wiedergeben[10].

Anche le carte del mondo più complesse, come quella di Hereford o di Ebstorf, dimostrano che nessuno nel Medioevo, né un pellegrino né un soldato delle Crociate, avrebbe mai potuto pensare di utilizzarle come cartine geografiche per un viaggio o per misurare la distanza fra Roma e Gerusalemme[11]. Una carta del mondo è soprattutto «ein normatives Ideenbild»[12].

> Kein mittelalterlicher Gelehrter des Mittelalters ist so naiv gewesen zu meinen, daβ die Erde tatsächlich so gestaltet sei, wie di Mappae Mundi sie stilisieren. Die geographischen schemata waren dazu geeignet, Wissensbestände zu ordnen, es sind in gewissem Sinne Merkbilder[13].

Le *mappae mundi* erano usate per la loro immediatezza e il loro impatto visivi e per questo erano molto diffuse in testi della letteratura scientifica latina e volgare, in particolare di astronomia e storiografia. Anche quei piccoli grafici a ruota presenti nei testi medievali (come quello nella *Mainauer Naturlehre*) dimostrano che l'elemento visivo ha un ruolo importante nel completare le informazioni del testo scritto, perché rende immediatamente comprensibile il mondo in tutte le sue manifestazioni,

---

[10] R. SIMEK, *Erde und Kosmos im Mittelalter*, Beck, München 1992, pp. 57-58.

[11] G. H. T. KIMBLE, *Geography in the Middle Ages*, Methuen, London 1938, p. 182.

[12] H. KUGLER, «Die Ebstorfer Weltkarte. Ein europäisches Weltbild im deutschen Mittelalter», *Zeitschrift für deutsches Altertum*, 116 (1987) 1-29, qui p. 16.

[13] H. KUGLER, *Mittelalterliche Weltkarten und literarische Wissensvermittlung*, in H. BRUNNER – N.R.WOLF (Hrsg.) *Wissensliteratur im Mittelalter und in der frühen Neuzeit*, Reichert, Wiesbaden 1993, pp. 156-176, qui p. 157.

senza costringere a riflettere, leggere o ascoltare, come accade in una cosmografia scritta[14].

Che una *mappa mundi* non sia sufficiente a dare un'immagine fedele della realtà e non venga concepita come una cartina geografica moderna è dimostrato da alcune opere letterarie che dalle carte non possono prescindere per la loro descrizione narrativa del mondo, come la *Weltchronik* di Rudolf von Ems e la saga di *Herzog Ernst*. Queste hanno molto in comune fra loro e con le carte del mondo più complesse in riferimento alla descrizione di terre e soprattutto di popoli mostruosi. La *Weltchronik*, in particolare, è un testo di quasi 40.000 versi, di cui 1600 dedicati alla descrizione del mondo. È l'autore stesso della cronaca storica e religiosa del mondo a definire questa sezione «von der erde gelegenheit» (v. 3092). La descrizione della terra parte dalla storia della confusione delle lingue durante la costruzione della torre di Babele (v. 1306). I popoli non si comprendevano più fra loro e furono costretti a separarsi e a distribuirsi nelle tre parti del globo terrestre:

> Do si sih scheiden solten
> si fuorin in den ziten
> in die welt ze drin siten
> und teiltin al die werlt in drú.
> Die dri teile nennich iu:
> der erste teil hies Asia.
> Der andir teil hies Europa.
> Affrica der dritte hiez (vv. 1353-1360)[15]

Si inizia con la tripartizione della terra, come nell'*Imago Mundi* di Onorio e nel *Lucidarius* (Luc. I, 48: «Der meister sprach: dú welt ist in drú geteilet. Daz eine heizet asia, daz ander heizet europa, daz drite heizet affrica»)[16] e paradossalmente come nelle cosmografie moderne (Sebastian Franck, Sebastian Münster ecc.), sebbene vi si presenti anche una quarta parte, quella dell'America appena scoperta[17].

---

[14] Simek, *Erde und Kosmos*, p. 59.

[15] Il testo della *Weltchronik* verrà citato secondo l'edizione di Ehrismann (v. nota 4).

[16] G. Steer – D. Gottschall (Hrsg.), *Der «Deutsche Lucidarius». Kritischer Text nach den Handschriften*, de Gruyter, Tübingen 1994, p. 18.

[17] Sebastian Münster, per esempio, scrive la *Cosmografia* nel 1544, 50 anni dopo la scoperta dell'America ma, se nella prima edizione vi fa solo un accenno, in quelle successive, pur ampliando il passo sul Nuovo Mondo, conferma sempre la teoria della tripartizione del globo: «La prima parte è stata detta Europa, l'altra Africa e la terza

Nella Cronaca la successione e la descrizione di luoghi e popoli somiglia molto a quella delle carte del mondo. Non compare alcun grafico in tutta la sua ampia tradizione testuale, pur ricca di illustrazioni, ma luoghi e popoli sono narrati in versi[18]. Così come nel modello O-T una metà del cerchio è dedicata all'Asia e l'altra suddivisa fra Africa e Europa, dei 1600 versi della sezione geografica nella *Weltchronik*, 800 sono dedicati alla descrizione dell'Asia e la parte restante più o meno equamente distribuita fra Europa e Africa. Fra il testo narrativo e quello iconico emergono alcune affinità strutturali della Cronaca con le carte del mondo più famose all'epoca della composizione del testo, quelle di Ebstorf e di Hereford, mentre le differenze pur evidenti dipendono dal mezzo utilizzato: il testo letterario elenca raccontando, quello grafico posiziona e suddivide[19]. In accordo con le più importanti carte del XIII secolo, la descrizione dell'Europa guadagna un po' più di spazio e all'Africa, dunque, si dedicano un numero minore di versi, anche se alcune terre africane, come la Libia e l'Etiopia, sono considerate asiatiche e collocate in India. Inoltre, come nelle carte, si nota la centralità di Gerusalemme che ritorna dopo essere stata trattata nella parte dedicata all'Asia e, dunque, alla Palestina[20]. Nella parte relativa all'Europa,

Asia...», cf. G. WESSEL (Hrsg.), *Von Einem der daheim blieb, die Welt zu entdecken. Die Cosmographia des Sebastian Münster oder wie man sich von 500 Jahren die welt Vorstellte*, Campus Verlag, Frankfurt – New York 2004. Lo stesso accade in quasi tutte le cosmografie del XVI secolo, come per esempio quella di Jakob Cammerlander (1535), in cui si afferma che l'Europa «è superiore a tutte le altre parti del mondo, ovvero l'Asia, l'Africa e l'America», senza considerare che poco prima aveva descritto la terra come tripartita, fedele al *Lucidarius* medievale (Luc. I, 48) e allo schema O-T, cf. C. GIORDANO (ed.), *Il nuovo Meister Elucidarius. Un Volksbuch*, Bibliotheca Aretina, Arezzo 2007, pp. 24-25.

[18] È raro trovare nella letteratura in volgare tedesco delle *mappae mundi* e quelle poche esistenti sono vere e proprie eccezioni, come quelle del *Lucidarius*. Se questo è comprensibile nel *Lucidarius* che è privo di un apparato iconografico, eccezion fatta per gli schemi con *mappae mundi* suddetti, nella tradizione del *Weltchronik* non è raro il caso di manoscritti illustrati, uno fra tutti, il manoscritto Donaeuschingen 79 (Karlsruhe, Badische Landesbibliothek), con ricche raffigurazioni miniate, e questo rende più marcata l'assenza di carte del mondo. L'ultima illustrazione riguarda la costruzione della torre di Babele (f. 11v) e non ne ricorrono altre per tutta la sezione geografica.

[19] Cf. nota 2.

[20] L'Asia ha un posto centrale nelle carte del mondo (tutte orientate a Est, con l'Oriente in vetta e l'Asia nella metà superiore), non solo per la sua maggiore estensione, ma soprattutto perché vi si collocano i luoghi della storia cristiana, il Paradiso, il

le segnalazioni grafiche delle carte – per esempio una linea per indicare un fiume – sono solitamente accompagnate da indicazioni toponomastiche[21], così nel testo di Rudolf la descrizione dell'Europa, in particolare della Germania, rivela una maggiore concentrazione di toponimi, mentre al di qua dell'Indo, dunque nella parte asiatica, si tende alla generalizzazione e alla descrizione iconica *sic et simpliciter* delle caratteristiche – già note da altre opere – del *monstrum*[22].

A caratterizzare maggiormente questi testi geografici *ante litteram* è, infatti, il gusto per il tratto favolistico-leggendario della descrizione dell'Oriente, la descrizione cioè delle strane genti che abitano questa parte della terra, tanto più fantastica quanto più è distante dall'Occidente noto. La circolazione di liste di popoli mostruosi dall'Antichità al Medioevo in opere enciclopediche, cosmografiche o storiografiche ha creato un repertorio più o meno fisso di immagini cui hanno attinto quasi tutti gli

monte Sinai, la Terra Santa e le altre stazioni della passione di Cristo. Inoltre, tutti i beni di lusso (olii, spezie, frutti esotici, tessuti) arrivavano in Europa dall'Oriente attraverso i pellegrinaggi in Palestina e successivamente (dalla fine dell'XI sec.) con le crociate. A renderla molto affascinante è l'aspetto leggendario, la *géographie du phantastique* e tutto quello che sa di meraviglioso, che appartenga al regno animale o umano, alla flora o alla terra, come le isole nell'Oceano indiano o i fiumi del Paradiso, che ovviamente è al centro della terra. Tutto questo è in Asia. E questo è evidente sia nelle carte del mondo, sia nelle opere letterarie che da esse traggono spunto per la descrizione della terra, cf. SIMEK, *Erde und Kosmos*, pp. 56-57.

[21] Nella carta di Ebstorf, per esempio, la Germania e la Francia sono costellate di simboli come castelli, ponti, torri e statue, in genere con il toponimo relativo (v. link in nota 21): per es., la statua di un leone è l'indicazione per Braunschweig, come nello stemma della città, ma qui con il toponimo.

[22] La Cronaca segue Onorio fino alla descrizione dei confini (v. 2231: «wester scheidet si der Rin, / nordent dú Elbe als si noch gat...»), cf. *Imago Mundi*, hrsg. v. V.I.J. FLINT (Hrsg.), «Honorius Augustodunensis, Imago Mundi», *Archives d'histoire doctrinale et littéraire du moyen âge*, 49 (1982), pp. 7-153, cap. XXIV: *Versus occasum Rheno, versus aquilonem Albia fluvio terminatur*. Nei vv. 2237-2248, 2249-2395, invece, il testo della *Weltchronik* si discosta dal modello latino aggiungendo la descrizione di Costanza, Basilea, Strasburgo, Spira, Worms, Magonza e Colonia. Lo stesso accade in altri punti della descrizione relativa alla Germania, per esempio nella cosiddetta *Nidir Germania* (vv. 2423-2425) ovvero la Germania settentrionale (Niederdeutschland) e nella zona intorno alle Alpi e quelle confinanti (vv. 2519-2587), sicuramente più note a Rudolf von Ems, nato in area alemanna (nel Voralberg, attuale Austria), cf. K. SCHRÖDER, «Rudolf von Ems», in *Allgemeine Deutsche Biographie (ADB)*, Duncker & Humblot, Leipzig – München 1877, Band 6, pp. 94-96.

autori[23]. Elenchi più o meno lunghi di *monstra* trovavano sempre posto in dizionari enciclopedici, *summae* e cosmografie in latino o in volgare: gli scrittori del tempo percepivano i *monstra* come dati di fatto, non come popoli leggendari ma come realtà concrete da inserire in opere geografiche, perché facenti parte di una certa area geografica alla stregua di altre caratteristiche di un luogo reale[24]. Direi, anzi, che facevano geografia.

La sezione *Von der Erde Gelegenheit* della cronaca universale di Rudolf von Ems ha un posto rilevante fra le testimonianze della trasmissione del sapere geografico in tedesco, proprio per la consapevole strutturazione del passo specifico rispetto al resto del testo storico, in cui pure si integra perfettamente. Tuttavia, anche la descrizione del viaggio del duca Ernesto di Baviera in Oriente, pur con i suoi tratti epico-narrativi e inserita com'è nel racconto delle gesta eroiche del duca, ha un ruolo rilevante nella costituenda cosmo-geografia in lingua tedesca. Come la Cronaca, anch'essa ricorre all'elencazione di popoli e terre dell'Oriente, con frequenti richiami alle descrizioni cartografiche delle *mappae mundi* più complesse. Le differenti descrizioni di un tipo di *monstrum* talvolta sono giustificate e confermate proprio dalle carte del mondo[25]. Non è da escludere, poi, la possibilità che alcune varianti, in particolare terminologiche, rispetto alla tradizione classica, siano determinate da errori di copiatura o altro nella tradizione testuale[26].

Nell'*Herzog Ernst* la storia narrata presenta la descrizione della terra e dei relativi *mirabilia* come elementi digressivi rispetto al racconto epico delle gesta di Ernesto ma, come si diceva sopra, le due descrizioni hanno

---

[23] Le fonti classiche per la descrizione geografica e cosmografico-teratologica sono la *Historia Naturalis* di Plinio, per la quale sembrano essere state utilizzate circa 2000 opere antiche, riportandone tutto quel che nel mondo antico era noto come mirabile e strano, e i *Collectanea* di Solino che, due secoli dopo, attinse a piene mani all'opera di Plinio (C. I. SOLINUS, *Collectanea rerum memorabilium*, hrsg. von T. MOMMSEN, Weidmann, Berlin 1895), privilegiando i racconti su *monstra* e *mirabilia*. Soprattutto alla sua opera, infatti, si devono le liste dei *Wundervölker* reperibili nei dizionari e nelle enciclopedie medievali, cf. Simek, *Erde und Kosmos*, p. 110.

[24] Ivi, p. 111.

[25] Sulla cartografia medievale e i tipi di *mappae mundi*, cf. ARENTZEN, *Imago Mundi Carthographica*; SIMEK, *Erde und Kosmos*, in particolare pp. 153 e ss.

[26] Si veda al riguardo C. GIORDANO, «Quando i mostri generano meraviglia. Genti e animali meravigliosi nel *Lucidarius* tedesco», in F. CONSOLINO – F. MARZELLA – L. SPETIA (edd.), *Aspetti del Meraviglioso nelle letterature medievali. Medioevo latino, romanzo, germanico e celtico*, Brepols, Tournhout 2016, pp. 265-271, qui p. 270.

molti tratti in comune, sicuramente per l'uso delle stesse fonti scritte, soprattutto dell'*Imago Mundi* di Onorio (e, in parte, della rielaborazione tedesca dell'*Elucidarium* – il *Lucidarius* –) e delle carte del mondo più note. Onorio si fa mediatore – e resta per secoli il diffusore principale – delle liste di popoli meravigliosi nella letteratura enciclopedica medievale[27]. In realtà, rispetto a tutta la letteratura che poi ne è derivata, l'elenco presente nel primo libro (I, 11-I,12) è brevissimo e tratta solo una decina di *monstra*:

> De Monstris. Sunti bi quaedum monstra quae quidam hominibus ascribitur bestiis, ut sunt hi qui adversas habent plantas et octonos in pedibus digitos, et alii qui habent canina capita et ungues aduncos, quibus est vestis pellis pecudum et vox latratus canum.
> Ibi etiam quaedam matres semel pariunt, canos partus edunt, qui in senectute nigrescunt et longa nostrae aetatis tempora excedunt.
> Sunt alie quae quinquennes pariunt, sed partus octavum annum non excedunt.
> Ibi sunt et Monoculi qui et Arimaspi et Ciclopes. Sunt et Scenopodae qui uno tantum fulti pede auram cursu vincunt, et in terra positi umbram sibi planta pedis erecta faciunt.
> Sunt alii absque capite quibus oculi sunti in humeris pro naso et ore due foramina in pectore, setas habent ut bestiae.
> Sunt alii iuxta fontem Gangis fluvii, qui solo odore cuiusdam pomi vivunt. Qui si longius eunt pomum secum ferunt, moriuntur enim si pravum odorem trahunt[28].

Solo quattro popoli hanno un nome specifico: i Monocoli, gli Arimaspi, i Ciclopi e gli Sciopodi (nel testo *Scenopodae*), ma i primi tre sono sinonimi. Nella letteratura geografica tedesca, al di là di confusioni terminologiche legate più spesso alla tradizione manoscritta, la nomenclatura deriva sempre da fonti classiche, talvolta mediate dai volgarizzamenti tedeschi. Uno di questi è il *Lucidarius* tedesco, libera rielaborazione dell'*Elucidarium*

---

[27] Per questa sezione e in generale per la composizione dell'*Imago Mundi*, Onorio attinge molte informazioni ai *Memoriabilia* di Solino, rielaborandoli con le sue conoscenze di Isidoro e Agostino. L'*Imago Mundi* ebbe una vasta eco e venne rielaborata anche in forma metrica in francese da Walther von Metz. Altri repertori si trovano anche nello *Speculum* di Vincenzo di Beauvais e nell'opera enciclopedica di Thomas von Cantimpré e nelle sue varie rielaborazioni in volgare, fra cui quella tedesca di Konrad von Megenberg, cf. SIMEK, *Erde und Kosmos*, p. 203.

[28] FLINT, «Honorius Augustodunensis, Imago Mundi», p. 54.

latino di Onorio, il dialogo fra maestro e discepolo diffuso in tutta l'Europa che proprio nella sezione geografica inserisce parti dell'*Imago Mundi*[29].

Per la sua descrizione della terra e, in particolare, per questa panoramica sui *monstra*, Rudolf von Ems si serve dell'*Imago Mundi* di Onorio, ma in qualche caso, attraverso altre fonti, amplia la descrizione, probabilmente anche per esigenze metriche. Soprattutto tenta di dare dei nomi a queste figure. Un caso molto particolare è quello dei Ciclopi, «die wildin Arimaspi //die Einsternen, die Cyclopes» (vv. 1617-1618). La descrizione della *Weltchronik* non è molto differente dalla fonte latina («ibi sunt et Monoculi qui et Arimaspi et Ciclopes»), ma non cita i Monocoli. In realtà, nella definizione dei Ciclopi monocoli usata da Rudolf, «einsternen», possiamo rintracciare l'unico tentativo di calco del nome di un mostro nella lista più o meno fissa dei nomi dei *Wundervölker* nella letteratura tedesca medievale[30]. Nell'epica del Duca Ernesto ritroviamo gli Arimaspi descritti un po' più dettagliatamente:

Sie heten niht wan ein ouge
vorne an dem hirne.
Sie hiezen einsterne,
ze latine hiezens Cyclopes (vv. 4518-4521)[31]

Con poche parole ci viene descritta la caratteristica degli Arimaspi (l'unico occhio sulla fronte), si cita autorevolmente il nome latino con cui sono noti, *Cyclopes*, e ci viene descritto il percorso fatto dalla descrizione di esseri con un solo occhio alla creazione del calco *einsterne*.

A mio avviso, a spiegare la nascita di questo calco contribuisce la descrizione dei Ciclopi nel *Lucidarius*. È noto che il testo tedesco ha fortemente rielaborato l'*Elucidarium* latino, utilizzando anche altri testi di Onorio e, fra questi, appunto l'*Imago Mundi*. La sua versione è fedele al

---

[29] Non sempre è possibile precisare il ruolo del *Lucidarius* rispetto a quello dell'*Elucidarium* nella successiva rielaborazione della sezione geografica in altre opere del medioevo tedesco, *in primis* la *Weltchronik* e l'*Herzog Ernst*. Per il *Lucidarius* tedesco v. nota 16. Per l'edizione dell'*Elucidarium* di Onorio, Y. LEFÈVRE, *L'Elucidarium et les Lucidaires,* É. De Boccard, Paris 1954.

[30] R. SIMEK, «Die Wundervölker in der Weltchronik des Rudolf von Ems und der Christherrchronik», in *Österreichische Zeitschrift für Volkskunde*, XLIII/92 (1989) 37-44, qui 41.

[31] I versi dell'*Herzog Ernst* verranno citati secondo l'edizione di Bartsch (v. nota 4).

testo latino: «Da bi sint lúte, die heizent Arimaspi unde monoculi. Die hant nuwen ein ouge vor an der stirnen» (Luc. I.53,10). Qui si trova, secondo me, la chiave del calco «einsterne» visto sopra. Potrebbe essersi verificata una confusione fra *sterne* (stella, sost. m. deb.) e *stirne* (fronte, sost. f. deb.) e, proprio partendo dalla frase del *Lucidarius* 'un solo occhio davanti, sulla fronte', è nato il calco poetico. Si noti che nella descrizione dell'*Herzog Ernst* la parola per «fronte» non è *stirne* ma *hirne* e qui *sterne* potrebbe essere stata usata come metafora per 'occhio'.

Attraverso l'elenco dell'*Imago*, passiamo agli Sciapodi (*Scenopodae* per Onorio). Il *Lucidarius* li chiama Ciclopi (nome che non aveva usato per i Monocoli, v. sopra) ma dice «die hant nuwen einen fuoz» ('hanno un unico piede'). Alla base di questa traduzione c'è la confusione – ricorrente anche in altri testi, latini e volgari – fra *Monocoles* e *Monocules*, ovvero genti con un'unica gamba e genti con un solo occhio[32]. Questi "Ciclopi", presenti nella triade sinonimica di Onorio, poi citati come testimonianza di fonte autorevole nello *Herzog Ernst* («ze latine heizens Cyclopes») e pur sempre esseri con un unico occhio, ora vengono chiamati in causa per gli Sciapodi (nella *Weltchronik* «Cenopodes», nell'*Herzog Ernst* «Platthüeve»), ominidi leggendari – citati nelle fonti dai tempi prima di Cristo per tutto il Medioevo, nella letteratura e nella cartografia – che corrono veloci sull'unica gamba e si riposano proteggendosi dal sole sotto il loro unico grande piede[33]. È proprio nell'*Herzog Ernst* che si notano due varianti alla figura classica dello Sciapodo. Come in altre opere latine e tedesche, il piede dello Sciapodo pare servire anche (talvolta esclusivamente) per proteggersi dalle intemperie, ma in questo caso si pone l'enfasi sulla forma del piede palmato come quello di un cigno («also den swanen gestalt»)[34]:

---

[32] Cf. C. LECOUTEUX, «Herzog Ernst, les monstres dits "Sciapodes"», in *Études Germaniques*, 34 (1979) 1-21, qui p. 6 e nota 15. Anche nella carta di Hereford, nell'iscrizione accanto alla figura dello Sciapodo, si legge *Monoculos*.

[33] Etimologicamente 'quelli che si fanno ombra con il loro piede', gli Sciapodi sono descritti in Isidoro (Isidori Hispaliensis Episcopi *Etymologiarum sive Originum Libri XX*, ed. by W. M. LINDSAY, 2 voll., Oxford University Press, Oxford 1985, qui XI, 3, 33). Riferimenti allo Sciapodo anche in Konrad von Megenberg, F. PFEIFFER (Hrsg.), *Das Buch der Natur von Konrad von Megenberg*, Verlag von Karl Aue, Stuttgart 1861, p. 490.

[34] Cf. LECOUTEUX, *Les Monstres*, 1, pp. 149-152.

>dem künic von Arimaspi
> sazen wunderliche liute bî
> plathüeve waren sie genant
> und taten im schaden in sin lant
> und brahten in dicke in arbeit
> den warn die füeze vil breit
> und also den swanen gestalt
> die fuorten grozen gewalt
> über hart und über bruoch
> sie truogen keinerslahte schuoch
> swan ungewiter wolte warden,
> so leite er sich ûf die erden:
> so hebet er einen fuoz über sich
> daz was genuoc wunderlich. (vv. 4669-4682)

C'è un'altra variante rispetto al resto della tradizione che li chiama *Monocoles* proprio perché con una sola gamba, ed è quella per l'appunto delle due gambe, che emerge quasi *en passant* quando si afferma che lo Sciapodo, quando è stanco il piede sollevato, lo ripone a terra e alza l'altro («den andern fuoz hebte er dar»). Quest'ultima variante potrebbe essere stata inserita quasi a giustificare la doppia possibilità che lo Sciapodo ha di utilizzare il piede per ripararsi dal sole e dalle intemperie. Lo stesso *Lucidarius*, che testimonia l'uso del piede come parasole, in alcuni manoscritti parla di ombrello «damit so ungewiter cumet»[35]. Il doppio uso del piede (di ombrello e parasole) trova conferma anche nella *Weltchronik* di Rudolf von Ems, dove gli Sciapodi (qui *Cenopodes*) usano il piede – l'unico piede – per proteggersi dalla pioggia ma anche dal calore del sole.

> und bi den cenopodes
> das ist ein wildis lut,
> das hat einen fuoz dar ûf ez gât

---

[35] Luc. I, 53: «dabi sint lute heizen ciclopes. Die hant nuwen einen fuoz. Die luogent balder den den vogel fliege. Swen sie aber sizcent, so schetuwen si in selber mit dem fuoze». Secondo LECOUTEUX, «Herzog Ernst», p. 9, il *Lucidarius* dipenderebbe per questa variante dall'*Herzog Ernst*. Così si era espresso anche C. GERHARDT, «Die Skiapoden in den „Herzog Ernst"-Dichtungen», *Literaturwissenschaftliches Jahrbuch*, N.F. 18 (1977) 13-87. L'edizione del *Lucidarius* di GOTTSCHALL e STEER (p. 24) mostra in apparato la variante «damit so ungewiter cumet» (talvolta: «und decke sich vor dem regen do mit»), presente in alcuni manoscritti della versione breve del *Lucidarius* (x3), e contraddice la loro ipotesi.

>   der ist groz und alse breit:
>   so sih an siniu rugge leit
>   der man so ungewiter siht
>   so mag im geschaden niht
>   swennen den fuoz ob im hat
>   de rim vil clein icht schaden lat
>   ungewitters kommendin vlûz
>   und geringens wazzirs guz
>   und da bi sunning hizze:
>   mit alse vromder wîzze
>   das selbe lut im selben git
>   schirm und schatten zallir zit
>   dise selbe lute sint
>   snel und drete alsam der wint
>   swennez in iemir not geschiht (vv. 1618-1635)

Rudolf, come l'autore del *Lucidarius*, elimina quello che non sembra in accordo con la tradizione, ma conserva il riferimento alla funzione del piede come ombrello e a quella complementare di parasole. Rispetto alla brevità laconica di Onorio e del *Lucidarius* tedesco, i due poemi descrivono più dettagliatamente questo *Wundervolk* e sono, ognuno per un verso, condizionati dalla lettura delle carte del mondo, sebbene la variante dello Sciapodo con i due piedi resti un'esclusiva dell'*Herzog Ernst*[36]. Ma è così che la «géographie du phantastique» crea la sua tradizione. Elementi presi da varie fonti si mescolano, si aggiungono o si sottraggono alla descrizione classica di un popolo mostruoso, di un luogo fantastico, di un animale favoloso, a volte anche partendo da una realtà geografica attestata realmente. Né vanno dimenticate, come si è detto, le sviste, le confusioni della tradizione testuale che creano altre figure di mostri[37].

Vale forse la pena tornare sulla descrizione del piede dello Sciapodo, descritto come quello di un cigno, descrizione assente altrove nella tradizione teratologica dell'Oriente. Nell'adattamento in prosa dei *Gesta*

---

[36] Anche nella tradizione testuale della versione in prosa, il *Plathüev* ha solo un piede, cf. D. BLAMIRES, *Herzog Ernst and the other world voyage: a comparative study*, Manchester University Press, Manchester 1979, p. 56.

[37] Su questo aspetto dei testi geografici si è detto: questo *modus operandi* che crea nuovi mostri è evidente anche nel caso degli Sciapodi spesso chiamati Monoculi (con un unico occhio) anziché Monocoli, e così Ciclopi sono detti gli Sciapodi nel *Lucidarius* che poi descriverà come Cinocefali gli Antipedi, ecc.

Ernesti ducis Bavariae si dice, citando Solino, che gli Sciapodi avrebbero i piedi ricurvi, molto ampi, come gli uccelli[38]. Nella cartografia medievale, con l'eccezione di pochi casi – anche piuttosto famosi, come le carte del Beatus (776) e di Ebstorf (1300 circa) – gli Sciapodi sono sempre presenti. La *mappa mundi* di Hereford (1275-1283) accanto alla figura dello Sciapodo con il grande piede sollevato, riporta la citazione dei *Collectanea* di Solino «Monoculi sunt in India singulis cruribus pernici celeritate qui sibi defendi velint a calore solis plantarum suarum magnitudine obumbrentur», ma nessuno degli elementi elencati conferma la particolarità dello sciapodo dell'*Herzog Ernst*[39]. È probabile che le varianti in *Herzog Ernst* rispetto alla tradizione dipendano da fonti greche. Potrebbe essersi creata una confusione fra il riferimento, sempre presente, alla velocità di questi esseri monocoli (Onorio aveva affermato che corrono più veloci degli uccelli) e il particolare del piede largo e piatto, tanto da poterne concludere che sia un piede palmato come quello di un uccello, il cigno[40].

Inoltre, nella parte più meridionale della carta di Hereford, in quella zona che si presuppone disabitata, si trova un'altra figura di Sciapodo. Se si osserva meglio, si nota che il piede di questi Sciapodi ha otto dita, caratteristica non descritta da Solino nella citazione vista sopra. Forse qui si intrecciano varie informazioni sui *monstra* più noti: il grande piede del Monocolo ha otto dita come quello di un altro essere di cui ci parlano le cosmografie, gli Antipodi/Antipedi (con due piedi). Di questo popolo ci dicono varie fonti classiche e volgari che abita dall'altro lato dell'emisfero e ha i piedi girati verso i nostri. Rudolf scrive nella *Weltchronik*:

> Ein lút, das ist vil wundirlich
> den sint die versennen fúr sich
> gekert. So si fúr sich gant
> die fueze hinder sich in stant,
> da sind seizehen zeighen an (vv. 1574-1578)

---

[38] Cf. Lecouteux, «Herzog Ernst», p. 9, nota 19.
[39] Ivi, p. 8, nota 27.
[40] Ivi, p. 13. Nel *Liber Monstrorum* i Panotii vengono descritti con le orecchie grandi come carri: «vannosas aures». Sembra possibile che il riferimento alla velocità degli uccelli e al piede piatto abbia creato un'associazione spontanea con il cigno, passando da *wannen* a *swannen*. Non è raro, inoltre, trovare dei riferimenti monumentali al piede dello Sciapodo come di grifo, cf. Lecouteux, *Les Monstres*, 2, pp. 149-152.

Il *Lucidarius* riprende la caratteristica delle otto dita degli Sciapodi, sebbene poi li assimili erroneamente ai Cinocefali:

> Jn dem selben lant ist einerhande lút, daz sint túter. Die celent simliche buoch zuo menschen. Den ist die versine fur gekeret, die zehin hinder. Si hant athezehin an den fuezen unde sezcehtim an den henden. In ist daz houbet gescaffen nach den hunden [...] (Luc. I, 53, 23)

La confusione con i Cinocefali è dovuta alla descrizione del popolo che segue, ma nel *Lucidarius* gli Antipedi verranno poi citati con il loro nome in un altro passo (Luc. I.75-I.76) che affronta un tema di scottante attualità nel Medioevo, quello degli Antipodi, un popolo di cui ci parla Isidoro, e da lui collocato in Libia[41]. La questione riguarda i dubbi sull'abitabilità dell'emisfero australe, un quesito che qui può essere solo sfiorato, sebbene risulti emblematico al riguardo il modo di procedere dei testi geografici in volgare.

Già nell'antichità si ipotizzava nell'emisfero australe una fascia climatica temperata con le stesse caratteristiche di quella abitata nell'emisfero boreale. Contro l'ipotesi dell'abitabilità di questa zona, sostenuta da Macrobio e Marziano Capella, i Padri della Chiesa avevano sollevato una serie di obiezioni teologiche, poiché la zona equatoriale non era attraversabile e, dunque, non c'era comunicazione fra i due emisferi. Questa teoria contrastava con quella della derivazione di tutto il genere umano da Adamo e, di conseguenza, con la realizzazione del peccato originale dal quale la venuta di Cristo avrebbe riscattato l'umanità: gli Antipodi, quindi, non potevano esistere. Onorio condivide l'opinione dei Padri della Chiesa. Agostino menziona l'ipotesi della sfericità della terra e la possibilità teorica dell'esistenza degli Antipodi ma la nega categoricamente: «nulla ratione credendum est»[42]. Rupert von Deutz parla di «antipodum fabulas e Guglielmo di Conches nella *Philosophia Mundi*,

---

[41] *Etymologiae*, op. cit., XI, 3, 24: «Antipodes in Libya plantas versas habent post crura et octonos digitos in plantis»; *Imago Mundi*, I, 12; PFEIFFER, *Das Buch der Natur*, p. 490.

[42] Augustinus, *De civitate Dei*, hrsg. von B. DOMBART – A. KALB, Brepols, Turnhout 1955, qui XVI, 9 – CCL 48, 510. Sulla questione cf. L. STURLESE, *Storia della filosofia tedesca nel medioevo. Dagli inizi alla fine del XII secolo*, Olschki, Firenze 1990, pp. 13-16.

per citare un'altra fonte geografica molto usata nel medioevo volgare, pur trattando l'argomento e riportando le principali opinioni dei filosofi, ne prende distanza e afferma «quos nos non credimus»[43].

È appunto con Isidoro che gli Antipodi diventano un popolo leggendario libico. A differenza dei dotti religiosi latini, gli autori di testi scientifici in lingua volgare non mettono in dubbio l'esistenza di popoli mostruosi e delle loro caratteristiche più strane, anzi, le accettano come dati di fatto persino nelle opere geografiche più tarde[44]. Nella versione più ampia del *Lucidarius*, quando si riparla degli *Antipodes* (Luc. I, 75), quando il discepolo interroga sul perché questo popolo con i piedi rivolti verso di noi e con la testa in giù non cada, al razionalismo della sezione geografica, che accetta le cose più strambe e fantastiche senza dubitare, si replica con la fede nella «gotis craft» ('la potenza divina') che terrebbe questi esseri ancorati alla terra[45].

In conclusione, ritengo sia interessante (tentare di) capire come queste popolazioni meravigliose potessero coesistere più o meno pacificamente con il pensiero cristiano e venire accettate come concrete nei testi religiosi, latini e volgari. È un dato di fatto che Onorio ne abbia parlato, seppure solo elencandone pochi e senza aggiungere una spiegazione sulle loro origini. Già diverso appare l'atteggiamento dell'autore del *Lucidarius* che interrompe di tanto in tanto quell'elenco e tenta spiegazioni sulle loro origini nel contesto di un'immagine cristiana del mondo. La questione sulla provenienza dei *monstra* ha coinvolto a lungo gli studiosi medievali, tesi a dimostrare innanzitutto la loro natura umana e la loro discendenza da Adamo, come il resto dell'umanità, e a dover giustificare tutte quelle mostruosità in qualche modo[46]. Si indagano i motivi di una deformazione anziché un'altra. Quanto la discendenza di queste genti

---

[43] L. STURLESE, «Philosophie im deutschen Lucidarius? Zur Vermittlung philosophischer und naturwissenschaftlicher Lehre im deutschen Hochmittelalter», *Beiträge zur Geschichte der deutschen Sprache und Literatur*, 114 (1992) 249-277, qui p. 271.

[44] SIMEK, *Erde und Kosmos*, p. 119.

[45] Luc. I.76: «Der junger sprach: waz habet si denne uf, daz si nith enuallent? Der meister sprach: die gotis craft, die die erde uf hebet enbor, daz si nith uellet, die hebet ouch die lúte uf, daz si von der erde nith entwichent».

[46] Augustinus, *De civitate Dei*, XVI, 8 (CCL 48, 510): «...aut illa, quae talia de quibusdam gentibus scripta sunt, omnino nulla sunt; aut si sint, nomine non sunt; aut ex Adam sunt, si homines sunt».

da Adamo occupasse gli intellettuali ancora nel XIV sec. è dimostrato dal più importante libro della natura del Medioevo tedesco – e non solo tedesco – ovvero il *Buch der Natur* di Konrad von Megenberg (1350 circa), una rielaborazione dell'opera di Thomas di Cantimpré (*Liber de Natura Rerum*), di grande successo[47]. Konrad si interroga a proposito delle cause della nascita dei mostri e sul posto che essi occuperebbero nel piano divino della creazione: «ain vrâg ist, von wannen die wundermeschen kömen, die ze latein mostruosi haizent, ob sie von Adam sein komen»[48].

Sicuramente più discussa è la causa di queste particolarità etnografiche mostruose e la risposta è delle più varie: dai rapporti sessuali durante il ciclo, ai rapporti con gli animali, con il diavolo, ai matrimoni misti, ai condizionamenti astrologici o ereditari, alle radici velenose[49]. Nel *Lucidarius* si fa riferimento proprio alle radici velenose e alla disobbedienza delle figlie di Adamo che avrebbe causato la mostruosità di questi esseri. È chiaro il parallelo con il peccato originale e con la disobbedienza sul frutto proibito, con la conseguente perdita della beatitudine eterna: in questo caso mangiare le radici proibite avrebbe condotto alla perdita dell'immagine divina nell'uomo[50].

Il successo delle liste di *monstra* dal Medioevo in poi è costante e, in un certo qual modo, continua anche in tempi moderni quando, con altri nomi e altre sembianze, arrivano a noi attraverso canali diversi, come il cinema o la *science-fiction*. Se non hanno più la funzione di dare una seppur vaga idea di luoghi geografici lontani, sicuramente conservano il potere tranquillizzante di una presunta normalità rispetto al mostruoso.

---

[47] SIMEK, *Erde und Kosmos*, p. 114 e nota 381.

[48] PFEIFFER, *Das Buch der Natur*, p. 486; LECOUTEUX, *Les Monstres*, 1, pp. 217-219.

[49] C. LECOUTEUX, «Von den Wundermenschen», *Études Germaniques*, 37 (1982) 290-304.

[50] Di tale avviso pare essere stato, fra gli altri, anche Wolfram von Eschenbach nel *Parzival*, così come l'autore della *Wiener Genesis* (vv. 646-651), cf. M. HAMM, *Der deutsche* Lucidarius, *Kommentar*, Band III, de Gruyter, Tübingen 2002, pp. 139-140. Nella *Wiener Genesis*, in particolare, si afferma che Dio aveva proibito a delle donne incinte di mangiare alcune erbe, ma esse avevano disobbedito causando in questo modo la nascita di figli deformati, cf. K. SMITS, *Die frühmittelhochdeutsche Wiener Genesis*, Schmidt, Berlin 1972, pp. 134-137.

Bibliografia

ARENTZEN, J.G., *Imago Mundi carthographica. Studien zur Bildlichkeit mittelalterlicher Welt-und Ökumenekarten*, Fink, München 1984.

ASSION, P., *Altdeutsche Fachliteratur*, S + V Steuer- und Wirtschaftsverlag, Berlin 1973.

Augustinus, *De civitate Dei*, hrsg. von B. DOMBART – A. KALB, Brepols, Turnhout 1955.

BLAMIRES, D., *Herzog Ernst and the Other World Voyage: a Comparative Study*, Manchester University Press, Manchester 1979.

BRÉVART, F. B., «Die Mainauer Naturlehre. Ein astronomisch-diätetisch-komputistisches Lehrbuch aus dem 14. Jahrhundert. Mit einer Quellenuntersuchung», *Sudhoffs Archiv*, VII (1987), pp. 157-179.

C. IULIUS SOLINUS, *Collectanea rerum memorabilium*, hrsg. von T. MOMMSEN, Weidmann, Berlin 1895.

DEIGHTON, A., «Eine zweite Handschrift der sogenannten Mainauer Naturlehre», *Zeitschrift für deutsches Altertum*, 126 (1997), pp. 200-213.

VON DOBERENTZ, O., «Die Erde-und die Völkerkunde in der Weltchronik des Rudolf von Hohen-Ems», *Zeitschrift für deutsche Philologie*, 12 (1885) 257-301, 387-454; 13 (1886) 29-57, 165-223

EHLEN, T., *Hystoria ducis Bauarie Ernesti. Kritische Edition „Herzog Ernst" C*, Narr, Tübingen 1996.

EHRISMANN, G. (Hrsg.) *Rudolf von Ems Weltchronik. Aus der Wernigeroder Handschrift*, Weidmann, Dublin/Zürich 1967.

FLINT, V.I.J. (Hrsg.), «Honorius Augustodunensis, Imago Mundi», *Archives d'histoire doctrinale et littéraire du moyen âge*, 49 (1982), pp. 7-153.

«Forschungsprogramm des Sonderforschungsbereich 226 "Wissensorganisierende und Wissensvermittelnde Literatur im Mittelalter"», in N.R. WOLF (Hrsg.), *Wissensorganisierende und Wissensvermittelnde Literatur im Mittelalter: Perspektiven ihrer Erforschung. Kolloquium Vom 5. bis 7. Dezember 1985*, Reichert, Wiesbaden 1988, pp. 9-22

GERHARDT, C., «Die Skiapoden in den „Herzog Ernst"-Dichtungen», *Literaturwissenschaftliches Jahrbuch*, N.F., 18 (1977) 13-87.

GIORDANO, C. (ed.), *Il nuovo Meister Elucidarius. Un Volksbuch*, Bibliotheca Aretina, Arezzo 2007.

—, «Quando i mostri generano meraviglia. Genti e animali meravigliosi nel *Lucidarius* tedesco», in F. CONSOLINO – F. MARZELLA – L. SPETIA (edd.), *Aspetti del Meraviglioso nelle letterature medievali. Medio-*

evo latino, romanzo, germanico e celtico, Brepols, Turnhout 2016, pp. 265-271.

HAAGE, B.D. – WEGNER, W., *Deutsche Fachliteratur der Artes in Mittelalter und früher Neuzeit*, Erich Schmidt, Berlin 2007.

HAMM, M., *Der deutsche* Lucidarius, *Kommentar*, Band 3, de Gruyter, Tübingen 2002.

Herzog Ernst. Ein mittelhalterlichen Abenteuerbuch, hrsg. von K. BARTSCH, Braumüller, Wien 1869 (neu herausgegeben, übersetzt, mit Anmerkungen und einem Nachwort versehen von B. SOWINSKI, Reclams Universal-Bibliothek, Stuttgart 1970, rist. 2015).

Isidori Hispaliensis Episcopi *Etymologiarum sive Originum Libri XX*, ed. by W. M. LINDSAY, 2 voll., Oxford University Press, Oxford 1985.

KIMBLE, G. H. T., *Geography in the Middle Ages*, Methuen, London 1938.

KUGLER, H., «Die Ebstorfer Weltkarte. Ein europäisches Weltbild im deutschen Mittelalter», *Zeitschrift für deutsches Altertum*, 116 (1987) 1-29.

—, *Mittelalterliche Weltkarten und literarische Wissensvermittlung*, in H. BRUNNER – N.R. WOLF (Hrsg.), *Wissensliteratur im Mittelalter und in der frühen Neuzeit*, Reichert, Wiesbaden 1993.

LECOUTEUX, C., «Herzog Ernst, les monstres dits "Sciapodes"», *Études Germaniques*, 34 (1979) 1-21.

—, *Les Monstres dans la Littérature allemande du Moyen Âge, 1. Étude, 2. Dictionnaire, 3. Documents*, Kümmerle Verlag, Göppingen 1982.

—, «Von den Wundermenschen», *Études Germaniques*, 37 (1982) 290-304.

LEFÈVRE, Y., *L'Elucidarium et les Lucidaires*, É. De Boccard, Paris 1954.

MOSIMANN, M., *Die „Meinauer Naturlehre" im Kontext der Wissenschaftsgeschichte*, Francke Verlag, Tübingen – Basel 1994.

PFEIFFER, F. (Hrsg.), *Das Buch der Natur von Konrad von Megenberg*, Verlag von Karl Aue, Stuttgart 1861.

RASCHELLÀ, F.D. – BUSANI, L., «Un'edizione critica anche per l'immagine?», in M.G. SAIBENE – M. BUZZONI (a cura di), *Testo e immagine nel Medioevo germanico*, Cisalpino, Milano 1999.

SCHRÖDER, K., «Rudolf von Ems», in *Allgemeine Deutsche Biographie (ADB)*, Duncker & Humblot, Leipzig – München 1877, Band 6, pp. 94-96.

SIMEK, R., *Erde und Kosmos im Mittelalter. Das Weltbild im Mittelalter*, Beck, München 1992.

—, «Die Wundervölker in der Weltchronik des Rudolf von Ems und der Christherrchronik», *Österreichische Zeitschrift für Volkskunde*, XLIII/92 (1989) 37-44.

SIMROCK, K., *Die deutschen Volksbücher; gesammelt und in ihrer ursprünglichen Echtheit wiederhergestellt,* Heinr. Ludw. Brönner, Frankfurt a. M. 1845.

SMITS, K., *Die frühmittelhochdeutsche Wiener Genesis*, Schmidt, Berlin 1972.

STEER, G. – GOTTSCHALL, D. (Hrsg.), *Der «Deutsche Lucidarius». Kritischer Text nach den Handschriften*, de Gruyter, Tübingen 1994.

STURLESE, L., *Storia della filosofia tedesca nel medioevo. Dagli inizi alla fine del XII secolo*, Olschki, Firenze 1990.

—, «Philosophie im deutschen Lucidarius? Zur Vermittlung philosophischer und naturwissenschaftlicher Lehre im deutschen Hochmittelalter», *Beiträge zur Geschichte der deutschen Sprache und Literatur*, 114 (1992) 249-277.

WACKERNAGEL, W., *Meinauer Naturlehre*, Literarischer Verein, Stuttgart 1851.

WESSEL, G. (Hrsg.), *Von Einem der daheim blieb, die Welt zu entdecken. Die Cosmographia des Sebastian Münster oder wie man sich von 500 Jahren die welt Vorstellte*, Campus Verlag, Frankfurt – New York, 2004.

WOLF, N. R. (Hrsg.), *Wissensorganisierende und Wissensvermittelnde Literatur im Mittelalter: Perspektiven Ihrer Erforschung. Kolloquium Vom 5. bis 7. Dezember 1985*, Reichert, Wiesbaden 1988.

DAGMAR GOTTSCHALL*

DIU ZEICHEN EINES WÂRHAFTEN GRUNDES. BREVE ISTRUZIONE SU COME DISTINGUERE UN UOMO CHE È VERAMENTE PERFETTO DA COLUI CHE QUESTA PERFEZIONE SOLTANTO FINGE

Quando Franz Pfeiffer, nel 1857, pubblicò le opere di Meister Eckhart, accolse a fianco delle prediche anche una serie di 18 trattati di cui oggi solo tre sono considerati autentici[1]. Gli altri, e fra di loro anche il testo qui presentato[2], viaggiano sotto la categoria "trattati pseudo-eckhartiani". Si tratta di testi anonimi che assomigliano in stile e lessico alle opere di Eckhart e riflettono in un certo modo le dottrine del grande maestro. Pfeiffer li scelse perché li trovò nei manoscritti miscellanei di letteratura spirituale in volgare in stretta vicinanza alle prediche di Eckhart, ma raramente gli sono attribuiti esplicitamente.

Anche il nostro trattato sui 'segni di un fondamento veritiero', come è formulato nell'*explicit* di alcuni testimoni, si trova nei tipici manoscritti eckhartiani, cioè codici miscellanei di prediche, trattati spirituali, testi liturgici, citazioni di autorità e preghiere, anonimi oppure di autori vari, fra cui anche Eckhart. Il nostro testo non ha suscitato grande interesse nella critica. Assai presto una connessione con Eckhart fu dichiarata dubbia e ridotta a una «certa parentela terminologica»[3] e soprattutto la seconda parte del trattato, cioè il conteggio di 24 segni, fu considerato indegno di

---

* Università del Salento. Dipartimento di Studi Umanistici, Pal. Parlangeli, Via Stampacchia 45, 73100 Lecce; dagmar.gottschall@unisalento.it

[1] Cf. F. PFEIFFER, *Deutsche Mystiker des vierzehnten Jahrhunderts*, vol. 2: *Meister Eckhart, Predigten, Traktate*, Leipzig 1857, rist. Scientia Verlag, Aalen 1962, pp. 373-593. Tre di questi trattati pubblicati da Pfeiffer sono stati accolti nella grande edizione critica degli *Opera omnia* di Meister Eckhart, e cioè il *Liber Benedictus* (*Buch der göttlichen Tröstung*), gli *Erfurter Reden* e *Von Abgeschiedenheit;* l'autenticità di quest'ultimo è oggi di nuovo in discussione.

[2] PFEIFFER, *Deutsche Mystiker*, op. cit., Tr. VII, *Diu zeichen eines wârhaften grundes*, pp. 475-478.

[3] P. SCHMITT, «*Diu zeichen eines wârhaften grundes*», in B. WACHINGER zusammen mit G. KEIL – K. RUH – W. SCHRÖDER – F. J. WORSTBROCK (Hrsg.), *Die deutsche Literatur des Mittelalters. Verfasserlexikon*, 2. völlig neu bearb. Aufl., vol. 10, de Gruyter, Berlin 1999, coll. 1522-1525, qui 1523.

un autore come Meister Eckhart, ma piuttosto tipico per una semplice e banale letteratura di edificazione[4]. Mancano fino ad oggi sia una edizione critica che una interpretazione del contenuto, un destino che *Diu zeichen* condividono con tutti i trattati ps.-eckhartiani dell'edizione di Pfeiffer, ad eccezione del trattato III: *Von der sêle werdikeit und eigenschaft*[5].

Completamente diversa, però, fu l'opinione del pubblico medievale. *Diu zeichen* sono uno dei trattati più ampiamente diffusi, con una larga tradizione di 30 manoscritti ancora conservati, dalla prima metà del XIV fino agli inizi del XVI secolo, nell'intera regione linguistico-culturale della Germania e dei Paesi Bassi. Ne esiste addirittura una traduzione in latino[6]. Vorrei dare nelle pagine seguenti un breve sguardo sulla tradizione completa di questo trattato e sulla sua probabile regione d'origine, per dedicarmi poi soprattutto al suo contenuto che, a mio parere, non mira all'edificazione del lettore, ma alla sua istruzione[7].

Il nostro trattato è conservato in 30 manoscritti di cui 23 appartenenti all'area linguistica tedesca e sette all'area nederlandese[8]. Inoltre esiste un tentativo di riportare il testo nel seno dell'erudizione scolastica e della sua lingua franca, cioè il latino[9]. Se la traduzione latina si basa su una versione

---

[4] Cf. A. LASSON, *Meister Eckhart, der Mystiker. Zur Geschichte der religiösen Spekulation in Deutschland*, Berlin 1868, rist. Scientia Verlag, Aalen 1968, p. VI.

[5] Cf. F. LÖSER, *Meister Eckhart in Melk. Studien zum Redaktor Lienhart Peuger. Mit einer Edition des Traktats „Von der sel wirdichait vnd aigenschafft"*, M. Niemeyer, Tübingen 1999, pp. 325-497.

[6] Cf. C. MECKELNBORG, «Der pseudo-eckhartsche Traktat „*Diu zeichen eines wârhaften grundes"*. Untersuchung und Edition einer lateinischen Fassung», in P. J. BECKER – E. BLIEMBACH – H. NICKEL – R. SCHIPKE – G. STACCIOLI (Hrsg.), *Scrinium Berolinense. Tilo Brandis zum 65. Geburtstag*, Dr. Ludwig Reichert Verlag, Wiesbaden 2000, vol. 1, pp. 306-319. Meckelnborg menziona due testimoni volgari in più, però l'uno, di Dresda, è andato perduto nella seconda guerra mondiale e l'altro, Salzburg, UB, M I 476, non presenta il nostro trattato, ma l'elaborazione in forma della predica 'Su 24 pezzi di una vita perfetta' del *Meisterbuch* di Rulman Merswin.

[7] I materiali qui presentati sono il risultato di lavori preparatori per una edizione critica del trattato *Diu zeichen eines wârhaften grundes*.

[8] Cf. i rispettivi elenchi in MECKELNBORG, *Der pseudo-eckhartsche Traktat*, pp. 306-308. Il manoscritto 's-Gravenhage, Koninklijke Bibliotheek, 73 E 25, indicato fra i manoscritti nederlandesi, è scritto in un dialetto alto tedesco e fa, quindi, parte dell'elenco tedesco, ivi, p. 308.

[9] Koblenz, Landeshauptarchiv, Best. 701 Nr. 149 (vecchia segnatura: 43), ff. 4v-6v, che contiene anche le prediche 2 e 52 di Eckhart e la leggenda eckhartiana *Meister Eckharts Wirtschaft* in versione latina, probabilmente del medesimo traduttore; MECKELNBORG, *Der pseudo-eckhartsche Traktat*, p. 310.

tedesca o nederlandese è cosa ancora che dev'essere chiarita. La tradizione manoscritta fino ad oggi conservata risale fino al XIV secolo. Dei 23 codici tedeschi, sette sono ancora del XIV secolo, dei sette codici nederlandesi addirittura tre appartengono al Trecento. I più antichi manoscritti tedeschi appartengono ai dialetti ripuari e svevo-bavaresi, mentre quelli nederlandesi vengono dalla zona del Brabante, più precisamente dal celebre Rookloster presso Bruxelles. Dobbiamo agli studi codicologici di Erik Kwakkel la conoscenza di una serie di codici antichi pergamenacei di formato molto piccolo che contengono materiale eckhartiano e rappresentano la tradizione più antica di Meister Eckhart nei Paesi Bassi[10]. Due esemplari di questa serie tramandono anche *Diu zeichen*[11]. Mentre per le prediche autentiche di Eckhart l'origine linguistica è chiara, cioè l'area linguistica tedesca, nel caso di trattati anonimi l'affare non è così semplice. L'origine di un testo anonimo può essere stabilita solo tramite l'individuazione di nederlandismi o germanismi che rivelano l'una o l'altra versione come traduzione, oppure tramite relazioni stemmatiche che definiscono l'una o l'altra versione come secondaria.

Nel caso del nostro trattato e della sua ampia diffusione, lo stemma codicum ci dà una risposta. Nonostante la forte presenza di codici molto antichi nederlandesi, l'origine del nostro testo è da cercare in area tedesca, come dimostra un errore congiuntivo che lega tutti i testimoni nederlandesi segregandoli dal resto della tradizione. L'anonimo autore parla dell'ispirazione, la cui origine sarebbe da controllare, e si serve di una terminologia tecnica: «die învelle der lieht»[12]. I manoscritti nederlandesi scrivono «den in val in dat licht», lezione che è sicuramente sbagliata[13].

[10] Cf. E. KWAKKEL, *Die dietsche boele die ons toebehoeren. De kartuizers van Herne en de productie va Middelnederlandse handschriften in de regio Brussel (1350-1400)*, Peeters, Leuven 2002 e E. KWAKKEL – H. MULDER, «*Quidam sermones. Mystiek proza van de Ferguut-kopiist*», *Tijdschrift voor Nederlandse Taal- en Letterkunde*, 117 (2001) 151-165.

[11] Si tratta dei codici Brüssel, Koninklijke Bibliotheek, Ms. 3067-73 e Ms. 19565, entrambi della metà del XIV secolo.

[12] Il testo di PFEIFFER, basato su solo 3 manoscritti, porta «die învelle des liehtes» che è altrettanto sbagliato. Citerò d'ora in poi il testo di Pfeiffer, che correggo ove necessario sulla base del testo critico ancora provvisorio, mantenendo però la forma del tedesco normalizzato. Interventi nel testo di PFEIFFER saranno marcati con corsivo.

[13] Il testo nederlandese è disponibile in C. G. N. DE VOOYS, «Meister Eckart en de Nederlandse mystiek», *Nederlandsch archief voor kerkgeschiedenis*, N.S. 3 (1905), pp. 50-92, qui 76-79. Si tratta di una stampa diplomatica del manoscritto Brüssel, KB,

L'errore dimostra che questi dipendono da un modello erroneo e secondario che non rappresenta il testo d'autore – un modello secondario, però, che esisteva già nella prima metà del XIV secolo, probabilmente in forma di una traduzione dall'originale tedesco. Ma per la valutazione di una lezione manoscritta ci muoviamo sul campo dell'interpretazione di contenuto. Quindi, che cosa discute il trattato *Diu zeichen eines wârhaften grundes*?

Il nostro testo consiste di due parti: una prima introduttiva e teorica problematizza la ragione umana[14]; l'altra, più concreta e pratica, enumera 24 segni tramite cui si può conoscere 'i giusti, ragionevoli, veritieri contemplatori («anschouwer») di Dio', cioè i perfetti. A prima vista non è facile scoprire il nesso logico fra le due sezioni. Un elemento congiuntivo si trova nella definizione di perfezione, nella quale la ragione gioca un ruolo decisivo. Il nostro autore inizia con una citazione, vera o finta[15], di un'autorità generalizzata, cioè di un «meister». Il richiamo a un «meister», cioè un rappresentante del mondo dotto dell'università, è tipico stilema di Meister Eckhart e dei suoi imitatori.

> Ein meister sprichet: ez koment vil liute ze klârem verstantnüsse und ze vernünftigem underscheide bilde und forme, aber der ist wênic, die dâ koment über verstantlîchez schouwen und über vernünftige begrîfunge bilde unde forme, und wêre doch gote ein mensche lieber, der dâ stüende âne alle begrîfunge formlîcher bildunge, denne hundert tûsent, die ir selbes gebrûchent in vernünftiger wîse[16].

Il trattato si apre con il contrasto fra la grande massa dei molti, cioè dei raziocinanti, e il gruppo selezionato dei pochi "trans-razionali" che sono i

---

Ms. 3067-73 con le lezioni del manoscritto Brüssel, KB, Ms. 19565 in nota. Il lessema *licht*, nei vari testimoni nederlandesi, è pure variato in *lutre*, *luterheit* e *verstandenisse*, ma per nostro scopo è decisivo il cambio da un *genitivus subiectivus* a un sintagma preposizionale che esprime un moto a luogo.

[14] Per questa parte cf. D. GOTTSCHALL – L. STURLESE, «Altdeutsche Mystik in niederländischer Überlieferung. Zu anonymer Traktatliteratur im deutsch-niederländischen Kulturraum», in D. KLEIN, in Verbindung mit H. BRUNNER und F. LÖSER, (Hrsg.), *Überlieferungsgeschichte transdisziplinär. Neue Perspektiven auf ein germanistisches Forschungsparadigma*, Dr. Ludwig Reichert Verlag, Wiesbaden 2016, pp. 163-183, qui 173-181.

[15] Finora, la citazione non è stata identificata e, quindi, non si sa dove esattamente finisca.

[16] PFEIFFER, *Deutsche Mystiker*, op. cit., Tr. VII, pp. 475, 35 - 476, 4.

preferiti di Dio. La ragione è quindi caratteristica per l'uomo, la possiedono in tanti, mentre solo pochi sono in grado di superare le limitazioni della ragione e di raggiungere lo stato dell'intuizione immediata. La definizione della ragione come capacità intellettuale dell'uomo di distinguere le immagini e forme, fornite dai sensi[17], secondo categorie razionali, e di orientarsi tramite queste categorie nel mondo, corrisponde alla dottrina aristotelica e riguarda la ragione naturale-filosofica. È questa ragione naturale che rende l'uomo uomo. Perciò il "maestro" parla di molti che «koment ... ze vernünftigem underscheide bilde und forme». Sulla dottrina di Aristotele si basa anche Eckhart e l'autore del nostro trattato sembra alludere a un passo della predica 15 nella quale Meister Eckhart paragona l'uomo razionale agli angeli:

> Also [cioè, come gli angeli] verstát der mentsch vernúnfteklichen aller creatur bild vnd form mit vnderschaid. dis gab Aristotiles dem mentschen, das der mentsch da von ain mentsch si, das er a^ellú bild und form verstat; darumb si ain mentsch ain mentsch. vnd das was die ho^echst bewisung, dar an Aristotiles bewisen moht ainen mentschen[18].

Tuttavia la ragione ha i suoi limiti, in quanto dipende da forme e immagini. Chi lavora tramite la ragione si occupa, quindi, di forme e immagini ed è completamente assorbito da queste e dal proprio io[19]. Dio non può entrare in un intelletto bloccato in modo tale[20]. Chi, invece, ha superato la ragione naturale, si è distaccato da forme e immagini ed è libero in modo tale che Dio può entrare e operare, tramite l'uomo "trans-razionale", tutto ciò che vuole:

> Wêre aber, daz sie enbunden würden ûz aller biltlîchen schouwe unde gerücket unde gebüret über vernünftige begrîfunge, als sant

---

[17] Cf. Aristoteles, *De anima*, III c. 7, 431 a 16, ed. by W. D. Ross, Clarendon Press, Oxford 1956, p. 75 «nequaquam sine phantasmate intelligit anima».

[18] Eckhart, Pr. 15; (DW I, Meister Eckhart. Die deutschen und die lateinischen Werke, hrsg. Im Auftrage der Deutschen Forschungsgemeinschaft. Die deutschen Werke, 2. Band: Meister Eckharts Predigten (Pr. 1-24), hrsg. und übersetzt von Josef Quint, Kohlhammer, Stuttgart 1958), p. 249, 10 - 250, 3.

[19] Il nostro autore parla di «sich selbst gebrüchen in vernünftiger wîse» (PFEIFFER, *Deutsche Mystiker*, op. cit., Tr. VII, p. 476, 4)

[20] «Wan got der enmac in sie niht komen noch sînes werkes gewürken von der unledikeit ir vernünftiger bildunge» (*ibid.*, 4-6).

Dionysius sprichet - und ouch daz lieht des gelouben *wil den menschen* haben über alliu vernünftigiu dinc von dem êrsten puncte - in *den* vindet got sîne ruowe unde sîne wîte, ze wonende unde ze würkende, wie er wil und wenne er wil unde waz er wil[21].

Essersi liberato dall'immaginazione e dal pensiero discorsivo è presupposto per l'operare di Dio nell'anima umana. Anche queste riflessioni vanno d'accordo con Eckhart, incluso il richiamo dell'autorità di Pseudo-Dionigi, come dimostra la predica 101, la prima del cosiddetto ciclo sulla nascita di Dio nell'anima:

> Got würket âne mittel und âne bilde. Ie mê dû âne bilde bist, ie mê dû sînes înwürkennes enpfenclîcher bist, und ie mê îngekêret und vergezzener, ie mê disem næher. Hie zuo mânete Dionysius sînen jünger Timotheum und sprach: 'lieber mîn sun Timothee, dû solt mit umbgekêrten sinnen dich erswingen über dich selber und über alle krefte, über redelîcheit und über vernunft, über werk und wîse und wesen in die verborgene stille dünsternisse, ûf daz dû komest in ein bekantnisse des unbekanten übergoteten gotes'[22].

Abbiamo a che fare, come sembra, con un conoscitore di Eckhart che, nel suo trattato, discute la dottrina del grande maestro condividendola fino a un certo punto. Come Eckhart, anche l'anonimo richiede lo svuotamento totale dell'anima che vuole accogliere Dio, e si serve di Pseudo-Dionigi per descrivere il superamento della ragione naturale. Ma mentre Eckhart chiede al suo lettore un atteggiamento attivo nel trapassare la ragione umana e raggiungere l'intelletto divino, il nostro autore parla di un "avvenire" misterioso («Wêre aber, daz sie enbunden würden ûz aller biltlîchen schouwe unde gerücket ... über vernünftige begrîfunge») che assomiglia quasi al *raptus,* e introduce un elemento nuovo: 'la luce della fede' («daz lieht des gelouben»). Nel *Geistbuch* e in Eckhart, la luce della fede è una sintesi della

---

[21] *Ibid.*, 6-12.

[22] Eckhart, Pr. 101; (DW IV/1, Meister Eckhart. Die deutschen und die lateinischen Werke, hrsg. Im Auftrage der Deutschen Forschungsgemeinschaft. Die deutschen Werke, 4. Band, Teilband IV,1: Meister Eckharts Predigten (Pr. 87-105), hrsg. und übersetzt von Georg STEER, Kohlhammer, Stuttgart 2003), pp. 359, 143 - 360, 149. La citazione di Dionigi è Pseudo-Dionysius Areopagita, *De mystica theologia*, c. 1, 1 (Dionysiaca I, pp. 567-569, 5).

luce naturale della ragione e della luce di grazia divina[23]. Nel nostro trattato non può essere così, perché questa luce tenta di guidare l'uomo, dall'inizio della sua esistenza («von dem êrsten puncte») verso il superamento di ciò che, secondo Aristotele e Eckhart, definisce un uomo: la virtù della ragione naturale-filosofica. In questi uomini trans-razionali Dio ben si trova.

Come Eckhart, l'anonimo ribadisce la presenza dell'ampiezza («wîte»)[24] nell'anima in cui Dio opera «wie er wil und wenne er wil unde waz er wil». Questa formula, però, 'come vuole e quando vuole e cosa vuole' non esiste in Eckhart, e non può esistere perché va contro la sua dottrina[25]. Troviamo la formula, invece, nella letteratura pseudo-eckhartiana, fra l'altro nel *Geistbuch*[26], nel nostro trattato e nella cosiddetta *Compilazione Probate spiritus*[27], una elaborazione tedesca del trattato latino *De quatuor instinctibus* di Enrico di Frimaria. Questi tre testi non sono solo legati attraverso la suddetta formula, ma anche nella loro tradizione manoscritta. Quattro dei sei manoscritti completi del *Geistbuch* tramandano anche il nostro trattato sugli *Zeichen*[28], in un manoscritto frammentario del *Geistbuch* questo

---

[23] Cf. D. GOTTSCHALL. *Das Geistbuch. Ein Traktat zur Vollkommenheit aus dem Umkreis Meister Eckharts*, E. J. Brill, Leiden - Boston, 2012, p. 38 e la nota riguardante le righe 184-192. «Lieht des glouben» è documentato nelle prediche 32, 33 e 34 di Meister Eckhart; cf. soprattutto Pr. 32 (DW II, Meister Eckhart. Die deutschen und die lateinischen Werke, hrsg. Im Auftrage der Deutschen Forschungsgemeinschaft. Die deutschen Werke, 1. Band: Meister Eckharts Predigten (Pr. 25-59), hrsg. und übersetzt von Josef QUINT, Kohlhammer, Stuttgart 1971, p. 141, 5 - 142, 5) e Pr. 33 (DW II, p. 152, 4-153, 4).

[24] L'ampiezza dell'anima è ben documentata in Eckhart; cf. Pr. 42 (DW II, Meister Eckhart. Die deutschen und die lateinischen Werke, hrsg. Im Auftrage der Deutschen Forschungsgemeinschaft. Die deutschen Werke, 1. Band: Meister Eckharts Predigten (Pr. 25-59), hrsg. und übersetzt von Josef QUINT, Kohlhammer, Stuttgart 1971, p. 302. 2-4) e Pr. 59: «Ez ist ein kraft in der sêle, diu ist wîter dan alliu disiu werlt. Ez muoz gar wît sîn, dâ got inne wonet» (DW II, p. 624, 7s.).

[25] Per Eckhart l'ingresso di Dio nell'anima svuotata è quasi una "necessità metafisica", Dio "deve" operare, sempre, e non 'quando vuole'. Cf. L. STURLESE, *Eckhart, Tauler, Suso. Filosofi e mistici nella Germania medievale*, Le Lettere, Firenze, 2010, p. 18.

[26] Cf. GOTTSCHALL, *Geistbuch*, p. 58, 65-66.

[27] Ringrazio LYDIA WEGENER (Berlin-Brandenburgische Akademie der Wissenschaften) che sta preparando una *Anthologie zur «Unterscheidung der Geister». «Probate spiritus»-Kompilation und Traktate - Edition und Kommentierung*, per avermi fornito gentilmente il materiale inedito in forma di bozza.

[28] Brüssel, KB, Ms. 19565; Salzburg, UB, Cod. M I 476 (contiene la parte teorica degli *Zeichen* nella versione della predica «Su 24 punti di una vita perfetta»;

frammento continua con il prologo del *De quatuor instinctibus* di Enrico di Frimaria in tedesco[29]. Due manoscritti degli *Zeichen* contengono anche *De quatuor instinctibus* in volgare[30], la *Compilazione Probate spiritus* e *Von Unterscheidung wahrer und falscher Andacht*[31].

Queste tradizioni in comune segnalano che il nostro trattato è da leggere sia nel contesto della dottrina di perfezione cristiana, che il *Geistbuch* discute, sia nel contesto della *discretio spirituum*. Perfezione nel *Geistbuch* e negli *Zeichen* significa lo stesso: svuotare e liberare la propria anima e trasformarsi in uno strumento perfetto di Dio. Ma mentre il *Geistbuch* spiega le modalità attraverso le quali raggiungere lo stato della perfezione, gli *Zeichen* insegnano come conoscere la perfezione – degli altri e di se stesso – cioè come distinguere la vera da una finta perfezione. Presupposto per una tale istruzione è il tema della *discretio spirituum* che si basa su 1 *Giov*. 4, 1-2: «Probate spiritus, si ex Deo sint: quoniam multi pseudoprophetae exierunt in mundum. In hoc cognoscitur spiritus Dei: omnis spiritus qui confitetur Jesum Christum in carne venisse, ex Deo est». Questo tema, sin dagli inizi della Chiesa, ha suscitato sempre grande interesse. Legata alla convinzione della onnipresenza del demonio, la *discretio* è la risposta cristiana e ortodossa a tale minaccia, offrendo tecniche per la difesa di se stesso e degli altri. Il primo manuale sistematico sul problema risale agli inizi del XIV secolo, scritto dall'agostiniano Enrico di Frimaria, contemporaneo di Eckhart e morto nel 1340 ca. a Erfurt. Il suo trattato *De quatuor instinctibus, scilicet divino, angelico, diabolico et naturali* parla degli influssi di spiriti positivi e negativi in forma di "illuminazioni" (lat. *instinctus*; atm. «înval des liehtes») ed insegna metodi per distinguerli. Il motivo della difficoltà di questa distinzione, Enrico lo vede nella grande somiglianza fra *lumen naturale*, cioè la ragione, e il *lumen gratuitum*, cioè la grazia, i quali entrambi esigono dall'uomo amare Dio più di tutt'altro[32]. La capacità di distinguere la vera grazia divina da

---

cf. nota 6); Nürnberg, Stadtbibliothek, Cod. Cent. VI 46h; Gaesdonck, Bibliothek des Bischöflichen Gymnasiums Collegium Augustinianum, Ms. 16.

[29] Melk, Stiftsbibliothek, Cod. 705.

[30] Melk, Stiftsbibliothek, Cod. 183.

[31] München, Bayerische Staatsbibliothek, cgm 784.

[32] Heinrich von Friemar, *De quatuor instinctibus*: «Causa vero et ratio, quare sit difficile praedictos instinctos discernere, est similitudo et conformitas naturalis luminis et luminis gratuiti. Nam utrumque lumen dictat homini Deum super omnia diligendum» (R. G. WARNOCK – A. ZUMKELLER, *Der Traktat Heinrichs von Friemar*

una grazia solo finta, che in realtà è una presenza demoniaca, è capacità dei perfetti. Questi, essendo uniti con Dio, sono immuni addirittura contro Satana, maestro dell'inganno ed esperto nel camuffarsi, come sapeva già l'apostolo Paolo: «ipse enim Satanas transfigurat se in Angelum lucis (II *Cor.* 11, 14)».

Questi perfetti, uniti con Dio, dice il nostro autore anonimo, nessuno li può conoscere se non è perfetto anch'egli: «Dise liute kan nieman erkennen, wan ir leben ist verborgen und ir wesen allen den, die des selben lebens niht ensint»[33]. Si intende qui la conoscenza immediata e intuitiva sulla base della *similitudo*. E l'autore continua con una affermazione che, presa per sé, è chiarissima, ma che nel suo contesto è di assai difficile interpretazione: «*Nû ist daz wâr, daz* zuo dirre wârheit und zuo disem sêligen leben, zuo dire edellîchen hôhen vollekomenheit nieman komen kan denne mit lûterr verstantnüsse und mit klârer vernunft»[34]. A prima vista sembra che la ragione, l'intelletto naturale, sia la *conditio sine qua non*, il presupposto per la perfezione e, quindi, che si esprima una idea straordinariamente positiva della virtù razionale dell'uomo.

Considerando però il contesto, risulta che la ragione è sì presupposto per raggiungere la perfezione, ma non è un concetto positivo, quanto piuttosto negativo, come vedremo in quel che segue nel nostro trattato e come sarebbe conforme con la dottrina di Enrico di Frimaria, che vede il *lumen naturale* in modo fondamentalmente negativo. Se si pensa alla sentenza magistrale che apre il trattato degli *Zeichen* e distingue fra la massa dei razionacinanti e il gruppo esclusivo dei trans-razionali, si evince che la ragione ovviamente è lo stato normale dell'uomo in quanto uomo. Quindi chiunque voglia raggiungere lo stato della perfezione, deve partire dalla sua ragione che è da superare: nessuno può infatti oltrepassare la ragione, se prima non l'ha. Ma questo punto di partenza contiene in sé un pericolo assai grande. La ragione è ingannevole, non ce ne possiamo fidare, come dimostra il caso degli angeli caduti.

Aber wan daz ouch funden ist, daz sô manic hôher vernünftiger geist, nochdenne *die* engel, *die an ire nâtûr und an irem* wesen niht anders *ensint* denne lûtriu vernunft, daz *die* geirret *hân* und

---

über die Unterscheidung der Geister. Lateinisch-mittelhochdeutsche Textausgabe mit Untersuchungen, Augustinus-Verlag, Würzburg 1977, p. 152, 20-154, 22).

[33] PFEIFFER, *Deutsche Mystiker*, op. cit., Tr. VII, p. 476, 14-15.
[34] *Ibid.*, 15-18.

êweclîche vervallen *sint* von der êwigen wârheit, *und noch alle die tuont*, die sich *in* gelîchent an eigener behaltunge unde wolgevallen ir selbes in ir vernünftiger behendikeit[35].

Qui, il nostro autore parla degli angeli che sono puro intelletto (*intellectus per essentiam*)[36] e sono caduti. L'esempio più impressionante è Lucifero. Lui e i suoi compagni sono caduti perché si fidavano delle proprie capacità intellettuali credendosi indipendenti della grazia di Dio. Chi, con questa fiducia nella virtù della propria ragione, assomiglia a loro, ancora oggi cadrà come loro. Come motivo per la caduta il nostro anonimo menziona «eigen behaltunge» e «wolgevallen ir selbes».

L'ultimo motivo, 'l'autocompiacimento' (lat. *superbia*) è tradizionale e si trova già in Bernardo di Chiaravalle e Pietro Lombardo. «Eigen behaltunge»[37], traducibile con 'fiducia nell'auto-redenzione', riflette la teologia contemporanea, rappresentata da Tommaso d'Aquino che cercava il motivo per la caduta di Lucifero nella sua rinuncia alla grazia divina. Il diavolo, secondo Tommaso, era perfetto a livello dell'intelletto naturale, però non lo era nella sfera della grazia. L'errore di Lucifero consistette, quindi, nel fatto di non aver capito la necessità della grazia divina per poter raggiungere la beatitudine, ma di contare esclusivamente sul potere del suo intelletto[38]. L'autore del nostro trattato segue la critica all'intelletto di Tommaso d'Aquino e critica, in questo modo, implicitamente Meister Eckhart e il suo radicale ottimismo riguardante la ragione umana che rappresenta, anche se bisognosa della grazia divina, quella "cosa"

---

[35] *Ibid.*, 19-24.

[36] Ricordiamoci dell'intelletto angelico che l'uomo ha in comune con gli angeli, secondo Eckhart, Pr. 15 (cf. nota 18).

[37] Nella versione tedesca della *Summa theologiae*, atm. *behaltunge* sta per lat. *salvatio*; cf. B. Q. MORGAN – F. W. STROTHMANN (eds.), *Middle High German Translation of the Summa Theologica by Thomas Aquinas*. Edited with a Latin-German and a German-Latin Glossary, AMS Press, Inc., New York 1967, p. 416, 17.

[38] Cf. Tommaso d'Aquino, *Questiones disputatae de malo*, q. XVI, a. 3, cura et studio Fratrum Praedicatorum, Commissio Leonina – Vrin, Roma – Paris 1982, p. 294: «Fuit igitur primum peccatum diaboli in hoc quod [...] supernaturalem beatitudinem [...] consequi uoluit per uirtutem sue nature. [...] diabolus non peccauit appetendo aliquod malum, set appetendo aliquod bonum, scilicet finalem beatitudinem non secundum ordinem debitum, id est non ut consequendam per gratiam dei». Per tutta l'argomentazione cf. GOTTSCHALL – STURLESE, *Altdeutsche Mystik in niederländischer Überlieferung*, p. 180.

nell'anima dove Dio e uomo s'incontrano. Che cosa potrebbe più convincere dell'errore fatale di Lucifero – un errore dovuto all'intelletto puro?

In questa situazione pericolosa, il nostro autore raccomanda un rimedio, confermato non solo dall'autorità dei "maestri", ma anche dei santi, cioè il controllo continuo della ragione e l'attenta distinzione dei vari tipi d'ispirazione, cioè la *discretio spirituum*. Affinché l'uomo ragionante non venga ingannato, gli serve una *discretio* che riguarda la ragione, per cui l'unico spirito nocivo è il demonio. La ragione umana sta sotto un continuo assedio da parte del diavolo – una dottrina che Eckhart non avrebbe mai sostenuta.

> Nû sprechent die meister und ouch die heiligen, daz ez nütze und ein nôtdurft sî, daz man flîzic war nemen unde bekennen und brüeven sol die învelle *der* lieht unde die klârheit der vernunft und des schouwens, *daz* der mensche hie gehaben mag in der zît, umbe daz, daz er iht betrogen werde in sîner vernünftigen behendikeit[39].

Risulta dunque di fondamentale importanza, nell'ottica del trattato, conoscere le caratteristiche di una ragione sicura, controllata e purificata come quella che è la ragione dei perfetti («die gerehten vernünftigen gewêren anschouwer gotes»), una ragione trasformata dalla luce della grazia. Esistono 24 segni tramite i quali è possibile rassicurarsi della vera perfezione, propria e altrui, e il nostro autore elencherà questi segni nella seconda parte del suo trattato: «Welt ir nû wizzen und bekennen die gerehten vernünftigen gewêren anschouwer gotes, die dâ niht betriegen noch gevelschen mac, die sult ir bekennen bî vier unde zweinzic zeichen»[40].

La lista dei 24 segni si legge come un qualsiasi elenco delle virtù cristiane e in particolare dell'uomo che cerca la strada verso la perfezione, cioè essere al più possibile vicino a Dio. È significativo che il primo segno richiami l'autorità di Cristo, che viene presentato come 'maestro più grande di scienza pratica'[41], sapienza e ragione sublime, e che è la verità in persona'. Cristo stesso fa quindi parte del gruppo dei maestri e insegna che scienza, ragione e sapienza da sole non bastano, se manca la carità. In questo senso, il nostro autore interpreta[42] i passi relativi del vangelo di

---

[39] PFEIFFER, *Deutsche Mystiker*, op. cit., Tr. VII, p. 476, 24-29.
[40] *Ibid.*, 29-32.
[41] Traduco atm. *kunst* con 'scienza pratica' invece con 'arte', visto che deriva da *können*: 'saper fare qc., essere capace' e sta in contrasto con 'sapienza'.
[42] Cf. «rehte als ob er sprêche [...]» ('come se dicesse [...]').

Giovanni[43] e aggiunge subito due esempi: Balaam[44] e Lucifero. Entrambi possedevano una ragione eccellente, ma senza la giusta carità nulla serviva loro il fatto di aver compreso intellettualmente tante cose.

> Daz êrste zeichen daz setzet uns der aller hœhste meister an kunst und an wîsheit und an hôher vernunft unde der ouch selber diu wârheit ist, unser lieber herre Jêsus Kristus, unde sprichet alsô: 'dâ bî sul tir erkennen, daz ir mîn junger sît, ob ir iuch under einander minnet und mein gebôt behaltet. Waz ist mîn gebôt? Daz ir iuch under einander minnet, als ich iuch geminnet hân, rehte als ob er sprêche: ir werdet wol mîn junger an kunst und an wîsheit und an hôher vernunft: habet aber ir niht rehte minne, sô hilfet ez iu wênic oder nihtes niht. Balaam was alsô vernünftic, daz er diu dinc verstuont, diu got über vil hundert jâr êrste offenen wolte. Daz half in wênic, wan er hete niht rehter minne. Nochdenne Lucifer, der engel, der in der helle ist, der hete ein gar klâre vernunft, daz er noch hiute vil verstêt. Er hât deste mêr hellischer pîne, allez umbe daz, daz er sich mit minne unde mit triuwen zuo dem niht behalten hât, daz er verstuont[45].

È chiaro che il nostro autore, aprendo in questo modo il suo elenco, si ricollega alla parte precedente e alla sua teoria della ragione "corrotta" e ingannabile. Solo Cristo ha un rimedio sicuro, la carità che distingue i suoi discepoli dagli intellettuali qualsiasi ed è in grado di "aggiustare" la ragione.

Sintetizzo in seguito i 24 segni in una breve parafrasi, che segue il testo di Pfeiffer :

1. «rehte minne» 'vera carità'; 2. «ledic sîn» 'essere distaccato'; 3. «sich gote lâzen» 'abbandonarsi nelle mani di Dio'; 4. «sîn selbes ûzgân»

---

[43] Cf. Giov 13, 34-35: «Mandatum novum do vobis ut diligatis invicem sicut dilexi vos ut et vos diligatis invicem. In hoc cognoscent omnes quia mei discipuli estis si dilectionem habueritis ad invicem» e 15, 12: «Hoc est praeceptum meum ut diligatis invicem, sicut dilexi vos».

[44] Il racconto di Balaam, profeta nei pressi dell'Eufrate, che dovrebbe maledire il popolo d'Israele, ma lo benedice, si trova nell'Antico Testamento, Num 22-24; Balaam è qui visto come figura positiva. Solo in un secondo momento, la sua rinuncia alla maledizione è considerata risultato del potere di Dio che vince il nemico del suo popolo, cf. p. e. Deut 23, 5-6. Questa visione negativa viene ripresa nel Nuovo Testamento: cf. 2 Petr 2,15; Jud 11; Apoc 2,14, ove si parla dell'errore di Balaam.

[45] PFEIFFER, *Deutsche Mystiker*, op. cit., Tr. VII, p. 476, 33 - 477, 7.

'uscire da se stesso'; 5. «des sînen nihtes niht suochen» 'non cercare il proprio'; 6. «warten, waz got wil» 'aspettare cosa vuole Dio'; 7. «niht, wan daz got wil, wollen» 'volere solo cosa vuole Dio'; 8. «niht âne got würken» 'non fare nulla senza Dio'; 9. «gotes gebrûchen in allen werken» 'godere di Dio in tutte le opere'; 10. «von dekeiner crêatûre nihtes niht enpfâhen, niuwen allez blôz von gote» 'non ricevere nulla da nessuna creatura, solo tutto esclusivamente da Dio'; 11. «Niht gevangen werden von deheinem geluste» 'non lasciarsi far prigioniero da nessuna voglia'; 12. «niht getriben werden von deheinem widermuote» 'non lasciarsi spingere da nessuna resistenza'; 13. «niht betrogen werden von deheinem valschen liehte noch von schouwe der crêatûre» 'non farsi ingannare da nessuna luce falsa e visione della creatura'; 14. «gesigen wider alle untugende» 'vincere tutti i vizi'; 15. «die wârheit blôz bekennen und got loben, daz sie bekennent» 'conoscere la verità sola e lodare Dio perché la si conosce'; 16. «vollekomen und gereht sîn, sich niht haben» 'essere perfetto e giusto, non possedere se stesso'; 17. «wênic wort und viel lebens haben» 'avere poche parole e molte azioni'; 18. «predigen mit einem wârhaften lebenne» 'predicare con una vita veritiera'; 19. «in allen dingen gotes êre suochen» 'cercare in tutte le cose l'onore di Dio'; 20. «sich nihtes niht helfen» 'non aiutarsi in nessuna cosa'; 21. «sich des minsten niht wert dunken» 'non considerarsi degno di nessuna cosa'; 22. «sich für die aller unwirdigisten menschen haben» 'considerarsi l'uomo meno degno di tutti'; 23. «daz leben und die lêre Jêsû Kristî ze eime bilde alles ires lebennes nemen» 'prendere la vita e la dottrina di Gesù Cristo come esempio per tutta la vita propria'; 24. «alle zît anvâhen ze eime guoten lebennne» 'sempre cominciare con una vita buona'[46].

Così, alla fine del suo elenco, il trattato può terminare con l'affermazione che questi segni sono i segni di un 'fondo' razionale - e non "veritiero" come dice il titolo del Pfeiffer[47] -, in cui vive l'immagine di tutta la verità,

---

[46] Ivi, pp. 476, 33 - 478, 12.
[47] Sono cinque i manoscritti che portano nell'*explicit* «zeichen eines wârhaftigen grundes», di cui uno nella versione y, due nella versione x e due manoscritti che contaminano x e y. Dal punto di vista stemmatico questa lezione non risulta spiegabile. Sono, invece, 11 i manoscritti, tutti di x, che portano «zeichen eines vernünftigen grundes». I manoscritti restanti o finiscono il testo con l'ultimo "segno" oppure, in pochi casi, offrono una riformulazione completa. «Vernünftig» sarebbe, quindi, la lezione della versione più originale, cioè x.

cioè Cristo: si tratta quindi del 'fondo' dell'anima nel senso di "intelletto", in cui si realizza la nascita di Dio. Ma chiunque non ha questi segni, non deve stimare la sua ragione, né lui né gli altri. «Daz sint diu zeichen eines *vernünftigen* grundes, in dem daz bilde aller wârheit lebet, unde swer *ir niht enhât*, der ensol von sîner vernunft nihtes niht halten, *er* noch ander liute»[48].

Il trattato anonimo degli *Zeichen* è da collocare, quindi, nel contesto dalla discussione intorno alla teoria eckhartiana sull'intelletto, virulenta nella prima metà del XIV secolo. Nella teologia tradizionale, la ragione naturale-filosofica è vista con sospetto, anzi il *lumen naturale* è considerato addirittura uno spirito negativo nella diffusissima dottrina della *discretio spirituum*. Il nostro autore offre uno strumento di controllo della potenza pericolosa della ragione, che in questo modo viene "domata" e adattata al Cristianesimo vissuto, "performativo"[49] e accessibile a tutti. Questo strumento viene sviluppato a partire dalla dottrina della *discretio spirituum*, sottomettendo il *lumen naturale*, cioè la ragione umana, a una specie di "purificazione". Mentre la classica dottrina della *discretio* ruota intorno all'anima ovvero all'io, da osservare e riguardare, la nostra dottrina modificata punta sulla ragione come essenza dell'uomo. È questa *discretio* modificata, formulata interamente in volgare, che troverà un successo enorme fra i lettori[50], mentre le traduzioni dei trattati dotti latini rimarranno limitati a pochi testimoni.

Bibliografia

Aristoteles, *De anima*, ed. by W. D. Ross, Clarendon Press, Oxford 1956.
De Vooys, C. G. N., «Meister Eckart en de Nederlandse mystiek», *Nederlandsch archief voor kerkgeschiedenis*, N.S. 3 (1905), pp. 50-92.
Dionysiaca, recueil donnant l'ensemble des traductions latines des ouvrages attribués au Denys de l'Aréopage, Desclée de Brouwer, Bruges 1937 sgg.

---

[48] Pfeiffer, *Deutsche Mystiker*, op. cit., Tr. VII, p. 478, 13-15.

[49] I segni elencati sono tutti di natura performativa tranne due: segni 13 e 15, che parlano di conoscenza.

[50] Il testo originale latino è ancora oggi conservato in più di 150 manoscritti, diffusi in tutta l'Europa; cf. Warnock – Zumkeller, *Der Traktat Heinrichs von Friemar*, p. 3. La *Probate spiritus*-Kompilation, così come gli altri trattati in volgare, invece, si basano su pochi testimoni.

GOTTSCHALL, D., *Das Geistbuch. Ein Traktat zur Vollkommenheit aus dem Umkreis Meister Eckharts*, E. J. Brill, Leiden - Boston 2012.

GOTTSCHALL, D. – STURLESE, L., «Altdeutsche Mystik in niederländischer Überlieferung. Zu anonymer Traktatliteratur im deutsch-niederländischen Kulturraum», in D. KLEIN, in Verbindung mit H. BRUNNER – F. LÖSER (Hrsg.), *Überlieferungsgeschichte transdisziplinär. Neue Perspektiven auf ein germanistisches Forschungsparadigma*, Dr. Ludwig Reichert Verlag, Wiesbaden 2016, pp. 163-183.

KWAKKEL, E., *Die dietsche boeke die ons toebehoeren. De kartuizers van Herne en de productie va Middelnederlandse handschriften in de regio Brussel (1350-1400)*, Peeters, Leuven 2002.

KWAKKEL, E. – MULDER, H., «*Quidam sermones*. Mystiek proza van de Ferguut-kopiist», *Tijdschrift voor Nederlandse Taal- en Letterkunde*, 117 (2001) 151-165.

LASSON, A., *Meister Eckhart, der Mystiker. Zur Geschichte der religiösen Spekulation in Deutschland*, Berlin 1868, rist. Scientia Verlag, Aalen 1968.

LÖSER, F., *Meister Eckhart in Melk. Studien zum Redaktor Lienhart Peuger. Mit einer Edition des Traktats ›Von der sel wirdichait vnd aigenschafft‹*, M. Niemeyer, Tübingen 1999.

MECKELNBORG, C., «Der pseudo-eckhartsche Traktat „*Diu zeichen eines wârhaften grundes*". Untersuchung und Edition einer lateinischen Fassung», in P. J. BECKER, E. BLIEMBACH, H. NICKEL, R. SCHIPKE, G. STACCIOLI (Hrsg.), *Scrinium Berolinense. Tilo Brandis zum 65. Geburtstag*, Dr. Ludwig Reichert Verlag, Wiesbaden 2000, vol. 1, pp. 306-319.

Meister Eckhart, *Die deutschen und die lateinischen Werke*, hrsg. im Auftrage der Deutschen Forschungsgemeinschaft. «Die deutschen Werke», hrsg. von J. QUINT – G. STEER, Kohlhammer, I-V Stuttgart, 1958-2003 (DW).

MORGAN, B. Q. – STROTHMANN, F. W. (eds.), *Middle High German Translation of the Summa Theologica by Thomas Aquinas*. Edited with a Latin-German and a German-Latin Glossary, AMS Press, Inc., New York 1967.

PFEIFFER, F., *Deutsche Mystiker des vierzehnten Jahrhunderts*, vol. 2: *Meister Eckhart, Predigten, Traktate*, Leipzig 1857, rist. Scientia Verlag, Aalen 1962.

SCHMITT, P., «*Diu zeichen eines wârhaften grundes*», in B. WACHINGER zusammen mit G. KEIL – K. RUH – W. SCHRÖDER – F. J. WORSTBROCK.

(Hrsg.), *Die deutsche Literatur des Mittelalters. Verfasserlexikon*, 2. völlig neu bearb. Aufl., vol. 10, de Gruyter, Berlin 1999, coll. 1522-1525.

STURLESE, L., *Eckhart, Tauler, Suso. Filosofi e mistici nella Germania medievale*, Le Lettere, Firenze 2010.

Thomas Aquinas, *Questiones disputatae de malo*, cura et studio Fratrum Praedicatorum, Commissio Leonina – Vrin, Roma – Paris 1982.

WARNOCK, R. G. – ZUMKELLER, A. *Der Traktat Heinrichs von Friemar über die Unterscheidung der Geister. Lateinisch-mittelhochdeutsche Textausgabe mit Untersuchungen*, Augustinus-Verlag, Würzburg 1977.

Anna Maria Guerrieri[*]

LA VOCAZIONE DEI GERMANI ALLA CULTURA: UN'ANALISI TERMINOLOGICA

Anche la tematica culturale si può iscrivere legittimamente nella narrativa degli studi comparatistici che hanno portato alla definizione della famiglia linguistica indoeuropea. Senza nulla togliere alla straordinaria importanza che la scoperta del metodo comparativo ha significato per la genesi della linguistica storica, non si può, infatti, rinunciare a mettere in evidenza come le concordanze semantiche, liberate da ogni sospetto derivante da mediazioni storiche, abbiano consentito di "ricostruire" anche una cultura comune, ovviamente nelle sue caratterizzazioni e funzionalità essenziali. Anzi, l'assunto stesso dell'esistenza di una famiglia indoeuropea, se è stato riconosciuto scientificamente valido sulla base della ineccepibilità delle leggi fonetiche e della condivisa peculiarità di tratti linguistici distintivi, ha finito tuttavia col misurare la consistenza del proprio valore anche in ragione della compattezza dell'assetto culturale e, in particolare, dell'armonia di quegli elementi, siano essi nozioni, credenze, tradizioni, costumi, che di quella famiglia delineano la *facies* in modo inequivocabile.

È solo un'apparente aporia che alla più nitida definizione delle caratteristiche della cultura indoeuropea si sia arrivati proprio perché si è lavorato in un contesto che non poteva prescindere dalle differenziazioni linguistiche di età storica e dalle ulteriori e più circoscritte innovazioni che gli individui di una determinata comunità avevano di comune accordo accettato di darsi. Evidentemente, gli elementi comuni preistorici, quali che siano state le circostanze della loro trasmissione, si erano potuti conservare, sfidando le insidie di ogni possibile lontananza, perché erano ben sedimentati in quel deposito culturale al quale genti, ormai dalla chiara fisionomia nazionale, attingevano con inconsapevole naturalezza. Un deposito anche ricco perché abbracciava ogni forma di sapere compatibile coi tempi, che non possono essere giudicati per l'elementarità delle loro conoscenze, ma per lo sforzo, davvero titanico, della sistematizzazione dei contenuti noetici di ogni esperienza, sistematizzazione certamente ricercata

---

[*] Università di Roma "Tor Vergata", Via Columbia, 1 - 00133 Roma; annamaria.guerrieri@uniroma2.it

per rendere migliori le condizioni di vita. E quei contenuti erano eterogenei, come si addice a ogni tradizione culturale, che si regge sulle conoscenze espresse dalla semantica fondamentale, ma che si tinge di colori diversi perché sua tipica deve essere la sensibilità con la quale affronta problemi, esigenze, interessi individuali e sociali.

A fronte della specificità cui ogni cultura affida la sua stessa ragion d'essere, è tuttavia da rimarcare che per tutte le culture sono identiche le modalità di costituzione, sempre riconducibili a iniziative educative che determinano le condizioni per l'apprendimento attraverso un vero e proprio insegnamento o attraverso l'imitazione[1]. Ma allora, per chiarire meglio le caratteristiche della cultura indoeuropea, occorrerebbe impegnarsi innanzi tutto nel compito di decifrare e descrivere il lessico delle attività formative, le cui varie denominazioni, a volte per il loro tecnicismo a volte per un particolare tipo di astrazione intellettuale, identificano come oggetto di istruzione le conoscenze, le abilità, i comportamenti posti a fondamento di quella particolare visione del mondo. Ovviamente, non si tratta di tentare di ricostruire un sistema educativo comune, che come tale non è mai esistito, al punto che l'operazione, più che temeraria, appare improponibile. In effetti, il lessico indoeuropeo compatto, nelle parole di Giacomo Devoto[2], non tocca quegli ambiti semantici che più sono esposti alle influenze delle singole componenti locali. Piuttosto il comune ricorso ai medesimi lessemi indoeuropei nelle lingue di un determinato gruppo rivela una originalità primigenia che è da anteporre a qualsiasi altra influenza culturale le lingue di quel gruppo possano aver subito durante il loro successivo sviluppo storico.

Lo scenario offerto al riguardo dalle lingue germaniche è estremamente promettente: sono lingue che condividono una fisionomia culturale comune e ben caratterizzata, frutto di un felice compromesso tra conservazione indoeuropea e innovazione, appunto, germanica. Sono soprattutto lingue

[1] L.L. CAVALLI-SFORZA, *Geni, popoli e lingue*, Adelphi, Milano 1999⁵, pp. 250-251.

[2] G. DEVOTO, *Origini indeuropee*, Sansoni, Firenze 1962, p. 195: «Alla base di qualsiasi speculazione comparativa, una prima intelaiatura del sistema lessicale è data dai confronti delle parole di significato più generale, che, proprio per la loro natura, si sottraggono a associazioni e incroci pericolosi per la stabilità della loro tradizione. In questi termini, la letterarietà originaria del vocabolario indeuropeo, la sua immunità di fronte a forze perturbatrici così linguistiche come extralinguistiche, appare nella luce migliore».

che, in tempi e con modalità differenti, hanno avuto tutte bisogno della mediazione di una cultura più prestigiosa per riuscire a dar vita a una loro propria tradizione di acclarata stabilità e visibilità storica. Ora, pur con queste premesse, non si può sostenere che l'educazione dei popoli che tali lingue parlavano sia consistita esclusivamente, soprattutto nei tempi più antichi, nell'acquisizione o nell'imitazione della cultura libraria, non solo perché, in senso generale, «literacy is not textuality»[3], ma soprattutto perché non si può sminuire il valore della tradizione orale, che rimase intatto nel Medioevo, senz'altro ben oltre il momento iniziale dell'adozione della scrittura a nuovo strumento di comunicazione[4]. È comunque di una imbarazzante ingenuità anche solo il precisare che, sollecitando uno studio da una simile nuova prospettiva, non si vuole mettere in discussione il primato della cultura classica e dichiaratamente latina, perché è di quella matrice il patrimonio di contenuti e di metodologie in relazione al quale le popolazioni germaniche hanno affinato le loro capacità cognitive e pragmatiche, hanno compiuto il percorso intellettuale concluso con l'adesione al credo cristiano, hanno gettato le fondamenta per una solida ed efficace educazione interculturale[5]. Si vuole soltanto sottolineare che, ancor prima dell'avvento dei missionari, che con la dottrina religiosa hanno diffuso consuetudini grafiche e patrimoni librari, le popolazioni germaniche, certo a livelli significativamente più modesti, avevano già tentato di risolvere il problema della conquista e del consolidamento di un sapere, evidentemente degno di essere conservato, condiviso, comunicato: in altri termini, avevano già sperimentato l'utilità di quella socializzazione del sapere che è alla base di ogni attività formativa. Ed è affascinante costatare come la lingua, coi suoi dati fonologici ed etimologici verificati su base comparativa, possa, almeno in taluni fortunati casi, avere ragione dei problemi che inevitabilmente insorgono quando si

---

[3] B. STOCK, *The Implications of Literacy. Written Language and Models of Interpretation in the Eleventh and Twelfth Centuries*, Princeton University Press, Princeton 1983, p. 7.

[4] Ivi, pp. 12-87. Non superflua la precisazione di p. 12: «The rise of literacy helped to re-introduce [...] the separation of culture into learned and popular sectors. Oral tradition became identified with illiteracy. Such labels, of course, were not established by texts themselves but their human commentators, and, by implication, through attitudes towards earlier models of interpretation».

[5] P. RICHÉ, *Éducation et Culture dans l'Occident barbare (VIe-VIIIe siècles)*, Éditions du Seuil, Paris 1962³, e anche *Les écoles et l'enseignement dans l'Occident chrétien de la fin du Ve siècle au milieu du XIe siècle*, Aubier Montaigne, Paris 1979.

tenta di descrivere una realtà confinata nei tempi preistorici dell'oralità. Lo studio del lessico dell'educazione, qui limitato alle mosse iniziali, rivela come, privilegiando, talvolta in modo anche esclusivo, certi lessemi e certe strutture, le genti germaniche avessero elaborato un comune ideale educativo e colto la valenza di quella che è stata giustamente chiamata l'endiade *docere/discere*[6].

Una nozione, un mito, un'abitudine, una tecnica, anche quella del poetare accompagnandosi all'arpa, per scegliere un esempio non legato a un'abilità puramente pratica, non possono diventare materia di trasmissione culturale all'interno di una comunità se quella comunità non ha elaborato una visione dinamica della società in cui essenziali sono le relazioni tra individui e gli scambi reciproci di informazioni. Al di là della dialettica connaturata ai versi di chiara valenza gnomica degli *Hávamál*[7], mi pare che l'alternanza, alla strofe 55, tra *meðalsnotr* 'di media saggezza', *til snotr* 'troppo saggio' e *alsnotr* 'onnisciente', nel raffronto con il più volte citato *ósnotr* 'ignorante' (parola iniziale delle strofe 24, 25, 26, 27, 79), serva a identificare quella diversità di competenze che, alla strofe 57, 4-6, è messa in relazione con una disuguale interazione sociale:

  maðr af manni verðr at máli kuðr,
   enn til dœlscr af dul.
'un uomo diventa saggio parlando con un uomo, sciocco se sta zitto'.

La citazione eddica, che, col confronto e lo scambio reciproco tipici di ogni relazione umana, celebra implicitamente il desiderio di insegnare e quello di imparare, centra appieno il fulcro della educazione germanica mirata alla conquista di ogni sapere che possa rendere la vita più felice (str. 54, 4-6):

  þeim er fyrða fegrst at lifa,
   er vel mart vito.
'vivono meglio quegli uomini che sanno molte cose bene'.

---

[6] D. Frioli, «Gli inventari medievali di libri come riflesso degli interessi di lettura. Scandagli sparsi», in *Scrivere e leggere nell'alto Medioevo*, T. II, Spoleto 2012, pp. 855-943, qui p. 858 (Settimane di studio del CISAM, LIX).

[7] Le citazioni dai carmi eddici sono tratte da *Edda. Die Lieder des Codex Regius nebst verwandten Denkmälern*, hrsg. v. G. Neckel, I. Text, vierte umgearbeitete Auflage v. H. Kuhn, Carl Winter Universitätsverlag, Heidelberg 1962.

Del resto, anche altri lessemi indoeuropei, diversi da quello che è alla base di *snotr*[8], utilizzati nelle lingue germaniche per esprimere una simile acquisizione, mettono in luce come l'esperienza educativa si risolva in un percorso «from knowledge to wisdom», per riprendere il titolo di un noto libro[9]. Si pensi soltanto all'indiscussa fortuna del lessema *weid-* nei suoi vari gradi apofonici, anche al di fuori dei confini del dominio germanico[10]: la sua stessa polisemia, da "vedere" a "conoscere" a "sapere", è prova dell'importanza attribuita alla esperienza e alla sperimentazione in ogni processo cognitivo. Le testimonianze letterarie germaniche, nelle quali si ambientano le parole derivate da tale lessema, evidenziano che il possesso della conoscenza non vale di per sé, ma è finalizzato alla conquista di una sapienza via via sempre più perfetta che, in epoca di matura conversione, non si esiterà a identificare con un dono divino.

Potrebbe già bastare la serie: got. *wait*, a.nord. *veit*, ags. *wāt*, a.fris. *wēt*, a.sass. *wêt*, aat. *weiz*, per la conservazione stessa della flessione perfetto-presente, col suo carico di implicazioni formali e semantiche, per quel suo esprimere al presente un sapere che scaturisce da un precedente "aver visto"[11], ma ancor più conviene riflettere sulla produttività del lessema in parole compattamente attestate in tutte le lingue germaniche. In particolare, attira l'attenzione la serie lessicale costituita dagli aggettivi: got. *-weis*[12], a.nord. *víss*, ags. a.fris. *wīs*, a.sass. aat. *wîs*, che, nelle rispettive tradizioni, conservano traccia del diverso rilievo dato agli effetti del processo formativo, arrivando a coprire una vasta gamma di significati 'esperto, saggio, erudito, sapiente'. Tra

---

[8] *Snotr*, insieme a got. *snutrs*, ags. *snotor*, *snottar*, aat. *snottar*, costituisce una serie lessicale di difficile etimologizzazione. Al riguardo, si veda W.P. LEHMANN, *A Gothic Etymological Dictionary*, based on the third edition of *Vergleichendes Wörterbuch der Gotischen Sprache* by S. Feist, E.J. Brill, Leiden 1986, S.115 *snutrs, dove, tra le altre, è ricordata l'antica proposta di relazione con il greco νοῦς 'mente', la cui etimologia, peraltro, non è, a sua volta, affatto chiara.

[9] N. MAXWELL, *From Knowledge to Wisdom. A Revolution in the Aims and Methods of Science*, Blackwell, Oxford 1984.

[10] C.D. BUCK, *A Dictionary of Selected Synonyms in the Principal Indo-European Languages. A Contribution to the History of Ideas*, The University of Chicago Press, Chicago – London 1949, §§ 15.51 e 17.17.

[11] T. TANAKA, *A Morphological Conflation Approach to the Historical Development of Preterite-Present Verbs: Old English, Proto-Germanic, and Proto-Indo-European*, Hana Shoin, Fukuoka 2011, pp. 106-115.

[12] Attestato nei composti *fulla-weis*, *hindar-weis*, *un-weis*, *un-faur-weis*, *un-hindar-weis*.

i suoi derivati s'impone, con immediata evidenza, la emblematica serie per "sapienza", a.nord. *vís-dómr*, ags. a.fris. *wīs-dōm*, a.sass. *wîs-dôm*, aat. *wîstuom*; a mio giudizio, però, merita una citazione particolare quella costituita dai lemmi a.nord. *orð-víss*, ags. *word-wīs*, a.sass. *word-wîs*, mat. *wort-wīse*, che, nella letterarietà delle singole tradizioni, orientano, verso direzioni semantiche anche sensibilmente lontane, il proprio significato originario, ben ancorato al concetto di una sapienza trasmettibile perché fondata sul dominio delle parole, o meglio delle idee espresse da quelle parole. Penso alla caratterizzazione emotiva che contraddistingue *orð-víss* nel passo del cap. 31 della *Egils saga*, in cui si parla delle qualità del giovanissimo Egil[13]:

> hann var brátt málugr ok orðvíss
> 'si rivelò subito comunicativo e bravo nel parlare'.

E d'altra parte penso alla glossa latino-anglosassone *Sophiste. ðæs word-wisan*, dunque in un'accezione tipica di un linguaggio di alta specializzazione[14]. Senza dubbio però testimonia con maggiore trasparenza il legame che unisce la conoscenza all'educazione il verbo got. *-weisjan*[15], a.nord. *vísa*, ags. *wīsian*, a.fris. *wīsa*, a.sass. *wîsian*, aat. *wîsen*, che, soprattutto nelle testimonianze tedesche, perviene al pieno significato di 'insegnare', evidentemente maturato secondo la trafila "far conoscere, indicare, guidare". Così, nel *Heliand*[16], al v. 3782a, si legge che il Cristo *uuîsde mid uuordun* 'con discorsi ammaestrava'.

È tuttavia la tradizione gotica che consente di scoprire il filone d'indagine forse più redditizio nello studio della terminologia relativa all'educazione. Nella traduzione della lettera ai Filippesi[17], al cap. IV,12, è attestata la forma perfetto-presente *lais* in corrispondenza del greco οἶδα:

---

[13] *Egils saga*, ed. by Bjarni EINARSSON, Viking Society for Northern Research, University College, London 2003, p. 43, r. 2.

[14] *A Second Volume of Vocabularies, illustrating the condition and manners of our forefathers, as well as the history of the forms of elementary education and of the languages spoken in this island from the tenth century to the fifteenth*, ed. by T. WRIGHT, Liverpool 1873, p. 78, r. 39.

[15] Attestato nel composto *fulla-weisjan*.

[16] *Heliand und Genesis*, hrsg. von O. BEHAGHEL, 9. Auflage bearbeitet v. B. TAEGER, Max Niemeyer Verlag, Tübingen 1984.

[17] *Die Gotische Bibel*, hrsg. v. W. STREITBERG, Carl Winter Universitätsverlag, Heidelberg 1971.

lais jah haunjan mik, lais jah ufarassu haban
οἶδα καὶ ταπεινοῦσθαι, οἶδα καὶ περισσεύειν
'so vivere nell'indigenza e so anche godere dell'abbondanza'.

Base etimologica di *lais* è la radice *leis-, chiosata nel Walde-Pokorny[18] con le parole «am Boden gezogene Spur, Geleise, Furche»: dunque, in gotico, con una trasposizione importante, che sposta il focus semantico dalla dimensione propriamente fisica[19] a quella intellettuale, la radice viene impiegata per significare che il sapere è "un seguire le orme", è un "procedere nel solco" di una tradizione che, come è ovvio, è tale solo se convenientemente alimentata[20]. Ma qui preme soprattutto notare quanto efficace sia stata avvertita la metafora se, in modo quasi compatto in tutto il dominio germanico[21], si è utilizzata quella radice per denominare i due verbi tipici dell'educazione, cioè per esprimere le attività correlate, e talvolta finanche reciprocamente confuse, dell'insegnare e dell'imparare[22]. Nella serie per "insegnare", got. *laisjan*, a.nord. *læra*, ags. *lǣran*, a.fris. *lēra*, a.sass. *lêrian*, aat. *lêren*, la scelta del causativo lascia intendere che i Germani, nell'ambito dell'educazione, avevano già maturato la convinzione che far seguire ad altri orme non proprie significava, in concreto, preparare per loro un percorso mentale per la progressiva assimilazione di ciò che prima era estraneo. Alla luce di questa ricostruzione non meraviglia che

[18] A. WALDE, *Vergleichendes Wörterbuch der indogermanischen Sprachen*, hrsg. u. bearbeitet v. J. POKORNY, II Band, Walter de Gruyter, Berlin – Leipzig 1927, pp. 404-405; J. POKORNY, *Indogermanisches Etymologisches Wörterbuch*, I Band, Francke Verlag, Tübingen – Basel 1994³, p. 671.

[19] Si guardi soprattutto allo slavo (p. es., a.bulg. *lěcha* 'campo coltivato') e al baltico (p. es., lit. *lýsė* 'giardino coltivato', a.pruss. *lyso* 'campo coltivato'), ma anche allo stesso germanico (p. es., got. *laists* 'orma').

[20] Non credeva a una simile ricostruzione É. BENVENISTE, «La famille étymologique de *learn*», *English and Germanic Studies*, 1 (1947-1948), 1-5, le cui tesi sono state recentemente riprese da B. VINE, «Umbrian *disleralinsust*», *Alessandria*, 5 (2011) 331-344 per sostenere «a possible direct morphological correspondence between U. *-*lerā*- and Gmc. *laizō 'instruction, lore'» (p. 342).

[21] Per l'unica eccezione, rappresentata dall'innovazione del nordico nella resa di "imparare", cf. infra.

[22] M. CRISTIANI, «Le vocabulaire de l'enseignement dans la correspondance d'Alcuin», in O. WEIJERS (éd.), *Vocabulaire des écoles et des méthodes d'enseignement au moyen âge*, Brepols, Turnhout 1992, pp. 13-32, nota come anche Alcuino abbia sottolineato che «la solidarité structurelle du *docere* et du *discere* détermine la solidarité profonde dans l'*intelligentia*» (p. 14).

anche il verbo per "imparare", rispetto a quello per "insegnare", possa essere, come nel got. *laisjan sik*, un suo semplice riflessivo oppure, come nelle lingue del germanico occidentale, ags. *leornian*, a.fris. *lernia*, a.sass. *lînon*[23], aat. *lërnên, lirnên*, possa derivare dalla medesima radice arricchita di un suffisso incoativo in nasale, per rimarcare che ogni tipo di formazione comporta inevitabilmente un "cominciare"[24]. È appena il caso di sottolineare l'alta frequenza, nelle singole tradizioni, di questi verbi che definiscono i capisaldi di ogni attività formativa: se questo non bastasse a provare la loro importanza, si noti che corradicali sono anche, ad esempio, le parole per "maestro", got. *laisareis*, ags. *lārēow*, a.sass. *lêr(e)o*, aat. *lêrâri*, spesso prevalenti sui prestiti dal lat. *magister* (ags. *magister*, a.sass. *mêstar*, aat. *meistar*), e per "insegnamento", ags. *lār*, a.fris. *lāre*, a.sass. aat. *lêra*.

Corre l'obbligo di soffermarsi a considerare il caso del nordico che per "imparare" impiega *nema*, estendendo il più comune significato di "prendere" alla sfera cognitiva. Nel confronto con la relativa terminologia presente nelle altre lingue germaniche, appare evidente che questo elemento di discordanza segna una crepa nella solidarietà germanica, che, anche nell'ambito del lessico dell'educazione, si è espressa con risultati unitari linguisticamente significativi finché l'assetto culturale ha mantenuto comuni e coesi i suoi fondamentali. Quando, nell'antica Scandinavia, sono cambiati metodo e procedure dell'apprendimento[25], la lingua, per registrare l'innovazione, si è affidata alla forza espressiva della metafora, che, in questo caso, come si è detto, ha orientato verso una prospettiva intellettuale la polisemia di *nema*. Agevolmente intuibile è il percorso mentale che ha innescato il transfert metaforico, del resto attestato nella sostanza anche

---

[23] In sassone la rotata, esito ultimo della sonorizzazione di *-s-*, è attestata nel lemma *lernunga*, glossa al dativo singolare per *institutione* 'ammaestramento' (M.R. DIGILIO, *Thesaurus dei saxonica minora. Studio lessicale e glossario*, Editoriale Artemide, Roma 2008, p. 235), confrontabile con l'ags. *leornung* e l'aat. *lernunga, lirnunga*.

[24] Tra gli altri, V. OREL, *A Handbook of Germanic Etymology*, E.J. Brill, Leiden – Boston 2003, p. 247, secondo cui i verbi citati possono essere ricondotti alle radici *liznōjanan/*liznēnan*.

[25] È da segnalare che, quanto al verbo per "insegnare", BUCK, *A Dictionary of Selected Synonyms*, § 17.24, ritiene possibile un prestito dall'inglese: «OE *lǣran* 'teach' (> ON *læra* 'teach')» (p. 1222). Similmente anche LEHMANN, *A Gothic Etymological Dictionary*, p. 231.

in altre lingue²⁶; più complicato, invece, delineare il contesto in cui sono maturate le condizioni per un diverso approccio al processo di acquisizione delle conoscenze.

In generale, sarebbe un errore tentare di risolvere anche un qualunque problema relativo all'educazione nell'antichità germanica senza fare i conti con l'oralità, con le sue risorse e i suoi limiti. Al riguardo, per citare solo l'esempio più appariscente, basta richiamare alla mente la formula conosciuta in più tradizioni germaniche che, evidentemente proprio dall'apprendimento orale di tematiche e forme, fa derivare il diritto del poeta a continuare la tradizione, facendosi, a questo punto, lui stesso maestro: ags. *gefrægn ic*, a.sass. *gifragn ik*, aat. *gafregin ih* 'seppi, appresi'²⁷. Ma, dovendo illustrare una innovazione meramente nordica, sarebbe altrettanto improprio non domandarsi quale fosse, soprattutto nella più antica Scandinavia, il ruolo svolto dalle rune nella trasmissione del sapere. Se è vero che rappresentano uno degli elementi fondanti della identità germanica, è anche vero che non si deve appiattire contro uno sfondo unidimensionale la loro realtà che, per tempi e tipi di documentazione, ha in ciascuna area germanica una sua peculiare caratterizzazione, da non circoscrivere agli aspetti puramente grafici. La tradizione nordica è sicuramente quella che meglio illustra il fenomeno runico nella sua consistenza culturale, arrivando a identificare, almeno agli inizi, la conquista della sapienza con il possesso delle rune. L'idea che si ritenesse utile padroneggiare la sapienza runica si rafforza se si considera la sua originaria valenza magica: nell'immaginario di chi crede nella sua efficacia anche pratica, si configura come un sapere fatto non solo di parole, ma anche di gesti, ripetuti secondo rituali già sperimentati. Si potrà allora ipotizzare l'esistenza di una sorta di discepolato, la più elitaria possibile nella sua asistematicità, in cui si imparava a conoscere il valore comunicativo e magico delle rune, perché, una volta "afferrato" il loro significato, potessero essere scelte per produrre gli effetti desiderati. Sarebbe suggestivo leggere in questa chiave le strofe degli *Hávamál* che celebrano l'iniziazione di Odino alla sapienza runica

---

²⁶ Cf. BUCK, *A Dictionary of Selected Synonyms*, § 17.24, relativamente agli esiti romanzi: «It. *apprendere*, Fr. *apprendre* (also 'teach'), Sp. *aprender*, fr. Lat. *appre(he)ndere* 'seize, lay hold of', cpd. of *pre(he)ndere* id. » (p. 1222).

²⁷ Le opere in cui tali frasi compaiono, *Beowulf*, epica religiosa anglosassone, *Heliand*, *Hildebrandslied*, con la loro stessa eterogeneità, provano l'esistenza di una comune procedura di apprendimento che, dal punto di vista linguistico, ha finito col consolidarsi, per l'appunto, in una formula.

e, in particolare, la frase della strofe 139, 4-5, che potrebbe essere stata concepita in funzione delle potenzialità semantiche di *nema*, utilizzato prima in senso proprio e poi in quello traslato:

> nam ec upp rúnar, œpandi nam
> 'raccolsi le rune, le imparai tra grida di dolore'.

Del resto, parlando in termini più generali, esiste un'altra prova, assai significativa, del debito che la terminologia dell'educazione ha nei confronti della civiltà runica ed è costituita dai verbi germanici per "leggere", con l'eccezione della denominazione gotica, che, evidentemente per il particolare carattere della circoscritta documentazione tramandata, rinvia, nel confronto con quelle delle altre lingue germaniche, a un diverso stadio di competenza linguistica. Infatti, il processo che vede, nell'atto di lettura, il riconoscimento di una realtà preesistente ha trovato lì espressione in un verbo, *anakunnan*, che è etimologicamente collegato a una delle radici più produttive nel lessico della conoscenza, *in primis* la voce del perfetto-presente *kann* 'conosco, so', ma che senz'altro è coniato sul modello della fonte, tanto forte e prestigiosa da poter suggerire la creazione di calchi morfologici corradicali. Lo dimostra bene il passo della seconda lettera di Paolo ai Corinzi I, 13:

> ni alja meljam izwis, alja þoei anakunnaiþ aiþþau jah ufkunnaiþ
> οὐ γὰρ ἄλλα γράφομεν ὑμῖν, ἀλλ' ἢ ἃ ἀναγινώσκετε ἢ καὶ ἐπιγινώσκετε
> 'Non vi scriviamo altro se non quello che potete leggere e comprendere'.

Le denominazioni per "leggere" nelle restanti lingue germaniche riflettono, invece, come si è detto, un genere di lettura che è ancora di rune e che, consistendo nella decifrazione del messaggio trasmesso, necessita di un'apposita istruzione. La competenza, in origine, era spesa in senso propriamente magico e, come nota Tacito in *Germania*, X, 1, era appannaggio di un personaggio di autorità, a seconda della rilevanza pubblica o privata della questione un *sacerdos civitatis* o lo stesso *pater familiae*, che, dopo aver approntato i *surculi*, «ter singulos tollit, sublatos secundum impressam ante notam interpretatur»[28]. La storia etimologica dei verbi germanici per "leggere" riflette l'importanza delle due azioni

---

[28] P. Cornelii Taciti libri qui supersunt, Tom. II, Fasc. 2. *De origine et situ Germanorum liber*, recensuit A. ÖNNERFORS, B.G. Teubner, Stuttgart 1983.

evidenziate da Tacito, quella della raccolta dei legnetti con le rune incise[29] e quella della successiva interpretazione. Così, dalla radice *les- per "raccogliere" derivano, nell'accezione di "leggere", aat. lësan, a.sass. lesan, a. fris. lesa[30]; dal canto loro, nordico e anglosassone, privilegiando l'aspetto della interpretazione, traggono i propri verbi, rispettivamente rāda e rǣdan, dalla radice germanica *rēd-, in origine impiegata per significare "consigliare, deliberare, spiegare" e, comunque, attività che evidenziano fortemente l'apporto interpretativo del soggetto[31]. Va da sé che, quale che sia la radice impiegata, si perviene al nuovo significato quando si è maturato il concetto stesso di leggere, quando, cioè, le rune da simboli puramente magici sono diventati anche simboli grafici, grafemi dei suoni che compongono le parole[32].

Non sfugge l'importanza dell'innovazione che segna un cambiamento radicale di sensibilità e di comportamenti: in questa sede, senza affrontare i pur correlati problemi dei rapporti con l'oralità[33] e dell'origine della scrittura runica, interessa soprattutto sottolineare che iniziative del genere presuppongono l'operosità di uomini che, partecipando del medesimo sapere, assecondano insieme una forte istanza di mutamento, quale è quella che di quel sapere, attraverso la scrittura, consente la trasmissione a distanza

---

[29] Diversa perciò l'evoluzione del legĕre del latino, «dove il "leggere" si comprende come un "raccogliere con gli occhi"» (C.A. MASTRELLI, «Scrivere, leggere e tradurre nel lessico europeo altomedioevale», in Scrivere e leggere nell'alto Medioevo, T. I, Spoleto 2011, pp. 249-272, qui p. 261 [Settimane di studio del CISAM, LIX]).

[30] Dalla medesima radice derivano pure, col significato di "raccogliere", got. lisan, ags. lesan e a.nord. lesa che, col tempo, per influenza del tedesco, sarà impiegato anche nel senso di "leggere".

[31] Esclusivamente nell'orbita semantica originaria gravitano i verbi aat. rātan, a.sass. rādan, a.fris. rēda.

[32] L'osservazione porta con sé un chiaro riferimento cronologico perché l'esperienza del leggere e, dunque, la scelta del verbo chiamato a designarla non possono essere rinviati fino al tempo dell'acquisizione della scrittura libraria e documentaria. Pertanto, mal si prestano a giustificare scelte terminologiche le considerazioni di N. HOWE, «The Cultural Construction of Reading in Anglo-Saxon England», in J. BOYARIN (ed.), The Ethnography of Reading, University of California Press, Berkeley – Los Angeles – Oxford 1993, pp. 58-79, assolutamente condivisibili, invece, nella parte in cui collega la lettura nell'Inghilterra anglosassone alla «ethnographic dimension of a community bound together by common texts» (p. 71).

[33] All'interno di una bibliografia imponente, merita di essere ricordato il volume edito da E. MUNDAL – J. WELLENDORF, Oral Art Forms and their Passage into Writing, Museum Tusculanum Press, Copenhagen 2008.

e una più ampia condivisione. Ma dove si formavano simili competenze, dove maturavano simili programmi, dove si fissavano le regole per rendere efficiente il sistema? Ho parlato prima di una sorta di discepolato pensando alla testimonianza, ovviamente ben più tarda, dell'iscrizione sulla pietra di Altuna nello Uppland (U 1161), in cui i due autori, Balle[34] e Frösten, per dichiararsi allievi del loro maestro Livsten, utilizzano il termine *lið*, tipico del linguaggio militare[35], quasi a voler configurare un esempio *sui generis* di *comitatus* runico: «bali fresþen liþ lifsþen»[36] 'Balle e Frösten, della schiera di Livsten'. D'altro canto, prendendo in esame le iscrizioni in cui si menziona la figura dell'*erilaR*, verrebbe da pensare che lì s'identificasse in senso proprio un maestro di rune, che con orgoglio, ad esempio, sulla pietra di Järsberg nel Värmland (Vr 1), si firma così: «ek erilaR runoR writu» 'io, *eril*, scrivo rune'[37]. Dunque, si tratterebbe del riconoscimento di una professionalità, lontano dallo spirito puramente encomiastico di espressioni quali, ad esempio, quella di Fyrby (Sö 56), «bryþ menr runasta a miþkarþi» 'i fratelli più esperti di rune nel Miðgarðr' e di Maeshowe XX «sa maþr er runstr er fyrir uæstan haf» 'l'uomo che è il maggior esperto di rune nel marc occidentale', espressioni che tuttavia, pur nella loro convenzionalità, riflettevano un giudizio di merito incontestabile, tale da poter essere condiviso da tutti coloro che avessero letto l'iscrizione.

L'argomento della fruizione pubblica del documento entra di prepotenza nel discorso sulla istruzione: non si spiegherebbero il gran numero e la tipologia di molte iscrizioni runiche se non si potesse contare sulla esistenza di un pubblico istruito nella lettura. Al riguardo, colpiscono ancora le considerazioni sui «literate Vikings» di Liestøl, per il quale è difficile «to conceive of someone learning to write simply in order to carve tomb-stones, but even if there were such people, their work would be in vain – unless others were prepared to learn to read, simply in order to decipher

---

[34] Su Balle, attivo «dans le troisième quart du XIe siècle», si veda L. Musset, *Introduction à la Runologie*, Aubier Montaigne, Paris 1965, p. 256.

[35] *Lið̄s forungi* (cf. U 112 e Sö 338) è il termine tecnico per designare il capo di una schiera di mercenari operanti in oriente.

[36] Cf. Musset, *Introduction à la Runologie*, pp. 394-395, dove nota l'uso talvolta errato della runa þ.

[37] Sulle iscrizioni in cui compare la formula *ek erilaR*, si veda T. Spurkland, *Norwegian Runes and Runic Inscriptions*, The Boydell Press, Woodbridge 2005, pp. 49-51 [traduz. di *I begynnelsen var fuþark*, Oslo 2001].

those same tomb-stone inscriptions»[38]. Usa soltanto una maggiore cautela Page quando, valutando la documentazione inglese, scrive «there may have been numbers of Anglo-Saxons who were generally literate in runes», ammettendo subito che «the theory suggested here [...] would supply a suitable reading public»[39]. Si tratta di affermazioni importanti perché implicitamente fanno il punto su un aspetto essenziale dell'istruzione, che vede interagire il leggere e lo scrivere. Credo nella forza di questa interazione, anche se non sottovaluto le differenze di *skills* necessari per l'una e per l'altra attività, differenze che sono alla base delle esperienze più disparate, da quella di chi scrive imitando finanche il disegno delle lettere, senza capire il testo, a quella di chi legge, ma ha gravi problemi di scrittura[40]. Comunque, non è mia intenzione sostenere l'improbabile tesi di un alfabetismo, mi si passi il termine[41], runico[42]: so bene quanto esclusivi

---

[38] A. LIESTØL, «The Literate Vikings», in P. FOOTE – D. STRÖMBÄCK (eds.), *Proceedings of the Sixth Viking Congress*, Viking Society for Northern Research, University College, London, Almqvist & Wiksells Boktryckeri AB, Uppsala 1971, pp. 69-78, qui p. 75.

[39] R.I. PAGE, *An Introduction to English Runes*, The Boydell Press, Woodbridge 1999², p. 102.

[40] Eginardo ricorda quanto vani siano stati gli sforzi compiuti da Carlo Magno nell'imparare a scrivere: «Temptabat et scribere [...] Sed parum successit labor praeposterus ac sero inchoatus» (Einhardi *Vita Karoli Magni*, post G.H. PERTZ recensuit G. WAITZ, Hannover – Leipzig 1905, p. 26). Comunque, l'interesse dimostrato da Carlo Magno, ben consapevole della opportunità di dominare personalmente il nuovo sistema grafico, ha ben poco a che fare con la pur vera osservazione con la quale K. O'BRIEN O'KEEFFE, *Visible Song: Transitional Literacy in Old English Verse*, Cambridge University Press, Cambridge 1990, p. 84, commenta la medesima incapacità da parte di re Alfredo: «A man and a king at a transitional moment in the shift from orality to literacy, he does not write but orders Asser to do it for him». Per la formazione di re Alfredo, si veda anche R. STANTON, *The Culture of Translation in Anglo-Saxon England*, D.S. Brewer, Cambridge 2002, soprattutto alle pp. 85-91.

[41] Uso il termine facendo mia l'osservazione di G. CAVALLO, «Leggere e scrivere. Tracce e divaricazioni di un percorso dal tardoantico al medioevo greco e latino», in *Scrivere e leggere nell'alto medioevo*, T. I, op. cit., pp. 1-38, che nota come la capacità di leggere e scrivere possa essere disomogenea (p. 23) e pertanto distingue tra alfabetismo letterato e alfabetismo strumentale (p. 31).

[42] Non voglio creare collegamenti, data la tarda datazione, con la esperienza runica rappresentata dai *rúnakefli* rinvenuti a Bergen, che comunque, nella molteplicità ed eterogeneità dei loro contenuti, attestano una vitalità e una popolarità impensabili senza un precedente apprendimento.

di una ristretta minoranza, nell'Occidente antico e medievale, siano stati il possesso e la gestione della *literacy*, ma so anche quanto variegato possa essere il quadro che ogni cultura delinea a proposito delle due citate abilità in termini di qualità e di livelli[43]. A me qui preme soltanto indicare in quale contesto abbiano preso forma le attività del leggere e dello scrivere e, soprattutto ai fini della mia ricerca terminologica, in che modo siano state soddisfatte le esigenze della loro denominazione.

Anche la storia dei verbi germanici per "scrivere" inizia in ambiente runico e si presenta variamente articolata, in primo luogo perché risente del disuguale rilievo che le singole genti germaniche hanno dato alle diverse operazioni necessarie all'approntamento dell'iscrizione. I Goti hanno privilegiato il momento finale, quello della pittura delle rune, perché con quell'atto si licenziava il documento che non avrebbe più potuto essere corretto[44]: hanno adottato col significato di "scrivere" il verbo *mēljan*[45], appartenente alla serie lessicale, ags. *mǣlan*, a.fris. *mēlia*, a.sass. *mâlon*, aat. *mâlôn*, *mâlên* 'segnare, dipingere'[46]. D'altra parte, si può ben capire perché per altre genti germaniche sia stato il lavoro dell'incisione a essere assimilato allo scrivere: a.nord. *ríta*, ags. *wrītan*, a.fris. *wrīta*, a.sass. *wrîtan*[47], tutti derivati dalla radice *wer-* 'scalfire, incidere', apofonicamente variata e ampliata con un formante in dentale[48]. Motivazioni tecniche e culturali

---

[43] Significative le parole di G.H. BROWN, «The Dynamics of Literacy in Anglo-Saxon England», *Bulletin of the John Rylands Library*, 77 (1995) 109-142, qui p. 110: «literacy is a complicated phenomenon [...] because its fundamental meaning, the ability to read and write, involves many degrees of performance, purpose, and efficacy among various groups and communities». Sulla consistenza della *literacy* e sulle sue caratteristiche quanto a impieghi, livelli e distribuzione nelle società europee dell'alto Medioevo, si veda R. McKITTERICK (ed.), *The Uses of Literacy in Early Mediaeval Europe*, Cambridge University Press, Cambridge 1990.

[44] I versi iniziali della strofe 144 degli *Hávamál* danno la sequenza secondo la quale si succedono le varie operazioni: dopo l'iniziale incisione, quindi dopo la scrittura, le rune sono lette, evidentemente per un controllo, e solo allora dipinte: «Veiztu, hvé rísta scal, veiztu, hvé ráða scal? Veiztu, hvé fá scal?» 'Sai come si deve scrivere? Sai come si deve leggere? Sai come si deve dipingere?'.

[45] Variamente precisato da molti prefissi nei composti: *ana-meljan*, *faura-meljan*, *ga-meljan*, *uf-meljan*, *ufar-meljan*.

[46] A prescindere dalla sua fortuna nei prestiti delle lingue scandinave moderne, la radice è attestata anche in nordico antico nel sostantivo *mál* 'disegno' e nell'aggettivo *mál-fár* 'istoriato', riferito a spade.

[47] Anche e soprattutto nel composto *gi-wrîtan*.

[48] Attestata anche in gotico con *writs* che traduce κεραία 'tratto di penna'.

sono intervenute a movimentare le modalità di impiego di questi verbi: così in nordico, accanto appunto a *ríta*, che si specializzerà nell'ambito della scrittura su manoscritto, per lo scrivere epigrafico è utilizzato un altro verbo per "incidere", il corradicale *rísta*. Comunque, è nell'area tedesca che si segnala la innovazione più eclatante, da mettere in relazione con un drastico mutamento nell'approccio alla realtà dello scrivere. A dimostrare che anche l'alto-tedesco ha partecipato, come ogni altra lingua del gruppo germanico nord-occidentale, alla consuetudine di impiegare per la scrittura delle rune un verbo derivato dalla radice sopra citata, basta ricordare, tra le altre, l'iscrizione di Freilaubersheim, «boso : wraet runa» 'Boso ha scritto le rune'[49], e quella di Neudingen/Baar, «Bliþgu(n)þ (u)urait runa» 'Bliþgunþ ha scritto le rune'[50].

Ma è da precisare subito che, per il limitato impiego delle rune in Germania e per la forte influenza della più prestigiosa cultura latina, già in fase antica, l'alto-tedesco ha adottato per lo scrivere il verbo *scrîban*, prestito, appunto, dal latino *scrībĕre*[51]. La lingua con un prestito situa storicamente un contatto e una interferenza: in questo caso, l'uso esclusivo di *scrîban* segna il disimpegno da una tradizione ritenuta deficitaria sul piano culturale, perché, nell'impari confronto con quella latina, si è rivelata meno ricca, meno raffinata, meno appagante le esigenze degli uomini. Non importa che il prestito, presente anche nelle altre aree germaniche, come del resto era da attendersi, a.nord. *skrífa*, ags. *scrīfan*, a.fris. *skrīva*, a.sass. *skîban*, non si affermi lì con uguale energia, sia perché non elimina le forme per "scrivere" preesistenti[52], sia perché mostra una certa discontinuità

---

[49] W. KRAUSE, *Die Runeninschriften im älteren Futhark*, mit Beiträgen von H. JANKUHN, Vandenhoeck u. Ruprecht, Göttingen 1966, pp. 283-284, Nr. 144, tav. Nr. 61. M. MELI, *Alamannia Runica*, Libreria Universitaria Editrice, Verona 1988, pp. 110-112.

[50] S. OPITZ, «Neue Runeninschriften», *Fundberichte aus Baden-Württemberg*, 7 (1982) 481-490, per l'iscrizione pp. 486-490. MELI, *Alamannia Runica*, pp. 122-124.

[51] Va comunque segnalata l'opinione discordante di E. SEEBOLD, *Vergleichendes und etymologisches Wörterbuch der germanischen starken Verben*, Mouton, The Hague – Paris 1970, p. 420, per il quale «Bei gm. *skreib-a-*, trans., intr. 'schreiben' würde die starke Stammbildung und der Ablaut in den Ableitungen eigentlich auf ein Erbwort weisen, vielleicht mit Bedeutungsbeeinflussung durch lt. *scribere*».

[52] La coesistenza di entrambi i lessemi in nordico fa sì che anche un derivato possa avere la doppia forma. Col significato di "scrivano, amanuense", sono attestati sia *skrífari* sia *rítari*; sulle ragioni del loro utilizzo nella *Jóns Saga Helga*, si veda E. CRESPI, *La Jóns Saga Helga: versioni a confronto*, CUEM, Milano 2004, soprattutto pp. 38-39.

semantica: l'ags. *scrīfan* prende l'esclusivo significato di "confessare, imporre la penitenza dopo la confessione", il frisone attesta tale significato accanto a quello di "scrivere", il sassone col composto *bi-skrîƀan* vale "preoccuparsi, trattenersi"[53]. Infatti, dovunque si è fatta strada una inedita concezione della cultura, dovunque, in nome di nuove istanze formative, si è potuto imparare che la conoscenza, consolidata nella fissità della forma scritta, si può trasformare in scienza, in erudizione, in dottrina.

Si poteva immaginare che, nel momento in cui si è scoperta la così peculiare funzione del libro, si adottasse, per la sua designazione, la medesima strategia del prestito messa in atto per altri tipici strumenti della cultura libraria: così non è stato, e certo non per una oggettiva inadeguatezza di fronte alla disarmante pluralità delle parole latine da prendere come possibile modello[54]. Piuttosto, deve essere prevalsa la volontà di far riferimento a una qualche esperienza consimile già nota e di dimostrare l'esistenza di un legame di continuità tra la tradizione autoctona e la nuova realtà[55]. Si è scelto, dunque, di utilizzare col significato di "libro" un antico vocabolo, controverso nel genere, che tutte le lingue germaniche possedevano: got. *bōkōs* (plurale di *bōka* 'lettera dell'alfabeto'), a.nord. *bók*, ags. *bōc*, a fris. *bōk*, a.sass. *bôk*, aat. *buoh*[56]. Non si può, a mio giudizio,

---

[53] Sull'evoluzione di questa situazione terminologica nelle lingue germaniche moderne, si veda F. ALBANO LEONI, «Le denominazioni dello 'scrivere' nelle lingue germaniche», in P. LENDINARA – L. MILAZZO (edd.), *feor ond neah. Scritti di Filologia germanica in memoria di Augusto Scaffidi Abbate*, Annali della Facoltà di Lettere e Filosofia dell'Università di Palermo, Palermo 1983, pp. 1-7.

[54] Penso a *volumen*, a *codex*, anche se dirimenti sono le parole di M. TEEUWEN, *The Vocabulary of Intellectual Life in the Middle Ages*, Brepols, Turnhout 2003, p. 178: «Liber is, in Antiquity as well as the Middle Ages, the most common word to refer to any kind of book or written text. It can refer to a manuscript as a material entity, or a written text or 'work' as an intellectual product; to a document or charter, or a work which consists of many pages; to a book in its entirety, or a part of a book (volume or chapter)». A riprova dell'interesse suscitato dai termini per "libro" in testi alto-medievali, si veda F. DOLBEAU, «Noms de livres», in O. WEIJERS (éd.), *Vocabulaire du livre et de l'écriture au moyen âge*, Brepols, Turnhout 1989, pp. 79-99.

[55] Anche F.D. RASCHELLÀ, *The so-called Second Grammatical Treatise*, Felice Le Monnier, Firenze 1982, p. 121, persino a proposito di alcuni termini grammaticali islandesi, nota che «these terms already existed in Icelandic before the adoption of the Latin alphabet, in other words in runic tradition».

[56] Puntuale la distinzione operata da H. BECK, in *Reallexikon der Germanischen Altertumskunde*, Vierter Band, hrsg. v. H. BECK – H. JANKUHN – K. RANKE – R. WENSKUS, Walter de Gruyter, Berlin – New York 1981, s.v. *Buche*, tra il lemma

mettere in discussione che questi termini siano etimologicamente collegati ai nomi per "faggio"[57], a.nord. *bók*, ags. *bōc, bōcce, bēce*, a.sass. *bôka*[58], aat. *buohha*[59]: evidentemente, per metonimia, il vocabolo che designava l'albero, la cui corteccia ben si prestava alla scrittura, è passato a indicare l'oggetto scrittorio che ne derivava, *in primis* la tavoletta[60], poi l'insieme delle tavolette, infine il libro pergamenaceo. L'ambiente in cui deve essere collocato il primo sforzo denominativo non può che essere quello runico, perché è stato l'impiego delle rune come puro sistema scrittorio a far emergere, nel connesso processo di comunicazione e di formazione, la necessità di denominare le nuove realtà, dalla tavoletta alla singola lettera dell'alfabeto (got. *bōka*, a.nord. *bók-stafr*, ags. *bōc-stæf*, a.sass. *bôk-staf*, aat. *buoh-stab*), al libro.

Ancora nel IX secolo il poema sassone *Heliand* testimonia la polisemia di *bôk* che viene introdotto, nel più pieno dei suoi significati, in perifrasi che traducono il latino *scriptum est*. Così, ai vv. 621b-622a:

    sô is an *ûsun* bôkun giscriban,
 uuîslîco giuuritan, [...]
'così è scritto nei nostri libri, sapientemente segnato, [...]'

gotico, femminile in *-ō*, e le forme del germanico nord-occidentale, femminili in nordico e in anglosassone, femminili e neutri in sassone e in frisone, femminili, neutri e maschili in alto-tedesco (essenziale per l'alto-tedesco la precisazione in E. KARG-GASTERSTÄDT – T. FRINGS [Hgg.], *Althochdeutsches Wörterbuch*, Band I, Akademie Verlag, Berlin 1968, s.v. *buoh*, col. 1495): **bōkō*, pl. **bōkōz* e **bōks*, pl. **bōkiz* (p. 57). Ovviamente qui interessa la corradicalità dei singoli lemmi e non l'innovazione morfologica.

[57] Sull'antichissimo costume dei Romani di scrivere sui *cortices arborum*, si veda S. RIZZO, *Il lessico filologico degli umanisti*, Edizioni di Storia e Letteratura, Roma 1973, p. 4, dove sono anche citate le fonti più autorevoli, tra le quali Plinio, *Nat.* 13,69: *In palmarum foliis primo scriptitatum, dein quarundam arborum libris*.

[58] Glossa per "faggio" e per "ischio", cf. DIGILIO, *Thesaurus dei saxonica minora*, p. 161.

[59] Sempre sotto l'aspetto etimologico, si veda il contributo di D.S. WODTKO in D.S. WODTKO – B. IRSLINGER – C. SCHNEIDER, *Nomina im Indogermanischen Lexikon*, Universitätsverlag Winter, Heidelberg 2008, pp. 2-4.

[60] È appena il caso di ricordare che a Vindolanda nel nord della Britannia, all'incirca in prossimità del vallo di Adriano, anche i Romani hanno utilizzato come supporto, per una pratica di scrittura veloce, tavolette di legno, preferite, per ovvie ragioni, al papiro comunemente usato in altre parti dell'Impero.

e ai vv. 1086b-1087a:

>   Gescriban uuas it giu lango,
> an bôcun geuuriten, [...]
> 'Già da molto è stato scritto, nei libri segnato [...]'.

D'altro canto, *bôk* indica proprio la tavoletta nella scena che il poeta, in assenza di un riscontro della fonte, crea per Zaccaria, costretto a mettere per iscritto il nome del Battista. Ai vv. 232-233:

>   legda im êna bôc an barm   endi *bad gerno*
>   uurîtan uuîslîco   uuordgimerkiun,
>   huat sie that hêlaga barn   hêtan scoldin.
> 'gli pose una tavoletta in grembo e lo pregò di scrivere esattamente in lettere come dovessero chiamare quel santo bambino'.

Ma, ancora una volta, è la tradizione nordica a stupire per un impiego davvero singolare di *bók* in taluni versi dei carmi nibelungici dell'*Edda*. Nella *Sigurðarqviða in scamma*, alla strofe 49, 5-8, Brynhildr, dopo essersi ferita a morte, tra i beni che intende distribuire ai presenti, cita, chiamandoli con quel nome, dei drappi, evidentemente dipinti con scritte e figure:

>   ec gef hverri   um hroðit sigli,
>   bóc oc blæio,   biartar váðir.
> 'io darò a ognuno gioielli d'oro, drappi e coperte, splendidi tessuti'.

Nella stessa accezione, per descrivere i drappi del letto di Guðrún macchiati dal sangue di Sigurðr, *bók* è impiegato nella *Guðrúnarhvǫt*, str. 4, 7-10:

>   bœcr vóro þínar,   inar bláhvíto,
>   roðnar í vers dreyra,   fólgnar í valblóði.
> 'i tuoi drappi, di un bianco abbagliante[61], erano rossi del sangue del tuo uomo, immersi nel cruore del massacro'

---

[61] Il riferimento al blu, implicito nell'aggettivo *bláhvítr*, può servire soltanto a individuare un oggetto di lusso, per l'alto costo di produzione di stoffe di tale colore: M. Pastoureau, *Vers une histoire sociale des couleurs*, in Id., *Couleurs, images, symboles. Études d'histoire et d'anthropologie*, Le Léopard d'Or, Paris 1989, pp. 9-68, soprattutto p. 25. Tuttavia, nella mia traduzione, ho assimilato il candore della biancheria regale allo splendore di un diamante "biancoblu", ricordando

e nei *Hamðismál*, str. 7, 1-4:

> Bœcr vóro þínar,   inar bláhvíto,
> ofnar vǫlondom,   fluto í vers dreyra.
> 'I tuoi drappi, di un bianco abbagliante, intessuti da maestri artigiani,
> nuotavano nel sangue del tuo uomo'.

Dovevano essere davvero preziosi questi drappi per appartenere a una regina: il loro speciale valore scaturiva dalla particolarità della pittura di scritte ed era il frutto di un'arte, di una scuola che aveva scoperto anche la funzione decorativa della scrittura. Dovevano essere anche di grande bellezza, come il foglio di un codice miniato.

Bibliografia

ALBANO LEONI, F., «Le denominazioni dello 'scrivere' nelle lingue germaniche», in P. LENDINARA – L. MILAZZO (edd.), *feor ond neah. Scritti di Filologia germanica in memoria di Augusto Scaffidi Abbate*, Annali della Facoltà di Lettere e Filosofia dell'Università di Palermo, Palermo 1983, pp. 1-7.
Althochdeutsches Wörterbuch. Auf Grund der von E. von Steinmeyer hinterlassenen Sammlungen im Auftrag der Sächsischen Akademie der Wissenschaften zu Leipzig, bearbeitet und herausgegeben v. E. KARG-GASTERSTÄDT – T. FRINGS, Band 1, Akademie Verlag, Berlin 1968.
A Second Volume of Vocabularies, illustrating the condition and manners of our forefathers, as well as the history of the forms of elementary education and of the languages spoken in this island from the tenth century to the fifteenth, ed. by T. WRIGHT, Liverpool 1873.
BENVENISTE, É., «La famille étymologique de *learn*», *English and Germanic Studies*, 1 (1947-1948) 1-5.
BROWN, G.H., «The Dynamics of Literacy in Anglo-Saxon England», *Bulletin of the John Rylands Library*, 77 (1995) 109-142.

come anche J. GAGE, *Color and Culture. Practice and Meaning from Antiquity to Abstraction*, University of California Press, Berkeley – Los Angeles 1993, abbia ben messo in evidenza «the association of the tinctures with precious stones» (p. 83).

Buck, C.D., *A Dictionary of Selected Synonyms in the Principal Indo-European Languages. A Contribution to the History of Ideas*, The University of Chicago Press, Chicago – London 1949.

Cavalli-Sforza, L.L., *Geni, popoli e lingue*, Adelphi, Milano 1999⁵.

Cavallo, G., «Leggere e scrivere. Tracce e divaricazioni di un percorso dal tardoantico al medioevo greco e latino», in *Scrivere e leggere nell'alto medioevo*, T. I, Spoleto 2011, pp. 1-38 (Settimane di studio del CISAM, LIX).

Crespi, E., *La Jóns Saga Helga: versioni a confronto*, CUEM, Milano 2004.

Cristiani, M., «Le vocabulaire de l'enseignement dans la correspondance d'Alcuin», in O. Weijers (éd.), *Vocabulaire des écoles et des mêthodes d'enseignement au moyen âge*, Brepols, Turnhout 1992.

Devoto, G., *Origini indeuropee*, Sansoni, Firenze 1962.

Digilio, M.R., *Thesaurus dei saxonica minora. Studio lessicale e glossario*, Editoriale Artemide, Roma 2008.

Die Gotische Bibel, hrsg. v. W. Streitberg, Carl Winter Universitätsverlag, Heidelberg 1971.

Dolbeau, F., «Noms de livres», in O. Weijers (éd.), *Vocabulaire du livre et de l'écriture au moyen âge*, Brepols, Turnhout 1989, pp. 79-99.

Edda. Die Lieder des Codex Regius nebst verwandten Denkmälern, hrsg. v. G. Neckel, I. Text, vierte umgearbeitete Auflage v. H. Kuhn, Carl Winter Universitätsverlag, Heidelberg 1962.

Egils saga, ed. by Bjarni Einarsson, Viking Society for Northern Research, University College, London 2003.

Einhardi *Vita Karoli Magni*, post G.H. Pertz recensuit G. Waitz, Hannover – Leipzig 1905.

Frioli, D., «Gli inventari medievali di libri come riflesso degli interessi di lettura. Scandagli sparsi», in *Scrivere e leggere nell'alto Medioevo*, T. II, Spoleto 2012, pp. 855-943 (Settimane di studio del CISAM, LIX).

Gage, J., *Color and Culture. Practice and Meaning from Antiquity to Abstraction*, University of California Press, Berkeley – Los Angeles 1993.

Heliand und Genesis, hrsg. von O. Behaghel, 9. Auflage bearbeitet v. B. Taeger, Max Niemeyer Verlag, Tübingen 1984.

Howe, N., «The Cultural Construction of Reading in Anglo-Saxon England», in J. Boyarin (ed.), *The Ethnography of Reading*, University of California Press, Berkeley – Los Angeles – Oxford 1993.

KRAUSE, W., *Die Runeninschriften im älteren Futhark*, mit Beiträgen von H. JANKUHN, Vandenhoeck u. Ruprecht, Göttingen 1966.
LEHMANN, W.P., *A Gothic Etymological Dictionary*, based on the third edition of *Vergleichendes Wörterbuch der Gotischen Sprache* by S. Feist, E.J. Brill, Leiden 1986.
LIESTØL, A., «The Literate Vikings», in P. FOOTE – D. STRÖMBÄCK (eds.), *Proceedings of the Sixth Viking Congress*, Viking Society for Northern Research, University College, London, Almqvist & Wiksells Boktryckeri AB, Uppsala 1971, pp. 69-78.
MASTRELLI, C.A., «Scrivere, leggere e tradurre nel lessico europeo altomedioevale», in *Scrivere e leggere nell'alto Medioevo*, T. I, Spoleto 2011, pp. 249-272 (Settimane di studio del CISAM, LIX).
MAXWELL, N., *From Knowledge to Wisdom. A Revolution in the Aims and Methods of Science*, Blackwell, Oxford 1984.
MCKITTERICK, R. (ed.), *The Uses of Literacy in Early Mediaeval Europe*, Cambridge University Press, Cambridge 1990.
MELI, M., *Alamannia Runica*, Libreria Universitaria Editrice, Verona 1988.
MUNDAL, E. – WELLENDORF, J., *Oral Art Forms and their Passage into Writing*, Museum Tusculanum Press, Copenhagen 2008.
MUSSET, L., *Introduction à la Runologie*, Aubier Montaigne, Paris 1965.
O'BRIEN O'KEEFFE, K., *Visible Song: Transitional Literacy in Old English Verse*, Cambridge University Press, Cambridge 1990.
OPITZ, S., «Neue Runeninschriften», *Fundberichte aus Baden-Württemberg*, 7 (1982) 481-490.
OREL, V., *A Handbook of Germanic Etymology*, E.J. Brill, Leiden – Boston 2003.
PAGE, R.I., *An Introduction to English Runes*, The Boydell Press, Woodbridge 1999².
PASTOUREAU, M., *Vers une histoire sociale des couleurs*, in ID. *Couleurs, images, symboles. Études d'histoire et d'anthropologie*, Le Léopard d'Or, Paris 1989, pp. 9-68.
POKORNY, J., *Indogermanisches Etymologisches Wörterbuch*, I Band, Francke Verlag, Tübingen – Basel 1994³.
Reallexikon der Germanischen Altertumskunde, Vierter Band, hrsg. v. H. BECK, H. JANKUHN, K. RANKE, R. WENSKUS, Walter de Gruyter, Berlin – New York 1981.
RICHÉ, P., *Éducation et Culture dans l'Occident barbare (VIᵉ-VIIIᵉ siècles)*, Éditions du Seuil, Paris 1962³.

—, *Les écoles et l'enseignement dans l'Occident chrétien de la fin du Ve siècle au milieu du XIe siècle*, Aubier Montaigne, Paris 1979.

Rizzo, S., *Il lessico filologico degli umanisti*, Edizioni di Storia e Letteratura, Roma 1973.

Seebold E., *Vergleichendes und etymologisches Wörterbuch der germanischen starken Verben*, Mouton, The Hague – Paris 1970.

Spurkland, T., *Norwegian Runes and Runic Inscriptions*, The Boydell Press, Woodbridge 2005 [traduz. di *I begynnelsen var fuþark*, Oslo 2001].

Stanton, R., *The Culture of Translation in Anglo-Saxon England*, D.S. Brewer, Cambridge 2002.

Stock, B., *The Implications of Literacy. Written Language and Models of Interpretation in the Eleventh and Twelfth Centuries*, Princeton University Press, Princeton 1983.

P. Cornelii Taciti libri qui supersunt, Tom. II, Fasc. 2. *De origine et situ Germanorum liber*, recensuit A. Önnerfors, B.G. Teubner, Stuttgart 1983.

Tanaka, T., *A Morphological Conflation Approach to the Historical Development of Preterite Present Verbs: Old English, Proto-Germanic, and Proto-Indo-European*, Hana Shoin, Fukuoka 2011.

Teeuwen, M., *The Vocabulary of Intellectual Life in the Middle Ages*, Brepols, Turnhout 2003.

The so-called Second Grammatical Treatise, Edition, Translation, and Commentary by F. D. Raschellà, Felice Le Monnier, Firenze 1982.

Vine, B., «Umbrian *disleralinsust*», *Alessandria*, 5 (2011) 331-344.

Walde, A., *Vergleichendes Wörterbuch der indogermanischen Sprachen*, hrsg. u. bearbeitet v. J. Pokorny, II Band, Walter de Gruyter, Berlin – Leipzig 1927.

Wodtko, D.S. – Irslinger, B. – Schneider, C., *Nomina im Indogermanischen Lexikon*, Universitätsverlag Winter, Heidelberg 2008.

CLAUDIA HÄNDL[*]

IL TEDESCO COME LINGUA STRANIERA NELL'ALTO MEDIOEVO? LA FUNZIONE PRAGMATICA DELLE *GLOSSE E CONVERSAZIONI DI KASSEL*

1. Premessa

Sebbene il latino possa essere considerato la lingua veicolare dei *litterati* dell'Europa alto-medievale, esso risultava scarsamente utile in determinate situazioni della vita quotidiana, soprattutto per quanto riguardava la comunicazione con i membri degli strati sociali *illitterati*. Per questo motivo, anche nella comunicazione tra parlanti di madrelingua romanza e germanica nell'Impero carolingio era spesso necessario ricorrere a una delle lingue volgari in uso nell'Impero. In questo contesto possono, con ogni probabilità, essere collocati due manualetti di conversazione latino-altotedesca trasmessi tra il IX e il X secolo. Il primo, noto con il nome di *Glosse di Kassel (Kasseler Glossen)* o *Conversazioni di Kassel (Kasseler Gespräche)* o – in latino – *Glossae Cassellanae*, è sorto in ambito linguistico tedesco ed è tràdito in un manoscritto miscellaneo del IX secolo. Nella prima parte esso è costituito prevalentemente da singoli lemmi ordinati per materia e tradotti dal latino all'altotedesco e, nella seconda parte, da sintagmi latini o da brevi elementi conversazionali in forma di domanda e risposta e del loro equivalente altotedesco. Si tratta di materiale linguistico che poteva essere utilizzato in situazioni comunicative semplici e che consentiva ad uno straniero che conoscesse il latino, ma non il tedesco, di comunicare in diverse situazioni quotidiane nella parte orientale del territorio francone. Il secondo manualetto di conversazione, dell'inizio del X secolo, che viene definito *Conversazioni di Parigi (Pariser Gespräche)* o *Conversazioni tedesche antiche (Altdeutsche Gespräche)*, è una raccolta di glosse latino-tedesche, frasi bilingui ed espressioni idiomatiche. Si tratta chiaramente, come già nel caso delle *Glosse e conversazioni di Kassel*, di materiale linguistico che, attraverso la sua natura bilingue, poteva aiutare un parlante di madrelingua romanza in area tedescofona a cavarsela in una serie di situazioni comunicative quotidiane.

[*] Dipartimento di Lingue e culture moderne, Università degli Studi di Genova, Piazza S. Sabina 2, I-16124 Genova; cthaendl@gmail.com

Nel presente contributo si cercherà di chiarire il contesto storico, linguistico e socioculturale delle *Glosse e conversazioni di Kassel* e di analizzare il materiale tràdito in relazione ad altri fenomeni contemporanei che possono essere spiegati a partire dalla necessità di comprendere e farsi comprendere in una realtà multilingue quale quella rappresentata dal regno dei Franchi nell'alto Medioevo.

2. La tradizione delle *Glosse e conversazioni di Kassel*

Le *Glosse e conversazioni di Kassel* sono tramandate in un manoscritto miscellaneo proveniente da Fulda oggi conservato presso la Universitätsbibliothek Kassel / Landesbibliothek und Murhardsche Bibliothek der Stadt Kassel (4° Ms. theol. 24, ff. 15r-17v), dove segue immediatamente il testo della *Exhortatio ad plebem christianam*, una predica latino-altotedesca dal tono ammonitorio forse pensata come modello per i religiosi attivi nell'ambito linguistico tedesco. Oltre a questi testi bilingui il codice miscellaneo contiene una serie di testi latini di argomento teologico: un estratto dei *Canones conciliorum* della *Collectio Dionysiana-Hadriana* (ff. 2r-13r, 18r-20r), un *Ordo ad paenitentiam dandam* (29v-32v) e un *Paenitentiale* (32v-60r) che, nel manoscritto, viene erroneamente attribuito a Beda. Inoltre, al foglio 1r si trovano delle prove di penna e al foglio 60v delle annotazioni; i ff. 1v e 60v sono, invece, vuoti.

La disposizione del testo delle *Glosse e conversazioni di Kassel* ai fogli 15r-17v è la seguente: le glosse ai ff. 15r-16v sono scritte su più colonne, per la precisione, cinque nella parte inferiore del f. 15r (righe 16-19) e al f. 16v (23 righe), quattro ai ff. 15v-16r; il testo ai ff. 17r-17v è scritto in modo continuo in un'unica colonna (cf. la riproduzione in appendice[1]).

Con ogni probabilità il manoscritto è sorto nel primo quarto del IX secolo[2]. I testi sono vergati in minuscola carolina, il dialetto dei testi tedeschi è il bavarese, come dimostrato, tra l'altro, da Penzl[3]. Come luogo

---

[1] Ringrazio la direzione della Universitätsbibliothek Kassel / Landesbibliothek und Murhardsche Bibliothek der Stadt Kassel per il permesso di riprodurre i ff. 15r – 17v del. 4° Ms. theol. 24 in appendice al presente contributo.

[2] Cf. B. BISCHOFF, «Paläographische Fragen deutscher Denkmäler der Karolingerzeit», *Frühmittelalterliche Studien*, 5 (1971) 101-134, qui p. 123.

[3] Cf. H. PENZL, «"Stulti sunt Romani". Zum Unterricht im Bairischen des 9. Jahrhunderts», *Wirkendes Wort*, 35 (1985) 240-248, qui pp. 241 s.

di produzione si può, a ragione, indicare Ratisbona o un altro luogo nella sua sfera di influenza[4].

Ancora attorno al 1500 il manoscritto si trovava nell'Abbazia benedettina di Fulda[5]. Da qui, insieme ad altri manoscritti giunse, attorno al 1632, a Kassel[6], dove è tutt'ora conservato e disponibile on-line al pubblico interessato[7].

3. Struttura, contenuto e tradizione

Come accennato in precedenza, le *Glosse e conversazioni di Kassel* sono costituite da due parti. Nella prima parte contengono principalmente una serie di singoli lemmi ordinati per materia e tradotti dal latino in altotedesco antico che compongono un glossario tematico in sei parti che inizia alla quintultima riga del f. 15r con il lemma *homo* (9,1)[8] e prosegue su più colonne (vedi sopra):

Parte 1: Parti del corpo umano (9,2-10,14);
Parte 2: Animali domestici e di utilità (10,15-10,43);
Parte 3: Parti della casa (10,44-11,1);
Parte 4: Abbigliamento (11,2-11,10);
Parte 5: Mobili e utensili (11,11-11,42);
Parte 5: Varia (11,43-12,23).

---

[4] Cf. BISCHOFF, «Paläographische Fragen», pp. 122 et ss.

[5] Per la storia del manoscritto cf. H. BROSZINSKI, *Kasseler Handschriftenschätze*, Stauda, Kassel 1985, pp. 134-138; H. BROSZINSKI – S. HEYNE (hrsg.), *Fuldische Handschriften aus Hessen - mit weiteren Leihgaben aus Basel, Oslo, dem Vatikan und Wolfenbüttel. Katalog zur Ausstellung anläßlich des Jubiläums "1250 Jahre Fulda"*, Hessische Landesbibliothek Fulda, 19. April bis 31. Mai 1994, Hessische Landesbibliothek, Fulda 1994, p. 37.

[6] Durante la Guerra dei Trent'Anni sotto il Landgravio Guglielmo V i beni ecclesiastici di Fulda furono saccheggiati dalle truppe assiane. In questo modo numerosi manoscritti di Fulda entrarono a far parte, attorno al 1632, della collezione del landgravio.

[7] Cf. http://orka.bibliothek.uni-kassel.de/viewer/image/1296741392003/1/.

[8] D'ora in poi citerò il testo secondo l'edizione di E. STEINMEYER – E. SIEVERS (hrsg.), *Die althochdeutschen Glossen*, Bd. 3, Weidmann, Berlin 1895 (Nachdruck Weidmann, Dublin – Zürich 1969), Nr. 932, pp. 9-13; le indicazioni tra parentesi contengono la corrispondente pagina dell'edizione e, dopo la virgola, la numerazione data dagli editori.

Questo glossario tematico è integrato con tre frammenti di conversazione adeguati al tema della sezione corrispondente, la cui struttura è confrontabile con quella del materiale linguistico presentato nella seconda parte:

9,17 «Tundi meo capilli skirminfahs» 'Tagliami i capelli'
9,18 «Radi me meo colli skirminanhals» 'Radimi il collo'
9,19 «Radi meo parba skirminanpart» 'Radimi la barba'

La seconda parte del testo rappresenta il manualetto di conversazione vero e proprio (12,24-13,22) ed è inserita nel manoscritto a partire dal f. 17v in modo continuo e su un'unica colonna. Si tratta di sintagmi latini (ad esempio 12,67 o 13,19) o brevi elementi conversazionali in forma di domande (ad esempio 12,29 o 12,30), ordini (ad esempio 12,24) ed affermazioni (ad esempio 12,62 o 13,17), ciascuno con il suo equivalente altotedesco antico.

Qui di seguito verrà riportato il testo integrale del frasario, sulla base dell'edizione di Steinmeyer-Sievers, con l'aggiunta mia della traduzione in italiano degli *interpretamenta* tedeschi. Per una maggiore leggibilità il testo latino viene qui evidenziato tramite caratteri corsivi.

12,24-27 *Indica mih / Quomodo / Nomen habet / Homo iste* sagemir / uueo / namunhab& / deser man 'Dimmi / che / nome ha / questo uomo'
12,28 *Unde es tu* uuanna pistdu 'Di dove sei?'
12,29 *Quis es tu* uuerpistdu 'Chi sei?'
12,30 *Unde uenis* uuanna quimis 'Da dove vieni?'
12,31-33 *De quale patria / Pergite* fona uueliheru lant / skeffi / sindos? 'Di quale regione/paese siete?'
12,34 *Transiui* foor 'andai; viaggiai'
12,35 *Transierunt* forun 'andarono; viaggiarono'
12,36 *Transiunt* farant 'vanno; viaggiano'
12,37 *Uenistis* quamut 'siete venuti'
12,38 *Uenimus* quamum 'siamo venuti'
12,39 *Ubi fuistis* uuaruuarut 'Dove siete stati?'
12,40 *Quid quisistis* uuazsohtut? 'Che cosa avete cercato?'
12,41-43 *Quesiuimus / Quod nobis / Necesse fuit* sohtum / daz uns / durft uuas 'Abbiamo cercato quello di cui avevamo bisogno'
12,44-45 *Quid fuit / Necessitas* uuaz uuarun / durfti 'Quali erano le [vostre] necessità?'

12,46 *Multum* manago 'Molte'
12,47-51 *Necessitas est / Nobis / Tua / Gratia / Habere* durftist / uns / dina / huldi / zahapenne 'La nostra necessità è avere la tua benevolenza'
12,52 *Intellexisti* fĩr nimis 'Hai capito?'
12,53 *Non ego* niih firnimu[9] 'Non ho capito'
12,54 *Ego intellego* ih firnimu 'Io ho capito'
12,55 *Intellexistis* firnamut 'Avete capito?'
12,56 *Intellexistis*[10] firnemames 'Abbiamo capito'
12,57 *Mandasti* caputi 'Hai ordinato?'
12,58 *Mandaui* capa ot 'Ho ordinato'
12,59-60 *Et ᵉgo / Remanda*[11] ihauar / capiutu 'E io ordino'
12,61-62 *Tu manda / et ego facio* ducapiut / antiihtom 'Tu ordina, e io eseguo'
12,63-64 *Quare non / Facis* Uuantani / tois 'Perché non [lo] fai?'
12,65-66 *Sic potest / Fieri* somac uuesan 'Così può essere[12]'
12,67 *Sapiens homo* spaher man 'un uomo saggio'
13,1 *stultus* to ler 'uno stolto'
13,2-3 *Stulti sunt / Romani* tolesint uualha 'Stolti sono i parlanti di lingua romanza'
13,4-5 *Sapienti sunt / Paioari* spah sint peigira 'Saggi sono i Bavaresi'
13,6-8 *Modica est / Sapienti*[13] */ In Romana* luzic ist / spahe / inuualhum 'La saggezza è limitata in terra romanza'

[9] Nella traduzione in tedesco viene aggiunta la forma verbale che manca nell'equivalente latino.

[10] W. Grimm emenda, sulla base della traduzione tedesca, in *Intellegimus*, cf. W. GRIMM, «Exhortatio ad plebem Christianam. Glossae casellane. Über die Bedeutung der deutschen Fingernamen», in *Abhandlungen der Königlichen Akademie der Wissenschaften Berlin, Phil.-hist. Klasse Jg. 1848*, Realschul-Buchhandlung, Berlin 1848, pp. 425-511, qui p. 475.

[11] Grimm emenda, sulla base della traduzione tedesca, in *Remando*, cf. GRIMM, «Exhortatio», p. 475.

[12] Nel senso di 'va bene; d'accordo'.

[13] Eckhart emenda, sulla base della traduzione tedesca, in *Sapientia*, cf. J. G. von Eckhart, *Commentarii De Rebus Franciae Orientalis et Episcopatus VVirceburgensis: in quibus regum et imperatorum Franciae veteris Germaniaeque, episcoporum VVirceburgensium et ducum Franciae Orientalis gesta ex scriptoribus coaevis, bullis et diplomatibus genuinis ... exponuntur et figuris aeri incisis illustrantur*, vol. I, Verlag Univeritatis Juliae, Würzburg 1729, p. 855.

13,9-11   *Plus habent / Stultitia / Quam sapientia* merahapent / tolaheiti / dennespahi. 'Hanno più stoltezza che saggezza'
13,15-16 *Cogita / De temet ipsum* hogazi / pihselpan 'Rifletti su te stesso!'
13,17-19 *Ego cogitavi / Semper / De me ipsum* ihhogazta / simplun / fona mirselpemo 'Io ho riflettuto / sempre / su me stesso'
13,20   *Bonum est* cotist 'buono è'
13,21   *Malas* upile '(le) cattive'
13,22   *Bonas* cotiu '(le) buone'

Tra 13,11 e 13,15 sono, inoltre, state inserite tre forme coniugate del verbo *uolere* che possono essere paragonate con il materiale linguistico identificato come 12,34-36:

13,12   *Uolo* uuille 'voglio'
13,13   *Uolerunt* uueltun 'hanno voluto'
13,14   *Uoluisti* uueltos 'hai voluto'

Se si confrontano le *Glosse e conversazioni di Kassel* con il cosiddetto *Vocabularius Sti. Galli*, un glossario tematico latino-tedesco tramandato come parte del manoscritto St. Gallen, Stiftsbibliothek 913, è possibile individuare un chiaro rapporto di parentela tra i due glossari. Sulla base della dettagliata analisi dell'origine e della funzione del *Vocabularius Sti. Galli* ad opera di Baesecke non soltanto il *Vocabularius*, bensì anche le *Glosse e conversazioni di Kassel* possono essere inseriti nell'ampia tradizione dei glossari di area anglosassone e tedesca risalente alla ricezione degli *Hermeneumata* greci, erroneamente attribuiti a Dositeo. Questi *Hermeneumata pseudodositheana* del III secolo possono essere definiti come una sorta di libro di testo per insegnare la lingua greca ad allievi di madrelingua latina. Questo scopo viene perseguito negli *Hermeneumata* attraverso materiale bilingue suddiviso in tre sezioni: all'inizio si trova un elenco alfabetico di termini seguito da una serie di glossari tematici ed, infine, una o più conversazioni tra insegnante ed allievo che dovevano fungere da modello di conversazione per esercitarsi in greco. Questi *Hermeneumata* giunsero, probabilmente nel VII secolo, in Inghilterra[14],

---

[14] Si suppone che gli *Hermeneumata* siano giunti a Canterbury attorno al 670 quando Papa Vitaliano vi inviò come arcivescovo Teodoro da Tarso e Adriano come abate del monastero, cf. tra l'altro H. METTKE, «Vocabularius Sancti Galli», in B. WACHINGER – G. KEIL – K. RUH – W. SCHRÖDER – F. J. WORSTBROCK (hrsg.), *Die deutsche Literatur des Mittelalters. Verfasserlexikon*, vol. X, de Gruyter, Berlin – New York 1999², coll. 479-482, qui col. 481.

dove furono, in un primo momento, impiegati come strumento didattico per l'apprendimento del greco e, successivamente, del latino, omettendo i lemmi greci e traducendo in inglese quelli latini.

Il manuale di latino per studenti anglofoni sorto in questo modo fu successivamente portato da missionari nel regno dei Franchi, dove gli *interpretamenta* inglesi furono sostituiti da quelli tedeschi. A favore di un'origine anglosassone – e non irlandese come ritenuto dalla ricerca più datata[15] – del *Vocabularius Sti. Galli* possono essere menzionate le appendici del *Vocabularius* che possono essere messe in relazione con il *Corpus glossary* anglosassone e con le glosse altotedesche antiche all'opera di Aldelmo[16].

Una serie di corrispondenze tra il *Vocabularius* e le *Glosse e conversazioni di Kassel* ha portato Baesecke ad assegnare alle seconde il titolo alternativo di *Hermeneumata di Kassel* (*Kasseler Hermeneumata*)[17] e a postulare per entrambi i testi un antecedente comune[18], in cui la struttura tripartita degli *Hermeneumata pseudodositheana* fosse ancora più chiaramente riconoscibile.

Sulla base di quanto esposto finora, si passerà qui di seguito a trattare la funzione pragmatica delle *Glosse e conversazioni di Kassel*.

4. La funzione pragmatica delle *Glosse e conversazioni di Kassel*

Mentre, tradizionalmente, la ricerca considerava le *Glosse e conversazioni di Kassel* uno strumento linguistico per viaggiatori di lingua romanza che venivano a trovarsi nella parte orientale del Regno

---

[15] Cf. tra l'altro G. SCHERRER, *Verzeichniss der Handschriften der Stiftsbibliothek von St. Gallen*, Buchhandlung des Waisenhauses, Halle 1875, pp. 331-333, nr. 913 e H. BRAUER, *Die Bücherei von St. Gallen und das althochdeutsche Schrifttum*, Niemeyer, Halle/Saale 1926, pp. 8-10.

[16] Sul *Vocabularius Sti. Galli* cf. soprattutto G. BAESECKE, *Der Vocabularius Sti. Galli in der angelsächsischen Mission*, Niemeyer, Halle/Saale 1933; inoltre: G. BAESECKE, *Frühgeschichte des deutschen Schrifttums*, Niemeyer, Halle/Saale 1933, pp. 147-149; METTKE, «Vocabularius», coll. 479-482; S. STRICKER, «Der Vocabularius Sti. Galli», in S. STRICKER – R. BERGMANN (hrsg.), *Die althochdeutsche und altsächsische Glossographie: Ein Handbuch*, Walter de Gruyter, Berlin – Boston 2009, pp. 749-759.

[17] Cf. BAESECKE, *Frühgeschichte*, p. 149.

[18] Cf. BAESECKE, *Der Vocabularius*, in particolare lo stemma p. 82.

dei Franchi alla maniera delle moderne guide linguistiche[19], gli studi più recenti tendono ad interpretarle prevalentemente come materiale didattico per l'apprendimento del tedesco come lingua straniera. Questo punto di vista viene sostenuto con argomenti condivisibili in particolare in due studi di Herbert Penzl[20]. Penzl è, infatti, il primo ad aver indagato in modo sistematico le *Glosse e conversazioni di Kassel* dal punto di vista della didattica delle lingue straniere. Tra l'altro egli ha dimostrato che, nella parte delle conversazioni, vengono sistematicamente introdotte diverse flessioni[21] e ne desume che il materiale bilingue è stato raccolto con un intento consapevolmente didattico. A favore di questa considerazione si può addurre anche il fatto che alcuni testi collegati nella trasmissione alle *Glosse e conversazioni di Kassel* come il *Vocabularius Sti. Galli* appartengano alla tradizione degli *Hermeneumata pseudodositheana*, il cui significato per la didattica della conversazione in lingua straniera non può essere messo in discussione. Ricollegandosi a Penzl, Glück valuta il materiale testuale bilingue come quello delle *Glosse e conversazioni di Kassel* come un'implicita attestazione dell'apprendimento della lingua straniera e «eine Art Deutsch-als-Fremdsprache-Handreichung»[22], che pur consentendo di dedurre l'esistenza di problemi di comprensione linguistica nella vita di tutti i giorni, non rappresenterebbe, tuttavia, uno spaccato rappresentativo della quotidianità, come aveva già sostenuto Schubert[23]

---

[19] Cf. ad esempio G. EHRISMANN, «Kasseler Glossen/Die Altdeutschen Gespräche», in ID., *Geschichte der deutschen Literatur bis zum Ausgang des Mittelalters. 1. Teil: Die althochdeutsche Literatur*, Beck, München, ristampa invariata della seconda edizione 1932, 1959, p. 259 ss., 264-266; considerazioni analoghe si trovano ancora in più recenti storie della letteratura, cf. ad esempio M. WEHRLI, *Geschichte der deutschen Literatur vom frühen Mittelalter bis zum Ende des 16. Jahrhunderts*, Reclam, Stuttgart 1980, p. 50. Una funzione analoga viene postulata per le cosiddette *Conversazioni antico-tedesche* o *Conversazioni di Parigi*, cf. ad esempio B. BISCHOFF, «Foreign Languages in the Middle Ages», *Speculum*, 36 (1961) 209-224, qui p. 217.

[20] Cf. H. PENZL, «"Gimer min ros": How German Was Taught in the Ninth and Eleventh Centuries», *The German Quarterly*, 57 (1984) 392-401 e H. PENZL, «"Stulti sunt Romani"», pp. 240-248.

[21] Cf. soprattutto PENZL, «"Stulti sunt Romani"», p. 243.

[22] Cf. H. GLÜCK, *Deutsch als Fremdsprache in Europa vom Mittelalter bis zur Barockzeit*, Walter de Gruyter, Berlin – New York 2002, p. 68.

[23] M. J. SCHUBERT, «1200 Jahre Deutsch als Fremdsprache. Dumme Witze im Fremdsprachenunterricht seit den Kasseler Glossen», *Poetica*, 28 (1996) 48-65, qui p. 65.

prima di lui[24]. A mio avviso non sarebbe, comunque, azzardato riconoscere, in accordo con Sonderegger, nelle frasi di uso comune tramandate nelle *Glosse e conversazioni di Kassel* le strutture tipiche delle frasi dell'altotedesco antico parlato[25].

Valutando il materiale linguistico delle *Glosse e conversazioni di Kassel* in un contesto didattico si deve prendere in considerazione la situazione storica specifica nel regno carolingio.

La peculiare situazione politica e linguistica nel regno carolingio rendeva proficue conoscenze almeno basilari di entrambe le lingue volgari parlate nel regno sia per la classe dirigente – la famiglia reale e l'alta aristocrazia laica ed ecclesiastica –, sia per coloro che erano al servizio di tale classe occupandosi della gestione dei rapporti politici e dell'amministrazione dei beni. Queste persone erano, solitamente, *litterati*, nel senso che erano state istruite nelle scuole monastiche e vescovili anche nella lingua latina[26]. Ciò nonostante, l'istruzione impartita presso le scuole monastiche non era diretta solo a futuri ecclesiastici. Devono, infatti, essere considerati anche i casi in cui l'educazione di giovani nobili era affidata ad una scuola monastica o vescovile ed il fatto che tale formazione ancora intorno alla metà del IX secolo potesse comprendere, per giovani nobili della parte occidentale del regno carolingio, l'apprendimento della lingua parlata nella parte orientale del regno. In questo ambito è possibile citare il caso dei giovani aristocratici della parte occidentale del regno affidati all'abbate Lupo Servato del monastero benedettino di Ferrières-en-Gâtinais. Lupo era figlio di un padre bavarese e di una madre di lingua

---

[24] GLÜCK, *Deutsch als Fremdsprache*, p. 69.

[25] Cf. S. SONDEREGGER, «Reflexe gesprochener Sprache in der althochdeutschen Literatur», *Frühmittelalterliche Studien*, 5 (1971) 176-192, qui p. 180.

[26] Sul bi- e plurilinguismo nel regno carolingio si vedano R. MCKITTERICK, *The Carolingians and the written word*, University Press, Cambridge 1989, passim (con la tendenza di generalizzare la situazione nella parte occidentale del regno); E. HELLGARDT, «Zur Mehrsprachigkeit im Karolingerreich. Bemerkungen aus Anlaß von Rosamund McKittericks Buch "The Carolingians and the written word"», *Beiträge zur Geschichte der deutschen Sprache und Literatur*, 118 (1996) 1-48; M. V. MOLINARI, «Processi di interazione linguistica nell'area germanica di età carolingia», in P. MOLINELLI – F. GUERINI (eds.), *Plurilinguismo e diglossia nella tarda antichità e nel medio evo*, Firenze, SISMEL Edizioni del Galluzzo 2013, pp. 261-288, in particolare 268-284; W. BERSCHIN, «Karolingische Dreisprachigkeit», in S. DÖRR – Th. STÄDTLER (eds.), *Ki bien voldreit raisun entendre. Mélanges en l'honneur du 70ᵉ anniversaire de Frankwalt Möhren*, ELiPhi, Strasbourg 2012, pp. 1-7.

romanza che aveva ottenuto la propria formazione fra l'altro nel monastero di Fulda, sotto la guida dell'abbate Rabano Mauro, allievo di Alcuino, e che nel 844 inviò suo nipote, insieme a due altri giovani nobili, al monastero di Prüm, in zona tedescofona, per far acquisire loro alcune nozioni della lingua tedesca, considerate proficue per le classi dirigenti nel regno franco. Quando, tre anni dopo, i nobili discepoli tornarono in terra francofona, Lupo scrisse una lettera di ringraziamenti all'abbate Markwart di Prüm, suo parente, nella quale metteva in evidenza l'importanza della conoscenza della lingua tedesca non solo nel caso particolare di questi giovani, ma anche in termini generali[27]. Le circostanze di questa formazione linguistica sotto la guida di istruttori ecclesiastici permettono di comprendere come nel regno carolingio del IX secolo non esistesse un esteso bilinguismo, come ritengono alcuni studiosi[28], e che casi analoghi a quello di Lupo, nato da un matrimonio misto, potevano sì favorire un bilinguismo effettivo, ma che solitamente era necessario impiegare un notevole impegno per poter oltrepassare la barriera linguistica germanico-romanza.

A questo punto ci si deve interrogare su chi potesse trarre reale beneficio da un materiale linguistico quale quello offerto dalle *Glosse e conversazioni di Kassel*. Il carattere dei glossari tematici, che trasmettono un certo lessico basilare, gli embrionali esercizi sulla coniugazione e la struttura dei dialoghi del manualetto di conversazione con semplici affermazioni, domande e risposte indicano che l'utente di questo materiale doveva essere una persona che aveva appena iniziato ad imparare il tedesco. Se si considera il materiale a prescindere dalla sua tradizione manoscritta e dalle sue peculiarità dialettali, questo avrebbe potuto, in linea teorica, essere usato da chiunque comprendesse il latino e fosse interessato ad imparare la lingua tedesca. Poteva trattarsi di giovani appartenenti alla nobiltà della parte occidentale del regno desiderosi di migliorare le proprie competenze sociali e politiche attraverso un efficace bilinguismo romanzo-tedesco, ma

---

[27] Vedi la lettera no. 70 della raccolta di lettere redatte nel periodo in cui Lupo era abbate di Ferrières, scritta presumibilmente nel 847: *Dignas vobis rependere gratias non valemus, sed non idcirco vel verbis id temptare non debemus. Siquidem inter alia, quae nobis iam plurimapraestitistis, linguae vestrae pueros nostros fecistis participes, cuius usum hoc tempore pernecessarium nemo nisi nimis tardus ignorat. Itaque non istis gratam rem solum, verum etiam utilissinam nobis omnibus contulistis.* Vedi E. DÜMMLER (ed.), *Lupi abbatis Ferrariensis epistolae. Epistolae Karolini aevi tomus IV* (Monumenta Germaniae Historica), Weidmann, Berlin 1925, pp. 1-126, qui p. 67.

[28] Vedi ad esempio McKITTERICK, *The Carolingians*, passim.

anche di persone al servizio dell'aristocrazia franca laica o religiosa, il cui compito richiedesse un certo grado di mobilità all'interno dell'impero. In questi casi sarebbe, tuttavia, stato più appropriato apprendere come lingua veicolare tedesca un dialetto francone, come quello contenuto nel materiale bilingue delle *Conversazioni di Parigi*[29], piuttosto che il bavarese.

A chi sarebbe servito imparare il bavarese con l'ausilio di materiale latino-volgare? Prendendo in considerazione il contesto della trasmissione delle *Glosse e conversazioni di Kassel*, risulta naturale pensare ad un religioso, ad un uomo di chiesa straniero, monaco o sacerdote che le circostanze della vita avevano portato in ambito linguistico bavarese e che ora, con l'aiuto di un insegnante o come autodidatta, doveva o voleva apprendere almeno le basi della lingua volgare parlata nel suo nuovo ambiente. Che si trattasse di un membro del clero secolare responsabile della cura pastorale di una comunità di laici piuttosto che di un monaco conventuale, è indicato dal fatto che nel manoscritto il materiale didattico nella tradizione degli *Hermeneumata* è preceduto dal testo della *Exhortatio ad plebem christianam*, una predica dal tono ammonitorio evidentemente pensata come modello omiletico per i sacerdoti dell'ambito linguistico tedesco ed un'unica testimonianza del tentativo di attuare i dettami legislativi carolini in materia di istruzione cristiana dei laici. La comune trasmissione di questi due testi bilingui nel contesto di un codice miscellaneo teologico rimanda chiaramente ad un religioso come utente del codice. Il contenuto e la combinazione dei testi in Kassel 4° Ms. theol. 24 mostrano che il manoscritto e/o il suo antigrafo era il *vademecum* di un religioso. Questo religioso poteva essere uno straniero di lingua romanza inviato in Baviera che mise per iscritto o fece scrivere testi a lui utili. Poteva, tuttavia, anche trattarsi di un chierico di lingua bavarese impegnato ad insegnare, in modo non convenzionale, la propria lingua ad un collega straniero. Questa seconda ipotesi sembra essere confortata

---

[29] Sulla funzione pragmatica delle *Conversazioni di Parigi*, cf. C. HÄNDL, «Gueliche lande cum en ger? - Come un galloromano si fa capire nella Germania altomedievale», *Du labyrinthe à la toile / Dal labirinto alla rete, Publifarum*, n. 26, pubblicato il 31/05/2016, ultima consultazione 22/09/2016, url: http://publifarum.farum.it/ezine_articles.php?id=342, a proposito delle peculiarità linguistiche qui cap. 3, inoltre W. HAUBRICHS - M. PFISTER, *'In Francia fui'. Studien zu den romanisch-germanischen Interferenzen und zur Grundsprache der althochdeutschen 'Pariser (Altdeutschen) Gespräche', nebst einer Edition des Textes*, Franz Steiner Verlag, Stuttgart 1989.

dalla frase sugli sciocchi Romani e sugli scaltri Bavaresi (13,3-5, cf. anche 13, 6-11) contenuta nelle *Conversazioni di Kassel*, che non va in alcun modo interpretata come un'offesa etnica. Il contesto didattico suggerisce piuttosto che queste affermazioni vadano ricondotte al tradizionale *gap* di informazione tra allievo e maestro: il maestro è *sapiens*, dal momento che, in quanto madrelingua bavarese, padroneggia perfettamente l'oggetto di insegnamento, ovvero il bavarese; l'allievo è *stultus*, perché non sa – ancora – il bavarese[30].

Allievo e maestro appartengono certamente al ceto dei *litterati*. La lingua volgare è quella che si vuole apprendere, la conoscenza del latino viene data per scontata e diventa uno strumento per acquisire una lingua volgare straniera. Che le *Glosse e conversazioni di Kassel* abbiano raggiunto la forma scritta lo si deve al fatto che furono composte ed utilizzate in un ambiente in cui la tradizione classica degli *Hermeneumata* apparteneva alla formazione e il ricorso al mezzo scritto veniva dato per scontato. Queste circostanze consentono di ripercorrere all'indietro la tradizione dell'insegnamento del tedesco come lingua straniera fino al IX secolo, quando furono messe per iscritto le *Glosse e conversazioni di Kassel*.

Testi citati

BAESECKE, G., *Der Vocabularius Sti. Galli in der angelsächsischen Mission*, Niemeyer, Halle/Saale 1933.

—, *Frühgeschichte des deutschen Schrifttums*, Niemeyer, Halle/Saale 1933.

BERSCHIN, W., «Karolingische Dreisprachigkeit», in S. DÖRR – Th. STÄDTLER (eds.), *Ki bien voldreit raisun entendre. Mélanges en l'honneur du 70 anniversaire de Frankwalt Möhren*, ELiPhi, Strasbourg 2012, pp. 1-7.

BISCHOFF, B., «Foreign Languages in the Middle Ages», *Speculum*, 36 (1961) 209-224.

—, «Paläographische Fragen deutscher Denkmäler der Karolingerzeit», *Frühmittelalterliche Studien*, 5 (1971) 101-134.

BRAUER, H., *Die Bücherei von St. Gallen und das althochdeutsche Schrifttum*, Niemeyer, Halle/Saale 1926.

---

[30] Cf. anche PENZL, «"Stulti sunt Romani"», p. 248.

BROSZINSKI, H., *Kasseler Handschriftenschätze*, Stauda, Kassel 1985.
BROSZINSKI, H. – HEYNE, S. (hrsg.), *Fuldische Handschriften aus Hessen - mit weiteren Leihgaben aus Basel, Oslo, dem Vatikan und Wolfenbüttel. Katalog zur Ausstellung anläßlich des Jubiläums „1250 Jahre Fulda", Hessische Landesbibliothek Fulda, 19. April bis 31. Mai 1994*, Hessische Landesbibliothek, Fulda 1994.
DÜMMLER, E. (ed.), *Lupi abbatis Ferrariensis epistolae. Epistolae Karolini aevi tomus IV* (Monumenta Germaniae Historica), Weidmann, Berlin 1925, pp. 1-126.
von Eckhart, J. G., *Commentarii De Rebus Franciae Orientalis et Episcopatus VVirceburgensis: in quibus regum et imperatorum Franciae veteris Germaniaeque, episcoporum VVirceburgensium et ducum Franciae Orientalis gesta ex scriptoribus coaevis, bullis et diplomatibus genuinis ... exponuntur et figuris aeri incisis illustrantur*, vol. I, Verlag Universitatis Juliae, Würzburg 1729.
EHRISMANN, G., «Kasseler Glossen/Die Altdeutschen Gespräche», in ID., *Geschichte der deutschen Literatur bis zum Ausgang des Mittelalters. 1. Teil: Die althochdeutsche Literatur*, Beck, München, rist. invariata della seconda edizione 1932, 1959, p. 259 et ss., 264-266.
GLÜCK, H., *Deutsch als Fremdsprache in Europa vom Mittelalter bis zur Barockzeit*, Walter de Gruyter, Berlin – New York 2002.
GRIMM, W., «Exhortatio ad plebem Christianam. Glossae cassellane. Über die Bedeutung der deutschen Fingernamen», in *Abhandlungen der Königlichen Akademie der Wissenschaften Berlin, Phil.-hist. Klasse Jg. 1848*, Realschul-Buchhandlung, Berlin 1848, pp. 425-511.
HÄNDL, C., «Gueliche lande cum en ger? - Come un galloromano si fa capire nella Germania altomedievale», *Du labyrinthe à la toile / Dal labirinto alla rete, Publifarum*, n. 26, pubblicato il 31/05/2016, url: http://publifarum.farum.it/ezine_articles.php?id=342 (ultima consultazione 22/09/2016).
HAUBRICHS, W., – PFISTER, M., *'In Francia fui'. Studien zu den romanisch-germanischen Interferenzen und zur Grundsprache der althochdeutschen 'Pariser (Altdeutschen) Gespräche', nebst einer Edition des Textes*, Franz Steiner Verlag, Stuttgart 1989.
HELLGARDT, E., «Zur Mehrsprachigkeit im Karolingerreich. Bemerkungen aus Anlaß von Rosamund McKittericks Buch "The Carolingians and the written word"», *Beiträge zur Geschichte der deutschen Sprache und Literatur*, 118 (1996) 1-48.

McKitterick, R., *The Carolingians and the written word*, University Press, Cambridge 1989.

Mettke, H., «Vocabularius Sancti Galli», in B. Wachinger – G. Keil – K. Ruh – W. Schröder – F. J. Worstbrock (hrsg.), *Die deutsche Literatur des Mittelalters. Verfasserlexikon*, vol. X, de Gruyter, Berlin – New York 1999², coll. 479-482.

Molinari, M. V., «Processi di interazione linguistica nell'area germanica di età carolingia», in P. Molinelli – F. Guerini (eds.), *Plurilinguismo e diglossia nella tarda antichità e nel medio evo*, Firenze, SISMEL Edizioni del Galluzzo 2013, pp. 261-288.

Penzl, H., «"Gimer min ros": How German Was Taught in the Ninth and Eleventh Centuries», *The German Quarterly*, 57 (1984) 392-401.

—, «"Stulti sunt Romani". Zum Unterricht im Bairischen des 9. Jahrhunderts», *Wirkendes Wort*, 35 (1985) 240-248.

Scherrer, G., *Verzeichniss der Handschriften der Stiftsbibliothek von St. Gallen*, Buchhandlung des Waisenhauses, Halle 1875.

Schubert, M. J., «1200 Jahre Deutsch als Fremdsprache. Dumme Witze im Fremdsprachenunterricht seit den Kasseler Glossen», *Poetica*, 28 (1996) 48-65.

Sonderegger, S., «Reflexe gesprochener Sprache in der althochdeutschen Literatur», *Frühmittelalterliche Studien*, 5 (1971) 176-192.

Steinmeyer, E. – Sievers, E. (hrsg.), *Die althochdeutschen Glossen*, Bd. 3, Weidmann, Berlin 1895 (Nachdruck Weidmann, Dublin – Zürich 1969), pp. 9-13.

Stricker, S., «Der Vocabularius Sti. Galli», in S. Stricker – R. Bergmann (hrsg.), *Die althochdeutsche und altsächsische Glossographie: Ein Handbuch*, Walter de Gruyter, Berlin – Boston 2009, pp. 749-759.

Stricker, S., «'Kasseler Glossen'», in R. Bergmann (hrsg.), *Althochdeutsche und altsächsische Literatur*, Walter de Gruyter, Berlin – Boston 2013, pp. 225-227.

Wehrli, M., *Geschichte der deutschen Literatur vom frühen Mittelalter bis zum Ende des 16. Jahrhunderts*, Reclam, Stuttgart 1980.

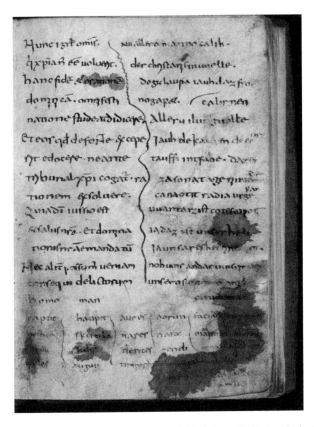

Fig. 1. Universitätsbibliothek Kassel/Landesbibliothek und Murhardsche Bibliothek der Stadt Kassel. 4° Ms. theol. 24, f. 15r

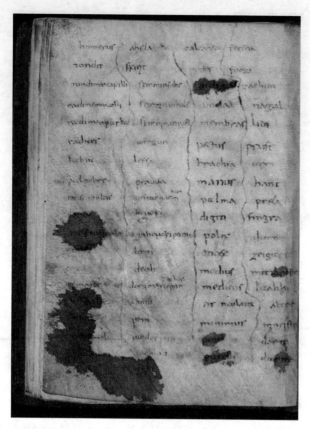

Fig. 2. Universitätsbibliothek Kassel/Landesbibliothek und Murhardsche Bibliothek der Stadt Kassel. 4° Ms. theol. 24, f. 15v

IL TEDESCO COME LINGUA STRANIERA

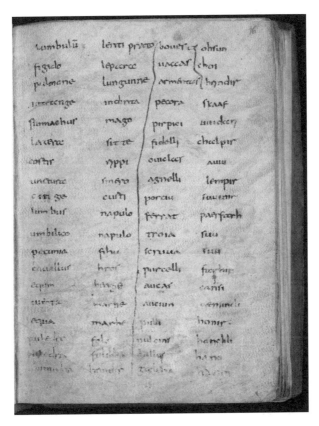

Fig. 3. Universitätsbibliothek Kassel/Landesbibliothek und Murhardsche Bibliothek der Stadt Kassel. 4° Ms. theol. 24, f. 16r

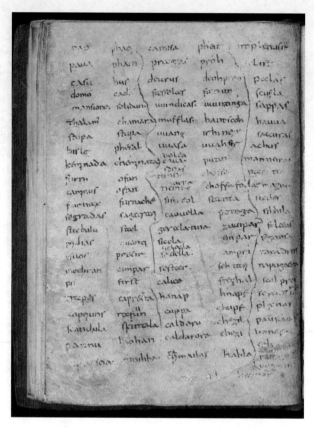

Fig. 4. Universitätsbibliothek Kassel/Landesbibliothek und Murhardsche Bibliothek der Stadt Kassel. 4° Ms. theol. 24, f. 16v

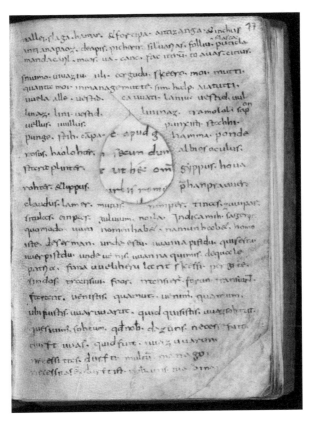

Fig. 5. Universitätsbibliothek Kassel/Landesbibliothek und Murhardsche Bibliothek der Stadt Kassel. 4° Ms. theol. 24, f. 17r

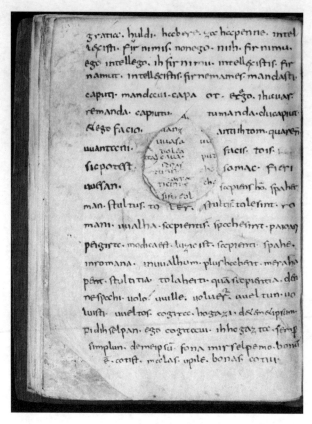

Fig. 6. Universitätsbibliothek Kassel/Landesbibliothek und Murhardsche Bibliothek der Stadt Kassel. 4° Ms. theol. 24, f. 17v

Omar Khalaf*

DIVENIRE SAGGI COME UN RE: EARL RIVERS, WILLIAM CAXTON E LA CIRCOLAZIONE DEI *DICTS AND SAYINGS OF THE PHILOSOPHERS*

[We wille that] noe man sytt at his boarde but such as shal be thought by the discretyon of the [...] Earle Ryvers, and that then be reade before him such noble storyes as behoveth to a Prynce to understande; and knowe that the comunicatyon at all tymes in his presence be of vertu, honor, cunynge, wisdom, and deedes of worshippe, and of nothing that should move or styrre him to vyces[1].

Questo è quanto disposto da re Edoardo IV nelle ordinanze del 1473 affidate al Consiglio del Principe di Galles, Edward, che già a tre anni di età era stato inviato nel castello di Ludlow e messo a capo della zona occidentale del regno sotto la guida del vescovo di Rochester, John Alcock, e di colui che il re definisce nello stesso documento «ryght trusty and wel beloved», Anthony Woodville, Earl Rivers.

Fratello della regina Elizabeth Woodville, Rivers è particolarmente noto tra gli storici per il suo coinvolgimento nelle tragiche vicende che seguirono alla morte di Edoardo e che portarono al trono d'Inghilterra il fratello, Riccardo III, nel 1483. Tuttavia, uno dei suoi principali meriti è di aver contribuito in maniera determinante all'introduzione della stampa sul suolo inglese. Egli, infatti, fu il primo grande mecenate e finanziatore di William Caxton durante la sua attività di stampatore a Westminster. Fu proprio un'opera di Rivers, i *Dicts and Sayings of the Philosophers*, la prima ad essere pubblicata da Caxton con impresso anche l'anno di pubblicazione, il 1477. La stampa di questo testo sancì l'inizio di una fruttuosa collaborazione fra i due, che avrebbe portato alla pubblicazione di altri due lavori del nobile letterato: i *Moral Proverbs*, traduzione *dei Prouerbes moraulx* di Christine de Pizan nel 1478 e il *Cordyal*, versione inglese de *Les quatres choses derrenieres* di Jean Miélot nel 1479.

* Università degli Studi dell'Insubria, Dipartimento di diritto, economia e culture, via S. Abbondio 12, 22100 Como; omar.hashem@uninsubria.it

[1] London, Public Record Office, Patent Rolls, C 66/532 m. 15, pubblicato in J. Nichols (ed.), *A Collection of Ordinances and Regulations for the Government of the Royal Household, Made in Divers Reigns. From King Edward III to King William and Queen Mary. Also Receipts in Ancient Cookery*, Society of Antiquaries, London 1790, pp. 27-33. Il passaggio citato si trova a p. 28.

La fonte primaria dei *Dicts* è identificabile con un'estesa raccolta di massime e proverbi nota come *Kitab Mokhtâr el–Hikam Wa-Mahasin Al-Kalim* (*Il libro delle migliori massime e proverbi*), composta nell'undicesimo secolo dall'autore arabo Mubaschschir ben Fatik. Il successo di cui il testo godette nell'Europa occidentale per tutto l'arco del Medioevo è ampiamente documentato dall'esistenza di un numero considerevole di traduzioni e rielaborazioni. Nella prima metà del tredicesimo secolo, il testo arabo fu tradotto in castigliano, nella versione comunemente nota come *Bocados de oro*. Da quest'ultima deriva una traduzione latina nota come *Liber philosophorum moralium antiquorum*, risalente alla seconda metà del XIII secolo ed attribuita a Giovanni da Procida[2]. Tra la fine del XIV e l'inizio del XV secolo, il *Liber* venne tradotto in francese da Guillaume de Tignonville ed intitolato *Ditz moraulx des philosophes*. Intorno alla metà del XV secolo, il testo fu introdotto in terra inglese per mezzo di tre diverse traduzioni che vennero effettuate nel corso di circa venticinque anni. La prima, risalente al 1450 circa, fu prodotta da Stephen Scrope e rivista e corretta da William Worcester nel 1472. La seconda, che secondo gli studiosi segue quella di Scrope di qualche anno, è invece anonima. La versione di Rivers è l'ultima in ordine cronologico. Siamo in possesso di alcuni elementi utili a definire in modo ragionevolmente preciso il periodo del suo completamento: dal Prologo (presente in tutte le edizioni pubblicate da Caxton), Rivers ci informa che venne in possesso per la prima volta del testo francese nel luglio del 1473 durante il suo viaggio per mare verso Santiago de Compostela. Avendone apprezzato il contenuto educativo e l'intento moralizzante[3], decise di tradurlo a beneficio del Principe di Galles quando, nello stesso anno, egli fu nominato protettore dell'erede al trono. Perciò, Rivers deve aver portato a compimento la sua traduzione nell'arco

---

[2] *Il Liber philosophorum moralium antiquorum*, ed. da E. FRANCESCHINI, *Atti del Reale Istituto Veneto di scienze, lettere ed arti*, XCI/2 (1931-32), pp. 398-588.

[3] Nel Prologo, Rivers dichiara di aver apprezzato il testo «bycause of the holsom and swete saynges of the paynems, whyche is a glorious fayr myrrour to alle good Cristen people to beholde and vnderstonde. Ouer that a grete comforte to euery wel disposed saule. It speketh also vniuersally to thexample, weel and doctryne of alle kynges, prynces and to people of euery estate. It lawdes vertu and science; it blames vices and ignorance». Le citazioni dal testo sono ricavate dalla riproduzione in facsimile disponibile sul sito EEBO, *Early English Books Online*, http://eebo.chadwyck.com/search (ultima consultazione 30/06/2016). Sono intervenuto criticamente sul testo per uniformare gli aspetti grafematici e la punteggiatura.

di tempo che intercorre tra il 1473 e il 1477, anno della pubblicazione della prima edizione da parte di Caxton.

I *Dicts* si presentano come una raccolta di precetti, proverbi e aneddoti legati a filosofi, pensatori e grandi personaggi del passato. Con il fiorire di traduzioni e rielaborazioni, il testo è stato fatto oggetto di tagli e aggiunte rispetto all'originale arabo. La traduzione di Rivers, che segue fedelmente i *Ditz moraulx* di Tignonville, contiene i detti di filosofi identificati attraverso nomi sulla cui corrispondenza con figure effettivamente esistite occorre essere molto cauti. Essi sono: Sedechias (Zedechia), Hermes (Ermete), Gac, Zalquinus, Omer (Omero), Salon, Sabyon, Ypocras (Ippocrate), Pitagoras (Pitagora), Dyogenes (Diogene), Socrates (Socrate), Platon (Platone), Aristotle (Aristotele), Alexander the Grete (Alessandro Magno), Tholome (Tolomeo), Assaron, Legmon, Anese, Sacdarge, Thesille, Saint Gregoire (Gregorio Magno), Galyen (Galeno). Segue, inoltre, una sezione miscellanea, in cui sono citati i precetti di Anaxagoras (Anassagora), Aristophanus (Aristofane), Phelype Kyng of Macedone (Filippo, re di Macedonia) e di altri anonimi[4]. Il testo segue la medesima struttura per ognuno dei personaggi, che si articola in una breve presentazione pseudo-biografica seguita da una serie più o meno lunga di precetti a loro attribuiti, talvolta inseriti in un contesto aneddotico.

La lunga serie di precetti e la sequenza ripetitiva della formula «he saide» (e le relative varianti ortografiche), rendono questo testo sicuramente poco allettante per i lettori di oggi[5]. Tuttavia, i *Dicts* rientrano a pieno titolo nel modello di letteratura gnomica ed educativa che ebbe un notevole successo in tutta Europa[6]. Come Louis Cameron rileva[7],

---

[4] Per una panoramica della tradizione del testo in ambito insulare, si veda O. KHALAF, «*Dicts and Sayings of the Philosophers*», in S. ECHARD – E. ROUSE (eds.), *The Encyclopedia of Medieval Literature in Britain*, Wyley, New York (in corso di stampa).

[5] «*Dicts and Sayings* is by no means a work of high art — though, to be fair, it was never intended as such. Instead it is a disorderly, repetitive, almost overwhelming heap of recorded wisdom». *The Dicts and Sayings of the Philosophers*, ed. by J.W. SUTTON, Medieval Institute Publications, Kalamazoo, Michigan 2006, consultabile all'indirizzo http://d.lib.rochester.edu/teams/text/sutton-dicts-and-sayings-of-the-philosophers-introduction (ultima consultazione 30/06/2016)

[6] Per un'ottima panoramica del genere nelle letterature germaniche, rimando a M. COMETTA (a cura di), *La Letteratura gnomica nelle letterature germaniche medievali*, Ledizioni, Milano (in corso di stampa).

[7] L. CAMERON, «Authority in Middle English Proverb Literature», *Florilegium*, 15 (1998) 85-123.

questo genere conobbe un fiorire di opere in ambito insulare soprattutto a partire dal dodicesimo secolo. I testi conservati fino a noi possono essere suddivisi in due tipologie: i florilegi di precetti impartiti dal genitore ai figli, che riguardano principalmente la sfera intima della vita famigliare e quella morale e spirituale per la salvezza dell'anima (si pensi, ad esempio, al *Myne Awen Dere Sone* e and *How þe Gode Wyfe Tauht hyr Douȝter*)[8] e le raccolte di detti attribuiti ad *auctoritates* del passato, più o meno identificabili dal punto di vista storico. Il testo più noto è senz'altro il cosiddetto *Proverbs of Alfred*, lungo poema in versi allitteranti prodotto nel tredicesimo secolo[9]. Oltre all'ambito dell'educazione individuale e filiale, la letteratura di tipo morale fu ampiamente utilizzata per la formazione dei futuri regnanti. Nel suo studio sull'educazione dei principi e dei nobili nel medioevo inglese, Nicholas Orme fornisce un'ampia panoramica dei testi utilizzati a tale scopo[10]. Oltre ai modelli di virtù e di nobiltà offerti dai romanzi cavallereschi, il ruolo primario in tale contesto è giocato dagli *specula principum*. La letteratura inglese conta una vasta produzione di tali opere, che risale già dal dodicesimo secolo. Tra le più importanti, si ricordano il *Policraticus* di John of Salisbury, scritto nel 1159, il *Liber de principis instructione* di Gerald of Wales, del 1193, il *De instructione principis*, dello stesso autore ma di data incerta, e il *De regimine principum* di Thomas Hoccleve, composto intorno alla prima decade del quindicesimo secolo. I *Dicts*, con ogni evidenza, rientrano a pieno titolo in questa tipologia letteraria. Certamente, il messaggio edificante che il testo trasmette è stato considerato da Rivers in linea con le disposizioni impartite dal cognato per l'educazione del giovane Edward. Tutti i capitoli, infatti, contengono insegnamenti riguardanti la buona gestione del proprio regno e il governo dei sudditi che si dirigono esplicitamente

---

[8] Il primo è conservato in London, British Library MS Cotton Vespasian D.xiii, f. 18r; il secondo in Cambridge, Emmanuel College MS I. 428, ff. 48v-52r; London, Lambeth Palace Library MS 853, f. 102r; Oxford, Bodleian Library MS Ashmole 61, ff. 7r-8v; San Marino, CA, Huntington Library MS HM 128, ff. 216v-219r.

[9] Il testo è tradito in quattro manoscritti: Cambridge, Trinity College Library MS B.14.39, ff. 85r-87v; London, British Library MS Cotton Galba A. xix; Maidstone Museum MS A.13, f. 93r; Oxford, Jesus College MS 29, ff. 189r-192r.

[10] N. ORME, *From Childhood to Chivalry. The Education of the English Kings and Aristocracy 1066-1530*, Methuen, London – New York 1984.

ad un principe. Con ogni probabilità fu anche questo aspetto a spingere Rivers a tradurre il testo a beneficio del nipote[11].

Quando Rivers decise di compiere il pellegrinaggio in Spagna, Edward aveva tre anni di età. Nell'autunno di quello stesso anno, Edoardo IV decise di emettere quella serie di ordinanze volte a regolamentare in modo organico e preciso la vita del giovane principe. Dopo il risveglio del mattino, la sua giornata doveva rispettare la seguente scaletta: preghiere, colazione, istruzione, pranzo, ancora istruzione, sport ed esercizi fisici, preghiere della sera, cena, svago e riposo notturno a partire dalle otto di sera. Possiamo quindi vedere come l'educazione letteraria occupasse una buona parte della giornata di Edward. Tuttavia, gli studiosi avanzano alcune riserve sul livello di istruzione che il principe riuscì a conseguire, soprattutto se confrontato con quello dei suoi successori Tudor, in particolare Enrico VIII. Sebbene sappiamo che gli fu attribuito un insegnante in «grammar», ossia latino, fin dall'età di quattro anni, nessuno è in grado di stabilire il grado di competenza che il principe raggiunse nella materia. Tutto ciò che sappiamo è che nella versione aggiornata delle ordinanze, redatte poco prima della sua morte, Edoardo IV lo eliminò dalle attività disposte per il figlio[12]. Aysha Pollnitz mette in discussione quanto scritto dagli storici del tempo (definiti «extremely unctuous» dalla stessa autrice[13]), tra cui l'italiano Domenico Mancini, che visitò l'Inghilterra a ridosso degli eventi del 1483. Nel suo *De occupatione regni Anglie per Riccardum Tercium*, Mancini descrive il giovane Edward come un ragazzo ben istruito nelle arti letterarie. Sapeva leggere e comprendere opere in versi e prosa[14], ma nessuna indicazione ci viene data sulle lingue che il principe era in grado di capire e parlare. L'attività educativa di Rivers, peraltro, sembra essere incentrata soprattutto sulla lettura e lo studio di opere in lingua inglese. Come detto, sembra fuor di dubbio che le altre traduzioni fatte dal conte (i *Moral Proverbs* e il *Cordyal*)

---

[11] Nel Prologo, Rivers racconta: «After suche season as it lysted the kynges grace comaunde me to gyue myn attendaunce vppon my lord the Prince and that I was in his seruyse, whan I had leyser I loked vpon the sayd booke and at the last concluded in my self to translate it in to thenglyssh tonge – wiche in my iugement was not before – thynkyng also ful necessary to my said lord the understandyng therof».

[12] ORME, *From Childhood to Chivalry*, p. 77.

[13] A. POLLNITZ, *Princely Education in Early Modern Britain*, Cambridge University Press, Cambridge 2015, p. 26.

[14] D. MANCINI, *The Usurpation of Richard III*, ed. by C.A.J. ARMSTRONG, Oxford University Press, Oxford 1969², pp. 92-93.

avessero come destinatario il giovane Edward, al tempo probabilmente troppo giovane per riuscire a comprendere testi letterari in francese. Sempre nel 1477, Caxton dedica al principe la sua traduzione della *Historie de Jason* di Raoul Lefevere, nella speranza che, attraverso di essa, Edward possa «begynne to lerne to rede Englissh[15]». Da ciò, è possibile ipotizzare che la priorità data da Rivers per l'educazione di Edward, di cui anche Caxton fu fatto partecipe, almeno nelle fasi preliminari fu la lettura o, per i testi prodotti nel 1477, più probabilmente l'ascolto di opere in lingua materna. Giunto ad una certa età, infine, il principe fu in grado di leggere e comprendere anche le opere in francese. Pollnitz, inoltre, sostiene che i gusti letterari di Edward possono essere considerati tradizionali, sia nel genere delle opere, sia nella lingua in cui le leggeva ed ascoltava: «He owned epic tales in French, Burgundian stories of chivalry and anti-French literature»[16]. L'inglese e il francese, quindi, sembrano essere le due lingue di istruzione di Edward. Ottimo esempio di ciò è il manoscritto Oxford, Bodleian Library MS 264, il quale contiene un florilegio di testi francesi sulla vita e le conquiste di Alessandro Magno, tra cui il celeberrimo *Roman d'Alexandre*, nel quale venne interpolato l'*Alexander and Dindimus*, poema allitterativo in inglese risalente al quattordicesimo secolo. Il manoscritto, preziosissimo esempio di arte miniaturistica fiamminga[17], faceva parte della biblioteca dei Woodville attraverso Jacquetta di Lussemburgo, madre di Rivers, che probabilmente lo ebbe in lascito dal primo marito, John di Lancaster, duca di Bedford, reggente di Francia per conto di Enrico V. Dato il contenuto del codice, che fonde l'intrattenimento tipico del romanzo cavalleresco con gli insegnamenti morali ricavabili dal poema inglese, è molto probabile che facesse parte degli strumenti utilizzati da Rivers nel suo programma educativo[18].

---

[15] S.C. WEINBERG, «Caxton, Anthony Woodville, and the Prologue to the Morte Darthur», *Studies in Philology*, 102/1 (2005) 45-65, p. 53, afferma a tal proposito: «It seems highly likely that this text [la *History of Jason*] was part of the educational program set out for the prince, and Woodville could have been the intermediary in prompting Caxton's translation».

[16] POLLNITZ, *Princely Education*, p. 27.

[17] Per una descrizione dettagliata del codice, si veda K. SCOTT, *Later Gothic Manuscripts 1390-1490. II, Catalogue and Indexes*, Harvey Miller Publishers, Turnhout 1996, pp. 68-73.

[18] Si veda O. KHALAF, «Lord Rivers and Oxford, Bodleian Library, Ms Bodley 264: A Speculum for the Prince of Wales?», *Journal of the Early Book Society*, 14 (2011) 239-250.

Oltre a quello di prima opera datata uscita dalla pressa di Caxton, i *Dicts* vantano anche il primato per il numero di edizioni pubblicate nei primi anni di attività dello stampatore inglese. Quella del 1477 è seguita da altre due, prodotte nel 1480 circa e nel 1489[19], le quali, oltre a testimoniare un notevole processo di revisione del testo originario, pongono anche alcune questioni fondamentali riguardo alla circolazione dell'opera attraverso la nuova tecnologia fornita da Caxton. Sulla base di quanto letto nel Prologo, la traduzione fu inizialmente concepita per un uso privato e specifico, quale l'educazione di Edward. Per quale motivo, allora, Rivers avrebbe deciso di favorire la diffusione dell'opera in forma stampata?

Questo aspetto, che la critica non ha mai preso in considerazione, apre tuttavia la strada a interessanti riflessioni sulla politica culturale che Rivers avrebbe messo in atto e, non secondariamente, sulla diffusione della letteratura che la stampa avrebbe determinato, soprattutto al di fuori dell'orbita della corte.

In tempi recenti, la tematica relativa all'educazione della piccola nobiltà inglese (*gentry*) e al nuovo ruolo che essa sarebbe stata chiamata a giocare nell'amministrazione del regno a partire dalla metà del quindicesimo secolo è stata fatta oggetto di una considerevole mole di studi. In particolare, si è posto l'accento sulla crescente importanza che questa classe sociale andava acquisendo nella gestione politica del regno attraverso l'accesso a cariche e mansioni che precedentemente erano appannaggio esclusivo dell'alta nobiltà. Fu proprio Edoardo IV a farsi promotore di questo cambiamento, dovuto alla ricerca di un maggiore appoggio della *gentry* a discapito dei grandi nobili, molti dei quali l'avevano apertamente avversato schierandosi con Enrico VI durante la Guerra delle Due Rose[20]. Inoltre, l'abbandono del modello economico di tipo feudale,

---

[19] Oltre a queste, si registra anche quella prodotta da Wynkyn de Worde nel 1528.

[20] In tale contesto, furono proprio i Woodville a trarre i maggiori benefici. Dopo il matrimonio di Elizabeth con il sovrano nel 1464, il padre Richard fu creato conte di Rivers e Conestabile d'Inghilterra, oltre ad entrare nel consiglio del re. Per il fratello John, diciannovenne, nel 1465 fu combinato il matrimonio con Catherine Neville, duchessa di Norfolk, più vecchia di lui di quarantasei anni e zia di Richard Neville, duca di Warwick che decapitò sia lui che il padre nel 1469, in seguito alla temporanea sconfitta del partito yorkista nella battaglia di Edgecote Moore. Infine, Anthony Woodville, che successe al padre nella carica di Earl Rivers, fu creato Governatore del Principe di Galles. Questa nomina diede la possibilità ai Woodville di avere il controllo

che nel quindicesimo secolo fu ormai definitivo, spinse molti piccoli nobili ad intraprendere attività di tipo economico e commerciale[21]. L'accesso all'amministrazione locale e centrale e la gestione degli investimenti economici furono, quindi, i fattori principali che scatenarono il progressivo aumento dell'alfabetizzazione della *gentry*[22]. Ciò determinò un aumento della domanda e, conseguentemente, della produzione di libri, i quali, oltre a fornire uno strumento di lettura e di studio, assunsero anche una funzione di *status symbol*, di emblema tangibile della ricchezza e del potere del proprietario[23]. Nonostante ciò, non mancano prove di un uso attivo e

totale sul giovane Edoardo e di influenzarlo nella sua futura politica di governo. Richard, Duca di Gloucester e fratello di Edoardo IV vide tale minaccia impellente alla morte del re nel 1483. Per questo motivo, con un colpo di mano prese la custodia del giovane nipote e fece decapitare Rivers. Lo stesso anno si fece incoronare con il nome di Riccardo III e, con ogni probabilità, si rese responsabile della morte di Edoardo V e del fratello Richard, detenuti nella Torre di Londra.

[21] Si vedano, *inter alios*, A. TRUELOVE, «Literacy», in R. RADULESCU – A. TRUELOVE (eds)., *Gentry Culture in Late Medieval England*, Manchester University Press, Manchester 2005, pp. 84-99, in particolare pp. 85-86 e N. ORME, «Education and recreation», in R. RADULESCU – A. TRUELOVE (eds.), *Gentry Culture*, op. cit., pp. 63-83, in particolare p. 63.

[22] Si veda, *inter alios*, M. CLANCHY, *From Memory to Written Record. England 1066-1307*, Oxford University Press, Oxford 1993, p. 13. La questione riguardante il livello di alfabetismo nell'Inghilterra tra il quindicesimo e il sedicesimo secolo è oggetto di dibattito fra gli studiosi. D. CRESSY, *Literacy and the Social Order. Reading and Writing in Tudor and Stuart England*, Cambridge University Press, Cambridge 1980, pp. 176-177, ipotizza che circa il 10% degli uomini e l'1% delle donne inglesi sapessero almeno firmare a cavallo tra i due secoli. G.A. LESTER, «The books of a fifteenth-century gentleman, Sir John Paston», *Neuphilologische Mitteilungen*, 88 (1987) 200-217, più ottimisticamente, afferma che già a partire dalla seconda metà del quindicesimo secolo si potessero trovare in praticamente tutti gli strati sociali persone con un livello di alfabetizzazione tale da poter leggere, scrivere e trarre profitto dalle opere letterarie.

[23] Si veda D. YOUNGS, «Cultural Networks», in R. RADULESCU – A. TRUELOVE (eds.), *Gentry Culture*, op. cit., pp. 119-133, qui p. 119: «The book was an important accessory to the gentry lifestyle. Despite the commercialisation of the manuscript/book trade in the fifteenth century, the book remained a luxury good and a symbol of affluence». TRUELOVE, «Literacy», p. 88, più drasticamente afferma: «Although we have some idea of the kind of education some members of the gentry may have received, and evidence of their ownership and use of literary manuscripts and books, this is unreliable evidence of their particular literary skills. Books, for example, were regarded as valuable prestige items, the ownership of such not necessarily denoting an ability to read them».

funzionale di quella che viene definita *literacy*. I carteggi delle famiglie Paston, Stonor e Haute, ad esempio, oltre a fornire una preziosa risorsa per gli storici, documentano in modo chiaro il livello di alfabetizzazione di almeno parte della piccola nobiltà nell'Inghilterra del quindicesimo secolo[24].

L'accesso alla cultura, inoltre, determinò verosimilmente l'aspirazione da parte della piccola nobiltà ad ambire ad un livello di educazione che, fino a prima, era riservato esclusivamente alla cerchia della corte. Ciò giustificherebbe l'ampia circolazione di poemi cavallereschi e di opere di carattere educativo ed edificante, come la già citata letteratura proverbiale e, soprattutto, gli *specula principum*. A proposito di questi ultimi, Orme afferma:

> The medieval gentry [...] read about education in didactic literature, meaning literature whose purpose was to instruct. A large category of writings, nowadays known as 'mirrors for princes' described how kings and nobles should be educated and what they should learn about. One of the most popular was the *Secretum Secretorum* [...]. Not only royalty read it; its many versions and manuscripts show that it was popular among the nobility and gentry[25].

Appare quindi evidente come la proliferazione dei *Dicts* in forma stampata abbia giocato un ruolo primario in tale contesto. Delle prime due edizioni, pubblicate rispettivamente nel 1477 e nel 1480 circa, venti incunaboli sono giunti fino a noi. Si tratta di una quantità considerevole, se paragonata agli altri testi pubblicati da Caxton nei suoi primi anni di attività. I *Dicts*, infatti, risultano secondi solo alla prima edizione dei *Canterbury Tales* pubblicata nel 1476-77, che contano un totale di sessantasette incunaboli conservati fino ai giorni nostri. Tuttavia, mentre i *Canterbury Tales* sono generalmente considerati come il primo grande investimento economico effettuato da Caxton nel mercato del libro stampato, nel caso

---

[24] Su questo aspetto, tuttavia, TRUELOVE, «Literacy», p. 84, invita ad un'estrema prudenza. Secondo la studiosa, la sopravvivenza di tali fonti non costituisce una prova a favore di un alto livello di alfabetizzazione da parte della piccola nobiltà, quanto, piuttosto, due mirabili eccezioni.

[25] ORME, «Education and Recreation», p. 66. Si veda anche R. RADULESCU, «Literature», in R. RADULESCU – A. TRUELOVE (eds.), *Gentry Culture*, op. cit., pp. 100-118, in particolare pp. 101 e 109.

dei *Dicts* è fuori di ogni ragionevole dubbio che la pubblicazione dell'opera fu promossa dallo stesso Rivers, che ne commissionò direttamente la revisione e la stampa. Nell'Epilogo, infatti, Caxton chiede al suo mecenate

> to take the the labour of thenpryntyng in gre & thanke, whiche gladly haue don my dyligence in thaccomplysshyng of his desire and commandement, in whiche I am bounden so to do for the good reward that I haue resseyuyd of his sayd lordship[26].

L'attività di Rivers e l'appoggio economico fornito a Caxton per la stampa e la pubblicazione dei *Dicts* sembra rispondere pienamente ai nuovi bisogni evidenziati dalla piccola nobiltà. L'accesso ad un'opera di tipo educativo espressamente prodotta per il Principe di Galles, oltre a contribuire a trasmettere una serie di concetti utili a guidare l'opera della futura classe dirigente del regno, è segno di un'evoluzione che si evidenzia non solo dal punto di vista culturale, ma anche da quello sociale. Oltre allo sviluppo nella *gentry* della consapevolezza del ruolo sempre più importante che questa classe avrebbe giocato nel quadro politico dell'Inghilterra del terzo quarto del quindicesimo secolo, l'utilizzo e, soprattutto, lo scambio di libri avrebbe determinato la creazione di legami culturali e politici tra individui e famiglie. Gli studiosi, in particolare, si sono concentrati sui circoli che gravitavano intorno a John Fastolf e alle famiglie Paston e Haute e sul ruolo determinante che questi individui e famiglie giocarono nella formazione di connessioni a livello sociale e culturale tra la piccola nobiltà inglese[27]. Lo sviluppo di tali relazioni ebbe come conseguenza la formazione o il consolidamento di sfere di influenza che pose i creatori di

---

[26] W.J.B CROTCH (ed.), *The Prologues and Epilogues of William Caxton*, Oxford University Press, London 1956, p. 30. Sono intervenuto sul testo per normalizzarlo secondo le norme di punteggiatura moderne. Il corsivo è mio.

[27] Per una panoramica generale, rimando a YOUNGS, «Cultural networks». Per un'analisi dell'attività culturale e sociale di John Fastolf si veda L.J. HUGHES, «Stephen Scrope and the circle of Sir John Fastolf: moral and intellectual outlooks», in C. HARPER-BILL – R. HARVEY (eds.), *Medieval Knighthood IV*, Boydell, Woodbridge 1992, pp. 109-146; per i Paston, C. RICHMOND, «The Pastons and London», in S. REES JONES – R. MARKS – A.J. MINNIS (eds.), *Courts and Regions in Medieval Europe*, Boydell, Woodbridge 2000, pp. 211-226; per gli Haute, P. FLEMING, «The Hautes and their "circle": culture and the English gentry», in D. WILLIAMS (ed.), *England in the Fifteenth Century: Proceedings of the 1986 Harlaxton Symposium*, Boydell, Woodbridge 1987, pp. 85-102.

tali opere e i loro fruitori in una relazione dinamica e dialettica. In questo contesto, è indubbio che l'influsso che Rivers giocò nel panorama culturale che gravitava attorno alla corte fu rilevante. Sfruttando le potenzialità fornite dalla tecnologia della stampa, il conte ebbe la possibilità di imporre la propria autorità a livello letterario, favorendo (e, probabilmente, gestendo in prima persona) la distribuzione della sua opera.

Nonostante al momento manchi uno studio specifico della circolazione degli incunaboli dei *Dicts*, è possibile avanzare alcune ipotesi a partire dai dati che abbiamo a disposizione. Nel suo studio sulla proprietà privata dei libri a stampa, Margaret Lane Ford focalizza l'attenzione sull'incunabolo in quanto testimone e mezzo di rapporti sociali e politici tra i componenti della piccola e grande nobiltà inglese. Secondo la studiosa, tale aspetto è particolarmente evidente se si analizza la proprietà dei primi testi stampati da Caxton, che si può far risalire a personaggi collegati tra loro da relazioni sociali più o meno strette: «many owners of Caxton's books were related or acquainted»[28].

È quindi probabile che il rango di Rivers e il suo ruolo di governatore del Principe di Galles contribuirono al successo dell'opera e ne influenzarono la circolazione, non solo per i suoi contenuti edificanti, ma (forse soprattutto) per il prestigio che derivava dal possederne una copia. Ford afferma:

> prestigious patronage certainly influenced the ownership of the early English books, both directly through distribution of sponsored book, and indirectly through prestige placed on such ownership. [...] Books owned by by the gentry-merchant classes were not directly necessary to conducting their affairs, but, as devotional aids and works for edification as well as entertainment, Caxton's books were necessary to their life-styles[29].

Ciò sembra essere vero anche nel caso dei *Dicts*. La stessa Ford presenta un caso di possesso di un testimone a stampa dell'opera finora documentato: un incunabolo della seconda edizione di Caxton (London, British Library, C. 10 b. 2) apparteneva alla famiglia St. John di cui faceva

---

[28] M.L. FORD, «Private Ownership of Printed Books», in L. HELLINGA – J.B. TRAPP (eds.), *The Cambridge History of the Book in England*, Cambridge University Press, Cambridge 1998, pp. 205-228, qui p. 213.

[29] FORD, «Private Ownership», p. 218.

parte Eleanor, moglie di Thomas Grey, uno dei figli che la regina Elizabeth ebbe con il primo marito[30]. Naturalmente, un'indagine più approfondita su colofoni, annotazioni e *marginalia* riscontrabili negli altri testimoni potrebbe fornire elementi utili a circoscrivere in modo più preciso l'ambito di distribuzione del testo.

L'autorità letteraria dei *Dicts* e l'ampiezza della loro circolazione è dimostrata anche dalla produzione di copie manoscritte, tutte (almeno apparentemente) derivanti dalle edizioni a stampa[31]. La produzione parallela di manoscritti e di incunaboli è generalmente motivata da un atteggiamento, per così dire, conservatore da parte dell'utenza socialmente più elevata, la quale, almeno nel primo periodo, non sembra rinunciare al significato intrinseco del codice quale simbolo di ricchezza. L'esempio più lampante è dato dalla produzione della versione tradita in London, Lambeth Palace Library, MS 265, codice che fu donato alla famiglia reale il 24 dicembre 1477. Il frontespizio conserva la famosa illustrazione di Rivers (con accanto colui che qualcuno ha erroneamente identificato con Caxton) che porge il codice a Edoardo IV, rappresentato insieme alla regina Elizabeth e al Principe di Galles[32]. La vicinanza temporale che intercorre tra la produzione della prima edizione e quella del manoscritto suggerisce che Rivers reputava quest'ultimo più degno di un dono regale rispetto ad un incunabolo. Fu probabilmente per questa ragione che il conte decise di affidare ad un copista la produzione di una versione del testo che, tuttavia, era ancora *in fieri*: il testo manoscritto, infatti, contiene buona parte delle correzioni che saranno visibili nell'edizione pubblicata intorno al 1480. Pertanto, è possibile ipotizzare con una certa sicurezza che almeno due copie manoscritte dei *Dicts* circolavano tra la famiglia reale: quella che Rivers avrebbe prodotto per l'educazione del nipote Edward (quella che potremmo considerare l'originale, ora perduto) e il manoscritto Lambeth.

Anche gli altri manoscritti ci forniscono indizi importanti riguardo la circolazione e l'uso dei *Dicts*. Gli esempi che riporto qui sotto non sono

---

[30] Ivi, p. 214.

[31] Per l'elenco completo dei testimoni manoscritti dei *Dicts*, si veda O. KHALAF, «Anthony Rivers and the Introduction of French Moral Literature in Fifteenth-Century England: The Textual Tradition of the *Dicts and Sayings of the Philosophers*», in A. MOLINARI (ed.), *Mittelalterphilologie Heute: Eine Standortbestimmung. Band 1: Die germanischen Philologien*, Würzburg, Königshausen & Neumann, 2016, pp. 143-155.

[32] Illustrazione 1.

esaustivi, ma forniscono senz'altro un'idea della diffusione del testo nei vari ambienti culturali dell'Inghilterra di fine quindicesimo secolo. Una copia del testo è conservata in London, British Library MS Add. 22718. Il codice, analizzato in modo approfondito nel 1859 da Blades in alcuni fogli che vennero inclusi nella sua stessa rilegatura, contiene anche alcune considerazioni scritte di pugno da Lord Walter C. Trevelyan, che donò il codice alla British Library nello stesso anno. Nei fogli di guardia che aprono e chiudono il codice, vi sono numerose annotazioni che registrano la nascita di membri della famiglia Hill (o Hyll), originaria di Spaxton. Figura chiave in questo contesto è Maud Hill (1514-?). La madre, Alice, faceva parte degli Stourton, una famiglia della *gentry* del Somerset la quale, grazie alla vicinanza dello zio William (1430-1479) a John de la Pole, duca di Suffolk, che sposò Elizabeth di York (sorella di Edoardo IV e Riccardo III), entrò certamente in contatto con gli ambienti londinesi legati alla corte[33].

Altre copie dimostrano anche un utilizzo attivo delle edizioni di Caxton. Buona parte di questi testimoni, inclusi in forma più o meno frammentaria in florilegi di testi moralizzanti, evidenziano chiaramente come il testo fu sovente smembrato e rimaneggiato secondo i bisogni del compilatore.

Il frammento in London, British Library MS Add. 60577, che conserva esclusivamente il capitolo su Hermes, ne è un esempio lampante. Il codice, una raccolta di testi poetici, in prosa e musicali di vario periodo (si va dal terzo quarto del quattordicesimo secolo al terzo quarto del sedicesimo), è stato dettagliatamente studiato da Edward Wilson e Iain Fenlon, che ne hanno pubblicato un'edizione in facsimile[34]. I due autori hanno identificato la presenza di sette mani differenti che avrebbero contribuito alla produzione del manoscritto. Quella che ha

---

[33] Nella stessa nota, Walter Trevelyan ricostruisce anche una (piuttosto laboriosa) connessione tra la sua famiglia e i Woodville. Riporto di seguito la trascrizione del passaggio: «The noble translator of the Dictes, and John Trevelyan, the first of the family who possessed the volume, were connected by marriage, Anthony Widville, Lo. Scales' wife Elizabeth, being daughter of Lo. Scales and of Emma, daughter of John Whalerborough, who died in 1473-4; & John Treveylan's great-grand-mother, who died in 1480, was Elizabeth, daughter of Thomas Whalesborough, a new relation probably of the first lady, he married his ancestor of the same name in 1452.»

[34] E. WILSON – I. FENLON (eds.), *A Facsimile of British Library Additional Manuscript 60577*, D. S. Brewer, Cambridge 1981.

copiato il frammento dei *Dicts* sarebbe identificabile con un monaco del priorato di St. Swithun, a Winchester. Particolarmente interessante è il contesto codicologico in cui il testo è stato inserito: conservato ai ff. 38r-44v, è stato collocato dal copista subito dopo la traduzione del *Secretum Secretorum* di John Lydgate. Ciò testimonia l'affinità tematica e funzionale che il copista/organizzatore del manoscritto percepiva tra i due testi. In effetti, è probabile che il frammento[35] sia stato utilizzato come integrazione al *Secretum Secretorum*, facendo acquisire al testo di Rivers una dignità pari allo *speculum principum* per eccellenza.

La redazione contenuta in New York, University of Columbia Library MS Plimpton 252[36], presenta una versione dei *Dicts* inserita in un contesto d'uso tipicamente laico. Il codice, classico esempio di *commonplace book*, purtroppo non è stato fatto oggetto di studi approfonditi, se non per i trattati di matematica che contiene[37]. Accanto a questi ultimi e a vari testi di tipo sapienziale e gnomico (tra cui una raccolta in latino di proverbi e detti di vari autori, il poema *The Words of a Good Horse to His Master*, vari adagi in latino e in inglese e il *De contemptu mundi* di San Bernardo), ai ff. 79r-86v è conservata una versione estremamente ridotta dei *Dicts*, in cui il compilatore ha effettuato una selezione dei sapienti ivi presentati[38]. Il manoscritto, di proprietà di un non meglio precisato Robert Gott e risalente alla fine del quindicesimo secolo, fornisce un'ulteriore conferma dell'ampia circolazione dei *Dicts* non solo attraverso le edizioni a stampa pubblicate da Caxton, ma anche attraverso versioni manoscritte, più o meno rielaborate.

Uno studio più approfondito dei testimoni a stampa e manoscritti fornirà senz'altro ulteriori informazioni riguardo alla circolazione dei

---

[35] Il capitolo è acefalo, molto probabilmente a causa della perdita del *quadrifolium* iniziale. Per un'analisi del testimone in relazione alla tradizione testuale dei *Dicts* rimando a KHALAF, «Anthony Rivers and the Introduction of French Moral Literature».

[36] N.F. BLAKE, *William Caxton and English Literary Culture*, The Hambledon Press, London 1991, p. 296, lo identifica come una copia della prima edizione di Caxton.

[37] Si veda in particolare P. ACKER, «The Craft of Nombrynge in Columbia University, Plimpton MS 259», *Manuscripta*, 37/1 (1993) 71-83.

[38] Hermes, Sabyon, Ypocras, Pytagoras, Dyogenes, Socrates, Platon, Alyzaundyr, Ptholome, Legmon, Assaron, Anes, Pthesylim, Galeon e Protege. Si veda C. BÜHLER, «New Manuscripts of the Dicts and Sayings of the Philosophers», *Modern Language Notes*, 63/1 (1948) 26-30.

Dicts e alla loro fruizione. Tuttavia, le informazioni sopra presentate permettono già di trarre alcune conclusioni, anche se non definitive. Nonostante le intenzioni proclamate nel Prologo, Rivers decise di investire considerevolmente nell'attività di Caxton per promuovere la diffusone dei *Dicts* e, con ogni evidenza, questa strategia funzionò. Lo sfruttamento della stampa, infatti, permise a Rivers di far circolare la sua opera non solo nell'ambito della corte, ma anche (e forse soprattutto) al di fuori di essa, consentendogli di acquisire un'autorità culturale e una fama molto maggiori rispetto ai precedenti traduttori dell'opera. Tale successo si evidenzia nella pubblicazione di altre due edizioni dei *Dicts* susseguenti alla morte di Rivers nel 1483: come già accennato, infatti, Caxton pubblicò una terza edizione, ulteriormente rimaneggiata, nel 1489, la quale fu seguita da quella di Wynkyn de Worde uscita quasi trent'anni dopo, nel 1528. Quest'ultima pubblicazione, in particolare, dimostra la persistenza di un genere considerato tipicamente medievale anche durante uno dei periodi più floridi dell'umanesimo inglese, sotto il regno di Enrico VIII. Oltre a ciò, la presenza dei testimoni manoscritti dimostra che il testo fu recepito e considerato in modo tale da poter affiancare (o fungere da integrazione a) opere che godettero di un'indiscutibile autorità nel medioevo, come il *Secretum secretorum*. L'autorità di Rivers in quanto protettore del Principe di Galles, quindi, elevò il suo testo allo stesso livello dei più autorevoli *specula principum* dell'epoca, facendogli acquisire una fama che, purtroppo, non è stata sufficientemente messa in luce dagli studiosi finora. Inoltre, l'investimento economico su Caxton e la stampa e la politica di distribuzione dei *Dicts* hanno sancito il successo della sua opera anche al di fuori della cerchia della corte, penetrando oltre che nell'ambito ecclesiastico anche e soprattutto nell'ambizioso mondo della *gentry*, che guardava a quel libro e al suo contenuto come uno strumento per consolidare relazioni sociali ed accumulare competenze necessarie alla crescita individuale e di tutta la famiglia. Possedere una copia dei *Dicts*, quindi, oltre ad aprire simbolicamente uno spiraglio nelle stanze della corte, significava anche (e soprattutto) avere la possibilità di acquisire nozioni utili al buon governo di se stessi e dei propri averi. Grazie a Rivers e a Caxton, quindi, anche il piccolo nobile sarebbe potuto divenire saggio come un re.

Illustrazione 1. London, Lambeth Library Palace MS 265, f. 1r. Anthony Woodville, Earl Rivers, presenta il manoscritto dei *Dicts* alla famiglia reale. AA.VV., *The Mediaeval Manuscripts at Lambeth Palace Library*, Microfilm G1921

Bibliografia

ACKER, P., «The Craft of Nombrynge in Columbia University, Plimpton MS 259», *Manuscripta*, 37/1 (1993) 71-83.

BLAKE, N.F., *William Caxton and English Literary Culture*, The Hambledon Press, London 1991.

BÜHLER, C., «New Manuscripts of the Dicts and Sayings of the Philosophers», *Modern Language Notes*, 63/1 (1948) 26-30.

CAMERON, L., «Authority in Middle English Proverb Literature», *Florilegium*, 15 (1998) 85-123.

COMETTA, M. (a c. di), *La Letteratura gnomica nelle letterature germaniche medievali*, Ledizioni, Milano (in corso di stampa).

CROTCH, W.J.B (ed.), *The Prologues and Epilogues of William Caxton*, Oxford University Press, London 1956.

The Dicts and Sayings of the Philosophers, ed. by J.W. SUTTON, Medieval Institute Publications, Kalamazoo, Michigan 2006, consultabile all'indirizzo http://d.lib.rochester.edu/teams/text/sutton-dicts-and-sayings-of-the-philosophers-introduction (ultima consultazione 30/06/2016).

FLEMING, P., «The Hautes and their "circle": culture and the English gentry», in D. WILLIAMS (ed.), *England in the Fifteenth Century: Proceedings of the 1986 Harlaxton Symposium*, Boydell Woodbridge 1987, pp. 85-102.

Ford, M.L., «Private Ownership of Printed Books», in L. HELLINGA - J.B. TRAPP, *The Cambridge History of the Book in England*, Cambridge University Press, Cambridge 1998, pp. 205-228.

HUGHES, L.J., «Stephen Scrope and the circle of Sir John Fastolf: moral and intellectual outlooks», in C. HARPER-BILL – R. HARVEY (eds.), *Medieval Knighthood IV*, Boydell, Woodbridge 1992, pp. 109-146.

Il Liber philosophorum moralium antiquorum, ed. da E. FRANCESCHINI, *Atti del Reale Istituto Veneto di scienze, lettere ed arti*, CXI/2 (1931-32), pp. 398-588.

KHALAF, O., «Lord Rivers and Oxford, Bodleian Library, Ms Bodley 264: A Speculum for the Prince of Wales?», *Journal of the Early Book Society*, 14 (2011) 239-250.

—, «Anthony Rivers and the Introduction of French Moral Literature in Fifteenth-Century England: The Textual Tradition of the *Dicts and Sayings of the Philosophers*», in A. MOLINARI (ed.), *Mittelalterphilologie Heute: Eine Standortbestimmung. Band 1: Die germanischen Philologien*, Würzburg, Königshausen & Neumann, 2016, pp. 143-155.

—, «*Dicts and Sayings of the Philosophers*», in S. ECHARD – E. ROUSE (eds)., *The Encyclopedia of Medieval Literature in Britain*, Wyley, New York (in corso di stampa).

LESTER, G.A., «The books of a fifteenth-century gentleman, Sir John Paston», *Neuphilologische Mitteilungen*, 88 (1987) 200-217.

MANCINI, D., *The Usurpation of Richard III*, ed. by C.A.J. ARMSTRONG, Oxford University Press, Oxford 1969².

NICHOLS, J. (ed.), *A Collection of Ordinances and Regulations for the Government of the Royal Household, Made in Divers Reigns. From King Edward III to King William and Queen Mary. Also Receipts in Ancient Cookery*, Society of Antiquaries, London 1790.

ORME, N., *From Childhood to Chivalry. The Education of the English Kings and Aristocracy 1066-1530*, Methuen, London – New York, 1984.

ORME, N., «Education and recreation», in R. RADULESCU – A. TRUELOVE (eds), *Gentry Culture in Late Medieval England*, Manchester University Press, Manchester 2005, pp. 63-83.

POLLNITZ, A., *Princely Education in Early Modern Britain*, Cambridge University Press, Cambridge 2015.

RADULESCU, R., «Literature», in R. RADULESCU – A. TRUELOVE (eds), *Gentry Culture in Late Medieval England*, Manchester University Press, Manchester 2005, pp. 100-118.

RADULESCU, R. –TRUELOVE, A. (eds), *Gentry Culture in Late Medieval England*, Manchester University Press, Manchester 2005.

RICHMOND, C., «The Pastons and London», in S. REES JONES – R. MARKS – A.J. MINNIS (eds), *Courts and Regions in Medieval Europe*, Boydell, Woodbridge 2000, pp. 211-226.

SCOTT, K., *Later Gothic Manuscripts 1390-1490. II, Catalogue and Indexes*, Harvey Miller Publishers, Turnhout 1996.

WEINBERG, S.C., «Caxton, Anthony Woodville, and the Prologue to the Morte Darthur», *Studies in Philology*, 102/1 (2005) 45-65.

WILSON, E. – FENLON, I. (eds), *A Facsimile of British Library Additional Manuscript 60577*, D. S. Brewer, Cambridge 1981.

YOUNGS, D., «Cultural networks», in R. RADULESCU – A. TRUELOVE (eds), *Gentry Culture in Late Medieval England*, Manchester University Press, Manchester 2005, pp. 119-133.

PATRIZIA LENDINARA*

ESERCIZI DI TRADUZIONE IN LONDON, BRITISH LIBRARY, HARLEY 1002

0. Premessa

London, British Library, Harley 1002 è un codice miscellaneo il cui contenuto è descritto da David Thomson[1]. Il manoscritto comprende, tra l'altro, ai ff. 31-81, un trattato di ortografia disposto in ordine alfabetico: nello spazio bianco rimasto tra le lettere R e S del testo sono stati copiati cinque gruppi di versi in inglese, seguiti dalla rispettiva versione in latino (ff. 72r-72v)[2]. I versi appartengono a una categoria di strumenti didattici altrimenti documentata nei codici inglesi del XIV e XV sec., ma che, almeno nel caso dei primi due esercizi, è interpretata con libertà e messa in atto con una certa capacità. Sia il primo componimento, *Today in the dawnyng I hyrde þo fowles syng*, in cui si elenca una dozzina di uccelli sia il secondo, *At my howse I have a jaye*, dove si menzionano le voci di nove animali, traggono spunto dagli elenchi di *Voces variae animantium*. Anche il terzo, *Hit ys in heruyst carte to clater*, muove dalla stessa materia, mentre il quarto, *When the clot klyngueth*, celebra, secondo moduli consueti, il ritorno della bella stagione e il quinto, *Whatt for ryght*, è di genere gnomico. I componimenti mostrano attenzione per la rima e le traduzioni in latino non contengono errori. *At my howse I have a jaye* introduce un elemento di novità rispetto alle versificazioni di *Voces animantium*, in quanto a fare il verso di tanti animali è la ghiandaia, come già in un indovinello anglosassone. L'esame dei versi di Harley 1002 permette anche di chiarire la natura di componimenti simili attestati nei codici del XIV e XV sec., che vedono protagonisti gli animali ma non solo.

---

* Università di Palermo, Viale delle Scienze, Edificio n. 15, 90128 Palermo; patrizia.lendinara@unipa.it

[1] D. THOMSON, *A Descriptive Catalogue of Middle English Grammatical Texts*, Garland, New York – London 1979, pp. 239-257.

[2] S. B. MEECH, «Early Applications of Latin Grammar to English», *Publications of the Modern Language Association*, 50 (1935) 1012-1032.

1. Imparare il latino (e l'inglese)

I cinque gruppi di versi in inglese e in latino copiati sul f. 72 di Harley 1002 rientrano in una categoria di esercizi scolastici attestatati a partire dalla metà del XIV sec. e che servivano a insegnare all'allievo a scrivere facendogli tradurre e, in qualche caso, comporre, frasi o brevi brani in inglese oppure in latino. In Inghilterra, al tempo cui risale Harley 1002, studiare una lingua vuol dire studiare il latino[3], così come "grammatica" è sinonimo di "grammatica latina". Portare l'allievo a padroneggiare il latino era lo scopo primario dell'insegnamento e l'attività preponderante svolta a scuola dove innumerevoli ore della giornata erano dedicate allo studio del latino.

Nel XV sec., il maestro insegnava usando l'inglese ma anche il latino e, se l'uso dell'inglese è molto più diffuso rispetto al precedente secolo, esso tarda a divenire la lingua delle riflessioni grammaticali e i primi trattati della lingua latina scritti interamente in inglese compariranno solo nella terza decade del secolo. È probabile che l'inglese fosse da tempo usato oralmente nell'insegnamento, anche se con limitata incidenza[4].

Il trattato grammaticale ai ff. 4r-7v di Cambridge, Trinity College O.5.4, di cui si è conservata una sola copia, usa prevalentemente il latino, ma fornisce alcune istruzioni in inglese[5]. Non c'è una demarcazione precisa tra le due lingue[6] e gli esercizi con cui si insegna il latino partono, di volta in volta, dall'inglese o dal latino. Non sono quindi solo lo strumento di insegnamento, ma rappresentano, emblematicamente, il modo in cui l'insegnamento era condotto.

---

[3] H. GNEUSS, *English Language Scholarship: A Survey and Bibliography from the Beginnings to the End of the Nineteenth Century*, Center for Medieval and Early Renaissance Studies, Binghamton NY 1966, p. 15.

[4] L. KORNEXL, «From Ælfric to John of Cornwall. Evidence for Vernacular Grammar Teaching in Pre- and Post Conquest England», in L. KORNEXL – U. LENKER (eds.), *Bookmarks from the Past. Studies in Early English Language and Literature in Honour of H. Gneuss*, Lang, Frankfurt a. M. 2003, pp. 229-259, a p. 248.

[5] Vid. THOMSON, *A Descriptive Catalogue*, pp. 158-168 per il contenuto del codice, che proviene dal Collegio di St Mary Magdalen a Battlefield, vicino a Shrewsbury e risale al 1410 ca.

[6] Vid. S. B. MEECH, «An Early Treatise in English Concerning Latin Grammar», in *Essays and Studies in English and Comparative Literature*, Univ. of Michigan Press, Ann Arbor MI 1935, pp. 81-125, a p. 84. Il testo è noto come la *Grammatica di Battlefield*.

Si iniziava a studiare latino all'età di 7 anni e si continuava a studiarlo per 8 o 9 anni. Secondo le stime più recenti, le *Grammar schools* erano frequentate da una porzione abbastanza significativa della popolazione maschile, cui era impartito un certo grado di educazione formale[7]. Si tratta di scuole indipendenti, aperte (a partire dal XII sec.) a un pubblico molto più ampio di quello che studiava presso istituzioni religiose o sotto i precettori impiegati della nobiltà; i maestri potevano essere laici o membri del clero secolare. I codici del XV sec.[8] offrono abbondanti notizie sui libri di testo adottati in queste scuole[9].

2. *Making Latins*

2.1. Tra gli esercizi scolastici praticati dagli alunni trova largo spazio l'uso di coppie di frasi – sovente in forma metrica – in inglese e in latino, oppure in latino e in inglese, composte dal maestro o dagli allievi[10]. Se si parte da una frase in inglese, gli allievi compongono un *latin*; con *vulgar* o *vulgus* si indica la frase in inglese, punto di partenza o costruita muovendo da un suggerimento in latino[11]. Gli studi più recenti hanno dimostrato

---

[7] Vid. J. A. H. MORAN, *The Growth of English Schooling, 1340-1548: Learning, Literacy, and Laicization in Pre-Reformation York Diocese*, Princeton Univ. Press, Princeton NJ 2014; N. ORME, *English Schools in the Middle Ages*, Methuen, London 1973; ID., *Medieval Schools: From Roman Britain to Renaissance England*, Yale Univ. Press, New Haven CO 2006; ID., *English School Exercises, 1420-1530*, Pontifical Institute of Mediaeval Studies, Toronto 2013 (dove sono pubblicate 12 raccolte di esercizi scolastici).

[8] C. CANNON, «The Middle English Writer's Schoolroom: Fourteenth-Century English Schoolbooks and their Contents», *New Medieval Literatures*, 11 (2009) 19-38, prende in esame 24 codici.

[9] J. N. MINER, «Schools and Literacy in Later Medieval England», *British Journal of Educational Studies*, 11 (1962) 16-27; ID., «The Grammar Program: The Teaching of Latin», in ID. (ed.), *The Grammar Schools of Medieval England: A.F. Leach in Historiographical Perspective*, McGill-Queen's Univ. Press, Montréal 1990, pp. 133-173.

[10] Vid. ORME, *Medieval Schools*, pp. 109-118; ID., *Education and Society in Medieval and Renaissance England*, Hambledon, London 1989, pp. 77 e 82-85; R. W. HUNT, «Oxford Grammar Masters in the Middles Ages», in ID., *The History of Grammar in the Middle Ages: Collected Papers*, ed. by G. L. BURSILL-HALL, Benjamins, Amsterdam 1980, pp. 167-197, a p. 179.

[11] S. B. MEECH, «A Collection of Proverbs in Rawlinson Ms D 328», *Modern Philology*, 38 (1940) 113-132, a pp. 122-123; MORAN, *The Growth of English Schooling*, pp. 30-31.

l'intercambiabilità del procedimento e l'alternanza tutt'altro che rigida delle due lingue, in questo come in altri aspetti dell'insegnamento, in particolare nel XIV sec.[12]. Da parte loro Bellis e Bridges[13] avanzano dubbi su una rigida binarietà delle due lingue che, così come emergono dalla documentazione dei testi usati in questo periodo nella scuola, mostrano entrambe tratti di oralità, colloquialità e sono spesso connotate da assenza di letterarietà.

I versi di Harley 1002 rientrano in questa categoria di esercizi, che inizia a essere documentata intorno al 1350, quando alcune frasi in latino sono riportate alla fine di alcune sezioni dello *Speculum gramaticale* attribuito a Giovanni di Cornovaglia[14] da un colofone di Oxford, BodL, Auctarium F.3.9 (XV s.). Le frasi dello *Speculum* sono soltanto in alcuni casi accompagnate dalle corrispondenti frasi in inglese, ma non per questo non vanno considerate esercizi di composizione. Le frasi di un altro manoscritto, il Cambridge, TC O.5.4, muovono dal latino per essere rese in inglese, e, così come le altre opere didattiche dello stesso codice, dimostrano l'intercambiabilità tra le due lingue.

Il termine *vulgaria* compare per la prima volta nel titolo di una raccolta curata da John Anwykyll, data alle stampe nel 1483[15]. Per tutto il XIV sec. e fino alla prima parte del XVI sec. questi esercizi caratterizzano l'attività didattica delle scuole inglesi. Il numero delle edizioni ne testimonia la popolarità: maestri come John Anwykyll, John Stanbridge[16], Robert

---

[12] CANNON, «The Middle English Writer's Schoolroom», pp. 28-30.

[13] J. BELLIS – V. BRIDGES, «'What shalt thou do when thou hast an english to make into Latin?': The Proverb Collection of Cambridge, St John's College, MS F.26», *Studies in Philology*, 112 (2015) 68-92.

[14] Questo maestro è menzionato da Giovanni di Trevisa in una interpolazione alla traduzione del *Polychronicon* di Ranulph Higden: C. BABINGTON – J. R. LUMBY, *Polychronicon Ranulphi Higden Monachi Cestrensis: Together with the English Translations of John Trevisa*, 9 voll., Longman, London 1864-1886, II, pp. 158-159. Per l'interpolazione vid. K. SISAM, *Fourteenth-Century Verse and Prose*, Clarendon, Oxford 1921, p. 149, rr. 26-34 e C. R. BLAND, *The Teaching of Grammar in Late Medieval England*, Colleagues Press, East Lansing MI 1991.

[15] *Vulgaria quedam abs Terentio in Anglicam linguam traducta*, in appendice al suo *Compendium totius grammaticae*, Th. Rood – Th. Hunte, Oxford 1483.

[16] I suoi esercizi sono pubblicati da Wynkyn de Worde nel 1508 e raggiungono in breve tempo 6 edizioni.

Whittinton[17] e William Horman[18] danno alle stampe i propri *vulgaria*, raccogliendo verosimilmente il materiale usato in classe; altre raccolte rimangono manoscritte[19].

Roger Ascham afferma di avere avuto scarsa fiducia nel latino di questi esercizi che non giudica positivamente nel suo *The Scholemaster*[20]. L'artificialità e la mancata autorialità dei componimenti sono attaccati e criticati e, dopo il 1520, non si stampano più raccolte di *vulgaria*, che sono soppiantate da frasi prese da testi di autori classici, in particolare da Terenzio, come i *Floures for Latine Spekyng* di Nicholas Udall (1533).

2.2. Nicholas Orme e altri studiosi hanno accentuato e valutato positivamente la natura ludica di questi esercizi, come pure il loro carattere sapienziale e colloquiale, rilevando come essi tendano a mimare conversazioni reali e assumano la forma di brevi dialoghi. Grande

---

[17] Anche questi sono pubblicati da de Worde nel 1520: vid. B. WHITE, *The Vulgaria of John Stanbridge and the Vulgaria of Robert Whittinton*, Kegan Paul – Trench – Trubner, London 1932.

[18] Horman pubblica i suoi *Vulgaria* nel 1519 presso la stamperia di Pynson, che ne stampa 600 copie.

[19] Sui *vulgaria* di John Drury in Cambridge, University Library, Additional 2830, vid. N. ORME, «Beccles School in the 1430s», *Proceedings of the Suffolk Institute of Archaeology*, 42 (2011) 325-346 e S. B. MEECH, «John Drury and his English Writings», *Speculum*, 9 (1934) 70-83; un maestro di grammatica alla Magdalen School di Oxford raccoglie in London, BL, Arundel 249, ff. 9r-61r (XV s.), 400 passi in inglese in prosa, ognuno con la sua traduzione modello in latino: ed. W. NELSON, *A Fifteenth Century School Book: from a Manuscript in the British Museum (Ms. Arundel 249)*, Clarendon, Oxford 1956. Vid anche N. ORME, «An Early Tudor-Oxford Schoolbook», *Renaissance Quarterly*, 34 (1981) 11-39; ID., «A Grammatical Miscellany of 1427-1465 from Bristol and Wiltshire», *Traditio*, 38 (1982) 301-326.

[20] Ascham propone il metodo che chiama della "doppia traduzione" e che consisteva nel tradurre un passo da una lingua all'altra e, dopo una pausa, tradurre lo stesso passo nuovamente nella lingua originale confrontando la versione dello studente con l'originale. *The Schoolmaster*, in J. A. GILES, *The Whole Works of Roger Ascham Now First Collected and Revised, With a Life of the Author,* 3 voll., Smith, London 1864-1865, III, p. 188: «Therefore, in place of Latines for young scholars, and *Paraphrasis* for the masters, I would have double translation specially used. For, in double translating a perfect piece of Tullie or Caesar, neither the scholar in learning, nor the Master in teaching can err.». Ascham raccomanda l'uso di Johannes Sturm, *Ciceronis epistolarum libri IV [...] Puerili educatione confecti*, Strasburgo, Wendelin Rihel 1539 (*The Schoolmaster*, p. 92).

importanza è stata anche attribuita alle informazioni che da questi esercizi scolastici si possono ricavare in merito ai costumi della società contemporanea.

Gli studi più recenti hanno dimostrato la reciprocità tra le due lingue[21], sottolineando il ruolo del latino. Sono numerose le raccolte in cui il latino viene prima e l'inglese dopo. La rispettiva posizione delle due versioni nei codici non è indicativa della successione delle due lingue e le versioni in inglese non sono vergate in modo sistematico; inoltre la traduzione dal latino all'inglese poteva anche essere fatta oralmente[22] e messa per iscritto solo in un secondo tempo.

I codici conservano anche annotazioni sulla difficoltà di questi esercizi, come quella in Oxford, Lincoln College, lat. 129, «a hard latin to make, my face waxeth black» 'un "latino" difficile da comporre, il mio volto si rabbuia' (f. 94v)[23]. In Oxford, BodL, Hatton 58, la *Informacio* del maestro John Leylond, si apre con la domanda: «What shalt thow doo whan thow hast an Englysch to make yn Latyn» 'che devi fare quanto hai un "inglese" da rendere in latino' (f. 46r)[24] e, in Cambridge, TC O.5.4 (f. 4r), si spiega «In how many maners schalt thou begynne to make Latyn» 'in quanti modi devi iniziare a comporre i "latini"'[25].

Gli esercizi erano ideati dal maestro che li dettava agli allievi i quali dovevano tradurli[26]. Le versioni che si sono conservate sono, in alcuni casi,

---

[21] THOMSON, *A Descriptive Catalogue*, pp. xii, xxxi-xxxii; ORME, *Medieval Schools*, pp. 110-111.

[22] Robert Whittington, riporta un breve dialogo che spiega come gli esercizi fossero messi per iscritto: «Hast thou wryt all the vulgares that our master hat gyuen unto us this mornynge. *Omni ne tibi (vel abs te) scripta sunt vulgaria? Que a preceptore (vel preceptori) nobis hoderno mane fuerunt tradita.* I haue wryt them euery one. *Omni quidem a me (vel mihi) sunt litteris mandata.*»: WHITE, *The Vulgaria of John Stanbridge*, p. 87.

[23] ORME, *Education and Society*, pp. 76 e 87-111.

[24] THOMSON, *A Descriptive Catalogue*, p. 288; questa parte del codice (XV^{ex} s.), è ascritta al maestro John Rede.

[25] MEECH, «Early Treatise», p. 98; CANNON, «The Middle English Writer's Schoolroom», p. 29, rileva come, nel trattato grammaticale di Cambridge, TC O.5.4, «many (if not all) of the text's English sentences are, in effect, the kind of 'latins' that the text is training its readers to 'make'».

[26] Le traduzioni si imparavano a memoria e si recitavano su richiesta del maestro: vid. P. SULLIVAN, «Playing the Lord: Tudor 'Vulgaria' and the Rehearsal of Ambition», *English Language History*, 75 (2008) 179-196, che cita le parole di un esercizio: «It is

accompagnate da traduzioni esemplificative a opera del maestro. Potevano anche essere inventati dagli allievi che erano invitati a scrivere frasi in inglese e a tradurle in latino. Questi esercizi costituivano una forma di grammaticalizzazione in quanto lo studente doveva continuamente fare ricorso alla grammatica che aveva imparato in latino, sia per analizzare l'inglese e renderlo in latino sia per comporre le prime frasi mai scritte in inglese. Si limitavano in ogni caso a insegnare all'allievo più una "pratica" che una terminologia grammaticale[27].

Sono usati come esercizi proverbi latini (tratti in parte da un testo ancora largamente usato come i *Disticha Catonis*) e in volgare, come quelli copiati in Oxford, Bodleian Library, Rawlinson D.328, ff. 140r-144v. Per buona parte di quelli in inglese, Meech ha trovato un riscontro all'interno di romance, omelie e lavori teatrali, comprese le opere di Chaucer[28]. In Cambridge, St John's College, F.26, ai ff. 441r-441v, c'è una raccolta di proverbi in inglese e in latino: la versione in inglese è copiata sopra quella in latino, ma il testo dei proverbi dimostra come la versione originaria è talora quella inglese e talora quella latina, che si caratterizza per la sinteticità, la correttezza del metro e la rima anche interna, a differenza dell'inglese che si dimostra, in molti casi, una traduzione maldestra. Se le scelte dei manoscritti conferiscono maggiore importanza al latino, gli editori recenti hanno privilegiato le versioni in inglese, senza affrontarne la forma in maniera contrastiva, ostacolando così la valutazione di questi esercizi che hanno spesso una forma metrica.

Questo tipo di approccio ha fatto sì che alcuni esercizi in inglese in versi sono stati annoverati tra i componimenti poetici (senza dare indicazione dell'esistenza della versione in latino)[29]. Gli esercizi scolastici bilingui in versi sono stati definiti, anche, erroneamente, maccheronici. Così viene designato, per esempio, *The krycket & þe greshope wentyn*

---

evyll with vs whan the mayster apposeth - *Male nobiscum est cum preceptor examinat nos*».

[27] ORME, *Education and Society*, p. 67.
[28] MEECH, «A Collection of Proverbs».
[29] Vid., per i versi di Lincoln College, lat. 132, R. H. ROBBINS, *Secular Lyrics of the XIVth and XVth Centuries*, 2ª ed., Clarendon, Oxford 1955, p. 105; vid. anche M. S. LURIA – R. L. HOFFMAN, *Middle English Lyrics*, Norton, New York 1974, pp. 130-131 e C. SISAM – K. SISAM, *The Oxford Book of Medieval Verse*, Clarendon, Oxford 1970, pp. 488-489.

here to fy3ght[30], composto di 6 quartine, 3 in inglese e 3 in latino, che si alternano ma sono identiche. Si tratta piuttosto di una composizione scolastica particolarmente felice, pervasa, di necessità, da una vena di "nonsense", su una contesa, descritta in toni cavallereschi, tra il grillo e la cavalletta – cui partecipano anche la mosca e lo scarabeo, la lepre, il cane e le galline – , nata dal pretesto di enumerare, in inglese e in latino, di nomi di insetti e altri animali.

Con un metodo diverso e una visione integrata della produzione didattica e letteraria della fine del XIV e inizio XV sec., si sono di recente iniziati a studiare i riflessi o meglio la contiguità tra gli esercizi scolastici di traduzione e la letteratura in inglese. Alla fine del XIV sec., il metodo con cui nelle scuole si muoveva dal latino all'inglese, facendo spesso ricorso a esercizi in versi con rima finale e interna, diventa, nell'interpretazione di Cannon, anche il modo in cui comporre poesia in volgare e le pratiche scolastiche si riflettono nella composizione delle opere letterarie coeve in volgare[31].

2.3. Nel *Ludus literarius*, Brinsley raccomandava l'uso di esercizi scolastici in versi[32], con una scelta che sarà criticata da Locke il quale

---

[30] ROBBINS, *Secular Lyrics*, p. 104; SISAM, *The Oxford Book*, p. 491. I versi di Aberystwyth, National Library of Wales, Peniarth 356b, p. 44, sono classificati come maccheronici anche da DIMEV, n. 5241.

[31] C. CANNON, «From Literacy to Literature: Elementary Learning and the Middle English Poet», *Publications of the Modern Language Association*, 129 (2014) 349-364. È di imminente pubblicazione un libro di Cannon, *From Literacy to Literature: England, 1300-1400* (Oxford Univ. Press), dove l'autore studia il rapporto tra strumenti didattici e letteratura al tempo di Riccardo II.

[32] John Brinsley, *Ludus Literarius or the Grammar Schoole*, Humphrey Lownes for Th. Man, London 1612 e 1627, a cura di E.T. CAMPAGNAC, The Univ. Press, Liverpool, Constable, London 1917, vid. WHITE, *The Vulgaria of John Stanbridge*, p. xliii. Uno dei maestri che dialogano nel *Ludus*, spiega come si esercitino gli allievi: «*Spoud*: I have taken that course which I thinke is commonly practised in Schools: I have given them vulgars, or Englishes, such as I have devised, to be made in Latine; and at the first entrance I have taught and heard them, how to make every word in Latin, word by word, according to their rules. After a while I have onely given such vulgars and appointed them a time, against which they should bring them made in Latine [...]; and so have given them new Englishes, and it may be that I have told them the Latine to the hardest words. This is the course that I have followed.» (p. 148). Brinsley aveva raffinato il metodo della 'doppia traduzione' di Ascham.

scrive: «If he has not Genius to Poetry, it is the most unreasonable thing in the World, to torment a Child, and waste his time about that which can never succeed»[33].

I codici e le edizioni a stampa conservano un gran numero di esercizi in versi, composti pure rielaborando storie e motivi in circolazione, come quello su Robin Hood, *Robyn hod in scherewod stod*, aggiunto da una mano del XV sec. sul f. 100v di Lincoln College, lat. 132, cui segue la versione latina che inizia con «Robertus hod stetit in ...»[34]. Sul recto del foglio è copiato un esercizio in cui un allievo si ribella alle regole della scuola, la cui versione in inglese è in versi a rima alternata e quella latina in prosa[35]. Una parte dei proverbi in inglese di Rawlinson D.328 sono in rima[36]. La ricerca della rima anche nella versione inglese dei proverbi merita apprezzamento, come nel caso dei versi al f. 142v: «Whan to herde hat Rome/ Do so of ther þe dome / Whan þu herde hels ware / Do of ther as þe dohte thare», basati sui distici elegiaci: «Cum fueris Rome Romane vivito more / Cum tu sis alibi vivito more loci». Anche i componimenti di Harley 1002 presentano le stesse caratteristiche.

3. I versi di Harley 1002

3.1.1. Wright, cui si deve l'edizione dei cinque esercizi aggiunti nel f. 72 di Harley 1002, li ha chiamati "parerga", sottolineandone il legame e la complementarietà col resto del manoscritto che contiene trattati grammaticali, un Nominale, un Verbale e anche composizioni lessicografiche come *Bursa latini* e *Os facies mentum*.

Il primo esercizio elenca i nomi di una serie di uccelli, accomodandone in genere tre in ogni verso lungo. Il componimento è formato da distici con rima AA e numerosi casi di rima interna, cui concorre la scelta dei nomi e l'ordine in cui sono disposti:

---

[33] John Locke, *Some Thoughts concerning Education*, A. and J. Churchill at the Black Swan, London 1693, 2ª ed. a cura di R. H. Quick, Cambridge Univ. Press, Cambridge 1889.

[34] G. R. Morris, «A Ryme of Robyn Hode», *Modern Language Review*, 43 (1948) 507-508.

[35] Cannon, «From Literacy to Literature», pp. 30-31.

[36] Ivi, pp. 32-33; Meech, «A Collection of Proverbs», p. 121.

Today in the dawnyng I hyrde þo fowles syng.
The names of hem it likyt me to myng.
The parterygg, the fesant and þe sterlyng.
the quayle & þe goldefyng and þe lapwyng.
the thrusch, þe maueys and þe wodewale.
the Jaye, þe popynjaye and the nyghtyngale.
the nottha*r*ch, þe swallow and the sernow.
the chawȝe, the cucko, þe rooke, [þe ravyn] and the crow.
Among all þe fowles þat maden gle,
the rere mowse and þe owle cowde I not see[37].

'Oggi, all'alba, ho sentito cantare gli uccelli i cui nomi mi piace ricordare. La pernice, il fagiano e lo storno, la quaglia e il cardellino e la pavoncella, il tordo, il malvizzo e il rigogolo, la ghiandaia, il pappagallo e l'usignolo, il picchio, la rondine e il passero, la taccola, il cuculo, il corvo e la cornacchia. In mezzo a tutti gli uccelli che facevano musica, non ho visto né il pipistrello né il gufo'.

Il verso iniziale fa pensare, con l'accenno all'alba, a un possibile tema amoroso, ma il componimento si risolve in un elenco di uccelli animato da un guizzo finale[38]. L'arrivo del giorno carico di promesse non è annunciato, secondo i consueti moduli poetici, dal canto dell'usignolo, ma dalle voci di tanti differenti uccelli.

L'esercizio che ammicca alle "albe" e alle lodi della voce soave dell'usignolo usa un sistema mnemonico per insegnare i nomi degli uccelli in latino ricorrendo ai cataloghi di voci in circolazione.

---

[37] C. E. WRIGHT, «Late Middle English Parerga in a School Collection», *Review of English Studies*, n.s. 2 (1951) 114-120, a p. 116 (in questo e nei componimenti successivi, è stata modificata la punteggiatura).

[38] Negare la presenza del gufo e del pipistrello permette al maestro di menzionare altri due uccelli, facendo altresì rilevare che si tratta di animali notturni. Un simile espediente è usato, per esempio, da Adamo di Balsham nella sua *Oratio de utensilibus ad domum regendam pertinentibus*, una finta lettera in cui si descrive la visita fatta al castello avito usando parole riprese dalle *Etymologiae*, in particolare dai libri XV-XX. Sull'*Oratio*, che ha intenti didascalici e una forte vena ludica, vid. P. LENDINARA, «Contextualized Lexicography», in K. O'BRIEN O'KEEFFE – A. ORCHARD (eds.), *Latin Learning and English Lore. Studies in Anglo-Saxon Literature for M. Lapidge*, 2 voll., Univ. of Toronto Press, Toronto 2005, II, pp. 108-131, a pp. 118-119.

3.1.2. Le Voces variae animantium

Piccole enciclopedie sonore degli animali, ma anche di elementi della natura e oggetti si tramandano dall'antichità sia in greco sia in latino. Sotto il nome di Voces variae animantium va una produzione vasta e eterogenea dove i nomi degli animali, in particolare degli uccelli, sono seguiti dal verso che è loro proprio. Non si sa nulla di preciso del catalogo maggiormente citato, pubblicato da Reifferscheid come *fragm*. 161[39] e attribuito a Svetonio. Questo elenco di voci è verosimilmente ripreso da un lemma delle *Derivationes* di Uguccione da Pisa, che lo ha copiato da Osberno di Gloucester (aggiungendo all'inizio della lista il nome dell'ipotetico autore). Osberno aveva, a sua volta, copiato l'elenco di voci riportato nel lemma delle sue *Derivationes* dal *Liber glossarum*[40].

Cataloghi di voci di animali compaiono nelle opere di grammatici come Foca e nel *Laterculus* di Polemio Silvio[41]; testimoniati da numerosi codici medievali, continuano ad essere copiati fino alla prima età moderna. Da un lato, elenchi più o meno lunghi di voci sono riportati nelle voci di alcuni glossari (come il *Liber glossarum* e le *Derivationes* di Uguccione e di Osberno), dall'altro, nomi e voci sono versificati in componimenti brevi e inevitabilmente di scarso valore letterario[42]. Tra quelli maggiormente noti c'è il *De volucribus et iumentis. De filomela* (*incipit* «Dulcis amica veni, noctis solatia praestans...»)[43], un componimento datato al X o XI sec., che

---

[39] A. REIFFERSCHEID, *C. Suetoni Tranquilli praeter Caesarum libros reliquiae*, Teubner, Leipzig 1860; rist. Olms, Hildesheim – New York 1971, pp. xi, 247-254, 308-312 e 449-50.

[40] Vid. M. MARCOVICH, «Voces Animantium and Suetonius», *Živa Antika - Antiquité vivante*, 21 (1971) 399-416, a pp. 409-416. Uguccione attribuisce il catalogo a «Sydonius», mentre Du Cange, *s.v. baulare*, citando da un codice delle *Derivationes*, legge «Sindonius».

[41] D. T. BENEDIKTSON, «Polemius Silvius' 'Voces varie animancium' and related Catalogues of Animal Sounds», *Mnemosyne*, 53 (2000) 71-79.

[42] Vid. anche *De cantibus avium* (*Anthologia Latina* n. 733) e il *Carm*. n. 72 di Ausonio (*In hominem vocis absonae*), che ha ispirato il *Carm*. n. 41 di Eugenio di Toledo, imitato a sua volta da Paolo Albaro (*Carm*. n. 4) e Eugenio Vulgario (*Species comice*).

[43] *Anthologia Latina* n. 762; P. KLOPSCH, «Carmen de Philomela», in A. ÖNNERFORS, W. RATHHOFER, F. WAGNER (eds.), *Literatur und Sprache im europäischen Mittelalter. Festschrift für K. Langosch zum 70. Geburtstag*, Wissenschaftliche Buchgesellschaft, Darmstadt 1973, pp. 173-194.

si apre con un elogio del canto dell'usignolo e elenca quindi uccelli e altri animali che non reggono al suo paragone.

Più vicini ai versi di Harley 1002 sono quei componimenti, molto elementari, in cui si enumerano animali o piante, disponendo più nomi in un verso (a differenza della seconda parte del *De filomela* che destinava un distico a ogni animale), come *Hic volucres celi referam sermone fideli*[44], che fa anche parte dei *Carmina Burana* (n. 133)[45]. In alcuni codici questi versi sono corredati da glosse interlineari in volgare, come il componimento in esametri dal titolo *Hinc etiam pisces et eorum nomina disces* di Innsbruck, Universitätsbibliothek 355, f. 13v (XIV s.), dove ogni nome è glossato interlinearmente in medio alto tedesco[46].

La versione in latino di *Today in the dawnyng I hyrde þo fowles syng* è in prosa e tutti i nomi degli uccelli sono corredati da una glossa in medio inglese che corrisponde, in genere, al termine usato nella versione in inglese.

Hodie in aurora audiui Volucres canentes nomina quorumlibet placet
                              parterygg   fesant   stare   quayle
mihi remorare videlicet ·perdicem. ornicem. sturnum· coturnicem·
goldefyng lapwing trusch   maueys e*st* auis q*ui* valde maue /wodewale
caduclem· vpupam· mauiscu*m*   ffideculam & luceneam.   Vlila
wodewale papynjaye nightyng gale nothache   semow
Vlilam psitagu*m*· philomela. ostellum· hIrundine*m* alceonem·
chow3e   cucko   roke   revyn   crow
monedula*m* cuculum ffrugella*m* coruum cornicem
                              reremowse
Inter om*n*es volucres que fecerunt illud sonu*m* · vesp*er*tilione*m*
owle
bubone*m* non potui videre·

---

[44] Per altri cataloghi di uccelli in versi, come *En / Hic / Hinc / Sic volucres celi referam sermone fideli*, vid. *WIC*, nn. 5437, 8153, 8186, 18139, vid. anche n. 270; per gli animali: nn. 1357, 1383, 4744, 13548, 13549, 19201, 19371; e per i pesci: nn. 7914, 8179, 8182, 10432 e 11931.

[45] Il componimento è conservato in ca. 50 codici. Tra i *Carmina Burana* ci sono altri cataloghi in versi: *Iam vernali tempore* (n. 132), *Nomina paucarum sunt hic socianda ferarum* (n. 134), *Musa venit carmine* (n. 145) e una parte di *Iam ver oritur* (n. 58).

[46] A. JEITTELES, «Altdeutsche Glossen aus Innsbruck», *Germania*, 33 (1889) 290-299.

Dimostra così di essere un testo di servizio, privo di pretese letterarie, ma ci fa cogliere le tecniche usate nella scuola e la tempistica degli esercizi, mostrando come, nella versione latina, tutti i nomi degli uccelli rechino una glossa in volgare.

3.2. At my howse I have a jaye

3.2.1. Gli esercizi che attingono dalla *Voces animantium* servono a insegnare i nomi degli animali e le rispettive voci[47], combinando il livello linguistico con quello uditivo e anticipando più recenti strumenti educativi. Il secondo componimento di Harley 1002 vanta le capacità imitative della ghiandaia in 6 distici, menzionando 9 animali e le rispettive voci:

> At my howse I have a Jaye.
> He can make mony dive*rs*e leye,
> he can barkyrg as a foxe,
> he can lowe as a noxe,
> he can crecu as a gos,
> he can remy as a nasse in his cracche,
> he can croden as a froge,
> he can bark[e]n as a dogg,
> he can cheteron as a wren*n*e,
> he can chatery as a hen*n*e,
> he canne neye as a stede.
> Suche a byrde yt wer*e* wode to fede[48].

'A casa ho una ghiandaia. Sa fare molte diverse melodie, sa abbaiare come una volpe, sa muggire come un bue, sa starnazzare come un'oca, sa ragliare come un asino alla mangiatoia, sa gracidare come una rana, sa abbaiare come un cane, sa cinguettare come

---

[47] Sull'impiego ai fini mnemonici, vid. M. CARRUTHERS, *The Book of Memory: A Study of Memory in Medieval Culture*, 2ª ed., Cambridge Univ. Press, Cambridge 2008, pp. 110 e 125-129.
[48] WRIGHT, «Late Middle English Parerga», p. 117; DIMEV n. 710; N. ORME, *Fleas, Flies, and Friars: Children's Poetry from the Middle Ages*, Cornell Univ. Press, Ithaca NY 2012, p. 15. Non è condivisibile l'insistenza con cui Orme parla, a proposito di questi componimenti, di versi destinati ai bambini, vid. anche ID., «The Culture of Children in Medieval England», *Past & Present*, 148 (1995) 48-88.

uno scricciolo, sa chiocciare come una gallina, sa nitrire come un cavallo. È insensato nutrire questo uccello!'

La versione in latino presenta qualche differenza, nella parte iniziale e finale; l'ultima frase potrebbe essere corrotta anche in inglese; un emendamento di *wode* 'pazzo' (v. 12) in *worde* 'valido, conveniente', per cui "varrebbe la pena" allevare la ghiandaia, offrirebbe una migliore conclusione e si accorderebbe con la versione latina, una volta emendato *ubi vel obo* in *cibi vel cibo*, secondo quanto propone Wright. La natura didattica del componimento detta l'uso di *habeo*, comune nella traduzione latina delle favole di Esopo[49] che nel medioevo erano impiegate come esercizi scolastici.

Habeo domi graculu*m* cui*us* lingua nouit multiplice*m* notulam gannit vt vulpes mugescit vt bos pipiat vt auca rudet vt asinus in p*re*sipio coaxat vt rana latrat vt canis pipiat vt restis gracillat vt gallina hinnit vt dexterius talis pullus est ubi vel obo condign*us*.

I versi in latino parlano di un *graculus*. Dal latino tardo *gaius* 'ghiandaia' discende il franc. ant. *jai, gaye*, da cui è stato mutuato il med. ingl. *jai*[50]. La ghiandaia è un'abile imitatrice che riesce a riprodurre il verso di altri uccelli canori e anche dei rumori. L'*Aviarium* attribuito a Ugo di Folieto parla di un *graculus* tenuto in gabbia e capace di dire alcune parole (§ 50). Altrove, come nel *De filomela*, si lodano le capacità mimiche della *pica*: «Pica loquax varias concinnat gutture voces, / Scurrili strepitu quidquid et audit, ait.» (vv. 33-34)[51].

---

[49] Vid. n. 530 *Perdices et Vespae*: «At rusticus 'Duos,' inquit, 'boves habeo [...]'.» e n. 533 *Olor et Anseres*: «Pecuniosus quidam, qui anseres haberet domi.».

[50] W. B. LOCKWOOD, *The Oxford Book of British Bird Names*, Oxford Univ. Press, Oxford – New York 1984, pp. 88-89: ingl. *jay* è attestato dal 1310 e sostituisce ags. *higora*.

[51] Vid. anche «Pica hominum voces cuncta ante animalia monstrat.» (*Anthologia Latina* n. 370, v. 1). All'interno della famiglia dei corvidi, la ghiandaia (*garrulus glandarius* L.), chiamata *gaius, gaia* in latino tardo, si confonde con gazze e piche, in particolare la gazza (*pica pica* L.). Plinio (*NH*, X.118-119), parlando della *pica* dalle capacità mimiche, specifica che si ciba di ghiande; anche la pica di Marziale (*ep.* XIV.73): «Pica loquax certa dominum te voce saluto. / Si me non videas, esse negabis avem.» è stata identificata come una ghiandaia; Isidoro di Siviglia, *Etym.*, XII. vii.46, descrive l'abilità della *pica* e cita Marziale: vid. J. ANDRÉ, *Le noms d'oiseaux en*

Fonti letterarie e storiche danno notizia di ghiandaie, gazze, taccole e anche usignoli tenuti in gabbia per diletto nel medioevo[52]. Chaucer, nel Prologo dei *Canterbury Tales* ironizza sulle competenze dell'ufficiale giudiziario, paragonandolo, per la sua conoscenza di 'due o tre parole', a una ghiandaia (vv. 639-643)[53]. Nel racconto dell'economo, si narra come Febo allevasse in casa un corvo e gli avesse insegnato a parlare così come si insegna alle ghiandaie, con le disastrose conseguenze del caso.

Gli animali imitati dalla ghiandaia sono, nell'ordine, la volpe, il bue, l'oca, l'asino, la rana, il cane, lo scricciolo e il cavallo. Nell'elenco di Polemio Silvio ne compaiono sei: «canis latrat, bos mugit, equus hinnit, asinus rudit, anser clingit, rana coaxat». La volpe figura in altri cataloghi e ricorre al v. 4 del poemetto di Eugenio di Toledo; lo scricciolo, latino *regulus*, frainteso dal copista di Harley 1002, non è altrimenti citato.

L'interesse per i versi degli animali nel periodo medio inglese è testimoniato da una nuova sezione sulle voci degli animali che compare nei glossari a soggetto (o Nominali)[54].

3.2.2. Il componimento fa ricorso a un lista di *Voces animantium* per allargare l'elenco dei versi che la ghiandaia è capace di imitare, dilatando la descrizione delle sue capacità mimiche. Lo stesso aveva fatto l'autore di un indovinello anglosassone che aggiungeva al nucleo originario, che doveva forse circolare oralmente, il verso di altri uccelli. La soluzione dell'indovinello n. 24 del Codice Exoniense è fornita dalle rune della

latin, Klincksieck, Paris 1967, pp. 127-128 e F. Capponi, *Ornithologia latina*, Istituto di filologia classica e medievale, Genova 1979, pp. 154, 271 e 414-418.

[52] W. B. Yapp, «Birds in Captivity in the Middle Ages», *Archives of Natural History*, 10 (1982) 479-500.

[53] Anche in *The Simonie*, un poema datato al 1320 ca., un prete ignorante è paragonato a una ghiandaia in gabbia che sa parlare in inglese, ma non sa quello che dice (vv. 103-107): J. M. Dean, *Medieval English Political Writings*, Medieval Institute Publication, Kalamazoo MI 1996.

[54] Nel *Tretiz* di Walter di Bibbesworth le voci degli animali figurano ai vv. 244-309 (ms. G), sotto il titolo *Ore de la naturele noise des toutes manere des bestes* e nel Nominale di Cambridge, UL, Ee.4.20, ff. 162v-164v, i rr. 836-852 sono dedicati a *La noyse de oysealx naturelment*. Per il rapporto del *Tretiz* coi glossari medio inglesi, vid. P. Lendinara, «The Glossary in ms. Cambridge, St John's College E.17 and Middle English Lexicography», *Filologia Germanica - Germanic Philology*, 7 (2015) 89-140.

parte finale, che formano la parola *higoræ* = *higore*, femm. di *higora* 'ghiandaia'[55]:

> Ic eom wunderlicu wiht, wræsne mine stefne:
> hwilum beorce swa hund, hwilum blæte swa gat,
> hwilum græde swa gos, hwilum gielle swa hafoc,
> hwilum ic onhyrge þone haswan earn,
> guðfugles hleoþor, hwilum glidan reorde
> muþe gemæne, hwilum mæwes song,
> þær ic glado sitte. .X. mec nemnað,
> swylce .F. ond .R. .F. fullesteð,
> .H. ond .I. Nu ic haten eom
> swa þa siex stafas sweotule becnaþ[56].

'Sono una creatura meravigliosa, trasformo la mia voce: a volte abbaio come un cane, a volte belo come una capra, a volte starnazzo come un'oca, a volte urlo come un falco, a volte imito la grigia aquila, lo stridio dell'uccello di guerra, a volte faccio la voce del nibbio con la bocca, a volte il canto del gabbiano, là dove siedo gaia. .G. mi denomina e così anche .Æ. e .R.; .O. aiuta .H. e .I. Io mi chiamo adesso come indicano chiaramente le sei lettere.'

Oltre alla ripetizione anaforica di *hwilum*[57], l'indovinello presenta numerosi casi di assonanza, favorita dalla scelta di nomi e verbi di origine onomatopeica. Il brano è stato avvicinato all'indovinello latino di Eusebio, *De psittaco* (n. 59), dedicato al pappagallo che imita la voce umana, e potrebbe avere altre fonti, popolari o dotte[58], così come gli altri indovinelli della raccolta exoniense.

---

[55] P. R. KITSON, «Old English Bird-Names. I», *English Studies*, 78 (1997) 481-505, a p. 496.

[56] G. P. KRAPP – E. VAN K. DOBBIE, *The Exeter Book*, Columbia Univ. Press, New York 1936, pp. 192-193 e 334-335.

[57] Vid. M. NELSON, «The Rhetoric of the Exeter Book Riddles», *Speculum*, 49 (1974) 421-440, a pp. 433-434 e R. J. DEWA, «The Runic Riddles of the Exeter Book: Language Games and Anglo-Saxon Scholarship», *Nottingham Medieval Studies*, 39 (1995) 26-36, a pp. 29-30.

[58] D'A. W. THOMPSON, *A Glossary of Greek Birds*, 2ª ed., Oxford Univ. Press, London – Oxford 1936; rist. Olms, Hildesheim 1966, pp. 74-75, cita uno straordinario uccello di cui parla Eliano (*Sulla natura degli animali* XVII.33,38), ΚΑΣΠΙΟ ΣΟΡΝΙΣ 'avis caspica vel indica', di cui esistono tre specie, una che gracida come una rana, una che bela come una capra e una che abbaia come un cane; l'uccello non è stato identificato da Gesner.

3.3.1. Nel terzo componimento confluiscono differenti tipologie di esercizi; ritornano le *Voces animantium*, non solo «rana coaxat» già usata sopra, ma anche «currus murmurat», presentate entrambe secondo i moduli della formula che sancisce le "proprietà" di una data cosa. La seconda parte è piuttosto di tipo aforistico, con una punta di inevitabile misoginia:

> Hit ys in heruyst carte to clatter,
> paddockes for to crowde þat
> sitt by þe wat*er*.
> Who so fall in þo slyw he fylith his hat.
> Who so may not se he stumble the rather
> *and* he hath*e* a neuyll wife he thryuythe þe later[59].

'In autunno tocca al carro cigolare; alle rane che stanno vicino l'acqua tocca gracidare. Chi cade nella melma si insozza il copricapo. Chi non ci vede bene inciampa prima e tardi prospera chi ha una cattiva moglie.'

4. Conclusioni

Va rilevato come i primi tre componimenti di Harley 1002 sono legati tra loro e costituiscono, nelle intenzione del maestro e/o degli allievi, delle variazioni sul tema delle voci degli animali, in particolare quelle degli uccelli i cui nomi abbondano nei glossari coevi come pure in tanti testi poetici medio inglesi.

La facilità con cui si componevano versi coi nomi degli uccelli è testimoniata dal passo di un poemetto di London, BL, Harley 913, intitolato *Satire*:

> Hail, Seint Franceis wiþ þi mani fuolis,
> Kites and crowis, revenes and oules,

---

[59] WRIGHT, «Late Middle English Parerga», pp. 118-119. Questo è il testo inglese degli ultimi due esercizi: «When þe clot klyng*u*eth and þe cucko syngut & þe brome sprynguth then his tyme a ʒongelyng for to go a wowying.» (Quando la zolla si indurisce e il cuculo canta e la ginestra sboccia, allora è tempo per i giovani di andare in giro a corteggiare); «Whatt for right what for wrong mony men be made ryche». (Molti si arricchiscono, vuoi a ragione vuoi a torto): *ibid*. p. 119.

Fure and twenty wild ges and a pouckok! (vv. 25-27)[60]

'Salve san Francesco coi tuoi molti uccelli, nibbi e cornacchie, corvi e gufi, ventiquattro oche selvatiche e un pavone.'

Per tornare alla scuola e ai suoi strumenti, come spesso accade, ridondanti e ripetitivi, ma che perseguono il loro obbiettivo con sagacia e, sovente, con una vena di autoironia, si è scelto di concludere con questi versi, colmi di assonanze, da un'altra raccolta di esercizi del XV sec.:

[Iij] gray gredy geys
f[li]y*ng* [over] iij greyn gresy furs;
þe geys was gray *and* gredy,
þe furs was greyn *and* gresy[61].

'Tre oche grigie golose in volo sopra tre strisce verdi di terra erbosa; le oche erano grigie e golose, le strisce di terra erano verdi e erbose.'

Bibliografia

Edizioni

BABINGTON, C. – LUMBY, J. R., *Polychronicon Ranulphi Higden Monachi Cestrensis: Together with the English Translations of John Trevisa*, 9 voll., Longman, London 1864-1886.

DEAN, J. M., *Medieval English Political Writings*, Medieval Institute Publication, Kalamazoo MI 1996.

GILES, J. A., *The Whole Works of Roger Ascham Now First Collected and Revised, With a Life of the Author*, 3 voll., Smith, London 1864-1865.

KRAPP, G. P. – VAN K. DOBBIE, E., *The Exeter Book*, Columbia Univ. Press, New York 1936.

LURIA, M. S. – HOFFMAN, R. L., *Middle English Lyrics*, Norton, New York 1974.

---

[60] Ed. T. TURVILLE-PETRE, *Poems from BL MS Harley 913 'The Kildare Manuscript'*, Oxford Univ. Press, Oxford 2015, p. 11.

[61] New Haven, Yale University, Beineke Library 3 (34), f. B1v: ORME, *English School Exercises*, p. 105 (§ 3.24); l'esercizio è seguito dalla versione in latino.

Nelson, W., *A Fifteenth Century School Book: from a Manuscript in the British Museum (Ms. Arundel 249)*, Clarendon, Oxford 1956.

Reifferscheid, A., *C. Suetoni Tranquilli praeter Caesarum libros reliquiae*, Teubner, Leipzig 1860; rist. Olms, Hildesheim – New York 1971.

Robbins, R. H., *Secular Lyrics of the XIVth and XVth Centuries*, 2ª ed., Clarendon, Oxford 1955.

Sisam, C. – Sisam, K., *The Oxford Book of Medieval Verse*, Clarendon, Oxford 1970.

Sisam, K., *Fourteenth-Century Verse and Prose*, Clarendon, Oxford 1921.

Turville-Petre, T., *Poems from BL MS Harley 913 'The Kildare Manuscript'*, Oxford Univ. Press, Oxford 2015.

White, B., *The Vulgaria of John Stanbridge and the Vulgaria of Robert Whittinton*, Kegan Paul – Trench – Trubner, London 1932.

Studi

André, J., *Le noms d'oiseaux en latin*, Klincksieck, Paris 1967.

Bellis, J. – Bridges, V., «'What shalt thou do when thou hast an english to make into Latin?': The Proverb Collection of Cambridge, St John's College, MS F.26», *Studies in Philology*, 112 (2015) 68-92.

Benediktson, D. T., «Polemius Silvius' 'Voces varie animancium' and related Catalogues of Animal Sounds», *Mnemosyne*, 53 (2000) 71-79.

Bland, C. R., *The Teaching of Grammar in Late Medieval England*, Colleagues Press, East Lansing MI 1991.

Cannon, C., «The Middle English Writer's Schoolroom: Fourteenth-Century English Schoolbooks and their Contents», *New Medieval Literatures*, 11 (2009) 19-38.

—, «From Literacy to Literature: Elementary Learning and the Middle English Poet», *Publications of the Modern Language Association*, 129 (2014) 349-364.

Capponi, F., *Ornithologia latina*, Istituto di filologia classica e medievale, Genova 1979.

Carruthers, M., *The Book of Memory: A Study of Memory in Medieval Culture*, 2ª ed., Cambridge Univ. Press, Cambridge 2008.

Dewa, R. J., «The Runic Riddles of the Exeter Book: Language Games and Anglo-Saxon Scholarship», *Nottingham Medieval Studies*, 39 (1995) 26-36.

GNEUSS, H., *English Language Scholarship: A Survey and Bibliography from the Beginnings to the End of the Nineteenth Century*, Center for Medieval and Early Renaissance Studies, Binghamton NY 1966.

HUNT, R. W., «Oxford Grammar Masters in the Middles Ages», in ID., *The History of Grammar in the Middle Ages: Collected Papers*, ed. by G. L. BURSILL-HALL, Benjamins, Amsterdam 1980, pp. 167-197.

JEITTELES, A., «Altdeutsche Glossen aus Innsbruck», *Germania*, 33 (1889) 290-299.

KITSON, P. R., «Old English Bird-Names. I», *English Studies*, 78 (1997) 481-505.

KLOPSCH, P., «Carmen de Philomela», in A. ÖNNERFORS, W. RATHHOFER, F. WAGNER (eds.), *Literatur und Sprache im europäischen Mittelalter. Festschrift für K. Langosch zum 70. Geburtstag*, Wissenschaftliche Buchgesellschaft, Darmstadt 1973, pp. 173-194.

KORNEXL, L., «From Ælfric to John of Cornwall. Evidence for Vernacular Grammar Teaching in Pre- and Post-Conquest England», in L. KORNEXL – U. LENKER (eds.), *Bookmarks from the Past. Studies in Early English Language and Literature in Honour of H. Gneuss*, Lang, Frankfurt a. M. 2003, pp. 229-259.

LENDINARA, P., «Contextualized Lexicography», in K. O'BRIEN O'KEEFFE – A. ORCHARD (eds.), *Latin Learning and English Lore. Studies in Anglo-Saxon Literature for M. Lapidge*, 2 voll., Univ. of Toronto Press, Toronto 2005, II, pp. 108-131.

—, «The Glossary in ms. Cambridge, St John's College E.17 and Middle English Lexicography», *Filologia Germanica - Germanic Philology*, 7 (2015) 89-140.

LOCKWOOD, W. B., *The Oxford Book of British Bird Names*, Oxford Univ. Press, Oxford – New York 1984.

MARCOVICH, M., «Voces Animantium and Suetonius», *Živa Antika - Antiquité vivante*, 21 (1971) 399-416.

MEECH, S. B., «John Drury and his English Writings», *Speculum*, 9 (1934) 70-83.

—, «Early Applications of Latin Grammar to English», *Publications of the Modern Language Association*, 50 (1935) 1012-1032.

—, «An Early Treatise in English Concerning Latin Grammar», in *Essays and Studies in English and Comparative Literature*, Univ. of Michigan Press, Ann Arbor MI 1935, pp. 81-125.

—, «A Collection of Proverbs in Rawlinson Ms D 328», *Modern Philology*, 38 (1940) 113-132.
MINER, J. N., «Schools and Literacy in Later Medieval England', *British Journal of Educational Studies*, 11 (1962) 16-27.
—, «The Grammar Program: The Teaching of Latin», in ID. (ed.), *The Grammar Schools of Medieval England: A.F. Leach in Historiographical Perspective*, McGill-Queen's Univ. Press, Montréal 1990, pp. 133-173.
MORAN, J. A. H., *The Growth of English Schooling, 1340-1548: Learning, Literacy, and Laicization in Pre-Reformation York Diocese*, Princeton Univ. Press, Princeton NJ 2014.
MORRIS, G. R., «A Ryme of Robyn Hode», *Modern Language Review*, 43 (1948) 507-508.
NELSON, M., «The Rhetoric of the Exeter Book Riddles», *Speculum*, 49 (1974) 421-440.
ORME, N., *English Schools in the Middle Ages*, Methuen, London 1973.
—, «An Early Tudor-Oxford Schoolbook», *Renaissance Quarterly*, 34 (1981) 11-39.
—, «A Grammatical Miscellany of 1427-1465 from Bristol and Wiltshire', *Traditio*, 38 (1982) 301-326.
—, *Education and Society in Medieval and Renaissance England*, Hambledon, London 1989.
—, «The Culture of Children in Medieval England», *Past & Present*, 148 (1995) 48-88.
—, *Medieval Schools: From Roman Britain to Renaissance England*, Yale Univ. Press, New Haven CO 2006.
—, «Beccles School in the 1430s», *Proceedings of the Suffolk Institute of Archaeology*, 42 (2011) 325-346.
—, *Fleas, Flies, and Friars: Children's Poetry from the Middle Ages*, Cornell Univ. Press, Ithaca NY 2012.
—, *English School Exercises, 1420-1530*, Pontifical Institute of Mediaeval Studies, Toronto 2013.
SULLIVAN, P., «Playing the Lord: Tudor 'Vulgaria' and the Rehearsal of Ambition», *English Language History*, 75 (2008) 179-196.
THOMPSON, D'A. W., *A Glossary of Greek Birds*, 2ª ed., Oxford Univ. Press, London – Oxford, 1936; rist. Olms, Hildesheim 1966.
THOMSON, D., *A Descriptive Catalogue of Middle English Grammatical Texts*, Garland, New York – London 1979.

WRIGHT, C. E., «Late Middle English Parerga in a School Collection», *Review of English Studies*, n.s. 2 (1951) 114-120.
YAPP, W. B., «Birds in Captivity in the Middle Ages», *Archives of Natural History*, 10 (1982) 479-500.

MARIA CRISTINA LOMBARDI*

KENNINGS, ENIGMAS AND TEACHING

The word enigma comes from Greek αἴνιγμα and occurs first in Pindar (in a fragment where the sphinx and the riddle are connected in literature, fr 177d) and in Aeschylos (V century BC). Its etymology is said to be from αἶνος which, according to Nagy, means «poetry of praise with a coded message»[1]. Liddell and Scott, influenced by Pindar, define it as «a dark saying, riddle» and consider αἶνος an Ionic poetic word meaning a tale[2]. Most citations of *aenigma* in the *Thesaurus linguae latinae* are from rhetoricians and patristic writers, more than from classical authors[3], and are often close to the word *mysterium*.

We find αἴνιγμα as a rhetorical term first in Aristotle's *Rhetoric* where he stresses the importance of metaphor since it provides 'perspicuity, pleasure and foreign air'. He continues connecting enigma and metaphor by maintaining that clever enigmas furnish good metaphors since a metaphor is a kind of enigma. Both enigmas and metaphors stimulate a fresh and unusual language and develop creativity (Aristotle, *Rhetoric*, III, II 9, 12 Lact.).

The word moved into Latin rhetoric as *aenigma* in Cicero's *De oratore*[4] and then in Quintilian's *Institutio oratoria*[5]. It appears also in late classical, patristic and medieval rethorical works. By classifying different types of allegories in his *Ars maior*, Donatus (the famous IV century grammarian) considers enigma as one of the seven kinds of allegory:

---

* Università di Napoli, L'Orientale, Via Duomo, 219, 80138, Napoli (Italy); macris.lomb@tin.it

[1] See G. NAGY, *The best of the Achaeans: Concepts of the Hero in Archaic Greek Poetry*, The John Hopkins University Press, Baltimore 1979, pp. 238-241.

[2] H. LIDDELL – R. SCOTT, *A Greek-English Lexikon*, Supplement (revised by Henry Stuart JONES), Oxford University Press, Oxford 1996, p. 7.

[3] Of course there are some examples in classical writers too, such as the famous riddle in Virgil's *Eclogues*.

[4] M. Tullius Cicero, *De Oratore*, in *Cicero Rhetorica* (*De Oratore* III), ed. by A. S. WILKINS, Clarendon Press, Oxford 1963, XLII, 167.

[5] M. Fabius Quintilian, *Institutio oratoria*, ed. and trans. by H. E. BUTLER, Harvard University Press, Harvard 2002 (VIII, vi. 53).

Allegoriae species sunt septem: ironia, antiphrasis, aenigma, charientismos, paroemia, sarcasmos, asteismos[6].

'Allegory species are seven: irony, antiphrase, enigma, euphemism, proverb, sarcasm, and urbanity'[7].

Then, among the others, he illustrates enigma:

Aenigma est obscura sententia per occultam similitudinem rerum ut 'Mater me genuit, eadem mox gignitur ex me' cum significet aquam in glaciem concrescere et ex eadem rursus effluere[8].

'Enigma is a dark sentence because of a hidden simile between things such as 'My mother generated me, and soon was generated by me' which means that water solidifies into ice and soon after it flows out of it'[9].

Early printed Latin-English dictionaries translate *aenigma* as a 'riddle', sometimes as a 'question' or 'dark sentence'[10]. Latin *obscura sententia* is synonimous with *aenigma* in Donatus, and the first lexikons do not seem to distinguish much between riddle and aenigma, but, if we examine the two terms closely, they appear contrasting to each other. The word riddle has its origin in Old English *rædels* or *rædelse* meaning 'opinion', 'counsel', 'conjecture' and 'riddle' (cf. Germ. *Rätsel* > *Rat* 'advice', and ON *ráða* 'to counsel, to advise' in the expression *ráða gátu* 'to explain, to read a riddle'[11]). All these

---

[6] See J. J. MURPHY, *Rhetoric in the Middle Ages: a History of Rhetorical Theory from Saint Augustine to the Renaissance*, University of California Press, Berkeley – Los Angeles – London 1974, pp. 32-38.

[7] E. COOK, *Enigmas and Riddles in Literature*, Cambridge University Press, Cambridge 2006, p. 38.

[8] L. HOLTZ, *Donat et la tradition de l'einsegnement grammatical. Étude sur l'*Ars Donati *et sa diffusion*, Édition Rue d'Ulm, Paris 1981, p. 672.

[9] COOK, *Enigmas*, p. 38.

[10] John Florio who, in his 1598 Italian-English dictionary, *A Worlde of Wordes*, defines Enigma as «a riddle or doubtful speech» (J. FLORIO, *A Worlde of Wordes*, University of Toronto Press, Toronto – Buffalo 2013, p. 219).

[11] While the expression *geta e-m drápa* means 'to entertain one with a poem' and points out guessing and entertaining as linked to each other and both to poetry. Infact in Old Norse we have the term *gáta* 'guessing, a riddle' (cf. Dan. *gaade*, Sv. *gåta*), *bera upp gáta* 'ask a riddle', hence the saying *myrk er óráðin gáta* 'dark is an unread riddle' and the verb *geta* 'to guess' (cf. Swed. *gissa*, English *to guess*, perhaps a loan from Scandinavian).

terms seem to emphasize the attempt of clarifying something together with advising and counseling. In fact as in Latin and then in Christian rhetors, also in the Germanic world the idea behind riddle is that of spreading knowledge through exercise. The Greek *αἴνιγμα* is associated instead to something dark and threatening: i.e. the Greek riddle of the Sphinx in Sophocles is supposed not to be solved (the adjectives for the large enigmas are usually negative: unexplainable, insoluble, mysterious, while in the Latin and in the Germanic traditions riddles are meant to be be guessed).

Writers of the 12th and 13th centuries were very interested in the term, as Dronke shows in *On Richard of St. Victor, Guillaume de Conches and Abelard*[12]. Some biblical scholars (Jewish and Christian) have discussed the term in the hermeneutics of early Christian writers on the scriptures, observing that myth often «turned into an aenigma, or a riddle»[13].

In a passage about poetic language in *Háttatal*, the part of *Edda* in which Snorri does not only speak about skaldic poetical skills, but also gives word to traditions more related to Latin models, in particular Priscian and Donatus, Snorri seems to consider metaphorical kennings as allegories which remind us of Donatus's enigma[14].

> Svíðr lætr sóknar naðra/ slíðrbraut jǫfurr skríða;/ ótt ferr rógs ór réttum/ ramsnákr fetilhamsi;/ linnr kná sverða sennu/ sveita bekks at leita; ormr þyrr vals at varmri/ víggjǫll sefa stígu.
> Þat eru nýgjǫrvingar at kalla sverðit orm ok kenna rétt, en slíðrirnar gǫtur hans, en fetlana ok umgjǫrð hams hans. Þat heldr til ormsins náttúru at hann skríðr ór hamsi svá at hann skríðr mjǫk til vatns. Hér er svá sett nýgjslíðrving at hann ferr leita blóðs þar er hann skríðr hugar stígu, þat eru brjóstmanna. Þá þykkja nýgjǫrvingar vel

Examples: *geta gáta* 'to guess a riddle' (J. DE VRIES, *Altnordisches etymologisches Wörterbuch*, Zweite, verbesserte Auflage, E. J. Brill, Leiden, 1962, pp. 158, 165).

[12] Quoted in R. LAMBERTON, *Homer the Theologian*, University of California Press, Berkeley 1986, p. 270.

[13] G. G. STROUMSA, *Moses' riddles: Esoteric Trends in Patristic Hermeneutics*, in S. BIDERMAN – B. SHARFSTEIN (eds.), *Interpretation in Religion*, E. J. Brill, Leiden – New York – Köln 1992, pp, 227-232, p. 230.

[14] In *Skáldskaparmál* Snorri appears more descriptive and, concerning kennings, he seems to be more independent from Latin rhetoricians. He explores the native tradition going beyond the rigid paradygms of classical schools. See also M. CLUNIES ROSS, *Skáldskaparmál: Snorri Sturluson's ars poetica and medieval theories of language*, Odense University Press, Odense 1987.

kveðnar ef þat mál er up er tekit haldi of alla vísulengð. En ef sverð er ormr kallaðr, en síðan fiskr eða vǫndr eða annan veg breytt, þat kalla menn nykrat, ok þykkir þat spilla[15].

'The wise prince makes the adders of battle (swords) creep the scabbard-path (be-drawn). The mighty war-snake goes swiftly from the straight-slough (scabbard). The sword quarrel serpent can seek the stream of blood. The worm of the slain rushes along the mind's path to the warm war-river.
This is allegory to call a sword a worm and use an appropriate determinant, and call the scabbard its path and the straps and fittings its slough. It is in accordance with a worm's nature that it glides out of its slough and then often glides to water. Here the allegory is so constructed that the worm goes to find the stream of blood where it glides along the path of thought, i.e. men's breast. Allegory is held to be well composed if the idea that is taken up is maintained throughout the stanza. But if a sword is called a worm, and then a fish or a wand or varied in some other way, this is called a monstruosity, and it is considered a defect'[16].

The adders of battle (kenning for 'sword') creep (verb of motion) the scabbard path

The war snake (kenning for 'sword') goes (verb of motion) the straight slough scabbard

The sword quarrel serpent (kenning for 'sword') can seek (verb of motion) the stream of blood

The worm of the slain (kenning for 'sword')

sóknar naðra, *ramsnákr*, *linnr* kná sverða, *ormr* þyrr *vals*: they are all synonyms for 'snake', here used as GWs[17].

The process illustrated here by Snorri seems to follow Donatus's description where he illustrates how enigmas function. The serpent which goes through the stream of blood mimes the sword. The sword mimes the serpent when it goes into wounds and into streams of blood.

---

[15] Snorri Sturluson, *Háttatal*, ed. by A. FAULKES, University College London, London 1999, pp. 6-7.

[16] Snorri Sturluson, *Edda*, ed. and trans. by A. FAULKES, Everyman, London – Rutland-Vermont 1987, p. 170.

[17] *Grundwort* 'Base term' (GW) and *Bestimmungwort* 'Determinant' (BW), according to Rudolf Meissner's terminology in R. MEISSNER, *Die Kenningar der Skalden: Ein Beitrag zur skaldischen Poetik*, Schroeder, Bonn 1921, p. 2.

Like Donatus's enigma, it differs from the common simile, where X is said to be like Y. In Donatus's example the whole sentence is metaphorical, and we have to discover what it is that functions like X, a parallel pattern, with a change of domain (from human – mother - to non human – ice). In Snorri's passage we find an analogous metaphorical pattern referred to a metaphorical kenning (snake: animate domain [metaphor] + wound or blood [metonymies referring to battle] = sword: inanimate domain) which Snorri explains and limits at the same time. In fact he argues that within one stanza the metaphorical terms for the same referent must indicate the same concept/figure: it can be expressed by a number of synonyms which are variations of the same figurative metaphor[18]. Snorri's argument sounds like a warning: in a stanza shiftings between different domains must be limited, too many shiftings are felt as confusing and aesthetically have to be avoided.

For example in the above mentioned stanza quoted by Snorri, 'sword' - indicated metaphorically by a term for 'serpent' (associated to a determinant bound to 'battle/war' domain) - is substituted with its synonyms (adder, snake, worm).

blood serpent > sword
battle snake > sword
wound worm > sword
war adder > sword

They all establish a relation between an animate and an inanimate domain. They are metaphors belonging to the same domain (represented by some animate, creeping organisms) referring to 'sword'. Here Snorri seems to aim at disciplining the use of metaphors, through limiting their number and type of variations. According to Snorri's aesthetic principle, in one stanza variations and substitutions must be limited to the same type of metaphor. By using the same concept (or image) - although represented by different synonyms - for the same referent of kennings in one stanza, the audience was continuously reminded of this concept (or image) and therefore they were urged to concentrate on the same type of

---

[18] Conceptual metaphors are metaphors which map complex conceptual structures in a source domain into conceptual structures in a target domain. In the case of kennings, it seems preferable to speak of image metaphors, because they seem to be based on metaphors which map conventional mental images into other conventional mental images (G. HOLLAND, «Kennings, metaphors, and semantic formulae in Norse dróttkvætt», *Arkiv för Nordisk Filologi*, 120 (2005) 123-147).

domain-shifting (in the above mentioned example, the same occurring in the several synonyms of 'serpent' referring to 'sword' contained in that stanza). Once the GW of the first kenning of the stanza was used, it created a strong presumption that one of its synonyms would appear as GW in the following kennings. Once the addressee had guessed the referent, he did not need to exercise his perspicuity so much because his expectations would soon have met, being all the GWs synonyms of the first one.

The shifting of domain is a common feature of metaphors and gives them their special aesthetical value, particularly in poetry[19]. But at the same time it engages hearers in a difficult guessing activity. If the metaphors referred to 'sword' had changed every time, i.e.:

blood serpent > sword
battle fire > sword
wound ice > sword
war fish > sword

the addressee's mental efforts would have been harder.

We find Snorri's principle applied also in a text by Markús Skeggjason, an eleventh-century Icelandic skald (d.1107). The stanza presents a large number of kennings (4 for 'ship' and 4 for 'sea'):

Fjarðlinna óð fannir /fast vetrliði rastar; /hljóp of húna gnípur/ hvalranns íugtanni;/ björn gekk framm á fornar/ flóðs hafskíða slóðir; /skúrörðigr braut skorðu/ skers glymfjötur bersi[20].
'Of the fjord-snake waded/ firmly the bear of the current/ jumped over the peaks of the mastheads/of the whale house;/ the bear went forward on the old/ of the flood sea ski's tracks; / the storm breasting broke through of the prop/ the skerry's clashing fetter the bear'[21].

---

[19] In this respect, the comparison with non-poetical texts appears quite interesting: i. e. the so called *Second Grammatical Treatise*, where 'mouth' is referred to as *leikvǫllr orðanna* 'playfield of words'. F. D. RASCHELLÀ, *The so-called Second Grammatical Treatise*, Le Monnier, Firenze 1982, p. 54 shows the importance of this aspect also in Icelandic grammatical treatises which are strictly connected to Snorri's *Edda* manuscript tradition.

[20] Snorri Sturluson, *Skáldskaparmál*, ed. by A. FAULKES, University College London, London 1998, p. 75.

[21] R. FRANK, *Old Norse Court Poetry: The Dróttkvætt Stanza*, Cornell University Press, Ithaca – London 1978, pp. 46-47.

(subject: ship-kenning) - (verb of motion) - (object: sea-kenning)
Here the ship is always referred to by the metaphor 'bear':
the bear of the current - waded firmly through - the snowdrifts of the fjord snake
the bear of the mastheads - jumped over - the peaks of the whale house
the bear of the flood - went forward on - the old tracks of sea skis
the storm-breasting bear of the prop - broke through - the clashing fetter of the skerry

As in the mentioned case of 'sword', which presented many serpent *heiti*s as GW variously determined, here all kennings have a *heiti* for 'bear' at the GW: «vetrliði»[22], «íugtanni»[23], «björn»[24], and «bersi»[25].

Another case of kenning limitation occurring in Snorri's *Edda* concerns *rekit* expansion[26]. In fact still in *Háttatal* ('List of verse-forms') in the part devoted to rules and licences in poetry, Snorri warns that kenning members should not be more than six (with five determinants).

> *Níunda er þat at reka til hinnar fimtu kenningar, er ór ættum er ef lengra er rekit; en þótt þat finnisk í fornskálda verka, þá látum vér at nú ónytt*[27].
> 'The ninth is extending a kenning to a fifth determinant, but it is out of proportion if it is extended further. It can even be found in the works of ancient poets, we no longer tolerate it.'[28].

What does Snorri mean? He may mean that in the past, probably in pagan times, hearers were able to understand more complicated texts. The name of the most important Old Norse metre, *dróttkvætt* 'meter of the chieftain's followers', emphasizes this ability among vikings and nordic warriors and shows that poetic language was addressed to an elected

---

[22] *vetrliði* 'one who has passed a winter', ivi, p. 204.

[23] The etymology of *íugtanni* is unclear, anyway it contains the tooth word, and is considered a *heiti* for 'bear', ivi, p. 194.

[24] *björn* is the ordinary word for bear (DE VRIES, *Altnordisches*, p. 41), but originally it indicated a colour word and was therefore a metonymy.

[25] *bersi* is apparently a derivative of *björn*, ivi, p. 34. For these synonymys see also HOLLAND, *Kennings, metaphors*, p. 124.

[26] *Tvíkent* ('kenning with two determinants'), *rekit* ('kenning with more than two determinants'), according to Snorri's terminology, Snorri, *Háttatal*, op. cit., p. 5.

[27] Ivi, pp. 8, 29-31.

[28] Snorri, *Edda*, op. cit., p. 172.

audience, capable of understanding its essential elements (dark kennings and complicated metrics) which were the ground of intricate poetics connected with heathen religion.

Thus Snorri's quoted warning against a limited number of determinants is a manifest effort to facilitate the understanding of skaldic texts, in order to meet his contemporaries' weakened skills of memorizing such extended periphrases, if compared to the past audiences' ability.

In metaphorical kennings, where a change of domain happens between GW and referent (i.e. the bear of the sail [bear - ship: animate > inanimate], the pine of the battle [tree > warrior: non human > human]), a metonymy (the sail for 'ship') as a BW usually suggests the context of the referent helping the addressee to guess it. In *rekit*s the initial metaphor starts a series of metonymic associations, making the kenning a complex and variable mixture of metaphors and metonymies.

Since some kennings, like metaphors, create relations (R) between different domains, they substantially appear as functions associating elements of a set (domain) to elements of another set (co-domain). The above repeated 'bear'-words for 'ship' in Markús's text exploit an equation which serves as a semantic fixed frame for variable surface structures (the different *heiti*s and the metonymics). Synonym stocks could be used even in further modifications of determinants. The set of the BW may vary in number by doubling through theoretically endless bifurcations and indicates the referent by metonymies reminding of its domain. For example in the kenning for 'ship' 'the bear of the sea' (the place where a ship moves), the BW (the sea) can bifurcate. The sea can be referred to as 'Rán's bed'. This way we have a variation of the first kenning for 'ship': 'the bear of Rán's bed'. Furthermore 'Rán' can bifurcate into 'Erfi's daughter' forming a further variation: 'the bear of Erfi's daughter's bed'. Thus a kenning can be formalized into

$R^{29}(a, b) = c$

Then a *tvíkent* such as 'the bear of Rán (a sea goddess)'s bed', where a new internal kenning is formed (b=R[d, e]) can be represented by the formula:

$R(a, R[d, e]) = c$

Next the kenning can furthermore double in 'the bear of Erfi (a sea god)'s daughter's bed'; namely by setting

---

[29] R = Relation

$d = R(g, h)$
we get
$R(a, R[R(g, h), 1]) = c$
and so on.

This way, through a number of variations, a kenning, in origin formed by two nouns (the GW belonging to an animate domain and the BW to an inanimate domain) changes its internal relationships, as its components, obtained by BW bifurcations, mostly refer to animated beings, as in the *rekit* 'the bear of Erfi's daughter's bed'. Here the balance between different domains is modified and the whole periphrastical structure moves towards the animate domain (three animate elements: bear, Erfi, daughter, versus one inanimate element: bed).

This process makes kennings resemble a chain of riddles that addressees first had to guess in order to solve the main periphrasis. The image of the ship is obtained through different images, resulting from a serie of riddles indicating different referents. The nature (animal, plant, object, mythological being) and the qualities of these referents may vary giving the resulting main referent manifold connotations, according to all kenning components. If the ship image is obtained by determinant bifurcations such as 'the whale house' or the 'the fish way' for the 'sea', the idea of fishing, i. e., abundance, related to the resourcefulness of ship voyages, is evoked. Otherwise, the presence of 'gods', giants' or other sea-monsters' names as determinants stress the dangerous side of the sea, the mysterious and phantastic world inhabited by monsters which ships had to face in the adventurous viking life.

Mithological kennings assume some previous knowledge of pagan myths and legends (for example those for 'poetry' such as 'Kvasir's blood', 'dwarves' ship', 'dwarves' murder', 'giants'mead', 'Suttungr's mead', 'Óðinn's theft', etc.). By putting them into a chronological sequence, we obtain the whole story of poetry invention with giants, dwarves, gods, etc. To understand these kennings, one has to know all the story of the mead of poetry and its protagonists. This is extendible to all mythological kennings.

For example, 'Ullr's ship' is a kenning for 'shield', since, according to the legend, Ullr was able to transform his shield into a ship and vice versa. Thus a kenning such as Ullr's ship means 'shield' and 'Ullr's shield' means 'ship'. You have to know about this ability of Ullr's to understand the referent of a kenning like that of Einar Skálaglamm. 'Ullr's ash-ship's crew' (which means 'shield warriors').

Another example is provided by the giant Hrungnir who had head and heart made of stone. According to his myth, his shield was also of stone and he held the shield before him. Then he shoved it beneath his feet and stood on it preparing himself to fight against Þórr. 'Hrungnir's sole plank' is therefore a kenning for 'shield'[30].

Thus when listing kennings for weapons, Snorri says:

> Skjöldr er ok kallaðr skip Ullar eða kent til fóta Hrungnis er hann stóð á skildi[31].
> 'A shield is also called Ullr's ship and referred to in terms of Hrungnir's feet because he stood on his shield'[32]..

The guessing moment, especially required by metaphorical kennings, was an essential step for understanding skaldic texts. This process can be compared to what the folklorist Archer Taylor, who studied folk riddles, conjectured about literary riddles and oral occasional poetry. He observes in a 1947 note that the essence of riddles is closely allied to the essence of poetry[33]. In 1986 Dan Pagis published a study on literary riddles where he claims that when a riddle has been solved it continues to exist. In particular those riddles founded on paradoxical metaphors remained impressed as poems since their metaphoric texture was revealed[34]. So it is the troping potentiality of a riddle which can transform it into poetry. According to Pagis, when an enigma or a riddle is solved both question and answer disappear and it remains as a mechanical formula[35]. Therefore, some metaphorical kennings might be seen as evolutions of the same process.

Once guessed and frequently used, metaphorical kennings (whether mythological or not) became part of poetical language and got a formulaic and an essentially aesthetic function.

---

[30] Snorri, *Háttatal*, op. cit., p. 185.
[31] Snorri, *Skáldskaparmál*, op. cit., p. 67.
[32] Snorri, *Edda*, op. cit., p. 118.
[33] A. TAYLOR, «*Riddles and Poetry*», *Southern Folklore Quarterly*, 11 (*1947*) 247.
[34] D. PAGIS, *Toward a Theory of the Literary Riddle*, in G. HASAN-ROKEM – D. SHULMAN (eds.), *Untying the knot: On Riddles and Other Enigmatic Modes*, Oxford University Press, New York – Oxford 1996, p. 98.
[35] *Ibid*.

Already Tryphon - a Greek grammarian who lived some years after Cicero - classifies six different types of enigma, the sixth of which is stock epithets and periphrasis very similar to kennings[36].

As to kennings implying some knowledge of myths for being grasped such as the kennings for 'poetry'(*Fjalars farkost* 'Fjalar's ship', *Norðra skeið* 'Norðri's ship', *Óðins lǫgr* 'Óðins's beer', *Viðris vín* 'Viðrir's wine', *Ása minni* 'the Ase's toast', *Skornis fengr* 'Skornir's loot' - probably remnants of the myth of poetry, first deconstructed to be memorized through riddles alluding to its different phases), we could hypothesize the following question-pattern at their origin: what did Fjalarr transport on his boat? What was Óðinn's beer? What did Skornir steal?, and so on.

In Old Norse poetry and prose, like in much of the ancient and medieval literature, the question-answer structure is very common, especially in didactic texts aimed at improving learning. Besides translations of famous foreign works such as *Elucidarius* with its long and wide tradition, Snorri's *Edda* and some Eddaic lays (where pagan cosmological myths and heroic legends are preserved) show this pattern. Of special interest are the so called *carmina sapientialia* based on dialogues between two supernatural beings fighting to death in a wisdom race such as *Alvísmál, Vafþrúðnismál, Grímnismál*.

The anonime skaldic stanza quoted in *Háttatal* by Snorri to illustrate the verse-form *greppaminni* 'poets' reminder', is an example of a later[37] phase of this process:

---

[36] A relationship between these tropes has been indicated by Lindow and Fidjestøl: J. LINDOW, «Riddles, Kennings and the Complexity of Skaldic Poetry», *Scandinavian Studies*, 47 (1975) 311-327; B. FIDJESTØL, «Kenningsystemet. Forsøk på ein lingvistik analyse», *Maal og Minne* (1974) 5-55. Also F. JÓNSSON, *Den oldnorske og oldislandske litteraturs historie,* II, Gads forlag, København 1902, p. 380, argues: «I enhver omskrivning ligger der en sammenligning og tillige en adskillelse, aldeles som tilfælde er med gåder». And A. HEUSLER, *Die altgermanische Dichtung*, Akademische Verlagsgesellschaft Athenaion, Berlin 1923, pp. 131-32, says: «eine Spielart der Metapher, und zwar eine mit dem Rätsel und den Witze geistesverwandte, weil sie eine Ausflösung heischt und eine Ähnlichkeit des Ungleichen erspäht». J. HELGASON, *Norges og Islands digtning*, in S. NORÐAL (ed.), *Litteraturhistorie. B: Norge og Island*, Bonnier, Stockholm 1953, p. 23, referring to the expression 'the ship of the desert' for 'camel', maintains: «I dette tilfælde kan man tale om en billedkenning eller en gådekenning; man kan nemlig formulere det som en gåde: Hvilket skib er det som sejler i ørkenen? Svar: en kamel».

[37] As pointed out by the loanword *hertogi* from Middle Low German.

Hverr fremr hildi barra?/ Hverr er mælingum ferri?/ Hverr gerir höpp at stærri? Hverr kann auð at þverra?/ Veldr hertogi hjaldri,/ hann er first blikurmanni,/ hann á hopp at sýnni,/ hann vélir blik spannar[38].

'Who wages harsh war? Who is far from niggardly? Who achieves greater success? Who knows how to diminish wealth (generous with gold)? The duke brings about war, he is furthest from being a miser, he has clearer success, he cheats the light of the palm (gives away gold)'[39].

These activities of generous chieftains' and princes' are cristallized in kennings occurring in skaldic stanzas, as shown by the following example from Einarr Skúlason quoted by Snorri in *Skáldskaparmál*:

Dœgr þrymr hvert – (en hjarta/ hlýrskildir ræðr mildu/ Heita blakks – of hvítum/ hafleygr digulskaf)li. Aldri má fyrir eldi/ áls hrynbrautar skála/ -öll viðr fólka (fellir/ framræði – snæ) bræða[40].

'*Sea-flame* rests every day on white crucible-snowdrift. He who adorns the sides og Heiti's steed (ship) which shield rules with generous heart. Never can the scales-snow be melted before the fire of the eel's surging path (the sea; the gold is a fire that gives no heat). The feller of hosts achieves all glorious exploits'[41].

We have seen that enigmas and riddles have been used in learning as a means for developing understanding and memory. Learning and amusing have been a winning binomial from classical time, used by rhetoricians in all times. Riddle collections are common in many cultures and traditions and their didactic value is often emphasized.

Applying Pagis's hypothesis to mythological kenning category, we could hypothesize an evolution/deconstruction of tales and legends into riddles, arguing that, once guessed, some riddles may have been transformed into poetical formulas. In our specific case they might have been lexicalized into kennings, according to the following passage:

myth > riddles (to learn the story) > riddles in poetry > kennings

---

[38] Snorri, *Háttatal*, op. cit., p. 20.
[39] Snorri, *Edda*, op. cit., p. 191.
[40] Snorri, *Skáldskaparmál*, op. cit., p. 62.
[41] Snorri, *Edda*, op. cit., pp. 113-114.

Nevertheless ambiguity and misunderstanding have always been felt as their inseparable components and, according to different social, political or historical situations, they were more or less accepted or rejected. Oracles and pagan religious mysteries as well as certain social élites or secret groups (i.e. warriors consacrated to pagan gods) based their existence on special secret codes and languages made of riddles and obscure terms, known only by their adepts. The concern about the risk of obscurity was present already from Aristotle who warns: «Riddles that mislead are justified only if they produce good metaphors» (*Rhetoric*, III, II 9).

Cicero warns as well against obscurity: *obscuritas fugienda est*, «avoid obscurity» (*De oratore*, III, XLII, 167). Thus riddles, enigmas and metaphors seem to be related to each other from the very beginning by having both a double power of teaching and misleading at the same time.

Similarly Quintilian, although he argues that, after all, riddles are intelligible if you can get someone to explain them (*Institutio oratoria*, VIII, vi. 53), associates enigma with ambiguity (*Institutio oratoria*, VI, III 51). Consequently both Cicero and Quintilian highlighted the hazard of riddling and the possibility to be mislead or lost by it.

The oscillation between clarity and darkness (as above mentioned) was typical of oracles which spoke through riddles and were advising and counseling, but at the same time they were obscure and therefore in need of being interpreted. Different interpretations were possible and soothsayers frequently misundertstood responses realizing their mistakes only later, after the evidence of circumstances. According to Demetrius (contemporary of Plutarch) in his *On Style*, II.101, enigma is linked with mystery religions and their «shuddering and awe»[42]. And the Old Norse literary poetic language seems to stress and emphasize this ambiguous and secret aspect particularly through its tropes. The name of the most important Old Norse metrical unit *dróttkvaett* emphasizes such an idea and shows that essential poetical elements (dark kennings and complicated metrics) were at the base of its intricate structure.

---

[42] D. M. SCHENKENVELD, *Studies in Demetrius "On Style"*, Hackert, Amsterdam 1964, p. 100.

Snorri often expresses positive comments about those tropes which contribute to hide and confuse meaning. In *Skáldskaparmál*, he makes Ægir comment the periphrastic expressions Bragi tells him about:

> «[...] En þat höfum vér orðtak nú með oss at kalla gullit munntal þessa jötna, en vér felum í rúnum[43] eða i skáldskap svá at vér köllum þat mál eða orðta<k>), tal þessa jötna.»
> Þá mælir Ægir: «Þat þykki mér vera vel fólgit í rúnum.»[44].

> '[...] we have this expression among us, to call gold 'the mouth tale of these giants', and we conceal it in secret language or in poetry by calling it speech or words or talks of these giants'.
> Then spoke Ægir: «This seems to me a very good way to conceal it in a secret language'[45].

And later when Bragi lists kennings for 'poetry' he comments:

> «Myrkt þykki mér þat mælt at kalla skáldskap með þessum heitum (...).»[46].

> 'I think it is an obscure way to talk to call poetry by these names (...)'[47].

Conclusions

It appears clear that ambiguity between hiding and describing, concealing and revealing is typical of kennings. They have a double nature: on the one hand they are retarding devices which make it difficult to understand skaldic texts. On the other hand, by enumerating names and functions of divinities, men, women and objects, they spread and

---

[43] It is noteworthy that in both question and answer Snorri uses the expression *í rúnum*, literally «in runes», which has been translated «secret language» by Faulkes, in Snorri, *Skáldskaparmál*, p. 3 and in Snorri, *Edda*, op. cit., p. 61. Snorri, *Edda*, op. cit., p. 61.
[44] Snorri, *Skáldskaparmál*, op. cit., p. 3.
[45] Snorri, *Edda*, op. cit., p. 61.
[46] Snorri, *Skáldskaparmál*, op. cit., p. 4.
[47] Ivi, p. 62.

deepen knowledge about their referents. This aspect is shown by the noun *kenning* itself[48] which derives from the verb *kenna* > 'to let know', 'to explain'[49].

Considering some kennings as deriving from myths or legends, they could be seen as evolutions of an intermediate phase made of enigmas or riddles, used to spread knowledge about those old pagan tales. Still Pagis maintains that, when an enigma or a riddle is solved, both question and answer disappear and it remains as a mechanical formula[50].

Both enigmas and metaphorical kennings deviate from the ordinary language dimension and appeal to perspicuity (as Aristotle calls it) which stimulates certain cognitive processes and associations. Ambiguity connected with metaphors recalls that of oracles which mimed the world's puzzles but also revealed them, since they explored their hidden similitudes by using metaphors[51], as Michael Wood points out while analyzing oracle sentences in *Consulting the Oracle*[52]. This appears evident also in moral fables. Often based on a different world, that of animals or plants, the fable mimes that of human beings. 'The cicade and the ant', 'The fox and the stork' function as examples in order to deliver a moral message. They contain a hidden relationship between animal domain and human domain which the hearer has to discover.

---

[48] J. Fritzner, *Ordbog over det gamle norske sprog*, Universitetsforlaget, Oslo/Bergen/Tromsø 1883-96, p. 276; R. Cleasby – G. Vigfússon, *An Icelandic-English Dictionary*, 2 ed. with suppl. by William A. Craigie, Clarendon, Oxford 1957, p. 336: «1) doctrine, teaching, lesson» [in particular preaching]; 2) a mark of recognition; 3) a poetical periphrasis or decriptive name»; W. Baetke, *Wörterbuch zur altnordischen Prosaliteratur*, Akademie Verlag, Berlin 1976 (2), p. 323: «1) das (Wieder-) Erkennen; 2) christliche Belehrung, Predigt [...] 3) Umschreibung in der Poesie», S. Egilsson, *Lexikon Poeticum Antiquae Linguae Septentrionalis*, 2 udg. Møller, København 1931, rev. av F. Jónsson, p. 459: «appellatio tropica, circumductio poetica», and then: «kenningar praecepta vivendi, institutiones morales».

[49] *kenna* (got. *kannjan*, o. s. *kennian*, ags. *cennan*, o. fris. *kanna/kenna*, ohg. *kennan*) <*kon-* 'to let know' <*kun-* 'to know', cf. gr. γιγνώσκω > 'to know' from ie. *gn-* (De Vries, *Altnordisches*, p. 306). See also M. C. Lombardi, *Kenningar nelle Friðþjófsrímur islandesi*, Aracne, Roma 2012, pp. 100-106.

[50] Pagis, *Toward a Theory*, p. 98.

[51] J.-M. Moret, *Œdipe, la Sphinx et les Thébains. Essai de mythologie iconographique*, I, Institut Suisse de Rome, Genève, 1984, p. 81.

[52] M. Wood, «Consulting the Oracle», *Essays in Criticism*, 43 (1993) 111.

Rainer Schulze argues that there is a natural tendency in human beings to link distinct domains, a perceptual process that has become known as analogical reasoning[53].

In metaphorical kennings similarities between trees (source domain) and warriors (target domain), between ships (target domain) and different animals (source domain), or the image of battle (target domain) as a meeting or a game (source domain), the sword (target domain) referred to as a serpent or ice or fire (source domains), are correspondences between two sets which depend on stereotyped associations. Maps of correspondances between images had been acquired over the years by members of medieval Scandinavian cultural communities. Images had been mapped into other images, this way creating metaphors in schemata of concepts activated in fixed contexts provided by the BWs, sufficiently contiguous to the source domain. In those speech communities they became established as conventional through repeated occurrances, memorized and re-utilized.

Therefore kennings present a conceptual base of similarity and contiguity and correspondences between domains do not depend on a similarity of attributes, but on a similarity of stereotyped associations or schemata. This parallel structure of correspondances is shared also by riddles.

With enigmas and riddles, mythological kennings share a condensing process which summarizes stories into very short units, a structure of parallel associations and a number of christallized pieces of information about reality. Since metaphors and metonymies (kenning constituent elements) play a key-role in guessing, remembering and communicating, we can hypothesize a teaching-learning role also for these tropes, traditionally seen as complicated and confusing.

---

[53] R. SCHULZE, *Does Linguistics Contribute to the Decline and Fragmentation of Rhetoric? In defence of Cognitive Paradigm*, in P. L. OESTERREICH – T. O. SLOANE (eds.), *Rhetorica Movet: Studies in Historical and Modern Rhetoric in Honour of Henrich F. Plett*, Brill, Leiden – Boston – Köln, 1999, pp. 436-437.

References

BAETKE, W., *Wörterbuch zur altnordischen Prosaliteratur*, 2 ed., Akademie Verlag, Berlin 1976.

M. Tullius Cicero, *De Oratore*, in *Cicero Rhetorica* (*De Oratore* III), ed. by A. S. WILKINS, Clarendon Press, Oxford 1963.

CLEASBY, R. – VIGFÚSSON, G., *An Icelandic-English Dictionary*, 2 ed. with suppl. by W. A. Craigie, Clarendon, Oxford 1957.

CLUNIES ROSS, M., *Skáldskaparmál: Snorri Sturluson's ars poetica and medieval theories of language*, Odense University Press, Odense 1987.

COOK, E., *Enigmas and Riddles in Literature*, Cambridge University Press, Cambridge 2006.

EGILSSON, S., *Lexikon Poeticum Antiquae Linguae Septentrionalis*, 2 ed., Møller, København 1931.

FIDJESTØL, B., «Kenningsystemet: Forsøk på ein lingvistisk analyse», *Maal og Minne* (1974) 5-50.

—, «Kenningsystemet: Gjenmæle til Peter Hallberg: Några reflexioner», *Maal og Minne* (1979), pp. 27-29.

FLORIO, J., *A Worlde of Wordes*, University of Toronto Press, Toronto – Buffalo 2013.

FRANK, R., *Old Norse Court Poetry: The Dróttkvætt Stanza*, Cornell University Press, Ithaca – London 1978.

FRITZNER, J., *Ordbog over det gamle norske sprog*, Universitetsforlaget, Oslo – Bergen – Tromsø 1883-96.

HELGASON, J., *Norges og Islands digtning*, in S. NORÐAL (ed.), *Litteraturhistorie. B: Norge og Island*, Bonnier, Stockholm 1953.

HEUSLER, A., *Die altgermanische Dichtung*, Akademische Verlagsgesellschaft Athenaion, Berlin 1923.

HOLLAND, G., «Kennings, metaphors, and semantic formulae in Norse dróttkvætt», *Arkiv för Nordisk Filologi*, 120 (2005) 123-147.

HOLTZ, L., *Donat et la tradition de l'einsegnement grammatical. Étude sur l'Ars Donati et sa diffusion*, Édition Rue d'Ulm, Paris 1981.

JÓNSSON, F., *Den oldnorske og oldislandske litteraturs historie,* II, Gads Forlag, København, 1902.

LAMBERTON, R., *Homer the Theologian*, University of California Press, Berkeley 1986.

LIDDELL, H. – SCOTT, R., *A Greek-English Lexikon*, Supplement, revised by H. S. JONES, Oxford University Press, Oxford 1996.

LINDOW, J., «Riddles, Kennings, and the Complexity of Skaldic Poetry», *Scandinavian Studies*, 47 (1975) 311-327.
LOMBARDI, M. C., *Kenningar nelle Friðþjófsrímur islandesi*, Aracne, Roma 2012.
MEISSNER, R., *Die Kenningar der Skalden: Ein Beitrag zur skaldischen Poetik*, Schroeder, Bonn 1921.
MORET, J.-M., *Œdipe, la Sphinx et les Thébains. Essai de mythologie iconographique*, I, Institut Suisse de Rome, Genève 1984.
MURPHY, J.J., *Rhetoric in the Middle Ages: a History of Rhetorical Theory from Saint Augustine to the Renaissance*, University of California Press, Berkeley – Los Angeles – London 1974.
NAGY, G., *The best of the Achaeans: Concepts of the Hero in Archaic Greek Poetry*, The John Hopkins University Press, Baltimore 1979.
PAGIS, D., *Toward a Theory of the Literary Riddle*, in G. HASAN-ROKEM – D. SHULMAN (eds.), *Untying the knot: On Riddles and Other Enigmatic Modes*, Oxford University Press, New York – Oxford 1996, pp. 81-108.
M. Fabius Quintilian, *Institutio oratoria*, I-III, ed. and trans. by H. E. BUTLER, Harvard University Press, Harvard 2002.
RASCHELLÀ, F. D., *The so-called Second Grammatical Treatise*, Le Monnier, Firenze 1982.
SCHENKENVELD, D. M., *Studies in Demetrius "On Style"*, Hackert, Amsterdam 1964.
SCHULZE, R., *Does Linguistics Contribute to the Decline and Fragmentation of Rhetoric? In defence of Cognitive Paradigm*, in P. L. OESTERREICH – T. O. SLOANE (eds.), *Rhetorica Movet: Studies in Historical and Modern Rhetoric in Honour of Henrich F. Plett*, Brill, Leiden – Boston – Köln 1999, pp. 433-446.
Snorri Slurluson, *Edda*, ed. and trans. by A. FAULKES, Everyman, London – Rutland-Vermont 1987.
Snorri Sturluson, *Skáldskaparmál*, ed. by A. FAULKES, University College London, London 1998.
Snorri Sturluson, *Háttatal*, ed. by A. FAULKES, University College London, London 1999.
STROUMSA, G. G., *Moses' riddles: Esoteric Trends in Patristic Hermeneutics*, in S. BIDERMAN – B. SHARFSTEIN (eds.), *Interpretation in Religion*, Leiden – New York – Köln 1992, pp. 227-232.

TAYLOR, A., «'*Riddles and Poetry*'», *Southern Folklore Quarterly*, 11 (1947) 245-247.
DE VRIES, J., *Altnordisches etymologisches Wörterbuch*, Zweite, verbesserte Auflage, E. J. Brill, Leiden 1962.
WOOD, M., «Consulting the Oracle», *Essays in Criticism*, 43 (1993) 93-111.

Letizia Vezzosi*

ÆLFRIC. SOME THOUGHTS ON HIS GRAMMAR

Lots of words have been spent on Aelfric the homilist[1], many fewer on Ælfric the grammarian, in spite of the fact that judging from the impressive number of survived manuscripts, Ælfric's *Grammar* must have been one of the most popular texts in the eleventh and twelfth centuries[2]: Ker lists fifteen manuscripts containing all or parts of the Grammar, as well as two transcripts of a lost manuscript, whereas Sisam argues «No other book in Anglo-Saxon approaches it in the number of copies that survive»[3]. As a research topic, most scholars have researched it as "a Latin Grammar", although «the first grammar written in English»[4], focusing on its terminology[5], its sources[6], or Ælfric's strategies in translating or adapt the Latin material of his sources to Anglo-Saxon learners[7]. As for

---

* University of Florence, Via Santa Reparata 93, 50129 Florence; letizia.vezzosi@unifi.it

[1] Most research works on Ælfric are either limited to his homilies and his prose or emphasize the importance his productions. See J. Wilcox, *Ælfric's Prefaces*, New Elvet, Durham 1994.

[2] On the fortunes of Ælfric's *Grammar* see T. Hunt, *Teaching and Learning Latin in Thirteenth-century England: Texts*, Brewer, Cambridge 1991, in particular p. 100 ff.

[3] K. Sisam, «The Order of Alfric's Early Books», in Id. (ed.), *Studies in the History of Old English Literature*, Clarendon, Oxford 1953, pp. 298-301, p. 301.

[4] P. Clemoes, «Ælfric», in E. C. Stanley (ed.), *Continuations and Beginnings*, Nelson, London 1966, pp 176-209, p. 182.

[5] See, among others, L. K. Shock, *Ælfric's Latin* Grammar: *A Study in Old English Grammatical Terminology*, Ph.D. diss., Harvard University 1939, E. R. Williams, «Ælfric's Grammatical Terminology», *PMLA. Publications of the Modern Language Association of America*, 73 (1958) 453-462, F. Toupin – M. Mensah, *La grammaire d'Ælfric: traduction et commentaire linguistique*, AMAES, Paris 2005.

[6] See G. Bolognesi, *La Grammatica Latina di Aelfric. Prima parte – lo studio delle fonti*, Paideia, Brescia 1965, repr. 1967, T. Paroli, «Le Opere Grammaticali di Ælfric», *Istituto Orientale di Napoli Annali Sezione Germanica*, 10 (1967) 5-43 and 11 (1968) 35-133, F. Toupin, «Exploring Continuities and Discontinuities between Ælfric's *Grammar* and its Antique Sources», *Neophilologus*, 94 (2010) 333-352.

[7] Besides the seminal work of J. Bender-Davis, *Ælfric's Techniques of Translation and Adaptation as Seen in the Composition of his Old English Grammar*, Ph.D. diss., Pennsylvania State University 1985, and the marginal remarks in Toupin, «Exploring

his choice to use the vernacular, it has usually been taken for granted that it was the necessary response to the need for comprehension in a period and in a place which emphasized the study of letters for the purpose of avoiding misunderstandings of the Sacred Scriptures and religious texts, since the knowledge of Latin was no longer widespread[8]. Only recently have scholars started questioning the role of the Old English text either as evidence of the function of Ælfric's *Grammar* as a contrastive grammar[9] or as a sort of parallel grammar itself[10].

There is no doubt that Ælfric's *Grammar* belongs to the textual tradition of Medieval Latin grammars, together with the treatises of Latin Grammar produced from the end of the seventh century by such scholars as Alcuin, Aldhelm, Bede, Boniface, Tatwine and several other anonymous authors[11], and more specifically to the well-established practice of using grammars and colloquies as teaching tools[12]. Likewise, it is also undeniable that Ælfric had models to follow, which are now agreed to be, in descending order of influence: Priscian's *Institutiones grammaticae*, above all the abridged version, i.e. *Excerptiones de Prisciano*[13], Donatus's *Ars Minor*

Continuities and Discontinuities», see also K. SATO, «Ælfric's Linguistic and Stylistic Alterations in his Adaptations from the Old English *Boethius*», *Neophilologus*, 96 (2012) 631-640.

[8] R. MCKITTERICK, *The Carolingians and the Written Word*, Cambridge University Press, Cambridge 1989, pp. 20-21 points out that the quest for establishing correct Latin was partly due to the widening difference between the spoken and written language.

[9] See H. GNEUSS, «Ælfrics Grammatik und Glossar: Sprachwissenschaft um die Jahrtausendwende in England», in W. HÜLLEN – F. KLIPPEL (Hrsg.), *Heilige und profane Sprachen. Die Anfänge des Fremdsprachenunterrichts im westlichen Europa*, Harrassowitz, Wolfenbüttel 2002, pp. 77-92.

[10] See M. J. MENZER, Donatus Anglice: *Ælfric's 'Grammar' and the Making of the English Language*, Unpublished Ph.D. Diss., University of Texas, Austin 1996.

[11] See F. D. RASCHELLÀ – F. RIPA, «Elfrico Grammatico e l'insegnamento linguistico», *AION. Sez. Germanica* I, 1-2 (1991) 7-36.

[12] See Th. N. HALL, «Ælfric as Pedagogue», in H. MAGENNIS – M. SWAN (eds.), *A Companion to Ælfric*, Brill, Leiden 2009, pp. 193-216.

[13] The *Excerptiones* has been identified as Ælfric's primary source for his *Grammar* (see E. R. BUCKALEW, «Leland's transcription of Ælfric's *Glossary*», *Anglo-Saxon England*, 7 (1978) 149-164). Recently, it has also been proposed that Ælfric himself compiled the *Excerptiones* (D. W. PORTER (ed.), *Excerptiones*, Brewer, Cambridge 2002). But there is no agreement concerning its authorship: for counter-argument see J. HILL, «Ælfric's Grammatical Triad», in P. LENDINARA – L. LAZZARI –

and *Ars Maior*, and partly Isidore's *Originum sive etymologiarum libri XX* (more precisely the grammatical summary found in the first book, entitled *De Grammatica*). Ælfric himself acknowledges this with his own words in the first sentences of the Latin preface, and throughout the treatise by means of mundane expressions such as «æfter Donatum, þam lareowe» 'according to Donatus, the master' (p. 87), «gyt synd ma ðissera æfter Prisicanes tæcinge» 'there are still more of these according to Priscian's demonstration' (p. 262), or laudative turns of phrase such as «se lareow Priscianus segþ ðæt man sceal tócnáwan ælces dǽles mihte and getácnunge and swá undergytan hwæt hé sý ná be ðære declinunge» 'master Priscian says, that we must distinguish the force and signification of each part of speech, and in this way, not by declension, understand what it is'[14].

As a matter of fact, Ælfric is deeply indebted to his sources: on the conceptual level, grammar is «an end in itself»[15] for both Latin grammarians and for Ælfric, and accordingly a catalogue of facts, from which pronunciation, metrics and syntax are excluded, but which are largely dedicated to inflectional morphology, i.e. the eight parts of speech and their accidents; on the formal level, in its structure, Ælfric's grammar adheres to the *artes grammaticae*, and its organization of each section concerning a part of speech consists of a semantic definition, an enumeration of properties (i.e. accidents) followed by a treatment of such properties, in accordance with the genre of *Schulgrammatik* such as Donatus's *Ars* and Priscian's *Institutiones*[16].

As far as the content itself, Ælfric is respectful of his sources, in that there is no different perception of the structure of Latin, but mostly a reorganization, simplification, and elimination of secondary information in order to avoid confusion, facilitate memorization, and enhance

M. A. D'ARONCO (eds.), *Form and Content of Instruction in Anglo-Saxon England in the Light of Contemporary Manuscript Evidence*, Brepols, Tournhout 2007, pp. 285-305.

[14] The edition from which examples are taken is *Ælfric's Grammatik und Glossar. Text und Varianten*, herausgegeben von Julius Zupitza, Max Niehans, Berlin – Zürich – Dublin 1966 (henceforth Gram). Translations are mine, if not otherwise specified. Examples at pp. 87, 129, 262 and 111 respectively.

[15] V. LAW, «Late Latin grammars in the early middle ages: a typological history», *Historiographia Linguistica: International Journal for the History of Linguistics*, 13 (1986) 365-380, p. 368.

[16] LAW, «Late Latin grammars».

understanding for an audience unfamiliar with the terms and the subject matter, by highlighting the material he thought to be more conducive to learning a language. To reach this goal, Ælfric is not afraid to alter the available material, to mix his sources, to add Old English translations when he thought the listing to be not self-explanatory, or complete abbreviated forms[17]. In the discussion of the so-called "neuter verbs", unlike the compiler of the *Excerptiones*, who describes them as characterised by properties typical of active voice, Ælfric points out that a neuter verb does not have a passive meaning: «þa word ðe geendjað on *o* and ne magon æfter andgyte beon PASSIVA, þa synd NEUTRA gehatene. Þæt is næðres[18] cynnes»[19]. This slight change is didactically quite significant, because it permits him to explain the neuter verb in the context of the passive meaning, and thus to maintain the continuity with the preceding discussion of the passive voice.

It is exactly his strong pedagogical commitment that differentiates Ælfric's attitude as a grammarian from his predecessors and contemporaries and initiates discontinuity in the tradition of Latin *grammatici*. It is not his conception of grammar, but his descriptive apparatus that renews the tradition and that is best understood and appreciated if it is considered within his programmatic educational plan, which continues the work begun by King Alfred, i.e. translating learned works into vernacular to educate the clergy. Ælfric's didactic program includes not only the other well known teaching tools such as the *Glossary* and the *Colloquy*, but also the *Catholic Homilies*. All four texts are chronologically close to each other[20], composed between 992 and 1002, after Ælfric left Winchester and before he was appointed as abbot at Eynsham, that is, when he was mass priest and schoolmaster at Cerne, and they all respond to an immediate and urgent need of learning among the secular clergy, as is clearly stated in his prefaces of both *Grammar* and the first series of the *Catholic Homilies*.

---

[17] See BENDER-DAVIS, *Ælfric's Techniques of Translation* for more details about the composition of his *Grammar*.

[18] Ælfric himself suggests *naðor* (lit. 'neither') as a grammatical term meaning 'neuter': «neutrum is naðor cynn, ne werlices ne wiflices, on cræftsprace» (Gram 18). See also BENDER-DAVIS, *Ælfric's Techniques of Translation*, p. 212.

[19] Gram 121 'Those verbs which end in *o* and on account of their meaning cannot be passive, are called *neutra*, that is neuter'.

[20] P. CLEMOES, «The Chronology of Ælfric's Works», in ID. (ed.), *The Anglo-Saxons: Studies in Some Aspects of Their History and Cultures Presented to Bruce Dickins*, Bowes & Bowes, London 1959 pp. 212-247.

Removed from the scholarly world of Winchester and brought face to face with the relative cultural poverty found in monasteries outside the main centres, Ælfric reacted with "simplified texts" in Old English for preaching and instructing, so that 'they know how to understand the old law spiritually and what Christ himself, and his apostles, taught in the New Testament, so that they might direct people to belief in God and set a good example by good works'[21].

While the First and Second Series of *Catholic Homilies* were conceived to provide the orthodox fundamentals of Christian ethics and morality, with «a body of orthodox preaching in vernacular prose»[22] and a sound theological doctrine necessary for a properly educated clergy and a properly conducted liturgy in a form available even to those who were not competent in Latin and therefore denied access to the true faith expounded by Church Fathers, Ælfric referred to his *Grammar* as the tool which could make it possible to understand the true meaning of religious texts[23]: «Ic Ælfrîc wolde þâs lytlan bôc âwendan tô engliscum gereorde of ðâm stæfcræfte, þe is gehâten grammatica, syððan ic ðâ twâ bêc âwende on hundeahtatigum spellum, forðan ðe stæfcræft is sêo cæg[24], ðe ðæra bôca andgit unlîcð»[25].

Unlike literary prose, which already had a long tradition of translation in the eleventh century, grammars had previously been written in Latin

---

[21] « hig cūðon þā ealdan ǣ gāstlīce understandan and hwæt Crīst silf tǣhte and his apostolas on þǣre nīwan gecȳðnisse, þæt hig mihton þām folce wel wissian tō Godes geleāfan and wel bīsnian tō gōdum weorcum », see S. J. CRAWFORD (ed.), *The Old English Version of the Heptateuch, Ælfric's Treatise on the Old and New Testament and His Preface to Genesis,* Oxford University Press, London 1969.

[22] CLEMOES, «Ælfric», p. 183.

[23] The idea that the *ars grammatica* had a role as a hermeneutic for interpreting texts is not Ælfric's. Augustine, Jerome, Cassiodorus among others agreed that grammar was necessary for an understanding of Scripture. Rabanus Maurus defines grammar as «scientia interpretandi ... recte scribendi loquendique ratio» (Rabanus Maurus, *De Clericorum Institutione*, in J.P. MIGNE (ed.), *Patrologiae Latinae*, Paris 1963, 396BC).

[24] The metaphor of grammar as a key unlocking texts seems to be Ælfric's original variation from Origin's idea of the 'key of knowledge' (i.e. the knowledge of the grammar of allegory) applied to grammar and not to Christian understanding.

[25] 'I Ælfric wanted to translate this little book into English concerning the science that is called *grammatica* [grammar]. Then I translated the two books on the eighty discourses, because grammar is the key that unlocks understanding of those books'.

even when designed, like Tatwine's or Boniface's grammars, for native speakers of Old English who knew little or no Latin. Ælfric's decision to present a Latin Grammar by means of the vernacular was thus a break from the tradition.

Besides the choice of the medium, also less patent innovations were all aligned with his pedagogical programme to instruct the unlearned, making his grammar as a replacement for such Latin grammars as Donatus' or Priscian's, which were of no use for those who had to learn Latin from scratch. In this perspective his grammatical terminology should be intended, especially the so-called «explanatory renderings»[26], such as «words gerefa» (lit. 'companion of the verb') for «adverbium, ðæs naman speliend» (lit. 'representing the noun') for *pronomen*, or the «explanations of the Latin terms»[27] which cannot possibly be conceived as technical terms, such as «namena ordfruma and gescead» (lit. 'the origin and shade of the nouns') corresponding to *ethimologia* or «anes words gewemmednys» (lit. 'contamination of a word') for *barbarismus*.

Another, though less evident, breakthrough consists on Ælfric's intent to familiarize his students with the content of the grammar, by means of conferring local colour, anglicizing and Christianizing the text. Besides minimal changes – i.e. the substitution of *Priscianus* or *puer* for *cycero* in the section on pronouns, or the introduction of familiar names such as *Æthelwold*, *Dunstan* and *Bede* – he took every opportunity to insert new examples that refer both to Christian values of experience, as in his exemplification of reflexive pronouns with the sentence «*Cristus se dedit pro nobis*, Crist sealed hyne sylfne for us» ('Christ gave himself for us') or to monastic life, as in his exemplification of prepositions requiring the accusative case with the phrase «*secundum regulam uiuo*, æfter regole ic lybbe» ('I live by the rule'), and to moral, theological or doctrinal instructions - which predictably are only in Old English. In this line of an argument one should interpret Ælfric's additional examples, such as «*utinam amarem deum*, eala gif ic lufode god», followed by further information «swylce ðu cweðe: forgeaf god, þæt ic hine lufode»[28], as a reminder to his students to love God, or «ic tæce sumum men his wege

[26] Hurt, *Ælfric*, p. 111.
[27] *Ibid*.
[28] Gram 125. 'Alas, if I had loved God, such as you say; may God grant that I may have loved Him'.

oððe ic gerihte some wohnysse» and «ic bête sume lease boc oððe ic styre sumum stuntum men» to explain the verbs *dirigo* and *corrigo* respectively, clearly hinting to the *Catholic Homilies*. Analogously, for no other reason than to familiarize the material, did Ælfric insert *citharista* (harpist) as a prototypical noun of the first declension masculine paradigm, given the importance of the *hearpere* in Anglo-Saxon society. As further evidence of familiarization we can also consider the changes Ælfric makes in the section *De Persona*: here, while the compiler of the *Excerptiones* explains which persons can be joined together under the same verbs, Ælfric simplifies by mentioning only «manega word synd, þe ne magon habban þa twegen forman hadas, ac habbað þone þriddan»[29] and then lists several examples, including «*tinnit* swegð, *pluit* hit rinð, *tonat* hit ðunrað, *fulminat* hit liht, *ningit* hit sniwð, *grandinat* hit hagelað, and *gelat* hit fryst»[30], but also «*canis latrat*, hund byreð, *lupus ullulat* wolf ðytt, *equus hinnit* hors hnægð, *bos mugit* oxa hlewð, *ouis balat* scep blæt, *sus grunnit* swin grunað»[31], followed by the statement «þa word and ðyllice man mæg cweðan, gif man wyle, ongean gecynde on eallum þrim hadum ac hit byd swiðe dyslic, þæt se man beorce oððe blæte»[32], where he admits that men can create the sounds expressed by those verbs, but also points out that it is foolish for men to make animal noises. Such an addition and comment are difficult to justify in merely grammatical terms, since the meteorological verbs have no properties to share with onomatopoeic verbs denoting animal sounds. Ælfric may have thought that the discussion of verb person could be, on the one hand, the right place to introduce a sampling of Latin words which his students otherwise might not have encountered, and on the one hand, an opportunity for himself to comment on morally appropriate actions.

Ælfric, as a great master and teacher, is careful to ensure that his students do not lose track of what they are doing and he does not miss any chance to encourage their direct involvement. He could have found no better way to motivate than clarifying the optative mood by examples such as «*utinam legerem heri* eala gif ic rædde gyrstan dæg,

---

[29] Gram 128. 'there are many verbs which do not take the first two persons, but take the third'.

[30] Gram 128. 'I teach some men their way or correct some errors'.

[31] Gram 129. 'I correct some false book, or I guide some ignorant men'.

[32] Gram 129. 'a man can make these words and ones like them, if he wants, in all three persons, but it is very foolish that a man barks or bleaks'.

þonne cuðe ic nu agyfan»[33], which recalls one of Ælfric's favourite didactic methods, namely the use of question-answer format. Inherited from Donatus and Alcuin's dialogues, Ælfric applies this technique to clarify parts of his grammar more often than any of his models, perhaps because it involves the students directly. For example, in the section presenting verbs derived by nouns, Ælfric takes a different stance from his source, giving the impression that he is speaking directly to the student. While the compiler of the *Excerptiones* says «non possumus dicere, armo, nisi prius sint arma quibus armamus aliques», Ælfric presents the same information with a question, drawing the student into the discussion: «hu mæg ic cweðan ic gewæpnige ðe, buton ic ær hæbbe ða wæpnu ðe to gyfenne? Ærest byð se nama *arma* wæpnu, and of ðam bið word *armo* ic wæpnige»[34]. Students are also engaged by means of Ælfric's original comments, as happens at the end of lists, taken from his sources, of forms such as denominal verbs, where he concludes saying «þus ðu miht tocnawan, hwænne nama cymð of worde, hwænne word of naman»[35].

The choice of the vernacular implied to propose not only the grammatical description but also the examples in that media: this is why the author himself describes his *Grammar* as a "translation" of the *Excerptiones*. But Ælfric did not translate word for word, but meaning for meaning[36], searching for semantic and functional equivalence between the Latin and the Old English constructions, and thus fairly often establishing a contrastive comparison between the two languages. On the one hand, he put straightforward the similarities in forms and functions between Latin and Old English so as in the case of pronouns, defined as «ðæs naman

---

[33] Gram 125. 'Alas, if I had read yesterday, then I would know how to answer now'.

[34] Gram 215. 'How may I say "I arm you" unless I have a weapon to give you? First is the noun, *arma*, and from this is the verb, *armo*, I arm'.

[35] Gram 216. 'Thus you can distinguish when a noun comes from a verb, or when a verb from a noun'.

[36] From Ælfric's Preface to *Genesis*: «Æfre sē þe āwent oððe sē þe tæcð of Lēdene on Englisc, æfre hē sceal gefadian hit swā þæt þæt Englisc hæbbe his āgene wīsan, elles hit bið swīðe gedwolsum tō rǣdenne þām þe þæs Lēdenes wīsan ne can» 'Whenever someone translates or interprets Latin into English, one should always arrange it so that the English has one's own manner, or else it is very erroneous to read, for one who does not know the manner of Latin.' See CRAWFORD, *The Old English Version*.

speliend, se spelað þone naman, þæt ðu ne ðurfe tuwa hine nemnan»[37]: here by means of a short bilingual dialogue, Ælfric shows students at the same time what a pronoun is in both Latin and Old English, how it works in the context of a Latin and an Old English sentence, and how Old English words can be described and categorised as parts of speech, that is, *he* takes the place of *Dunstan* [38] and *ic* the place of the speaker's own name.

> Gif ðu cwest nu: hwa lærde ðe?, þonne cweðe ic: Dunstan. Hwas hadode ðe? He me hadode: þonne stent se he on his naman stede and spelað hine. Eft gif ðu axast: *qui hos fecit*? Hwa dyde ðis? Þonne cwest ðu: *ego hoc feci* ic dyde ðis: þonne stent se ic on ðines naman stede; *tu* ðu; *ille* se.[39]

On the other hand, Ælfric is well aware of the differences between the two languages and of the possible difficulties arising from those differences, and accordingly he aims to understand the conceptual meaning of a form in one language and to find the adequate form in the other, which will be semantically and functionally equivalent. Thus, since Old English has no ablative case, he introduces it differently, emphasizing its morphological function - its *andgyt* or *sensus* - thus making it possible to establish its semantic and functional correspondent in Old English. Practically speaking, while for nominative, dative, accusative, and genitive each Latin case form is briefly introduced by a simple definition and compared with its own Old English equivalent, for the ablative case he resorts to an explanation and a prepositional phrase: «mid ðam casu byð geswutelod swa hwæt swa we ætbredað oðrum oððe swa hwæt swa we underfoð æt oðrum oððe hwanon we farað [...] *ab illa ciuitate equitaui* fram ðære byrig ic rad»[40]. Another interesting example is Aelfric's description of tense.

---

[37] Gram 8-9. 'the noun's replacement, which replaces the noun so that you do not need to name it twice'. The same definition is repeated later in the text, i.e. at the beginning of the section on pronouns.

[38] This passage has been interpreted as a memory of his own education. See H. MAGENNIS – M. SWAN (eds.), *A Companion to Ælfric*, Brill, Leiden 2009.

[39] 'I you say now: who taught you? Then I would say: Dunstan. Who ordine you? He ordine me; the the *he* stands in the noun's place and replaces it. Likewise, if you ask *quis hoc fecit*? Who did this? Then you say: *ego hoc feci* I did this, then the *I* is in your name's place: *tu* you *ille* that.'

[40] Gram 22-24. 'with this case one indicates from whatever we take away or we receive or from where we come: ... *ab illa ciuitate equitaui* from this town I rode'.

Although adhering to the compiler of the *Excerptiones*, but condensing the definition into a single sentence, «tempus est praeteritarum rerum memoria aut praesens intuitus aut expectatio futurorum»[41], Ælfric demonstrates Old English cannot express the future tense by means of morphology, but by context, that is adding time complements or adverbs: «FUTURUM TEMPUS is tôwerd tîd: *stabo* ic stande nû rihte oððe on sumne tîman»[42]. Similarly for the description of the different types of past tense, he evokes the "wise teachers" to distinguish these forms from the "innate" ones – present, past, and future –, and adds adverbs in conjunction with the Old English past tense to point out the functions of imperfect and plusperfect and to convey the meaning of tenses that have no correspondent in Old English:

> ac swâ ðêah wîse lârêowas tôdældon þone PRAETERITUM TEMPUS, þæt is, ðone forðgewitenan tîman, on þrêo: on PRAETERITUM IMPERFECTUM, þæt is unfulfremed forðgewiten, swilce þæt ðing bêo ongunnen and ne bêo fuldôn: *stabam* ic stôd. PRAETERITUM PERFECTUM ys forðgewiten fulfremed: *steti* ic stôd fullîce. PRAETERITUM PLUSQUAMPERFECTUM is forðgewiten mâre, þonne fulfremed, forðan ðe hit wæs gefyrn gedôn: *steteram* ic stôd gefyrn. forðî is se forðgewitena tîma on ðrêo tôdæled, forðan ðe nâht ne byð swâ gemyndelîc on gecynde, swâ þæt ys, þæt gedôn byð.[43]

On a closer look, however, such expressions as *gefyrn* have no other function than «metalinguistic [one], to clarify the meaning of the otherwise polysemous *ic lofode* and *ic lufige*»[44]. In fact, Ælfric's metalinguistic

---

[41] 'Time is the memory of past things or present understanding or expectation of the future'.

[42] Gram 123. 'TEMPUS ACCIDIT UERBO tense belongs to verb to indicate various actions. By nature there are three tenses in every verb, that is perfect: PRAESENS TEMPUS is present tense: *sto* I stay; PRAETERITUM TEMPUS is past tense: *steti* I stood; FUTURUM TEMPUS is future tense: *stabo* I stay just now or in some time'.

[43] Gram 124. 'but nevertheless the wise masters distinguish the PRAETERITUM TEMPUS, that is, the past tense, in three: in PRAETERITUM IMPERFECTUM, that is imperfect past, as the thing is begun and is not completed: *stabam* ic stôd. PRAETERITUM PERFECTUM is past perfect: *steti* I stood perfectly. PRAETERITUM PLUSQUAMPERFECTUM is past more than perfect, because it is done long ago: *steteram* I stood long ago. Therefore the past tense is in three distinguished, because it cannot be remember at all by nature so it is as it is done'.

[44] V. LAW, «Anglo-Saxon England: Ælfric's *Excerptiones de Arte Grammatica Anglice*», *Histoire Épistémologie Langage*, 9 (1987) 47-71, at p. 61.

awareness[45] is particularly remarkable in correspondence to those grammatical *loci* where he deviates most drastically from the *Excerptiones*, for instance, when he introduces the four conjugations, and attempts to explain the concept of conjugation by referring to something the student should already know, that is, the declensions of nouns. As nouns are grouped according to their inflectional endings, verbs are too because they have similar forms. In other words, noticing their similarity, Ælfric points to their function as systems of classification.

> Naman habbað fif DECLINATIONES and word habbað feower CONIUGATIONES. DECLINATIO mæg beon cweden gebigednys, fordan ðe on ðære beoð ða naman gebied fram case to case. CONIUGATIO mæg beon gecweden geðeodnys, forðan ðe on ðære beoð manega word geðeodde on anre declinunge[46].

Aelfric's treatment of the imperative mood is quite striking. It unveils his intuitions about the imperative's performative nature in terms of speech acts theory and its use in so-called illocutionary acts. Only slightly inspired by his source, Ælfric explains the imperative as the mood with which «mid þam gemete we hataŏ oŏre men don sum ðing oŏŏe sum ðing þrowjan»[47] and then illustrates its definition with a series of examples, both in Latin and in Old English, consisting of a command and the result of the action of commanding: «*lege* ræd ðu; *legat* ræde he; *flagella istum puerum* beswing ðis cild; *flagelletur* sy he beswungen»[48].

Even if it cannot possibly be considered a contrastive comparative grammar, it is undeniable that by reading Ælfric's *Grammar* one learns a lot about Old English. Since the assessment made by Sisam, who first recognised its significant relevance even in comparison with his *Catholic*

---

[45] Hunt believes that Ælfric's *Grammar* «illuminates his understanding of the Latin language, his conception of its relations to English, and thus his principles of translation» (HUNT, *Teaching and Learning Latin* p. 105). See also HILL, «Ælfric's Grammatical Triad», footnote 18.

[46] Gram 130. 'the nouns have five DECLINATIONES and the verbs have four CONIUGATIONES. DECLINATIO may be called declension because in it the nouns are inflected from case to case. CONIUGATIO may be called conjugation because in it various verbs are conjugated according to one declension'.

[47] Gram 125. 'we command other men to do something or to endure something'.

[48] Gram 125. '*lege* read; *legat* let him read; *flagella istum puerum* beat this boy; *flagelletur* be he beaten'.

Homilies and his *Lives of the Saints*, and who was the first to claim that «Ælfric was the first writer to commend and practice the study of English grammar and style by methods applicable to Latin»[49] scholars have been faced with the question of whether or not the choice of Old English as a medium was exclusively due to the author's concern with comprehensibility. Besides the traditional view, represented by Law, who claims that «No description of English is to be found in this text»[50], a new stance has recently been taking shape, according to which the *Grammar* does teach Old English, but only as a secondary and accidental aspect[51], whereas its specific role was teaching grammatical categorization and grammatical analyses so that «with the help of this grammar a pupil could at the same time acquire the ability to describe his own language in precise grammatical terms, drawing on the categories used for Latin»[52]. Only rarely has Ælfric's *Grammar* been recognized as a grammar of English and Latin in itself[53], even if in both his Old English and Latin prefaces the author himself states his purpose to be grafting into the young boys' tender minds both languages «utramque linguam, uidelicet latinam et anglicam» and to teach some understanding of both languages «sum angit to ægðrum gereorde».

To shift the needle towards one of the extreme positions is quite difficult since both views are right in some sense, but wrong in another. Surely Ælfric's competence in Latin, and his knowledge of grammar allows him to

---

[49] SISAM, «The Order of Alfric's Early Books», p. 301. See also M. GODDEN, «Ælfric and the Vernacular Prose Tradition», in P. E. SZARMACH – B. F. HUPPÉ (eds.), The Old English Homily and its Backgrounds, State University of New York, Albany 1978, pp. 99-117.

[50] LAW, «Anglo-Saxon England», p. 47.

[51] See CLEMOES, «Ælfric» and C. P. WORMWALD, «The Use of Literacy in Anglo-Saxon England and its Neighbours», *Transactions of the Royal Historical Society*, 27 (1977), pp. 108-9, who assesses that «His educational works were designed to teach Latin, not English, though, as he recognized, his Grammar was bound to be important for English also» (p. 108).

[52] H. GNEUSS, «The study of language in Anglo-Saxon England», in D. G. SCRAGG, *Textual and Material Culture in Anglo-Saxon England: Thomas Northcote Toller and the Toller Memorial lectures*, Brewer, Cambridge 2003, pp. 75-107, at p. 85.

[53] To my knowledge, only Menzer makes such a clear assessment. See M. J. MENZER, «Ælfric's Grammar: solving the problem of the English-language text», *Neophilologus*, 83 (1999) 637-652; ID., «Ælfric's English "Grammar"», *The Journal of English and Germanic Philology*, 103/1 (2004) 106-124.

use the vernacular and, nevertheless, efficiently describe the grammatical categories established in the tradition of Latin Grammars with semantic equivalents in his own language. But his programmatic intent goes beyond that. In accordance with the Medieval tradition, Ælfric thought of his *Grammar* as «the foundation discipline, the first road to all knowledge»[54] encompassing everything from *vox* to *scientia interpretandi*. As a matter of fact, he himself variously reaffirmed in his prefaces how essential knowing the structure of the language is to understanding the hidden meaning of Sacred Scripture. Ælfric never denies that his interest in grammar goes hand in hand with his activity as translator and his concern with the correct reading of texts, with the conservation of Christian doctrine and the avoidance of erroneous interpretation, that is, *gedwyld* which interestingly enough means both 'mistake' and 'heresy'. Accordingly, the Old English text of his *Grammar* should be evaluated in its relationship with the other texts by Ælfric, *in primis* the *Lives of Saints* and the *Catholic Homilies*, which no one doubts are conceived to combat this *gedwyld*, providing sound scriptural and doctrinal interpretation based on reliable authorities. Consequently, the different treatment of Latin and the Old English in the *Grammar* respond to different needs. Support to this is found in his homilies with their the constant use of the interpretative techniques - dividing and categorizing words - described later in his *Grammar*. Thus, in the Sermon on the Nativity, Ælfric analyses the derivative word *todæg* into its parts, *to* and *dæg*, and then illustrates the principles of Christian grammatical interpretation: «rihtlice he cwæð to-dæg, and na to-nihte, forðan Crist is se soða dæg seðe todræfde mid his to-cyme ealle nytennysse þære ealdan nihte, and ealne middangeard mid his gife onlihte»[55].

The *Grammar* and the *Catholic Homilies* constitute a programmatic unity, representing the two moments of Christian interpretation, i.e. the tool and the text for exegesis. But they also share another role: they are both conceived to contribute to the establishment of a written linguistic

---

[54] J. F. HUNTSMAN, «Grammar», in D. L. WAGNER (ed.), *The Seven Liberal Arts in the Middles Ages*, Indiana Univ. Press, Bloomington 1986, pp. 58-95, p. 60.

[55] 'Rightly he said to-day, and not to-night, for Christ is the true day who scattered with his advent all the ignorance of the ancient night, and illuminated all the world with his grace' (Thorpe's translation, see B. THORPE (ed. and trans.), *The Homilies of the Anglo-Saxon Church. The First Part, Containing The Sermones Catholici, or Homilies of Ælfric. In the original Anglo-Saxon, with an English version*, 2 volumes, Ælfrices Bocgild, Richard and John E. Taylor, London 1844, 1846, p. 37).

norm for Old English, or better, a standard vernacular prose. This is particularly manifest in those parts that are almost completely original contributions of Ælfric, as the treatment of interjections and the definition of conjunctions.

Following Donatus' definition of interjections, as an indeclinable part of speech denoting the condition of the mind, Ælfric does not limit his contribution to noticing when English and Latin have the same interjections: «*hui* man cweþ on leden and ealswa on englisc: Huig, hu færest ðu ...*Haha* and *hehe* getacniað hlehter on leden and on englisc, forðan ðe hi beoð hlichende geclypode»[56], nor to explaining unfamiliar grammatical terminology. On the contrary, he offers examples which comment on Scripture and illustrate alternative ways of expressing emotion, and provide significant insight into the Old English language. Regarding this last, he warns that some interjections are difficult to translate because of their unstable semantic values, and he proves it, first showing via examples the slightly different meaning in Latin and Old English for those interjections which apparently can be uttered in both languages, such as *heu*, translated with *wa* 'woe' probably because closer to the meaning he wanted to convey, and then listing several interjections without a Latin counter-part, simply to illustrate this part of speech in English: «afæstla and hilahi and wellawell and ðillice oðre sindon englisce INTERIECTIONES»[57]. Those pieces of information were certainly relevant for the activity of translating, but also demonstrate Ælfric's awareness of the grammatical structure of his own language.

As for conjunctions Ælfric describe them using the simile of 'lime,' which fastens skin to a board just as conjunctions tie one word to another[58], and giving special emphasis to their being unable to stand alone and being untranslatable into Old English except with other words[59]. It is clear that

---

[56] Gram 278-79. '*Hui* a person says in Latin and also in English: Huig, how are you doing? *Haha* and *hehe* signify laughter in Latin and In English, because they are laughingly spoken'.

[57] Gram 280. 'afæstla "certainly" and hilahi "heu" and wellawell "alas" and similar ones are English INTERJECTIONS'.

[58] «Swa swa lim gefæstnað fel to sumum brede, swa getigð seo CONIUNTIO þa word togædere» (Gram 258).

[59] «Næfð þes dæl nane mihte ne nan andai, gif he ana stent, ac on endebyrdnysse ledenspræce he gelimað þa word, ne he ne bið naht on englisc awend butan oðrum word» (Gram 258 'This part cannot have any meaning if it stands alone, but in the

here Ælfric is both instructing his students how to translate from Latin and at the same time giving direction on proper English. Then when he lists the Old English corresponding forms, they turn out to be his favourite choices in the prose of his translations. For instance, as for as causative conjunctions Ælfric proposes two forms, one as a subordinator, *forðan ðe*, and the other as an interrogative, *for ði*, whose function as an adverb is recalled. One-word choice is also proposed for concessives, namely *ðeah ðe*. And these are actually the forms most used in his *Lives of Saints*, consistently showing the addition of the particle *þe* to subordinate conjunctions[60].

Ælfric's *Grammar* is profoundly inspired by the long Medieval tradition, where a knowledge of Latin was essential for those in ecclesiastic orders, not as an end in itself but as a means of serving God by correctly pronouncing Divine Office. Ælfric inherits his conception of grammar from Medieval Latin grammars, both the theoretical material and the structure, but, unlike the other *grammatici*[61], his approach is more teaching- than learning-centred and consequently represents a step forward in the genre of *Schulgrammatik* in terms of coherence. Since the *Grammar* was written after the *Catholic Homilies*, and explicitly referred to them, it represents the work of a mature writer, who must have carefully planned whatever he did in adapting the *Excerptiones,* even in his use of the vernacular. The ordinary prose of the *Grammar* is another facet of his style, chosen because more apt to the purpose of teaching students a language which they would, in turn, use to read religious texts, and to give them the tools to interpret those texts in their own language. At the same time, the homogeneity and simplicity of his prose represents another attempt to establish norms of writing.

Both the Grammar and the Homilies comply with his plan to develop an English rhetoric as powerful as Latin's, to compensate for the deficiency of existing vernacular prose, which still lacked ready-made standards.

---

arrangement of Latin it connects the words, and it is not translated into English except with other words').

[60] See Sato, «Ælfric's Linguistic and Stylistic Alterations», pp. 631-640.

[61] «knowledge is declarative in nature, magisterial and not procedural», Toupin «Exploring Continuities and Discontinuities» p. 344.

Bibliographical References

BENDER-DAVIS, J., *Ælfric's Techniques of Translation and Adaptation as Seen in the Composition of his Old English Grammar*, Ph.D. diss., Pennsylvania State University 1985.

BOLOGNESI, G., *La Grammatica Latina di Aelfric. Prima parte – lo studio delle fonti*, Paideia, Brescia 1965, repr. 1967.

BUCKALEW, E. R., «Leland's transcription of Ælfric's *Glossary*», *Anglo-Saxon England*, 7 (1978) pp. 149-164.

CLEMOES, P., «The Chronology of Ælfric's Works», in ID. (ed.), *The Anglo-Saxons: Studies in Some Aspects of Their History and Cultures Presented to Bruce Dickins*, Bowes & Bowes, London 1959 pp. 212-247.

—, «Ælfric», in E. C. STANLEY (ed.), *Continuations and Beginnings*, Nelson, London 1966.

CRAWFORD, S. J. (ed.), *The Old English Version of the Heptateuch, Ælfric's Treatise on the Old and New Testament and His Preface to Genesis*, Oxford University Press, London 1969.

GNEUSS, H., «Ælfrics Grammatik und Glossar: Sprachwissenschaft um die Jahrtausendwende in England», in W. HÜLLEN – F. KLIPPEL (Hrsg.), *Heilige und profane Sprachen. Die Anfänge des Fremdsprachenunterrichts im westlichen Europa*, Harrassowitz, Wolfenbüttel 2002, pp. 77-92.

GNEUSS, H., «The study of language in Anglo-Saxon England», in D. G. SCRAGG, *Textual and Material Culture in Anglo-Saxon England: Thomas Northcote Toller and the Toller Memorial lectures*, Brewer, Cambridge 2003, pp. 75-107.

GODDEN, M., «Ælfric and the Vernacular Prose Tradition», in P. E. SZARMACH – B. F. HUPPÉ (eds.), *The Old English Homily and its Backgrounds*, State University of New York, Albany 1978, pp. 99-117.

HALL, Th. N., «Ælfric as Pedagogue», in H. MAGENNIS – M. SWAN (eds.), *A Companion to Ælfric*, Brill, Leiden 2009, pp. 193-216.

HILL, J., «Ælfric's Grammatical Triad», in P. LENDINARA – L. LAZZARI – M. A. D'ARONCO (eds.), *Form and Content of Instruction in Anglo-Saxon England in the Light of Contemporary Manuscript Evidence*, Brepols, Tournhout 2007, pp. 285-305.

HUNT, T., *Teaching and Learning Latin in Thirteenth-century England: Texts*, Brewer, Cambridge 1991.

HUNTSMAN, J. F., «Grammar», in D. L. WAGNER (ed.), *The Seven Liberal Arts in the Middles Ages*, Indiana Univ. Press, Bloomington 1986, pp. 58-95.
HURT, J., *Ælfric*, Twayne, New York 1982.
LAW, V., «Late Latin grammars in the early middle ages: a typological history», *Historiographia Linguistica: International Journal for the History of Linguistics*, 13 (1986) 365-380.
—, «Anglo-Saxon England: Ælfric's *Excerptiones de Arte Grammatica Anglice*», *Histoire Épistémologie Langage*, 9 (1987) 47-71.
MAGENNIS, H. – SWAN, M. (eds.), *A Companion to Ælfric*, Brill, Leiden 2009.
MCKITTERICK, R., *The Carolingians and the Written Word*, Cambridge University Press, Cambridge 1989.
MENZER, M. J., Donatus Anglice: *Ælfric's 'Grammar' and the Making of the English Language*, Unpublished Ph.D. Diss., University of Texas, Austin 1996.
MENZER, M. J., «Ælfric's Grammar: solving the problem of the English-language text», *Neophilologus*, 83 (1999) 637-652.
—, « Ælfric's English "Grammar"», *The Journal of English and Germanic Philology*, 103/1 (2004) 106-124.
PAROLI, T., «Le Opere Grammaticali di Ælfric», *Istituto Orientale di Napoli Annali Sezione Germanica*, 10 (1967) 5-43 and 11 (1968) 35-133.
PORTER, D. W. (ed.), *Excerptiones de Prisciano*, Brewer, Cambridge 2002.
Rabanus Maurus, *De Clericorum Institutione*, in J. P. MIGNE (ed.), *Patrologiae Latinae*, Paris 1963.
RASCHELLÀ, F. D. – RIPA, F., «Elfrico Grammatico e l'insegnamento linguistico», *AION: Annali dell'Istituto Orientale di Napoli. Sezione Germanica* I, 1-2 (1991) 7-36.
SATO, K., «Ælfric's Linguistic and Stylistic Alterations in his Adaptations from the Old English *Boethius*», *Neophilologus*, 96 (2012) 631-640.
SHOCK, L. K., *Ælfric's Latin Grammar: A Study in Old English Grammatical Terminology*, Ph.D. diss., Harvard University 1939.
SISAM, K., «The Order of Alfric's Early Books», in ID. (ed.), *Studies in the History of Old English Literature*, Clarendon, Oxford 1953, pp. 298-301.
THORPE, B. (ed. and trans.), *The Homilies of the Anglo-Saxon Church. The First Part, Containing The Sermones Catholici, or Homilies of Ælfric. In the original Anglo-Saxon, with an English version*, 2 volumes, Ælfrices Bocgild, Richard and John E. Taylor, London 1844, 1846.

Toupin, F., «Exploring Continuities and Discontinuities between Ælfric's *Grammar* and its Antique Sources», *Neophilologus*, 94 (2010), pp. 333-352.

Toupin, F. – Mensah, M., *La grammaire d'Ælfric: traduction et commentaire linguistique*, AMAES, Paris 2005.

Wilcox, J., *Ælfric's Prefaces*, New Elvet, Durham 1994.

Williams, E. R., «Ælfric's Grammatical Terminology», *PMLA. Publications of the Modern Language Association of America*, 73 (1958) 453-462.

Wormwald, C. P., «The Use of Literacy in Anglo-Saxon England and its Neighbours», *Transactions of the Royal Historical Society*, 27 (1977), pp. 108-9.

Zupitza, J. (Hrsg.), *Ælfric's Grammatik und Glossar. Text und Varianten*, Max Niehans, Berlin – Zürich – Dublin 1966.

TARRIN WILLS*

THE *THIRD GRAMMATICAL TREATISE* AND THE *AENEID*

The so-called *Third Grammatical Treatise* (henceforward TGT), attributed to Óláfr hvítaskáld Þórðarson in one of its medieval exemplars, has been the subject of numerous attempts to identify its source or sources[1]. While the late classical grammarians Priscian and Donatus are the explicit sources for the first and second sections respectively, it is clear that there is either – or both – a great deal of supplementary material and/or one or more intermediary sources that have informed the treatise as it has come down to us. Björn Magnússon Ólsen, in the first critical edition of TGT[2], made a detailed attempt to identify possible sources in his notes, aided by the publication of a large body of relevant Latin grammatical literature by Keil and Thurot[3]. In recent decades this has been expanded and clarified to a certain extent by the work of Raschellà[4] and others including Micillo, Gade and Santini[5]. This work has been fairly comprehensively (and modestly)

---

* University of Copenhagen, Nordisk Forskningsinstitut, Njalsgade 136, 2300 København Ø (tarrin@hum.ku.dk); University of Aberdeen, Centre for Scandinavian Studies, 50-52 College Bounds AB24 3DS (t.wills@abdn.ac.uk); University of Sydney, Department of English A20, University of Sydney NSW 2006 (tarrin.wills@sydney.edu.au).

[1] Other papers in this volume will no doubt give a fuller background to this work.

[2] B. M. ÓLSEN (ed.), *Den tredje og fjærde grammatiske afhandling i Snorres Edda tilligemed de grammatiske afhandlingers prolog og to andre tillæg*. Knudtzon, Copenhagen 1884.

[3] H. KEIL (ed.), *Grammatici Latini*, Teubner, Leipzig 1855-1880; C. THUROT (ed.), *Notices et extraits des manuscrits de la Bibliothèque impériale et autres bibliothèques*, Impremerie impériale, Paris 1868.

[4] F. D. RASCHELLÀ (ed. and trans.), *The So-Called Second Grammatical Treatise*, Le Monnier, Firenze 1982, p. 110n.

[5] V. MICILLO, «Die grammatische Tradition des insularen Mittelalters in Island», in E. POPPE – L. C. H. TRISTRAM (eds.), *Übersetzung, Adaptation und Akkulturation im insularen Mittelalter*, Nodus, Münster 1999, pp. 215-29; K. E. GADE, «Ælfric in Iceland», in J. QUINN – K. HESLOP – T. WILLS (eds.), *Learning and Understanding in the Old Norse World: Essays in Honour of Margaret Clunies Ross*, Brepols, Turnhout 2007, pp. 321-39; C. SANTINI, «'Kenningar Donati': An Investigation of the Classical Models in the Third Icelandic Grammatical Treatise», *International Journal of the Classical Tradition*, 1 (1994) 37-44.

reviewed by Raschellà himself[6]. Nothing so far has been identified that provides either a simpler or much more comprehensive picture of the material used by Óláfr than what is found in Björn M. Ólsen's notes. At the same time the breadth of possible sources identified would suggest that they are mediated by some kind of closer source.

The second section of the treatise, often referred to as *Málskrúðsfræði*, has had some success in this enterprise in the form of the identification of Hiberno-Latin commentaries as a possible intermediary between Donatus's *Ars maior* and the treatise in its current form. This possible group of sources was first identified, in a very limited sense, by Björn M. Ólsen in connection with the etymology of *barbarismus* presented in TGT[7]; Santini goes on to make a stronger claim specifically for Murethac as a source[8], and the connection is explored in much greater and convincing detail by Micillo[9]. In her paper, the commentary by Sedulius Scottus shows the closest correspondence to TGT, with the exception of a very small section (§16/28-29[10]), where Murethac's commentary appears to be a closer model[11].

The closest source is clearly Sedulius's commentary rather than a mixture of, or more general knowledge of, the Hiberno-Latin commentary tradition, as shown by the very close correspondence with that particular work in the sections identified by Micillo, and a number of others not explicitly identified there (e.g. §11/17-18, §12/16, §13/6-8, §14/3, §14/13, §15/14, §15/20-21, §16/23, §16/29, §16/33-39, §16/58). In possible further support of this, it is likely that Sedulius's writings were available in medieval Iceland. The name Sedulius appears in a 1461 list of Latin works held by Möðruvallaklaustr[12]. It is possible that it may have been this Sedulius, or the fifth century poet of the same name; and even if the

---

[6] F. D. RASCHELLÀ, «Old Icelandic Grammatical Literature: The Last Two Decades of Research (1983–2005)», in J. QUINN – K. HESLOP – T. WILLS (eds.), *Learning and Understanding in the Old Norse World*, op. cit., pp. 341-373.

[7] ÓLSEN, *Den tredje og fjærde grammatiske afhandling*, p. 81n.

[8] SANTINI, «Kenningar Donati».

[9] MICILLO, «Die grammatische Tradition».

[10] Here and elsewhere references are given to the section numbering in ÓLSEN, *Den tredje og fjærde grammatiske afhandling*.

[11] MICILLO, «Die grammatische Tradition», p. 221.

[12] *Diplomatarium Islandicum. Íslenzkt fornbréfasafn*, vol. V, Ed. by J. ÞORKELSSON, Möller, Copenhagen – Félagsprentsmiðju, Reykjavík 1899-1902, p. 288; see E. OLMER, «Boksamlinger på Island (1179-1490)», *Göteborg Högskolas Årsskrift*, 8 (1902) VIII-84, p. 46.

former, there are other works by Sedulius that may be referenced here. Nevertheless, it is a tantalising potential trace that Sedulius's commentary may have been known to Óláfr not only directly (for example, during his time in Denmark), but in Iceland itself[13].

Sedulius or the other works that have been suggested cannot be the sole source for the second section of TGT: there is a great deal of material that appears to have a Latin model but does not appear in any sources yet identified, even discounting the material that relates solely to Norse poetry and therefore has no direct Latin source. However, the present research will show further connections between TGT and Sedulius's commentary as the as-yet closest known source. These include supplementary examples that Sedulius provides which appear to have inspired Óláfr's choice of native poetic examples.

The present study focuses on the second section of TGT and its Norse poetic citations for Latin grammatical-rhetorical figures. The citation of native poetry has not previously been treated as dependent on that Latin tradition beyond the illustration of the figures in question. In fact, Albano Leoni's 1985 study shows that many of the figures are not accurately represented by the verse that Óláfr quotes in his treatise, and concludes that this is because at these points the two traditions diverge too far to be comparable[14]. Indeed, Óláfr frequently admits the divergence by pointing out the Classical figures seldom used in Norse poetry (e.g. §8/8, §14/4, §14/10, §14/14, §15/7).

There is, however, some similarity in the citations beyond the figures illustrated (or attempted to be illustrated): unlike other comparable Old Norse works that cite poetry to illustrate scholarly material (such as *Gylfaginning*, *Skáldskaparmál*, *Háttatal*, and the *Fourth Grammatical Treatise*), Óláfr's citations are often just one or two lines, often without syntactic context, and therefore of a comparable length to the citations in the grammatical tradition, which often only include only a few words from the classical work quoted.

---

[13] For this information I have to thank Gottskálk Þór Jensson, who discovered this reference in his *Islandia Latina* database (http://islandialatina.hum.ku.dk) and communicated it to me.

[14] F. ALBANO LEONI, «Donato in Thule: Kenningar e tropi nel Terzo trattato grammaticale islandese», in P. JANNI – D. POLI – C. SANTINI (eds.), *Cultura classica e cultura germanica settentrionale*, Università di Macerata, Macerata 1985 [1988], pp. 385–98.

The motivation for the second section of TGT is outlined in the introductory text to that section, and provides some context for the thesis of this paper:

> Í þessi bók [Donatus, *Ars Major* I] má gerla skilja, at öll er ein listin skáldskapr sá, er rómverskir spekingar námu í Athenisborg á Griklandi ok sneru síðan í látínu-mál, ok sá ljóða-háttr eða skáldskapr, er Óðinn ok aðrir Ásíamenn fluttu norðr higat í norðrhálfu heimsins ok kendu mönnum á sína tungu þess konar list, svá sem þeir höfðu skipat ok numit í sjálfu Ásíalandi, þar sem mest var fegrð ok ríkdómr ok fróðleikr veraldarinnar[15].

> (In this book it may be clearly understood that everything is the one art: the poetry which Roman orators learnt in Athens in Greece and then turned into the Latin language; and the song-metre or poetry which Óðinn and other men of Asia brought north into the northern half of the world, and taught men this kind of art in their own language, just as they had arranged and learnt it in Asia itself, where beauty and power and knowledge were the greatest in all the world.)

I have already in two previous papers included the above passage from TGT as part of an introduction to discussing the work[16], but the present paper comes the closest to demonstrating how closely the following section of TGT is informed by the thesis Óláfr presents here.

The equivalence set up between Norse and Classical poetry is stated unequivocally, but is not defined in any way. There are very obvious differences in metre, diction and stylistics between the two traditions, but the clear purpose of the treatise outlined here is to show connections between the rhetorical figures applied to Latin poetry. With such a strong statement of origins for Norse poetry, it may be expected that Óláfr might

---

[15] Óláfr Þórðarson, *Málhljóða- og málskrúðsrit. Grammatisk-retorisk afhandling*, Ed. by F. Jónsson, Bianco Lunos, Copenhagen 1927, p. 39.

[16] T. Wills, «The Anonymous Verse in the *Third Grammatical Treatise*», in J. McKinnell – D. Ashurst – D. Kick (eds.), *The Fantastic in Old Norse / Icelandic Literature: Sagas and the British Isles. Preprint Papers of the Thirteenth International Saga Conference*, Centre for Medieval and Renaissance Studies, Durham 2006, pp. 1054-1063; Id., «The thirteenth-century runic revival in Denmark and Iceland», *North-Western European Language Evolution*, 69 (2016) 114-129.

attempt to show deeper connections between the two poetic traditions, beyond the grammatical-rhetorical figures presented, particularly as Óláfr also acknowledges some clear differences between the figures (such as with *kenning* and *sannkenning*). Deeper connections might be shown in a similarity of content, situation and subjects, including characters and their actions. This paper attempts to identify such connections, particularly with the citations in the Latin tradition from Virgil's *Aeneid* (19-29 BCE).

The *Aeneid* is Donatus's most frequently-cited source, and Sedulius supplements these with more and often longer citations from that poem. In using Donatus, Sedulius or a related work, Óláfr would have had access to the quotations from the Latin epic; one of the questions that this paper specifically addresses has to do with the nature of this knowledge: does Óláfr's knowledge of the *Aeneid* extend beyond the often brief citations in his sources to include a broader knowledge of the *Aeneid*? The answer to this question is likely to be positive, given the very important status of the poem at the time and the widely received commentary on it by Servius.

There are a number of anonymous stanzas that show a close affinity with corresponding examples in the Latin tradition. On this basis nine of these have been reclassified as the work of Óláfr in vol. III of *Skaldic Poetry of the Scandinavian Middle Ages*[17]. That work documents the connections with the Latin texts, with stanzas 39, 47, 64, 77 and 123[18] showing correspondence with Latin material not from the *Aeneid*. Stanzas 33, 67, 96 and 105 are discussed below as they involve correspondences specifically with the *Aeneid*. A few other stanzas could be investigated further for such correspondences, including stanza 45 (compare the corresponding citation from Virgil's *Eclogues*), 74 (Cicero), 75 (Ennius). Stanza 117, a riddle, is demonstrated by Burrows to have been chosen by Óláfr under the influence of the corresponding Latin citation[19].

The method I have used to establish connections between the examples in TGT and the *Aeneid* is firstly to identify the corresponding text and citations in Donatus and/or Sedulius. The original text of the Latin citation

---

[17] T. WILLS, «Óláfr Þórðarson, Fragments», in K. E. GADE – E. MAROLD (eds.), *Skaldic Poetry of the Scandinavian Middle Ages: Vol. III: Poetry from Treatises on Poetics*, Brepols, Turnhout 2017.

[18] The stanza numbering is that of Björn M. Ólsen's edition, also used as supplementary numbering by the Skaldic Project.

[19] H. BURROWS, «Riddles and Kennings», in E. MAROLD. – J. KRÜGER – V. BUSCH (eds.), *Kennings in Context* [forthcoming].

is consulted to see if it provides further context that might contribute to the equivalence, by looking at surrounding lines and the overall context of the narrative of the *Aenied*. In some cases the TGT citation is a fragment of a longer piece of poetry known from elsewhere, and in such cases the longer piece is also consulted. In both the Latin and Norse examples, I have underlined the directly-quoted words where I have used a longer passage to illustrate the connection.

I have largely used the Loeb editions and translations for the Latin text of the *Aeneid*[20], occasionally adjusted for the context. The editions and translations of the poetry in TGT presented here are taken from the new edition of skaldic poetry in treatises on poetics[21]. The anonymous material is edited by the present author, and the other material by editors as indicated. I have not provided the full textual and critical apparatus for this material and the reader should consult the volume for more information about each stanza.

The correspondences between the Norse and Latin texts may include, beyond the figure itself, character types, events, actions, setting, imagery and overall context, often in combination. There are numerous possible connections between the *Aeneid* and common topics of Old Norse poetry, as both frequently describe rulers and warriors, battles, sea-journeys, mythology and legend, love and erotic themes. It is only therefore with a large body of evidence that we may be able to disregard coincidental correspondence between the citations in the Norse and Latin texts.

The instances which show a close correspondence – that is, showing by comparison an understanding of the situation, characters and/or sentiments expressed – between the Norse and Classical citations are as follows. They have been grouped here into certain recurrent themes, the first being a series of examples that appear to describe events related to seafaring.

One of the most clear examples of the influence of the *Aeneid* on Óláfr's choice of examples is the following:

---

[20] H. R. FAIRCLOUGH (ed. and trans.) – G. P. GOOLD (rev.), *Eclogues. Georgics. Aeneid I-VI*, Harvard University Press, Cambridge, MA 1999.

[21] GADE – MAROLD (eds.), *Skaldic Poetry of the Scandinavian Middle Ages: Vol. III*, op. cit.

St. 52 (Prothesis) - unattributed

Út réð Ingólfr leita (The battle-glad Ingólfr travelled to
ógnreifr með Hjǫrleifi. Iceland with Hjǫrleifr)[22].

Aeneid III, [11-]12 - in Sedulius[23]

feror exsul in altum (An exile, I fare forth upon the deep,
<u>cum sociis natoque, Penatibus et</u> with my comrades and son, my
<u>magnis dis.</u> household gods and the great deities.)

The TGT citation refers to the first permanent settlement of Iceland, led by Ingólfr and Leifr. These two Norwegians were effectively exiled from Norway because of some killings in which they were involved[24]. They set sail for Iceland, and upon approach Ingólfr throws his high seat pillars overboard[25]. These pillars were probably the focus of worship in the household and had depictions of the gods, as shown by other examples of this practice[26]. Thus we have a number of points of contact in two very small pieces of text: the exile, sailing, with household gods and under the implied protection of the gods. The Latin citation is a supplementary example found only in Sedulius (and not in Donatus or the other Hiberno-Latin commentaries), further lending weight to Sedulius as the closest (intermediate) source for this material.

Another example shows correspondence in the subject-matter as well as the specific imagery apart from the figure illustrated:

---

[22] Ivi, p. 548. All editions and translations from TGT are my own, unless otherwise noted.

[23] Sedulius Scottus, *In Donati artem maiorem*, Ed. by B. LÖFSTEDT, Brepols, Turnhout 1977, P. 355/50. Here and following I underline the words which explicitly appear in the grammatical texts if a longer quotation is given.

[24] *Landnámabók I-III. Hauksbók. Sturlubók. Mélabók*, Ed. by F. JÓNSSON, Thiele, Copenhagen 1900, Vol. I, p. 6.

[25] Ivi, p. 8.

[26] See M. CLUNIES ROSS, *Prolonged Echoes: Old Norse Myths in Medieval Northern Society. Volume 2: The Reception of Norse Myths in Medieval Iceland*, Odense University Press, Odense 1998, pp. 142-143.

St. 44 (Eclipsis) - unattributed

| Sás af Íslandi | (The one who ploughed [the sea] with |
| arði barði. | the prow away from Iceland.)[27] |

Aeneid I, [34-]37 in Donatus[28]

Vix e conspectu Siculae telluris in altum	(Hardly out of sight of Sicilian land were they spreading their sails
vela dabant laeti et spumas salis aere ruebant,	seaward, and merrily ploughing the foaming brine with brazen prow,
cum Iuno, aetemum servans sub pectore vulnus,	when Juno, nursing an undying wound deep in her heart, spoke thus
haec secum:	to herself)

The TGT stanza has echoes of a runic inscription from Södermanland[29]. The Latin example contains only the words underlined, but belongs to a passage which is extremely similar in its depiction of sailing away from a large island. In particular, there is a close correspondence in the imagery of the ship ploughing the sea (*ruebant* from *ruo* 'cast up, dig out') with the prow of the ship (*barði* from *barð* 'prow'; *aere* from *aes* 'bronze (prow)'). The fact that this specific image does not appear in the words cited in Donatus or the commentaries strongly suggests that Óláfr's knowledge of the *Aeneid* extended beyond the short citations in his likely source.

Some of the correspondences rely heavily on a knowledge of the context of the *Aeneid*. For example, while not strictly a sea-journey, there is a correspondence the second time a fragment attributed to Eilífr Goðrúnarson is cited:

---

[27] E. MAROLD in GADE – MAROLD (eds.), *Skaldic Poetry of the Scandinavian Middle Ages: Vol. III*, op. cit., p. 547

[28] Donatus, *Ars grammatica*, Ed. by H. KEIL, *Grammatici Latini* IV, Teubner, Leipzig 1864, p. 395/11.

[29] WILLS, «The Anonymous Verse», p. 1061.

St. 58 (Ectasis) - attributed to Eilífr at st. 9

Vôru vǫtn ok mýrar	(All the lakes and marshes were
- verðr hitt, at þau skerða -	difficult [to traverse]; it happens that
(svell vas áðr of alla)	they intersect [the path]; ice was
<u>ǫll</u> torráðin (h<u>all</u>a)³⁰.	already on all the cliffs)³¹.

Aeneid I, 2[-4] - in Donatus³²

<u>Italiam fato profugus</u> Lavinaque	(exiled by fate, came to Italy and
venit	Lavine shores; much buffeted on sea
litora-multum ille et terris iactatus	and land by violence from above ...)
et alto vi superum	

The full half-stanza is cited previously in §11/15 and attributed there to Eilífr, and is normally included in his *Þórsdrápa*. There are a few difficulties with the manuscript readings but in all versions the half-stanza appears to describe a difficult journey through remote places over land and water and is thus comparable to the corresponding passage from the *Aeneid*.

Similarly, a line attributed to Sigvatr and known elsewhere from Sigvatr Þórðarson's poetry, shows a correspondence when the context of the *Aeneid* citation is taken:

St. 60 (Syncresis) - attributed to Sigvatr

Hafa láti mik heitan	(May White-Christ let me have hot fire
Hvíta-Kristr at víti	for punishment if I wanted to abandon
eld, ef Óleif vildak	Óláfr; I am guiltless about that. I have
- emk skirr of þat - firrask.	those abundant-as-water testimonies
Vatnœrin hefk vitni	of other people; I was in peril on the
- <u>vask til Rúms í haska</u> -	way to Rome; never shall I conceal that
- ǫld leynik því aldri -	from people)³³.
annarra þau manna.	

---

³⁰ Emendations shown in italics.
³¹ Eil *Þdr* 4, ed. by E. MAROLD in GADE – MAROLD (eds.), *Skaldic Poetry of the Scandinavian Middle Ages: Vol. III,* op. cit. p. 83.
³² Donatus, *Ars*, op. cit., p. 396/14.
³³ Sigv *Nesv* 1, ed. by R. POOLE in D. WHALEY (ed.), *Skaldic Poetry of the Scandinavian Middle Ages. Vol. I. Poetry from the Kings' Sagas 1: From Mythical Times to c. 1035*, Brepols, Turnhout 2012, p. 728.

Aeneid VI, 802 [801-3] — in Donatus[34]

nec vero Alcides tantum telluris
obivit,
<u>fixerit aeripedem cervam</u>[35] licet,
aut Erymanthi
pacarit nemora et Lernam treme-
fecerit arcu;

(Not even Hercules traversed so much of earth's extent, though he pierced the stag of brazen foot, quieted the woods of Erymanthus, and made Lerna tremble at his bow;)

In this passage in Virgil, Aeneas visits the underworld and his father Anchises reveals the significance of his journey to Italy and Rome, and at this specific point his travels are compared with the trials of Hercules. Sigvatr's verse likewise references his difficult journey to Rome.

A couplet attributed to Markús (Skeggjason) is also known from a stanza cited in *Skáldskaparmál*:

St. 89 (Dialyton) - attributed to Markús

Fjarðlinna óð fannir
fast vetrliði rastar;
hljóp of húna gnípur
hvalranns íugtanni.
<u>Bjǫrn gekk framm á fornar
flóðs hafskíða slóðir;</u>
skúrǫrðigr braut skorðu
skers glymfjǫtur bersi.

(The winter-survivor <bear> of the maelstrom [SHIP] waded steadily through the snowdrifts of fjord-snakes [FISH > WAVES]; the greedy-toothed one <bear> of the whale-house [SEA > SHIP] leapt across crags of mastheads [WAVES]. The bear of the flood [SHIP] went forward on the old tracks of ocean-skis [SHIPS > WAVES]; the storm-battling little bear of the prop [SHIP] broke the resounding fetter of the skerry [SEA])[36].

Aeneid IV, 248-249 [248-255] - in Donatus[37]

<u>Atlantis, cinctum assidue cum
nubibus atris</u>

(Atlas, whose pine-wreathed head is ever girt with black clouds,

---

[34] Donatus, *Ars*, op. cit., p. 396/20.

[35] Donatus only cites *[a]eripedem* from the *Aeneid* fragment; Sedulius includes the words underlined here (Sedulius, *In Donati*, op. cit., p. 358/39).

[36] Mark Lv 1, ed. by K. E. GADE in GADE – MAROLD (eds.), *Skaldic Poetry of the Scandinavian Middle Ages: Vol. III*, op. cit., p. 296.

[37] Donatus, *Ars*, op. cit., p. 399/23.

piniferum[que] caput vento pulsatur et imbri; nix umeros infusa tegit; tum fllumina mento praecipitant senis, et glacie riget horrida barba. hic primum paribus nitens Cyllenius alis constitit; hinc toto praeceps se corpore ad undas misit avi similis, quae circum litora, circum piscosos scopulos humilis volat aequora iuxta.

and beaten with wind and rain; fallen snow mantles his shoulders while rivers plunge down the aged chin and his rough beard is stiff with ice. Here, poised on even wings, the Cyllenian first halted; hence with his whole frame he sped sheer down to the waves like a bird, which round the shores, round the fish-haunted cliffs, flies low near to the waters.)

Mercury flies over the water on his winged shoes to visit Aeneas, with images of snow and ice. The winter imagery in the Norse stanza is encoded as an extended image within the kennings, but there is also a depiction of challenging travel over water.

Also evoking similar imagery is the following:

St. 105 (Synedoche) - unattributed

Kjǫlr brunar kløkkr á fǫlvar krapthár meginbárur.

(The high-planked, flexing keel speeds over the large white waves.)[38]

Aeneid I, 114 - in Donatus[39]

ingens a vertice pontus in puppim ferit

(a huge wave strikes the stern from the top)

The Latin quote is from the *Aeneid* where a storm forces the Trojans onto the Libyan coast, which is followed by the meeting of Aeneas and Dido. Both quotations describe violent interactions between boats and waves. Ship parts are common examples of this type of synecdoche, but the similarity of the examples suggests influence of the *Aeneid* on the choice of the Old Norse quotation.

---

[38] MAROLD in GADE – MAROLD (eds.), *Skaldic Poetry of the Scandinavian Middle Ages: Vol. III*, op. cit., p. 308.

[39] Donatus, *Ars*, op. cit., p. 400/26-27.

Along similar lines is the following, but dependent on a knowledge of the context of the corresponding citation from the *Aeneid*:

St. 36 (Cacenphaton) - unattributed

Skíð gekk framm at flœði flóðs í hreggi óðu.	(The ski of the sea [SHIP] went forward at high tide in a violent storm.)[40]

Aeneid I, 193 [192-194] - in Donatus[41]

nec prius absistit, quam septem ingentia victor <u>corpora fundat humi et numerum cum navibus aequet.</u> hinc portum petit et socios partitur in omnis.	(Nor does he stay his hand till seven huge forms he stretches victoriously on the ground, equal in number to his ships. Then he seeks the harbour and divides them among all his company.)

In this section Aeneas shoots three stags and four other deer that he sees wandering on the shore, but this may also evoke the storm that is referred to a few lines earlier in the *Aeneid* (see discussion of stanza 105 above).

St. 67 (Syllempsis) - unattributed

Herr búask hvatt til snerru.	(The army prepare themselves keenly for battle.)[42]

Aeneid I, 16 - in Donatus[43]

hic illius arma hic currus fuit	(Here was her armour, here her chariot)

The correspondence here is more superficial and does not presuppose a knowledge of the context of the *Aeneid*. There is some similarity to a supplementary example in another Hiberno-Latin commentary, the *Ars Laureshamensis* (*CCCM* 40A, 221), from the *Aeneid* II, 20: «*uterumque armato milite complent*», *cum non in utero equi erat unus, sed plures milites* («and the belly, filled with armed soldiers», since there was not one horse in the belly, but many soldiers), referring to the Trojan horse.

---

[40] MAROLD in GADE – MAROLD (eds.), *Skaldic Poetry of the Scandinavian Middle Ages: Vol. III*, op. cit., p. 545.

[41] Donatus, *Ars*, op. cit., p. 395/1.

[42] MAROLD in GADE – MAROLD (eds.), *Skaldic Poetry of the Scandinavian Middle Ages: Vol. III*, op. cit., p. 305.

[43] Donatus, *Ars*, op. cit., p. 397/23.

The following fragment has a corresponding example cited in only in Sedulius:

St. 92 (Dialyton) - attributed to Þjóðólfr

Hǫfuðbaðm,
þars heiðsæi,
á Fjǫrnis
fjǫllum, drýgði.

(... chief kinsman on the mountains of Fjǫrnir <sea-king> [WAVES], where he showed his reverence)[44].

Aeneid V, 35 - in Sedulius[45]

At procul ex celso miratus <u>vertice montis</u>
adventum sociasque rates occurrit Acestes,

(But afar off, on a high hilltop, Acestes marvels at the coming of friendly ships and hastens towards them)

There is a connection in the reference to a mountain, albeit in a kenning in the Þjóðólfr fragment, as well as Acestes' honourable greeting of the Trojans arriving by ship that the passage in the *Aeneid* references.

The apparent Latin source for the following *helmingr* is also only cited in Sedulius:

St. 108 (Dialyton) - unattributed

Hrauð í himin upp glóðum
hafs; gekk sær af afli;
bǫrð, hykk, at ský skerðu;
skaut Ránar vegr mána.

(The embers of the ocean were thrown up towards heaven; the sea moved powerfully; I believe that prows pierced the clouds; the road of Rán <goddess> [SEA] dashed against the moon.)[46]

Aeneid VII, 808-811. - in Sedulius[47]

illa vel intactae segetis per summa volaret

(She might have flown over the topmost blades of unmown corn,

---

[44] Þjóðólfr Frag 1, ed. by E. MAROLD in GADE – MAROLD (eds.), *Skaldic Poetry of the Scandinavian Middle Ages: Vol. III*, op. cit., p. 465.

[45] Sedulius, *In Donati*, op. cit., p. 377/84.

[46] MAROLD in GADE – MAROLD (eds.), *Skaldic Poetry of the Scandinavian Middle Ages: Vol. III*, op. cit., p. 525 (edited by Gade).

[47] Sedulius *In Donati*, op. cit., p. 385/83-6.

gramina nec teneras cursu laesisset	and not bruised the tender ears in her
aristas	course; or sped her way over mid sea,
vel mare per medium fluctus	poised above the swelling wave, and
suspensa tumenti	not dipped her swift feet in the flood.)
ferret iter cursu non tingeret	
aequore plantas.	

There is a striking correlation of the images of sea travel and flying (in the case of the Old Norse, the prows piercing the clouds) in both examples which suggests that Óláfr is intending to evoke the same set of images as in the corresponding section of the *Aeneid*.

A number of examples appear to be about love or erotic themes, largely corresponding to examples in book IV of the *Aeneid* relating to Aeneas's time in Carthage and the ill-fated love affair with Dido. One such example is:

St. 33 (Acyrologia) - unattributed

| Vættik harms, nema hitta | (I hope for sorrow, unless we [I] |
| hǫfuðgulls náim Fullu. | manage to meet with the Fulla <goddess> of head-gold [HEADDRESS > WOMAN].)[48] |

Aeneid IV, 419 - in Donatus[49]

| Hunc ego si potui tantum sperare dolorem | (If I could hope for so much sorrow) [my translation] |

The similarity is also noted by Finnur Jónsson (1927, 54n). Both fragments relate the pain of separation from a lover. The Latin text is from Dido's speech as she laments the departure of Aeneas. In this and the following examples the voice of the male lover is expressed in the Norse citations, whereas it is Dido in the extracts from the *Aeneid*.

Along similar lines is the following:

---

[48] MAROLD in GADE – MAROLD (eds.), *Skaldic Poetry of the Scandinavian Middle Ages: Vol. III*, op. cit., p. 303.

[49] Donatus, *Ars*, op. cit., p. 394/29.

St. 30 (Soloecismus, in change of case) - unattributed

| Því hefk heitit mey mætri, | (I have promised the excellent girl that, |
| mest nema hamlan bresti. | unless the greatest obstacle fails.)[50] |

Aeneid I, 573 - in Donatus[51]

| urbem quam statuo vestra est; | (The city I build is yours; draw up |
| subducite naves; | your ships;) |

The anonymous Norse example appears to be from a love poem where the poet promises his mistress something. The Latin citation anticipates Dido's offer to Aeneas to share the city of Carthage.

While not specifically a love poem, the following half-stanza has a corresponding example from book IV of the *Aeneid*:

St. 84 (Dialyton) - attributed to Máni

Hvat munt hafs á otri,	(What will you be able to accomplish
hengiligr, með drengjum,	among the young men on the otter of the
karl, því kraptr þinn fǫrlask,	ocean [SHIP], slouching, grey-cheeked
kinngrár, mega vinna?	fellow, since your strength is waning?)[52]

Aeneid IV, [592-]594 - in Donatus[53]

non arma expedient totaque ex urbe	(Will pursuers not fetch arms and
sequentur,	give chase from all the city, and some
deripientque rates alii navalibus? ite	of them speed ships from the docks?
ferte citi flammas date tela inpellite	Go, haste to bring fire, serve arms, ply
remos.	oars!)

In the passage from the *Aeneid*, Dido both exhorts her people to pursue Aeneas's ships as well as admitting the futility of doing so. A similar picture of futile activity on a ship is given in the fragment attributed to Máni.

---

[50] MAROLD in GADE – MAROLD (eds.), *Skaldic Poetry of the Scandinavian Middle Ages: Vol. III*, op. cit., p. 544.

[51] Donatus, *Ars*, op. cit., p. 394/2.

[52] Máni Lv 5, ed. by K. E. GADE in GADE – MAROLD (eds.), *Skaldic Poetry of the Scandinavian Middle Ages: Vol. III*, op. cit., p. 290.

[53] Donatus, *Ars*, op. cit., p. 399/9.

Another example corresponds to a citation from the *Aeneid* is from book XI:

St. 91 (Dialyton) - attributed to Ormr Steinþórsson

Skorða vas í fǫt fœrð fjarðbeins afarhrein nýri (sǫng nadd-Freyr) nisting (of mjaðar Hrist).	(The prop of the fjord-bone [STONE > WOMAN] was clothed in exceedingly clean garments with new stitching; the spear-Freyr <god> [WARRIOR] sang about the Hrist <valkyrie> of mead [WOMAN])[54].

Aeneid XI, 368[-371] - in Donatus[55]

aut, si fama movet, <u>si tantum pectore robur concipis</u> et si adeo dotalis regia cordi est, aude atque adversum fidens fer pectus in hostem. scilicet ut Turno contingat regia coniunx	(Or, if glory moves you, if you feel such strength in your heart, or if the dowry of a palace is so dear to you, be bold, and fearlessly advance to meet the foe. Oh yes, to be sure, so that Turnus can gain his royal bride, ...)

The citation belongs to the war between Turnus (and the Latins) and Aeneas (Trojans) over the suit of Lavinia, but there is not much correspondence here beyond the context.

Battle is also a common subject for poetry in both the *Aeneid* and the tradition which Óláfr draws upon for his examples. The following fragment has a corresponding example cited in only in Sedulius:

St. 76 (Schesisonomaton) – unattributed

Hlíf gnast við hlíf, hjǫrr við mæki, egg lék við egg, þars jǫfurr barðisk.	(Shield cracked against shield, sword against sword, edge played against edge where the prince fought.)[56]

---

[54] Ormr *Woman* 4, ed. by R. POOLE in GADE – MAROLD (eds.), *Skaldic Poetry of the Scandinavian Middle Ages: Vol. III*, op. cit., p. 328.

[55] Donatus, *Ars*, op. cit., p. 399/26.

[56] MAROLD in GADE – MAROLD (eds.), *Skaldic Poetry of the Scandinavian Middle Ages: Vol. III*, op. cit., p. 543.

Aeneid XI, 483[-484] - in Sedulius[57]

<u>armipotens princeps belli tritonia uirgo</u> frange manu telum Phrygii praedonis	(Mighty in arms, mistress in war, Tritonian maid, break with your hand the spear of the Phrygian pirate)

Taking the context of the citation, we can see a correspondence in the description of weapons breaking in both examples.

Further examples come from the discussion of *antonomasia*. There are three categories of *antonomasia* in Donatus, *ab animo*, *a corpore* and *extrinsecus*, in that order. In both Donatus and Sedulius the examples for each are given in quick succession, and there seems to be a slightly realigned correspondence between the Norse and Latin text in this section. For example:

St. 97 (Antonomasia a corpore) – unattributed

Hár rauð hvassa geira - hneig þjóð í gras - blóði.	(The high one reddened sharp spears in blood; people sank into the grass.)[58]

Aeneid III, 619 - in Donatus[59]

<u>ipse arduus [hoc est Polyphemus]</u> altaque pulsat sidera	(Himself, gigantic, [that is Polyphemus] strikes the stars on high)

The gloss from Donatus is added here in square brackets. There is a simple correspondence between the use of *arduus/hár* to describe a tall figure, and in the passage of the *Aeneid* the description comes just before Aeneas is warned to flee from the blinded Polyphemus. This could be further extended if *Hár* is taken to evoke specifically the name for Óðinn used, for example, in *Gylfaginning* and several poems. This gives a potential correspondence between these one-eyed mythological beings (Óðinn and the cyclops Polyphemus).

---

[57] Sedulius, *In Donati*, op. cit., p. 367/39.

[58] MAROLD in GADE – MAROLD (eds.), *Skaldic Poetry of the Scandinavian Middle Ages: Vol. III*, op. cit., p. 558.

[59] Donatus, *Ars*, op. cit., p. 400/15.

The example for *antonomasia ab animo* in Donatus is «magnanimusque Anchisiades» (and the proud son of Anchises [Aeneas])[60]. The following couplet exemplifies the *ab animo* (*af ǫnd*) type in TGT but Óláfr's example is much closer to Donatus's example of *antonomasia extrinsecus*:

St. 96 (Antonomasia ab animo) – unattributed

Áðr grimmhugaðr gengi (Before the fierce-minded one walked
af grjót-Móða dauðum. away from the dead rock-Móði <god>
 [GIANT].)[61]

Aeneid I, 475 - in Donatus[62]

infelix puer atque impar congressus (unhappy boy, and ill-matched in
Achilli. conflict with Achilles)

Both refer to narratives in which heroes with supernatural strength (Achilles and Þórr) kill an opponent. (This example is followed in Sedulius (*CCCM* 40B, 381) with the explanation, «Infelix puer ipse est Troilus» 'The unhappy boy himself is Troilus', which is also similar to Óláfr's commentary (*TGT* 1927, 78), «Hér er grimmhugaðr settr fyrir Þór» 'Here "fierce-minded" stands for Þórr'.) Finnur Jónsson (*TGT* 1927, 106) suggests the giant referred to here in the kenning *grjót-Móða* is Hrungnir. It could be any of Þórr's giant victims, but the stanza suggests that the fight occurs on land and with a single opponent, and Hrungnir is therefore a likely antagonist. Óláfr appears to be familiar with the episode that forms the context of the line from the *Aeneid*: Aeneas is examining a temple to Juno being built by Dido. Among the pictorial decorations of the temple are depictions of the siege of Troy, including the killing of Troilus by Achilles, to which the line in Donatus refers in particular. The preceding line in the *Aeneid* (I, 474) reads: «parte alia fugiens amissis Troilus armis» 'Elsewhere Troilus, his armour flung away in flight'. If Óláfr was aware of the context of the citation the discarding of the armour is strongly reminiscent of Þórr's fight with Hrungnir: Hrungnir is persuaded to stand on his shield and then

---

[60] Ivi, p. 400.

[61] MAROLD in GADE – MAROLD (eds.), *Skaldic Poetry of the Scandinavian Middle Ages: Vol. III*, op. cit., p. 307.

[62] Donatus, *Ars*, op. cit., p. 400/19.

throws a whetstone at Þórr[63]. Shortly afterwards in the *Aeneid*, there is a description of the killing of Hector by Achilles. The apparent choice of the Þórr-Hrungnir fight may have therefore been influenced by the material in Virgil, referring to the attack of Achilles on Troilus. The introductory section of *Skáldskaparmál* identifies Hector with Þórr and Achilles with the giant Hymir[64]. Although the roles are different, it shows that Snorri, and likely his nephew Óláfr, saw connections between these Classical myths and the specific encounters between gods and giants in Norse mythology.

Towards the end of the treatise is a further example:

St. 119 (Sarcasmos) - unattributed

At kom gangandi,	(Walking, he arrived where the princes
þar es jǫfrar bǫrðusk;	were fighting; he held up a head:
helt hann upp hǫfði:	«here's treasure for you, sultan.»)[65]
«hér es þér skattr, sultan.»	

Aeneid XII, 359 [353-61] - in Donatus[66]

hunc procul ut campo Turnus prospexit aperto,	(When Turnus saw him far off on the open plain, first following him with light
ante levi iaculo longum per inane secutus	javelin through the long space between them, he halts his twin-yoked horses and
sistit equos biiugis et curru desilit atque	leaps from his chariot, descends on the fallen, dying man and, planting his foot
semianimi lapsoque supervenit, et pede collo	on his neck, wrests the sword from his hand, dyes the glittering blade deep in
impresso dextrae mucronem extorquet et alto	his throat, and adds these words besides: «See, Trojan, the fields and that Hesperia
fulgentem tingit iugulo atque haec insuper addit:	that you sought in war: lie there and measure them out! This is the reward
«en agros et, quam bello, Troiane, petisti,	
Hesperiam metire iacens: haec praemia, qui me	

---

[63] Snorri Sturluson, *Edda: Skáldskaparmál*, Ed. by A. Faulkes, Viking Society for Northern Research, London 1998, p. 21.

[64] Ivi, p. 6.

[65] Marold in Gade – Marold (eds.), *Skaldic Poetry of the Scandinavian Middle Ages: Vol. III*, op. cit., p. 563.

[66] Donatus, *Ars*, op. cit., p. 402/13.

ferro ausi temptare, ferunt, sic moenia   of those who tempt me with the sword;
condunt.»   so do they establish their walls!»)

The broader context of the citation in the Aeneid has a number of similarities with the Norse text: in the battle scene, the approach of the speaker, the severed head and reference to a prize or treasure in the form of the severing of the head.

There are a number of further examples on diverse topics. The following fragment, previously attributed to Einar Skúlason, has a corresponding example from the *Aeneid* cited in only in Sedulius:

St. 37 (Cacenphaton) - unattributed

Hringtælir gaf hálu   (The ring-trickster [GENEROUS MAN] gave
hlýrsólar mér dýra;   me a precious troll-woman of the prow-
oss kom Hrund til handa   sun [SHIELD > AXE]; the Hrund <valkyrie>
hræpolls drifin golli,   of the carrion-pool [BLOOD > AXE],
sút þás Herjans hattar ...   decorated with gold, came into our [my]
                              hands, when the sorrow of Herjann's <=
                              Óðinn's> hat [HELMET > WEAPON] ...)[67]

Aeneid VI, 406 - in Sedulius[68]

«... at ramum hunc» (aperit ramum,   (At least this branch (and she shows the
qui veste latebat)   branch hidden in her robe))

The line from the *Aeneid* refers to the golden bough which Aeneas breaks off a tree as a sign that he can journey to the underworld. There are obvious but debatable connections in the Norse passage, with the gilded axe coming into the hands of the poet.

St. 106 (Onomatopoeia) - unattributed

Framm þraukuðu fákar   (Four horses lumbered forward at the
fjórir senn und henni;   same time under it; however, the tall
þó gat þeim in háva   noise-shriek [BELL] managed to fell
þrymgǫll hlaðit ǫllum.   them all.) [69]

---

[67] MAROLD in GADE – MAROLD (eds.), *Skaldic Poetry of the Scandinavian Middle Ages: Vol. III*, op. cit., p. 545 (edited by Garde).

[68] Sedulius, *In Donati*, op. cit., p. 349/100.

[69] MAROLD in GADE – MAROLD (eds.), *Skaldic Poetry of the Scandinavian Middle Ages: Vol. III*, op. cit., p. 561.

Aeneid IX, 809; II, 313 & XI, 192 - in Donatus[70]

tinnitus aeris, clangorque tubarum   (ringing in the air, the sound of trumpets)

The *helmingr* is cited in TGT as an example of *onomatopoeia* apparently in the word *þrymgǫll* 'bell', literally 'noise-shriek' or 'noise-alarm'. Óláfr explains in the prose context this word refers to a bell. The word also occurs in *Fjǫlsvinnsmál* 10/1, where it is the name of a gate. However, it is not strictly onomatopoeic and the citation here probably derives from confusion about the Latin citation: Óláfr appears to have understood this to mean a word representing a sound: «Hér er framfæring af hljóði til máls ok líking óeiginlig milli klokku ok hljóðs» (Finnur Jónsson 1927, 81) 'Here there is a transfer from sound to meaning and an improper comparison between a bell and a sound'.

A number of additional stanzas have similar, if more superficial, connections with the *Aeneid*. These are listed here with an account of the points of connection, rather than quoted in full:

St. 31: Þjóðólfr Arnórsson, *Lausavísa* 1 (concerning Magnús's death); compare *Aeneid* III, 2 (recounting the fall of Troy). Both portray images of death and destruction.

St. 34: Sigvatr Þórðarson, *Nesjavísur* 1/1 (sailing from Vík, that is, Oslofjord); compare *Aeneid* I, 193 (Aeneas and ships in harbour). Both describe ships in harbour.

St. 46: Guðlaugr, *Lausavísa* 1 (recoilling in battle); compare *Aeneid* IX, 909 (Striking a bullock with spear handle). Both describe blows from a weapon.

St. 62: Sigvatr Þórðarson, *Erfidrápa Óláfs helga* 26 (anticipates Óláfr's death, followed by account of pilgrimage to Rome); compare *Aeneid* V, 10 (sailing to Rome hindered by ominous storm). Both have an ominous tone, in the context of travel to Rome.

St. 70: Snorri Sturluson, *Háttatal* 15/7-16/1 (depiction of brave and wise ruler); compare *Aeneid* X, 180 (the warrior Astur is described). Both give depictions of war-leaders.

---

[70] Donatus, *Ars*, op. cit., p. 400/30.

St. 104: Leiðólfr (warrior carries off gold given by ruler); compare *Aeneid* I, 399 (Aeneas and followers will be welcomed and honoured in Carthage). Both describe the rewarding and honouring of warriors.

St. 107: Egill Skallagrímsson, *Arinbjarnarkviða* 25 (Egill wakes early to compose a poem); compare *Aeneid* IV, 584 (Dido awakes at dawn). Both describe the speaker waking up early.

St. 112: Sigvatr Þórðarson, *Bersǫglisvísur* 12 (the poet warns of revolt by the farmers); compare *Aeneid* I, 13 (Carthage introduced, with overthrow by Trojans anticipated). Both anticipate the threat of overthrow of existing powers.

In total, I have identified 28 examples which show some correspondence with the *Aeneid* as quoted in Óláfr's likely Latin sources. There are a further approximately 37 citations which have a corresponding quotation from the *Aeneid* in the Latin sources. Twelve of those are only one or two words, substantially shorter than most the citations where some correspondence can be identified. Therefore a very substantial proportion of the citations from the *Aeneid* have corresponding Norse examples that show a similarity in content, as well as in the grammatical figure represented.

After *hyperbole* in TGT §16.48 (st. 118, itself moved slightly in relation to the source material) there are only two further examples of this classical influence among the final 15 stanzas. At this point the text begins introducing more consistently Christian material, which connects closely to the *Fourth Grammatical Treatise* and its own choices of citation.

Although Albano Leoni demonstrates that grammatical figures are often poorly illustrated by Óláfr's choice of examples, there is a strong possibility that the selections of poetry were made for reasons other than only to illustrate Donatus's figures. Rather, they may have been chosen because they are intended to illustrate a deep similarity of theme, subject and context with the Latin tradition and the *Aeneid* in particular, a choice which supports the sentiments expressed in the preface to this section of the treatise. The volume of correspondences should rule out any possible coincidence arising from the often similar subjects of the two poetic corpora, such as battle and seafaring.

It should be noted that many of the more tenuously connected stanzas, including those listed directly above, are attributed to named skalds, and a number are known from sources other than TGT. The citations which are most strikingly evocative of the *Aeneid* (e.g. sts 33, 44, 52, 96 and 119), in contrast, are not attributed to any known poet or poem either in TGT or elsewhere. This strongly suggests that Óláfr composed this material himself and was thus able to create examples that not only matched the figures to be illustrated but also evoked the themes and subjects of the corresponding material in the *Aeneid* in a large proportion of instances. Where existing material is cited, Óláfr often manages to illustrate the figure in question but with a more superficial connection to the *Aeneid*. As previously mentioned, in the new edition of this poetry for the Skaldic Project, nine anonymous stanzas have been attributed to the treatise's author (stanzas 33, 39, 47, 64, 67, 77, 96, 105 and 123), a number of which show connections through sources other than the *Aeneid*. The present research would suggest that a number of additional stanzas may also be considered the work of Óláfr, including stanzas 30, 36, 37, 44, 52, 76, 97, 106 and 108.

Óláfr would have had a model for his referencing of the *Aeneid* in Saxo, whose use of classical material is well documented, and for whom Virgil and Horace were the most important models for his own (Latin) verse[71]. We can see perhaps the closest model for Óláfr's choice of poetry in Saxo's poetic dialogue between Biarki and Hialti, which Friis-Jensen takes as inspired by the description of the fall of Troy in the *Aeneid* book II[72]. Further study may point to more specific influence of Saxo as a model for TGT, especially given Óláfr's strong connections with the learned milieu of the Danish court shortly after Saxo's lifetime (see Wills 2016[73]).

References

ALBANO LEONI, F., «Donato in Thule: Kenningar e tropi nel Terzo trattato grammaticale islandese», in P. JANNI – D. POLI – C. SANTINI (eds.), *Cultura classica e cultura germanica settentrionale*, Università di Macerata, Macerata 1985 [1988], pp. 385-98.

---

[71] See K. FRIIS-JENSEN (ed.) – P. FISHER (trans.), *Saxo Grammaticus: Gesta Danorum: The History of the Danes*, Clarendon, Oxford 2015, p. xlvi.

[72] Ivi, p. xlviii.

[73] But see also Friis-Jensen's 1975 work, where he did not find any Virgilian citations from Donatus as a source for Saxo's Latin (K. FRIIS-JENSEN, *Saxo og Vergil*, Museum Tusculanum, Copenhagen 1975, p. 27).

Ars Laureshamensis. Expositio in Donatum maiorem, Ed. by B. LÖFSTEDT, Brepols, Turnhout 1977.
BURROWS, H., «Riddles and Kennings», in E. MAROLD – J. KRÜGER, – V. BUSCH (eds.), *Kennings in Context* [forthcoming].
CLUNIES ROSS, M., *Prolonged Echoes: Old Norse Myths in Medieval Northern Society*. Volume 2: *The Reception of Norse Myths in Medieval Iceland*, Odense University Press, Odense 1998.
Diplomatarium Islandicum. Íslenzkt fornbréfasafn, vol. V, Ed. by J. ÞORKELSSON, Möller – Félagsprentsmiðju, Copenhagen – Reykjavík 1899-1902.
Donatus, *Ars grammatica*, Ed. by H. KEIL, *Grammatici Latini* IV, Teubner, Leipzig 1864.
FAIRCLOUGH, H. R. (ed. and trans.) – GOOLD, G. P. (rev.), *Eclogues. Georgics. Aeneid I-VI*, Harvard University Press, Cambridge, MA 1999.
FAIRCLOUGH, H. R. (ed. and trans.) – GOOLD, G. P. (rev.), *Virgil: Aeneid VII-XII; Appendix Vergiliana*, Harvard University Press, Cambridge, MA 2000.
FRIIS-JENSEN, K., *Saxo og Vergil*, Museum Tusculanum, Copenhagen 1975.
FRIIS-JENSEN, K. (ed.) – FISHER, P. (trans.), *Saxo Grammaticus: Gesta Danorum: The History of the Danes*, Clarendon, Oxford 2015.
GADE, K. E., «Ælfric in Iceland», in J. QUINN – K. HESLOP – T. WILLS (eds.), *Learning and Understanding in the Old Norse World: Essays in Honour of Margaret Clunies Ross*, Brepols, Turnhout 2007, pp. 321-39.
GADE, K. E. – MAROLD, E. (eds.), *Skaldic Poetry of the Scandinavian Middle Ages: Vol. III: Poetry from Treatises on Poetics*, Brepols, Turnhout [forthcoming 2017].
KEIL, H. (ed.), *Grammatici Latini*, Teubner, Leipzig 1855-80.
Landnámabók I-III. Hauksbók. Sturlubók. Mélabók, Ed. by F. JÓNSSON, Thiele, Copenhagen 1900, Vol. I, p. 6.
MICILLO, V., «Die grammatische Tradition des insularen Mittelalters in Island», in E. POPPE – L. C. H. TRISTRAM (eds.), *Übersetzung, Adaptation und Akkulturation im insularen Mittelalter*, Nodus, Münster 1999, pp. 215-29.
Óláfr Þórðarson, *Málhljóða- og málskrúðsrit. Grammatisk-retorisk afhandling*, Ed. by F. JÓNSSON, Bianco Lunos, Copenhagen 1927.
OLMER, E., «Boksamlinger på Island (1179-1490)», *Göteborg Högskolas Årsskrift*, 8 (1902) VIII-84.

ÓLSEN, B. M. (ed.), *Den tredje og fjærde grammatiske afhandling i Snorres Edda tilligemed de grammatiske afhandlingers prolog og to andre tillæg*, Knudtzon, Copenhagen 1884.

RASCHELLÀ, F. D. (ed. and trans.), *The So-Called Second Grammatical Treatise*, Le Monnier, Firenze 1982.

RASCHELLÀ, F. D., «Old Icelandic Grammatical Literature: The Last Two Decades of Research (1983–2005)», in J. QUINN – K. HESLOP – T. WILLS (eds.), *Learning and Understanding in the Old Norse World: Essays in Honour of Margaret Clunies Ross*, Brepols, Turnhout 2007, pp. 341-373.

SANTINI, C., «'Kenningar Donati': An Investigation of the Classical Models in the Third Icelandic Grammatical Treatise», *International Journal of the Classical Tradition*, 1 (1994) 37-44.

Sedulius Scottus, *In Donati artem maiorem*, Ed. by B. LÖFSTEDT, Brepols, Turnhout 1977.

Snorri Sturluson, *Edda: Skáldskaparmál*, Ed. by A. FAULKES, Viking Society for Northern Research, London 1998, p. 21.

THUROT, C. (ed.), *Notices et extraits des manuscrits de la Bibliothèque impériale et autres bibliothèques*, Impremerie impériale, Paris 1868.

WHALEY, D. (ed.), *Skaldic Poetry of the Scandinavian Middle Ages. Vol. I. Poetry from the Kings' Sagas 1: From Mythical Times to c. 1035*, Brepols, Turnhout 2012 728.

WILLS, T., «The Anonymous Verse in the *Third Grammatical Treatise*», in J. MCKINNELL – D. ASHURST – D. KICK (eds.), *The Fantastic in Old Norse / Icelandic Literature: Sagas and the British Isles. Preprint Papers of the Thirteenth International Saga Conference*, Centre for Medieval and Renaissance Studies, Durham 2006, pp. 1054-1063.

—, «The thirteenth-century runic revival in Denmark and Iceland», *North-Western European Language Evolution*, 69 (2016) 114-129.

—, «Óláfr Þórðarson, Fragments», in K. E. GADE – E. MAROLD (eds.), *Skaldic Poetry of the Scandinavian Middle Ages: Vol. III: Poetry from Treatises on Poetics*, Brepols, Turnhout [forthcoming 2017].

INDICE DELLE OPERE E DEGLI AUTORI ANTICHI, MEDIEVALI E MODERNI (XVIII sec.)

Absalon Pedersön Beyer: 102
   Om norgis rige: 102
Adamo di Balsham: 226n
   Oratio de utensilibus ad domum regendam pertinentibus: 226n
Adelung, J. C.: 88n
Adriano di Canterbury, abate: 184n
Aelius Donatus > Elio Donato
Aeneid > Virgilio
Aeschylos > Eschilo
Agostino d'Ippona: 109, 128n, 134
Alcock, John: 199
Alcuin > Alcuino
Alcuino: 163n, 188, 260, 266
Aldelmo di Malmesbury: 185, 260
Aldhelm(us) > Aldelmo di Malmesbury
Alessandro Magno: 201, 204, 212n
Alexander and Dindimus: 204
Alexander the Grete > Alessandro Magno
Alexander von Villedieu > Alexandre de Villedieu
Alexandre de Villedieu: 52
   Doctrinale: 51
Alfredo (re): 169n
Altdeutsche Gespräche > *Conversazioni di Parigi*
Altuna (iscrizione runica): 168
Alyzanduyr > Alessandro Magno
Amicus och Amelius: 6, 9
Anassagora: 201
Anglo-Saxon Chronicle (The): 44
Anthologia Latina: 227n

n. 370: 230n, n. 762: 227n, n. 733: 227n
Annolied: 96
Anwykyll, John: 220
   Compendium totius grammaticae: 220n
   Vulgaria quedam abs Terentio in Anglicam linguam traducta: 220n
Ari fróði Þorgilsson: 23, 24n
   Íslendigabók: 23, 24
Aristofane: 201
Aristophanus > Aristofane
Aristotele: 145, 147, 201, 239, 251, 253
   Rhetoric (Retorica): 239, 251
Aristotle > Aristotele
Arnórr jarlaskáld Þórðarson: 73, 74
Ars Laureshamensis: 288
Ascham, Roger: 221, 221n, 224n
   The Scholemaster: 221
   At my howse I have a jaye: 217, 229
Atli litli: 71-72
Augustine > Agostino d'Ippona
Ausonio: 227n
   carm. n. 72 (*In hominem vocis absonae*): 227n
Aylesbury, T. (Sir) > Thomas Aylesbury
Ælfredus > Alfredo (re)
Ælfric di Eynsham: 54n, 55n, 56n, 58n, 59n, 61n, 259, 259n, 260, 260n, 261, 262, 262n, 263,

263n, 264, 265, 266, 266n, 267, 268, 269, 269n, 270, 271, 272, 273
  Catholic Homilies: 262, 263, 265, 271, 273
  Colloquium (*Colloquy*): 55n, 262
  Glossario (*Glossar*, *Glossary*): 55n, 262
  Grammatica (*Granmmatik, Grammar*): 54n, 55n, 56n, 58n, 59n, 61n, 259, 259n, 260, 260n, 262, 263, 266, 269, 269n, 270, 271, 273
  Lives of the Saints: 270, 271, 273
Ælfric von Eynsham > Ælfric di Eynsham
Æschylus > Eschilo
Æthelwold: 56n
Ævintýr af Beda presti: 24
Barnapredikanir (*Kinderpostilla*) > Veit, Dietrich
Bedford, duca di > Lancaster, John di
Beda: 15, 17, 17n, 18, 24, 25, 25n, 27, 180
  Historia ecclesiastica gentis anglorum: 15, 17, 18
  Vita sancti Cuthberti: 25
Bede > Beda
Ben Fatik, Mubaschschir: 200
  Kitab Mokhtâr el-Hikam Wa-Mahasin Al-Kalim (*Il libro delle migliori massime e proverbi*): 200
Beowulf: 165n
Bernard of Clairvaux > Bernardo di Chiaravalle

Bernardo di Chiaravalle: 109, 150
Bernardo di Cluny: 212
  De contemptu mundi: 212
Beschreibung des Zustandes im Himmel vnd der Hellen: 113
Bjarnar saga Hítdœlakappa: 21n
Bibbia gotica: 92n
  2 Cor.: 166
  Filip.: 162
Bjǫrn Arngeirsson: 21
Bjǫrn Hítdœlakappi Arngeirsson: 78
Bocados de oro: 200
zum Bock, Jacob: 97
Boniface > Bonifacio (San)
Bonifacio (San): 260, 264
Bragi Boddason: 70
  Ragnarsdrápa: 70
Brinsley, John: 224
  Ludus literarius: 224, 224n
Buch Sidrach: 122
Bursa latini: 225
Buxtehude, Dietrich: 107
Cammerlander, Jakob: 125n
Carlo I (re d'Inghilterra): 33
Carlo Magno: 93, 169n
Carmina Burana: 228, 228n
  n. 58: 228n; n. 132: 228n;
  n. 133: 228; n. 134: 228n;
  n. 145: 228n
de Caseneuve, Pierre: 94
  L'Orig. des jeux fleureaux: 94
Caxton, William: 199, 200, 201, 204, 205, 207, 208, 209, 210, 211, 212, 212n, 213
Cædmon: 15, 16, 17, 18
Charles I (King) > Carlo I (re)

Chaucer, Geoffrey: 91, 223, 231
    Canterbury Tales: 207, 231
Cicero > Cicerone
Cicerone (Marco Tullio): 239, 249, 251, 281
    De oratore: 239, 251
Collectio Dionysiana-Hadriana: 180
Canones Conciliorum: 180
Comenio (Johannes Amos): 84
Compilazione Probate spiritus: 147, 148, 154n
Comenius > Comenio
Conversazioni di Kassel > *Glosse e conversazioni di Kassel*
Conversazioni di Parigi: 179, 186, 189, 189n
Conversazioni tedesche antiche > *Conversazioni di Parigi*
Corpus Glossary: 185
Cristina, regina di Svezia: 84n
«Cum fueris Rome Romane vivito more…»: 225
De Alexandro rege: 6, 9
De cantibus avium (*Anthologia Latina* n. 733): 227n
De filomela > *De volucribus et iumentis*
De volucribus et iumentis. De filomela (*Anthologia latina* n. 762): 227, 228, 230
Demetrio Falereo: 251
    On Style (*De elocutione*): 251
Demetrius > Demetrio Falereo
Didrikskrönikan: 2, 2n
Dikten om kung Albrekt: 6
Diogene: 201, 212n
Disticha Catonis: 68, 96, 223

Diu zeichen eines wârhaften grundes: 141, 142, 143, 144, 147, 147n, 148, 149, 154
Donatus > Elio Donato
Drury, John (maestro): 221n
    Vulgaria: 221n
Du Chesne, André: 95
Dunstan: 56n
Duret, Claude: 88n
Dyogenes > Diogene
Eckhart, Meister > Meister Eckhart
Edda (poetica): 92
Edda > Snorri Sturluson
Edoardo IV: 199, 203, 205, 206n, 210, 211
Edoardo V: 206n
Edward, Principe di Galles: 199, 202, 203, 204, 205, 209, 210
Egill Skallagrímsson: 77, 78, 298
    Arinbjarnarkviða: 77, 78, 298
    Hǫfuðlausn: 77
    Sonatorrek: 77
Egils saga: 78, 162
Eginardo: 169n
En / Hic / Hinc / Sic volucres celi referam sermone fideli: 228n
Exhortatio ad plebem christianam: 180, 189
Eike von Repgow: 97
    Sachsenspiegel: 97
Eilífr Goðrúnarson: 70, 71, 284, 285
    Þórsdrápa: 70, 285
Einarr skálaglamm Helgason: 74, 247
Einarr Skúlason: 67, 74, 75, 76, 250, 296
    Geisli: 76

Eiríkr viðsjá: 79
Eliano (Claudio): 232n
   Sulla natura degli animali: 232n
Elin Arvidsdotter Oxenstierna: 7
Elin Gustavsdotter: 7
Elio Donato: 51, 52n, 239, 240, 241, 242, 243, 260, 261, 264, 266, 272, 277, 278, 280, 281, 283-299
   Ars grammatica: 51, 52n, 239, 260, 261, 278, 280, 284n
   Ars minor > *Ars grammatica*
   Ars maior > *Ars grammatica*
Elizabeth di York: 211
En volucres celi referam sermone fideli: 228n
Ennio (Quinto): 281
Ennius > Ennio
Enrico III (imperatore): 96
Enrico IV (imperatore): 96
Enrico V: 204
Enrico VI: 205
Enrico VIII: 203, 213
Enrico di Frimaria: 147, 148, 149
   De quatuor instinctibus: 147
Erik Magnusson: 1
Erikskrönikan: 2, 4, 6, 10
Ermanno Arcidiacono: 27n
   Liber de Miraculis Sancti Eadmundi: 27n
Eschilo: 16, 239
Esiodo: 16
Esopo: 230
   Olor et Anseres (Favola n. 533) : 230n
   Perdices et Vespae (Favola n. 530): 230n

Eufemia, regina: 1
Eufemiavisor: 1, 2, 3, 4, 4n, 5, 6, 8, 10, 11, 12
Eugenio di Toledo; 227n, 231
   carm. n. 41: 227n
Eugenio Vulgario: 227n
   Species comice: 227n
Eusebio: 232
   De psittaco (indovinello n. 59): 232
Excerptiones de Prisciano: 55n, 260, 260n, 262, 265, 266, 268, 269, 273
Eyjólfr Brúnason: 72
Eyrbyggja saga: 78
Eyvindr skáldaspillir Finnsson: 74
   Háleygjatal: 74
Fastolf, John: 208, 208n
Federico Barbarossa: 94, 94n, 96
Fifth Grammatical Treatise (The): 68
Filippo (re di Svevia): 96n
Filippo, re di Macedonia: 201
First Grammatical Treatise (The): 68
Fjólsvinnsmál: 297
Flores och Blanzeflor: 2, 4, 5, 6, 9, 11
Florio, Giovanni: 240n
   A Worlde of Wordes: 240n
Foca: 227
Fourth Grammatical Treatise (The): 68, 69n, 72, 75, 76, 77, 78, 79, 279, 298
Franciscus Junius: 34, 84, 91
   Gloss. Ulphila-Goth.: 92
Franck, Sebastian: 124

Frásagnir af Beda presti (*Ólafs saga Tryggvasonar enn mesta*): 24
Freidank: 97
   Bescheidenheit (*Laienbibel*): 97n
Freilaubersheim (iscrizione runica): 171
Fyrby (iscrizione runica): 168
Galeno: 201, 212n
Galeon > Galeno
Galyen > Galeno
Geirmundar Þattr: 70
Geistbuch (pseudo-eckhartiano): 146, 147, 148
Genesis (sassone): 16
Gerald of Wales: 202
   Liber de principis instructione: 202
   De instructione principis: 202
Gerard, Johannes: 7, 9
Gessner, Konrad: 88
   Mithridates: 88n
Gesta Ernesti ducis Bavariae: 132-33
Gestr Þorhallsson: 78, 79
Gigas, Johannes: 109
Giovanni da Procida: 200
   Liber philosophorum moralium antiquorum: 200
Giovanni di Cornovaglia: 220
   Speculum gramaticale: 220
Giovanni di Trevisa: 220n
   traduzione del *Polychronicon* di Ranulph Higden: 220n
Gísli Jónsson: 114, 115, 116
Giuliano l'Apostata: 27, 27n

Glossae Cassellanae > *Glosse e conversazioni di Kassel*
Glosse di Kassel > *Glosse e conversazioni di Kassel*
Glosse e conversazioni di Kassel: 179, 180, 181, 184, 185, 186, 187, 188, 189, 190
Goldast, Melchior: 94, 95, 96
   Parænetici veteres: 95
Gott, Robert: 212
Glúmr Geirason: 74
Grammatica di Battlefield: 218n
Gregorio Magno: 201
Grettir Ásmundarson: 77
Grey, Thomas: 210
Gryphiander, Johann: 97
   De Weichbildis Saxonicis: 97
Gudio, Marquardo: 97n
Guðbrandur Þorláksson: 102, 103, 105–115
Guðlaugr: 297
   Lausavísa: 297
Guðrúnarhvǫt: 174
Guglielmo V, Langravio dell'Assia: 181n
Guglielmo di Conches: 119, 122n, 134
   Philosophia Mundi: 119, 122n, 134
Guillaume de Conches > Guglielmo di Conches
Guillaume de Lorris: 91
Gunnlaugr ormstunga Illugason: 77-78
Gustav Algotsson: 7
Hákon Hákonarson: 1
Hákon Sigurðarson Hlaðajarl: 19, 21, 22, 23, 24, 27

Hálfs saga ok Hálfsrekka: 70-71
Hallbjǫrn hali: 18, 19, 20, 22, 23, 24, 24n, 25, 26
Hallbjǫrn hali hinn fyrri: 23
Hallbjǫrn hali Jónsson: 23, 24
Halldóra Guðbrandsdóttir: 106
Hallfreðr vandræðaskáld Óttarsson: 78
Hallr Þórarínsson: 68
 Háttalykill: 68
Hallur Ögmundsson: 114
Hamðismál: 175
Haraldr harðráði: 20, 21
Haraldr Sigurðarson: 69
Háttatal > Snorri Sturluson
Haute (famiglia): 207
Hávamál: 160, 165, 170n
Heinrich von Friemar > Enrico di Frimaria
Heinrich von Keppel: 51, 51n, 53, 54, 55n, 56, 56n, 57, 58n, 59, 60, 61, 61n, 62
 Tractatulus dans modum teutonisandi casus et tempora (*Tractatulus*): 51, 52n, 53n, 54, 54n, 56, 56n, 57, 61, 62, 63
Heiðarvíga saga: 79
Heiðreks saga: 77
Helga Gísladóttir: 114, 115
Heliand: 16, 95, 162, 165n, 173
Hemmingsen, Niels: 103
Hermann the Archdeacon > Ermanno Arcidiacono
Hermeneumata di Kassel > *Glosse e conversazioni di Kassel*
Hermeneumata pseudodositheana: 184, 185, 186, 189, 190
Hermes: 201, 211, 212, 212n

Herr Ivan (lejonriddaren): 2, 5, 6, 11
Hertig Fredrik (av Normandie): 2, 3n, 5, 6
Herzog Ernst: 120, 122, 124, 127, 129n, 130, 132, 133
Hesiod > Esiodo
Hic volucres celi referam sermone fideli (*Carmina Burana* n. 133): 228
Higden, Ranulph: 220n
 Polychronicon: 220n
Hilda (badessa di Whitby): 15
Hildebrandslied: 165n
Hill (famiglia): 211
Hill, Maud: 211
Hinc etiam pisces et eorum nomina disces: 228
Hinc volucres celi referam sermone fideli: 228
Hit ys in heruyst carte to clatter: 217, 233
Hoccleve, Thomas: 202
 De regimine principum: 202
Hofmann von Hofmannswaldau, Christian: 94n.
Hólmgǫngu-Bersi Véleifsson: 78
Honorius Augustodunensis: 119, 120, 124, 126n, 128, 128n, 129, 130, 132, 133, 134, 135
 Imago Mundi: 119, 120, 124, 128, 128n
 Elucidarium: 128, 129, 129n
Horace > Orazio
Horman, William (maestro): 221
 Vulgaria: 221n
Hortulus animae > Rhau, Georg, *Lustgarten der Seelen*

Hottinger, Johann Heinrich: 94
Hottingerus > Johann Heinric Hottinger
How Þe Gode Wyfe Tauht hyr Douȝter: 202
Hrólfs saga kraka: 77
Hroswitha: 96
Hugo von Trimberg: 97
  Renner: 97
Hungrvaka: 72
Iam ver oritur (Carmina Burana n. 58): 228n
Iam vernali tempore (Carmina Burana n. 132): 228n
Indovinelli del Codice Exoniense: 232
Indovinello n. 24: 231
Ingeborg, figlia della regina Eufemia: 1
Ippocrate: 201, 212n
Isidore > Isidoro di Siviglia
Isidoro di Siviglia: 119, 122, 128n, 130n, 134, 135, 230n, 261
  Originum sive etymologiarum libri XX: 119, 226n, 230n, 261
  De Rerum Natura: 122
Íslendigabók: 24
Jacquetta di Lussemburgo: 204
Järsberg (iscrizione runica): 168
Johannes Gerard > Gerard, Johannes
Johannes Matthaeus > Matthaeus, Johannes
John Chrystostom > Giovanni Crisostomo
John Florio > Florio, Giovanni
John of Salisbury: 202
  Policraticus: 202
Jómsvíkinga saga: 23, 23n
Johannes Aumannus > Aumannus, Johannes
Jón Arason: 114
  Píslargrátur: 114
Jóns Saga Helga: 171n
Julian the Apostate > Giuliano l'Apostata
Junius, Franciscus > Franciscus Jiunius
Karl Magnus: 2, 2n, 5, 6, 9, 10, 11
Kasseler Gespräche > Glosse e conversazioni di Kassel
Kasseler Hermeneumata > Glosse e conversazioni di Kassel
Kasseler Glossen > Glosse e conversazioni di Kassel
Klœngr Þorsteinsson: 72
Knútr Eiríksson (re): 23
Konrad von Megenberg: 119, 128n, 130n, 136
  Buch der Natur: 136
Konung Alexander: 2, 2n, 5
Kristín Guðbrandsdóttir: 106
Kristlieg undirvísun um ódauðleika sálarinnan (Christian instruction about the immortality of the soul: 108, 110
Kristni saga: 71
La Pole de, John: 211
Lambeck, Peter: 95
Lancaster, John (duca di Bedford): 204
Landnámabók: 24, 70
Laxdæla saga: 71
Lazius, Wolfgang: 88n
Lefevere, Raoul: 204

Historie de Jason: 204
Leibniz, G.W.: 85, 88, 88n
Leiðólfr: 298
Leylond, John (maestro): 222
Liber de moribus hominum et officiis nobilium ac popolarium super de ludo schacorum (Ludo schacorum): 10
Liber glossarum: 227
Liber Monstrorum: 133n
Lilja: 114
Lilla rimkrönikan: 6, 10
Liutberto, arcivescovo di Magonza: 93
Locke, John: 224
    Some Thoughts concerning Education: 225n
Lotario I (imperatore): 94
Lotario II (imperatore): 94
Lotario III Supplimburgo: 94 nota 46
Louis the German > Ludovico il Germanico
Louis the Pious > Ludovico il Pio
Lucidarius: 122, 124, 125n, 128, 129, 129n, 130, 131, 131n, 132, 132n, 134, 135, 136
Ludovico II (imperatore): 94
Ludovico il Germanico: 16
Ludovico il Pio (I): 16, 95
Luigi XIV, re di Francia: 87
Lupo di Ferrières > Lupo Servato
Lupo Servato: 187, 188, 188n
Lutero, Martin > Martin Lutero
Luther, Martin > Martin Lutero
Lydgate, John: 212
    Secreteum Secretorum: 212
Macrobio: 134

Madsen, Poul: 103
Maeshowe (iscrizione runica): 168
Magnus Ladulås: 1
Magnús Ólafsson of Laufás: 68
    Laufás Edda: 68, 72, 74, 76, 77, 78, 79
Mainauer Naturlehre: 120, 122, 123
Málsháttakvæði: 68
Mancini, Domenico: 203
    De occupatione regni ANglie per Riccardum Tercium: 203
Máni: 291
Maríu saga: 25n
Maríukvæði: 116
Marko Marulić > Marulić, Marko
Markús Skeggjason: 74, 75, 244, 246, 286
Markwart, abate di Prüm: 188
Märta Ulfsdotter: 7
Martin Lutero (Martin Luther): 90, 101, 103, 106, 107, 109, 114
Martin Moller > Moller, Martin
Martinus Mirus > Mirus, Martin(us)
Marulić, Marko: 109, 110
    De institutione bene vivendi per exempla sanctorum: 109
Marziale (Marco Valerio): 230n
    ep. XIV: 230n
Marziano Capella: 134
Matthaeus, Johannes: 109
Matthias Flacius Illirycus: 17n, 95
    Catalogus testium veritatis: 17n
Meister Eckhart: 113, 141, 141n, 142, 142n, 143, 144, 145, 146, 147, 147n, 148, 150, 150n, 151

Liber Benedictus (*Buch der göttlichen Tröstung*): 141n
Erfurter Reden: 141n
Von Abgeschiedenheit: 141n
Meister Eckharts Wirtschaft: 142n
Meister Stephans Schachbuch: 10
Melchior Goldast > Goldast, Melchior
Merswin, Rulman: 142n
Meisterbuch: 142n
Merula, Paolo: 96
de Meun, Jean Clopinel: 91
Miélot, Jean: 199
Les quatres choses derrenieres: 199
Milska: 114
Mirus, Martin(us): 109
Miðfjarðar-Skeggi: 20n
Moller, Martin: 106
Meditationes Sanctorum Patrum: 106
Morhof, Daniel Georg: 83-100
Polyhistor: 83, 85, 87, 88, 95, 98
Unterricht: 83, 87, 89, 89n, 91, 92n, 96, 97, 98
Münster, Sebastian: 124, 124n
Cosmografia: 124n
Münstersche Grammatik > *Tractatulus dans modum teutonisandi casus et tempora*
Murethac: 278
Musa venit carmine (*Carmina Burana* n. 145): 228n
Musculus, Andreas (Meusel): 107, 108
Bænabók: 107

Breechesdevil (*Hosenteuefel*): 108
Myne Awen Dere Sone: 202
Namnlös och Valentin: 2, 6, 10, 11
Neudingen/Baar (iscrizione runica): 171
Neville, Catherine (duchessa di Norfolk): 205n
Neville, Richard (duca di Warwick): 205n
Níðungr Gjallandason: 19
Njáls saga: 71, 78
Nomina paucarum sunt hic socianda ferarum (*Carmina Burana* n. 134): 228n
Nominale del ms. Cambridge, UL, Ee.4.20: 231n
Nominale del ms. London, BL, Harley 1002: 231
Notker III di San Gallo: 96
Ólafr kyrri Haraldsson (re): 72
Ólafr Tryggvason: 24
Óláfr Þórðarson hvítaskáld: 68, 73, 74, 78, 277-282, 284, 290, 292, 294, 295, 297-299
Third Grammatical Treatise (*The*): 68, 71, 74, 76-78, 277
Ólafs saga Tryggvasonar enn mesta: 19, 24, 71
Olaus Rudbeck > Rudbeck, Olaus
Olaus Wormius > Wormius, Olaus
Old Norwegian Homily Book: 43
Omer > Omero
Omero: 201
Onorio > Honorius Augustodunensis
Opitz, Martin: 93

Orazio (Quinto Flacco): 299
Ordo ad paenitentiam dandam: 180
Ormr SteinÞórsson: 292
Orrm: 32, 32n (Orrmin, 32n), 34, 36-38, 41
Orrmin > Orrm
Ormulum v. *Orrmulum*
Orrmulum: 31 (anche *Ormulum*), 32, 32n, 33-34, 36, 38-41, 43 (*Ormulum*), 44, 45 (anche *Ormulum*), 46
Ormur Sturluson: 101
Ortlob, Carl: 93n
    De variis Germ. poës. ætat.: 93n
Os facies mentum: 225
Osberno di Gloucester: 227
    Derivationes: 227
Otfrid von Weißenburg: 93, 94, 95
    Liber evangeliorum: 95
Óttarr svarti: 74
Paenitentiale (Pseudo-Beda): 180
Páll Guðbrandsson: 106
Palladius, Peder: 101
Parerga: 225
Paris och Vienna: 2, 2n
Pariser Gespräche > *Conversazioni di Parigi*
Paston (famiglia): 207, 208, 208n
Pater Noster: 88
Paulo Albaro: 227n
    carm. n. 4: 227n
Petrarca, Francesco: 88
Petrus Resenius > Resenius, Petrus
Pétur Einarsson: 101
Phelype Kyng of Macedone > Filippo, re di Macedonia

Pica hominum voces cuncta ante animalia monstrat (*Anthologia Latina* n. 370): 230n
Pietro Lombardo: 150
Pindar > Pindaro
Pindaro: 239
Pitagora: 201, 212n
Pitagoras > Pitagora
Pizan de, Christine: 199
    Prouerbes moraulx: 199
Platon > Platone
Platone: 201, 212n
Plinio: 127n, 230n
    Naturalis Historia: 127n, 230n
Plutarch > Plutarco
Plutarco: 251
Polemio Silvio: 227, 231
    Laterculus: 227
Praefatio in librum antiquum lingua saxonica conscriptum: 16-18
Prete Gianni: 121
Priscian > Prisciano (di Cesarea)
Prisciano (di Cesarea): 55n, 241, 260, 261, 264, 277
    Excerptiones: 55n, 260
    Institutiones grammaticae: 55n, 260, 261
Prosaiska krönikan: 6, 10
Proverbi in Cambridge, St. John's College, F 26: 223
Proverbi in Oxford, BodL, Rawlinson Ms D 328: 225
Proverbs of Alfred: 202
Pseudo-Dionysius Areopagita > Pseudo-Dionigi Areopagita
Pseudo-Dionigi Areopagita: 145, 146, 146n

Pseudo-Svetonio: 227
  fragm. 161
Pynson, Richard (stampatore): 221n
Pytagoras > Pitagora
Quintilian > Quintiliano (Marco Fabio)
Quintiliano (Marco Fabio): 239, 251
  Institutio oratoria: 239, 251
Rabano Mauro: 18, 93, 188, 263n
  De Clericorum Institutione: 263n
Rabanus Maurus > Rabano Mauro
Ragnar Lodbrok: 92
Resenius, Petrus: 92
Rhau, Georg: 107
  Lustgarten der Seelen: 107
Riccardo II: 224n
Riccardo III: 199, 206n, 211
Richard > Riccardo III
Riddaren Sankt Göran: 6
Ringwaldt, Bartholomeus: 113
Rivers, Earl > Woodville, Anthony
Robin Hood: 225
Robyn hod in scherewod stod: 225
Rodolfo II d'Asburgo: 84n
Rǫgnvaldr Kali Kolsson: 68
  Háttalykill: 68
Rolandslied: 94
Roman d'Alexandre: 204
Rósa: 114
Rudbeck, Olaus: 95
Rudolf von Ems: 120, 122, 124, 126, 127, 129, 131, 132, 133

Weltchronik (*Cronaca*): 120, 122, 124, 124n, 125, 125n, 126n, 127, 133
Rulman Merswin > Merswin, Rulman
Rupert von Deutz: 134
Saga of St. Ólafr Haraldsson > *Helgisaga Ólafs konungs Haraldssonar*
Saint Gregoire > Gregorio Magno
Satire (ms. London, BL, Harley 913): 233
Saxo Grammaticus: 299
Sæmundur fróði Sigfússon: 92
Schacktavelslek: 6, 9, 10, 10n, 11
Schoppe, Caspar: 90
Schütz, Heinrich: 107
  Cantiones sacrae: 107
Scrope, Stephen: 200
Second Grammatical Treatise (The): 244n
Secretum secretorum: 212, 213
Sedechias > Zedechia
Sedulio Scoto: 278, 279, 281, 283, 286n, 289, 292-294, 296
Sedulius Scottus > Sedulio Scoto
Sic volucres celi referam sermone fideli: 228n
Sidonio: 227n
Sigge Ulfsson: 7
Sigvatr Þórðarson: 26, 74, 285, 286, 297
  Bersǫglisvísur: 298
  Erfidrápa Ólafs helga: 297
  Nesjavísur: 297
Sigurðarqviða in scamma: 174
Själens tröst: 6, 9, 9n
Sju vise mästare: 6, 9, 10, 11

Skáldatal: 23, 24, 71, 71n, 72, 75
Skúli Bárðarson: 75
Sneglu-Halli: 20, 21
   Sneglu-Halla Þáttr: 20, 20n
Snorri Sturluson: 26, 68, 70-76, 79, 92, 241-246, 248-252, 295
   Edda: 25, 68, 70-74, 76, 79, 92, 241, 244n, 245, 249
   Gylfaginning: 279, 293
   Háttatal: 72, 75, 78, 241, 245, 249, 279, 297
   Heimskringla: 74
   Skáldskaparmál: 70-74, 76-78, 241n, 250, 252, 279, 286, 295
   Olav den helliges saga (Separate saga of Saint Ólafr): 26, 74
   Ynglinga saga: 74
Socrate: 201, 212n
Sofocle: 241
Solino (Gaio Giulio): 127n, 128n, 133
   Collectanea: 127n, 133
   Memorabilia: 128n
Solinus > Solino
Sophocles > Sofocle
St. John, Eleanor: 210
St. John (famiglia): 209
Stanbridge, John (maestro): 220
   Vulgaria: 220
Starkaðr inn gamli: 23
Steingrímr Þórarinsson: 23
Stiernhielm, Georg: 89, 92, 92n
   Diss. de ling. orig.: 92n
   Gloss. Ulphila-Goth.: 92
Stonor (famiglia): 207
Stourton, Alice: 211

Stourton, William: 211
Stricker: 94
   Karl der Große: 94
Sturla Þórðason: 23n, 75
   Íslendiga saga: 23, 24, 75, 77, 79
Sturlunga saga: 23n., 70, 75
Sturm, Johannes: 221n
   Ciceronis epistolarum libri IV [...] Puerili educatione confecti: 221n
Suffolk, duca di > La pole de, John
Sveinn Tjúguskegg: 19, 27n
Sverrir Sigurðarson (re): 23
Svetonio (Gaio Tranquillo): 227
Sydonius > Sidonio
Symbolum Apostolicum: 96
Tacito (Publio Cornelio): 88n, 93, 95, 166, 167
   Germania: 166
Tatwine: 260, 264
Taziano: 96
Teodoro da Tarso, arcivescovo di Canterbury: 184n
Terenzio: 221
Teufelsbücher: 107
The krycket & þe greshope wentyn here to fy₃ght: 223-224
The Simonie: 231n
The Words of a Good Horse to His Master: 212
Tholome > Tolomeo
Thomas Aylesbury (Sir): 33
Thomas di Cantimpré > Tommaso di Cantimpré
Tignonville de, Guillaume: 200, 201
   Ditz moraulx des philosophes: 200, 201

Today in the dawnyng I hyrde þo fowles syng: 217, 226, 228
Tolomeo: 201, 212n
Tommaso d'Aquino: 150
Tommaso di Cantimpré 128n, 136
　Liber de Natura Rerum: 136
Tractatulus dans modum teutonisandi casus et tempora: 51-54, 56-57, 61-63
Trattato di ortografia in ms. London, BL, Harley 1002: 217
Trattato grammaticale in Cambridge, Trinity College O.5.4: 218, 222n
Trevelyan, Walter C., Lord: 211, 211n
Tudor (famiglia): 203
Þjóðólfr Arnórsson: 20, 21, 69, 71, 75, 297
　Lausavísa 1: 297
　Sexstefja: 75
Þjóðólfr of Hvinir: 70
　Haustlǫng: 70
　Ynglingatal: 70, 71
Þórarinn svarti Þórólfsson: 78
Þorbjǫrn hornklofi: 75
　Glymdrápa: 75
　Haraldskvæði: 75
Þorleifr jarlsskáld: 18-22, 25-26
Þorleifs Þáttr jarlsskálds: 18-19, 21-24, 27
Udall, Nicholas: 221
Floures for Latine Spekyng: 221
Ugo di Folieto: 230
　Aviarium: 230
Uguccione da Pisa: 227, 227n
　Derivationes: 227
Ulf Bengtsson: 7

Ulfila: 91
Úlfr Uggason 70, 71
　Húsdrápa: 70
Valla, Lorenzo: 88
Veit Dietrich: 105
　Kinderpostilla: 105
Verbale del ms. London, BL, Harley 1002: 205
Versus de poeta et interprete huius codicis: 16
Víga-Glúmr Eyjólfsson: 77
Vilborg Gísladóttir: 116
Villadsen, Rasmus: 115
Vincenzo di Beauvais: 128n
　Speculum: 128n
Virgil > Virgilio
Virgilio: 239n, 281, 286, 295, 299
　Eclogues (*Bucoliche*): 239n, 281
　Eneide (*Aeneid*): 281-298
Vísnabók: 113n, 115
Vitaliano (Papa): 184n
Vocabularius Sancti Galli 184, 185, 186
Voces (variae) animantium: 217, 227, 229, 231, 233
Von Unterscheidung wahrer und falscher Andacht: 148
Vossius, Isaac: 84, 84n
Walter di Bibbesworth: 231n
　Tretiz: 231n
Walther von der Vogelweide: 96, 96n
Walther von Metz: 128n
Weiser, Gregor: 108n
　Christlicher Bericht von Unsterbligkeit und Zustand der Seelen: 108

Westval aus Stendal, Joachim: 51
Whatt for right: 217, 233n
When the clot klyngueth: 217, 233n
Whittington, Robert (maestro): 220-221, 222n
Wiener Genesis: 136n
Williram: 96, 96n
Winsbeke: 96
Winsbekin: 96
Wolfram von Eschenbach: 96, 136n
  Parzival: 136n
Woodville, Anthony, Earl Rivers: 199, 200, 200n, 201, 201n, 202, 203, 203n, 204, 204n, 205, 205n, 206n, 208, 209, 210, 212, 213
  Dicts and Sayings of the Philosophers: 199, 200, 201, 205, 207, 208, 209, 210, 210n, 212, 213
  Moral Proverbs: 199, 203
  Cordyal: 200, 203
Woodville, Elizabeth, regina d'Inghilterra: 199, 210
Woodville, famiglia: 204, 205n, 211n
Woodville, John: 205n
Woodville, Richard, Conte di Rivers e Conestabile d'Inghilterra: 205n
Worcester, William: 200
Wormius, Olaus: 92
  *Literatura Run*ica: 92
Wulfstan: 44
  Secundum Lucam: 44
Wynkyn de Worde: 205n, 213, 220n
Ypocras > Ippocrate
Zedechia: 201

INDICE DEGLI AUTORI MODERNI

Achnitz, W.: 51n
Acker, P.: 22n, 24n, 212n
Adams, J.: 10n
Albano Leoni, F.: 172n, 279, 279n, 298
Anderson, J. J.: 38n
Anderson, T. M.: 17n
Andersson, R.: 7, 7n
André, J.: 230n
Arentzen, J. G.: 122n, 127n
Armstrong, C. A. J.: 203n
Arnold, T.: 27n
Ashurst, D.: 280n
Assion, P.: 121n
Åkestam, M.: 4n
Babington, C.: 220n
Baesecke, G.: 17n, 184, 185, 185n
Baetke, W.: 253n
Bailey, Ch.-J. N.: 41, 41n
Bampi, M.: 2n, 8n, 10n, 12n
Bandle, O.: 102n
Bandlien, B.: 7n, 11, 11n
Barnes, G.: 2n
Bartsch, K.: 120n, 129n
Battafarano, M.: 87n
Beck, H.: 172n
Becker, P. J.: 142n
Behaghel, O.: 16n, 162n
Bellis, J.: 220, 220n
Benati, C.: 43n
Bender-Davis, J.: 259n, 262n
Benediktson, D. T.: 227n
Benediktsson, H.: 69n
Benediktsson, J.: 24n, 103n
Bennett, J. A. W.: 39n

Benveniste, É.: 163n
Bergkvist, K.: 4n
Bergmann, R.: 185n
Berschin, W.: 187n
Biderman, S.: 241n
Bischoff, B.: 180n, 181n, 186n
Björkman, B.: 34n, 36n
Blair, A.: 85n, 86n, 98n
Blake, N.: 45n
Blake, N. F.: 212n
Blamires, D.: 132n
Bland, C. R.: 220n
Bliembach, E.: 142n
Blomqvist, G.: 10, 10n
Bodemann, U.: 54n
Boetius, H.: 83n
Böker, U.: 39n
Bolognesi, G.: 259n
Bömer, A.: 52n, 63n
Borchling, C.: 51n
Borm, W.: 51n
Boyarin, J.: 167n
Bradley, H.: 40n
Brauer, H.: 185n
Brévart, F. B.: 120n
Bridges, V.: 220, 220n
Broszinski, H.: 181n
Brown, G. H.: 170n
Brunner, H.: 123n, 144n
Buck, C. D.: 161n, 164n, 165n
Buckalew, E. R.: 260n
Bühler, C.: 212n
Burchfield, R. W.: 34n, 36n
Burdach, K.: 17n
Burrows, H.: 281, 281n

Bursill-Hall, G. L.: 219n
Busani, L.: 122n
Busch, V.: 281n
Butler, H. E.: 239n
Buzzoni, M.: 43n, 122n
Cameron, L.: 201, 201n
Cannon, C.: 219n, 220n, 222n, 224, 224n, 225n
Capponi, F.: 231n
Carlquist, J.: 7n
Carruthers, M.: 229n
Cavalli-Sforza, L. L.: 158n
Cavallo, G.: 169n
Chase, M.: 76n, 115n
Chatelain, J.-M.: 85n, 86n,
Chiesa, P.: 15n
Chrisholm, H.: 83n
Claussen, G.: 51n
Cleasby, R.: 253n
Clemoes, P.: 259n, 262n, 263n, 270n
Clover, C.: 3n
Clunies Ross, M.: 26, 26n, 67n, 69n, 71n, 72n, 74n, 76n, 79n, 241n, 283n
Colgrave, B.: 25n
Cometta, M.: 201n
Consolino, F.: 127n
Cook, E.: 240n
Cordes, G.: 54n
Craigie, W. A.: 253n
Crawford, S. J.: 263n, 266n
Crespi, E.: 171n
Cristiani, M.: 163n
Crotch, W. J. B.: 208n
D'Aronco, M. A.: 261n
Davis, N.: 34n
Dean, J. M.: 231n

Deighton, A.: 120n
Dekker, K.: 34n
De Vooys, C. G. N.: 143n
Devoto, G.: 158, 158n
Dewa, R. J.: 232n
Digilio, M. R.: 164n, 173n
von Doberentz, O.: 120n
Dolbeau, F.: 172n
Dolcetti Corazza, V.: 39n, 55n, 57n
Dombart, B.: 134n
Dörr, S.: 187n
Driscoll, M.: 114n, 115n, 116n
Droixhe, D.: 88n, 89n, 92n
Dronke, P.: 241
Duffell, M. J.: 38, 38n
Dümmler, E.: 188n
Dunstan, A. C.: 37n
Echard, S.: 201n
von Eckhart, J. G.: 183n
Eckstein, F. A.: 84n
Eggertsdóttir, M.: 116n
Egilsdóttir, A.: 72n
Egilsson, S.: 72n, 253n
Ehlen, T.: 121n
Ehrismann, G.: 120n, 124n, 186n
Einarsson, B.: 162n
Elschenbroich, A.: 84n
Eldjárn, K.: 23n, 75n
Emonds, J. E.: 31, 40, 41, 41n, 42, 42n, 43, 45, 45n, 46, 46n
Faarlund, J. T.: 31, 40, 41, 41n, 42, 42n, 43, 45, 45n, 46, 46n
Fairclough, H. R.: 282n
Falluomini, C.: 15n
Faulkes, A.: 70n, 73n, 75n, 79, 79n, 242n, 244n, 252n, 295n
Fenlon, I.: 211, 211n
Ferm, O.: 4n, 7n

Ferrari, F.: 2n, 15n
Fidjestøl, B.: 249n
Finnbogason, M.: 23n, 75n
Fischer, O.: 43, 45, 45n
Fisher, P.: 299n
Fjalldal, M.: 27n
Fleming, P.: 208n
Flint, V. I. J.: 126n, 128n
Florio, J.: 240n
Foote, P.: 169n
Ford, M. L.: 209, 209n
France, J.: 8, 8n
Franceschini, E.: 200n
Frank, R.: 244n
Frederiksen, B. O.: 115n
Frey, J.: 52n, 63n
Fricke, G.: 84n
Friis-Jensen, K.: 299, 299n
Frings, T.: 173n
Frioli, D.: 160n
Fritzner, J.: 253n
Fry, D. K.: 22n, 24n, 25n
Fulk, R. D.: 38n
Gade, K. E.: 67, 67n, 69n, 73n, 77n, 277, 277n, 281n, 282n, 284n, 285n, 286n, 287n, 288n, 289n, 290n, 291n, 292n, 293n, 294n, 295n, 296n
Gage, J.: 175n
Gardt, A.: 85n
Gendre, R.: 39n, 55n, 57n
Gerhardt, C.: 131n
Giles, J. A.: 221n
Giordano, C.: 125n, 127n
Glauser, J.: 1n, 2n, 3n, 7n
Glück, H.: 56n, 63n, 186, 186n, 187n
Gneuss, H.: 55n, 57n, 218n, 260n, 270n

Godden, M.: 270n
Goold, G. P.: 282n
Görlach, M.: 41n
Gottschall, D.: 124n, 131n, 144n, 147n, 150n
Grafton, A.: 88n
Grape, A.: 23n
Gray, D.: 32n, 39n
Grimm, H.: 107n
Grimm, W.: 183n
Guðmundsson, H.: 103n
Guerini, F.: 187n
Gunnlaugsson, G.: 102n
Haage, B. D.: 121n
Hall, I.: 37n
Hall, Th. N.: 260n
Hamm, M.: 136n
Händl, C.: 43n, 189n
Harper-Bill, C.: 208n
Harris, J.: 22n
Harvey, R.: 208n
Hasan-Rokem, G.: 248n
Haubrichs, W.: 189n
Hedström, I.: 4n
Helgason, J.: 26n, 105n, 249n
Hellgardt, E.: 187n
Hellinga, L.: 209n
Henning, B.: 2n
Hermannsson, H.: 103n, 107n, 109n
Heslop, K.: 277n, 278n
Heusler, A.: 249n
Heyne, S.: 181n
Hill, J.: 260n, 269n
Hjaltalín, T. S.: 105n, 109n
Hoffman, R. L.: 223n
Hoffmann, G. E.: 84n
Hofstra, T.: 17n

Holland, G.: 243n, 245n
Holt, R.: 32n, 33, 33n, 36, 37
Holtz, L.: 240n
Horstmann, C.: 25n
Howe, N.: 167n
Hughes, L. J.: 208n
Hüllen, W.: 260n
Hunt, R. W.: 219n
Hunt, T.: 259n, 269n
Huntsman, J. F.: 271n
Hurt, J.: 264n
Irlenbusch Reynard, L.: 1n
Irslinger, B.: 173n
Ising, E.: 52n, 56n, 57n,
Jankuhn, H.: 171n, 172n
Janni, P.: 279n
Jansson, S-B.: 2n
Jeitteles, A.: 228n
Jensen, K.: 53n
Jóhannesson, J.: 23n, 75n
Johannesson, N.-L.: 34, 34n, 36, 36n, 37n, 40n
Johnsen, O. A.: 26n
Jones, H.S.: 239n
Jonsson, B.R.: 7n
Jónsson, F.: 25n, 72n, 75n, 249n, 253n, 280n, 283n, 290, 294, 297
Jónsson, G.: 21n
Jovanović, N.: 110
van K. Dobbie, E.: 232n
Kalb, A.: 134n
Kalinke, M.: 2n
Kallsteinus, G.: 23n
Kaluza, M.: 37n
Karg-Gasterstädt, E.: 173n
Karlsson, S.: 102n
Kartschoke, D.: 96n

Kastovsky, D.: 41n
Keil, G.: 141n, 184n
Keil, H.: 277, 277n, 284n
van Kemenade, A.: 42n
Kennedy, E. D.: 38n
Ker, N. R.: 33, 33n
Kern, M.: 84n, 85n, 87n, 88n, 90n, 91n, 92n, 94n, 95n, 96n, 97n, 98n
Khalaf, O.: 201n, 204n, 210n, 212n
Kick, D.: 280n
Kiesant, K.: 83n, 93n
Kimble, G. H. T.: 123n
Kitson, P. R.: 232n
Klaeber, F.: 16n
Klaniczay, G.: 27n
Klein, D.: 144n
Klemming, G. E.: 11n
Klippel, F.: 260n
Klopsch, P.: 227n
Kornexl, L.: 218n
Kramarz-Bein, S.: 7n
Krapp, G. P.: 232n
Krause, W.: 171n
Kristensen, M.: 114m, 115m
Kristjánsson, G.: 103n
Kristjánsson, J.: 18n, 20n, 25
Krüger, J.: 281n
Kugler, H.: 123n
Kuhn, H.: 160n
Kwakkel, E.: 143, 143n
Lamberton, R.: 241n
Lapidge, M.: 15n
Larsson, I.: 2n
Lassalle, G.: 51n, 63n
Lasson, A.: 142n
Latham, R. G.: 33n

Law, V.: 56n, 261n, 268n, 270, 270n
Lazzari, L.: 260n
Lecouteux, C.: 121, 121n, 130n, 131n, 133n, 136n
Lefèvre, Y.: 129n
Lehmann, W. P.: 161n, 164n
Lendinara, P.: 38n, 55n, 56n, 172n, 226n, 231n, 260n
Lenker, U.: 218n
Lester, G. A.: 16n, 206n
Layher, W.: 4n, 5n
Liddel, H.: 239, 239n
Liestøl, A.: 168, 169n
Lindsay, W. M.: 130n
Lindow, J.: 3n, 249n
Lockwood, W. B.: 230n
Lodén, S.: 2n, 4n
Löfstedt, B.: 283n
Löhr, H.: 84n
Lombardi, M. C.: 253n
Lönnroth, L.: 3n
Löser, F.: 142n, 144n
Lučin, B.: 109n
Lumby; J. R.: 220n
Luria, M. S.: 223n
Maas, U.: 52n
Magennis, H.: 260n, 267n
Malm, M.: 51n
Marcovich, M.: 227n
Markus, M.: 39n
Marold, E.: 67, 67n, 281n, 282n, 284n, 285n, 286n, 287n, 288n, 289n, 290n, 291n, 292n, 293n, 294n, 295n, 296n
Maroldt, K.: 41, 41n
Marzella, F.: 127n
Mastrelli, C. A.: 167n
Matthes, H. C.: 37n
Mazzon, G.: 36n
Maxwell, N.: 161n
McCully, C. B.: 38n
McKinnell, J.: 280n
McKitterick, R.: 170n, 187n, 188n, 190n, 260n
McTurk, R.: 1n
McWhorter, J.: 40
Meckelnborg, C.: 142n
Meckseper, C.: 52n
Meech, S. B.: 217n, 218n, 219n, 221n, 222n, 223, 223n, 225n
Meissner, R.: 242n
Melchers, G.: 34n, 36n
Meli, M.: 171n
Mensah, M.: 259n
Menzer, M. J.: 260n, 270n
Mettke, H.: 184n, 185n
Micillo, V.: 277, 277n, 278, 278n
Mierke, G.: 17n
Migne, J. P.: 263n
Milazzo, L.: 172n
Miner, J. N.: 219n
Minkova, D.: 38n
Mitchell, B.: 42n
Möhn, D.: 54n
Molinari, A.: 210n
Molinari, M. V.: 187n
Molinelli, P.: 187n
Mommsen, T.: 127n
Moran, J. A. H.: 219n
Moret, J.-M.: 253n
Morgan, B. Q.: 150n
Morris, B.: 7n
Morris, G.R.: 225n
Mosimann M.: 122n
Mossé, F.: 37n

Mulder, H.: 143n
Müller, J.: 52n
Mundal, E.: 167n
Murphy, J. J.: 240n
Musset, L.: 168n
Myrvoll, K. J.: 77n
Nagy, G.: 239, 239n
Neckel, G.: 160n
Nelson, M.: 232n
Nelson, W.: 221n
Nichols, J.: 199n
Nickel, H.: 142n
Niles, J. D.: 16n
Norðal, S.: 249n
Nordal, G.: 20n, 67n, 76n, 114, 114n
Nordal, S.: 21n
O'Brien O'Keeffe, K.: 169n, 226n
Oesterreich, P. L.: 254n
Ólason, P. E.: 102n, 103n, 106n, 107n, 108n, 110, 110n
Olmer, E.: 278n
Ólsen, B. M.: 277, 277n, 278, 278n, 281n
Önnerfors, A.: 166n, 227n
Opitz, S.: 171n
Orchard, A.: 226n
Orel, V.: 164n
Orme, N.: 202, 202n, 203n, 206n, 207, 207n, 219n, 221, 221n, 222n, 223n, 229n, 234n,
Óskarsdóttir, S.: 24, 24n, 114n, 115n
Page, R. I.: 169, 169n
Pagis, D.: 248, 248n, 250, 253, 253n
Palm, R.: 2n
Parkes, M. B.: 32, 32n, 39, 40n
Paroli, T.: 259n

Parsons, K.: 116, 116n
Pastoureau, M.: 174n
Paul, F.: 2n
Penzl, H.: 180, 180n, 186, 186n, 190n
Pertz, G. H.: 169n
Pettersson, J.: 4n
Pétursson, E. G.: 103n
Pfeiffer, F.: 130n, 134n, 136n, 141, 141n, 142, 143n, 144n, 145n, 149n, 151n, 152, 152n, 153, 153n
Pfister, M.: 189n
Pokorny, J.: 163, 163n
Poli, D.: 279n
Pollnitz, A.: 203, 203n, 204, 204n
Poole, R.: 77n, 285n, 292n
Poppe, E.: 277n
Porter, D. W.: 260n
Poussa, P.: 41, 41n
Pulsiano, P.: 22n, 24n
Quinn, J.: 277n, 278n
Quint, J.: 145n, 147n
Quirk, R.: 45, 45n
Radulescu, R.: 206n, 207n
Ranke, K.: 172n
Rathhofer, W.: 227n
Reifferscheid, A.: 227, 227n
Richmond, C.: 208n
Raschellà, F. D.: 31, 38n, 39n, 55n, 56n, 61n, 68, 79, 83, 122n, 172n, 244n, 260n, 277, 277n, 278, 278n
Riché, P.: 159n
Ripa, F.: 55n, 56n, 61n, 260n
Ritterbusch, P.: 84n
Robinson, P. R.: 102n
Robbins, R. H.: 223n, 224n

Rizzo, S.: 173n
Ross, W. D.: 145n
Rössing-Hager, M.: 52n
Rouse, E.: 201n
Ruh, K.: 141n, 184n
Saibene, M. G.: 122n
Sanders, C.: 15n
Santini, C.: 277, 277n, 278, 278n, 279n
Sato, K.: 260n, 273n
Scheel, O.: 84n
Schenkenveld, D. M.: 251n
Scherer, W.: 17n,
Scherrer, G.: 185n
Schipke, R.: 142n
Schmitt, P.: 141n
Schneider, C.: 173n
Schröder, K.: 126n
Schröder, W.: 141n, 184n
Schöwerling, R.: 39n
Schubert, M. J.: 186, 186n
Schulze, R.: 253, 254n
Scott, K.: 204n
Scott, R.: 239, 239n
Scragg, D. G.: 270n
Seebold, E.: 171n
Sharfstein, B.: 241n
Shock, L. K.: 259n
Shulman, D.: 248n
Sievers, E.: 17n, 181n, 182
Sigurðsson, G.: 71n, 81
Sigurðsson, J.: 25, 25n, 72n, 75n
Sigurðsson, M. H.: 15n
Sigurðsson, Þ.: 78, 78n
Simek, R.: 123n, 124n, 126n, 127n, 128n, 129n, 135n, 136n
Simrock, K.: 120n
Sisam, C.: 223n, 224n

Sisam, K.: 39n, 220n, 223n, 224n, 259, 259n, 269, 270n
Sloane, T. O.: 254n
Småberg, T.: 3n, 4n
Smits, K.: 136n
Söderberg, B.: 2n
Solopova, E.: 38n
Sonderegger, S.: 187, 187n
Sowinski, B.: 120n
Spetia, L.: 127n
Spiewok, W.: 83n
Spurkland, T.: 168n
Staccioli, G.: 142n
Städtler, Th.: 187n
Stanley, E. C.: 259n
Stanley, E. G.: 32n, 38n
Stanton, R.: 169n
Steer, G.: 124n, 131n, 146n
Steinmeyer, E.: 181n, 182
Stock, B.: 159n
Storm, G.: 102n
Strang, B. M. H.: 42n
Streitberg, W.: 162n
Stricker, S.: 185n
Strömbäck, D.: 169n
Strothmann, F. W.: 150n
Stroumsa, G. G.: 241n
Sturlese, L.: 134n, 135n, 144n, 147n, 150n
Sullivan, P.: 222n
Sutton, J. W.: 201n
Swan, M.: 260n, 267n
Sweet, H.: 38n
Szwedek, A.: 41n
Taeger, B.: 16n, 162n
Tanaka, T.: 161n
Taylor, A.: 248, 248n
Teeuwen, M.: 172n

Thompson, D'A.W.: 232n
Thomson, D.: 217, 217n, 218n, 222n
Thorell, O.: 23n
Thorén, I.: 9n
Thorpe, B.: 271n
Thorsson, Ö.: 103n
Thurot, C.: 277, 277n
Tómasson, S.: 103n
Töns, U.: 51n, 52n, 53n, 59n, 60n, 63n
Toswell, M. J.: 38n
Toupin, F.: 259n, 273n
Trapp, J. B.: 209n
Trautmann, M.: 39n
Trips, C.: 38n
Tristram, L. C. H.: 277n
Truelove, A.: 206n, 207n
Turville-Petre, G.: 18n, 25, 25n, 34n, 234n
Tyler, E. M.: 38n
Unger, C. R.: 19n, 25n
Vezzosi, L.: 57n, 61n
Vígfússon, G.: 19n, 253n
Vilhemsdotter, G.: 2n
Vine, B.: 163n
de Vries, J.: 241n, 245n, 253n
Wachinger, B.: 141n, 184n
Wackernagel, W.: 120n
Wagener, T.: 43, 43n
Wagner, D. L.: 271n
Wagner, F.: 227n
Waitz, G.: 169n
Walde, A.: 163, 163n
Waldron, R.: 38n
Waquet, F.: 85n, 88n
Warnock, R. G.: 148n, 154n
Weber, G. W.: 3n

Wegener, L.: 147
Wegner, W.: 121n
Wehrli, M.: 186n
Weijers, O.: 163n, 172n
Weinberg, S. C.: 204n
Wellendorf, J.: 69n, 72n, 76n, 79n, 167n
Wenskus, W.: 172n
Wessel, G.: 125n
Whaley, D.: 67n, 69n, 73n, 74n, 285n
White, B.: 221n, 222n, 224n
White, R. M.: 32n, 33, 33n
Wiktorsson, P-A.: 7n, 8, 8n, 10n
Wilcox, J.: 259n
Wilken, E.: 51n
Wilkins, S.: 239n
Williams, D.: 208n
Williams, E. R.: 56n, 259n
Wills, T.: 67n, 277n, 278n, 280n, 281n, 284n, 299
Wilson, E.: 211, 211n
Wilson, J.: 40n
Wilson, R. M.: 31n
Wittig, J. C.: 38n
Wodtko, D. S.: 173n
Wolf, K.: 22n, 24n
Wolf, N. R.: 119n, 123n
Wood, M.: 253, 253n
Wormwald, C. P.: 270n
Worstbrock, F. J.: 52n, 141n, 184n
Wrenn, C. L.: 34n, 45, 45n
Wright, C. E.: 225, 226n, 229n, 230, 233n
Wright, T.: 162n
Würth, S.: 2n, 3n, 9n
Würth-Gropper, S.: 3n, 9
Yapp, W. B.: 231n

Youngs, D.: 206n, 208n
Zonneveld, W.: 38n
Zumkeller, A.: 148n, 154n

Zupitza, J.: 55n, 56n, 58n, 60n, 61n, 261n
Þorkelsson, J.: 278n

INDICE DEI MANOSCRITTI E DEGLI INCUNABOLI

Aberystwyth
National Library of Wales
Peniarth 356b: 224n

Basel
Öffentliche Bibliothek, V. VIII.27: 122n

Brüssel
Koninklijke Bibliotheek – Bibliothèque royale
Ms. 3067-73: 143n, 144n
Ms. 19565: 143n, 144n, 147n

Cambridge
St John's College, F.26: 223

Parker Library, Corpus Christi College
MS 173 = MS A: 44

Trinity College, MS B.14.39: 202n

Trinity College, O.5.4: 218, 220, 222, 222n

University Library
Additional 2830: 221n
Ee.4.20: 231n

Exeter
Cathedral Library, 3501: 231, 232

Gaesdonck
Bibliothek des Bischöflichen Gymnasiums Collegium Augustinianum
Ms. 16: 148n

Göttingen
Universitätsbibliothek
8° LING IV, 144 Inc.: 51n

s'-Gravenhage
Koninklijke Bibliotheek
Cod. 73 E 25: 142n

Helsinki
Yliopiston Kirjasto
Cod. Hels. RIII: 4

Innsbruck
Universitätsbibliothek, 355: 228

Karlsruhe
Badische Landesbibliothek
Donaeuschingen 79: 125

Kassel
Universitäts- und Landesbibliothek
4° MS. theol. 2. CLA VIII, no. 1140: 18n
4° Ms. theol. 24: 180, 180n, 189

Koblenz
Landeshauptarchiv
Best. 701 Nr. 149: 142n

København
Den Arnamagnæanske Samling
AM 76 8vo: 114n, 115, 115n
AM 191 fol (*Codex Askabyensis*): 4-11, 13
AM 242 fol. (*Codex Wormianus*): 70, 76-79

AM 619 4to: 43
AM 764 4to: 24

Leiden
Bibliotheek der Rijksuniversitet
Cod. E Leg.: 122n

London
British Library
Arundel 249: 221n
Cotton Galba A.xix: 202n
C. 10 b. 2: 209
Ms. Add. 22718: 211
Ms. Add. 60577: 211
Harley 913: 233
Harley 1002: 217, 218, 220, 225, 228, 229, 231, 233

Lambeth Palace Library
MS 265: 210
MS 783: 33

Maidstone
Museum
MS A. 13: 202n

Melk
Stiftsbibliothek
Cod. 183: 148n
Cod. 705: 148n

München
Bayerische Staatsbibliothek
cgm 784: 148n

New Haven
Yale University, Beineke Library
3 (34): 234n

New York
University of Columbia Library
MS Plimpton 252: 212

Nürnberg
Stadtbibliothek
Cod. Cent. VI 46h: 148n

Oxford
Bodleian Library
MS Auctarium F.3.9: 220
MS Hatton 58: 222
MS Hatton 133: 44
MS Junius 1: 32-33, 35
Rawlinson D.328: 223, 225
MS 264: 204

Jesus College
MS 29: 202n

Lincoln College
lat. 129: 222
lat. 132: 223n, 225

Paris
Bibliothèque ationale
ms. lat. 6560: 122n

Reykjavík
Stofnun Árna Magnússonar í íslenskum fræðum
AM 132 fol. (*Möðruvallabók*): 78
AM 622 4to: 114-116
AM 761a 4°: 71n
GKS 1005 fol. (*Flateyjarbók*): 19, 20, 21, 23, 24

Salzburg
Universitätsbibliothek
Cod. M I 467: 142n

St. Gallen
Stiftsbibliothek
913: 184

Stockholm
Kungliga Biblioteket
D 2: 4
D 3 (*fru Elins bok*): 4, 5, 6, 7, 8, 10, 11, 13
D 4: 4, 5, 6, 7,12
D 4 a (*Codex Verelianus/ fru Märtas bok*): 4, 5, 6, 12
Perg. 4to no. 1: 25n

Riksarkivet
E 8822: 4, 11,12

Uppsala
Delagardiska samlingen, Universitetsbibliotek
DG 11 (*Codex Upsaliensis*): 23, 71n

Universitetsbibliotek
D.G.1 (*Codex Argenteus*): 91

Wien
Österreichische Nationalbibliothek
Cod. Ser. nova 2663 (*Ambraser Heldenbuch*): 96

Wolfenbüttel
Herzog August Bibliothek
M: Ko 223: 51n

Collection « Textes et Études du Moyen Âge »

publiée par la Fédération Internationale des Instituts d'Études Médiévales

Volumes parus :

1. *Filosofia e Teologia nel Trecento. Studi in ricordo di Eugenio Randi* a cura di L. BIANCHI, Louvain-la-Neuve 1995. VII + 575 p.   54 Euros

2. *Pratiques de la culture écrite en France au XVe siècle*, Actes du Colloque international du CNRS (Paris, 16-18 mai 1992) organisé en l'honneur de Gilbert Ouy par l'unité de recherche « Culture écrite du Moyen Âge tardif », édités par M. ORNATO et N. PONS, Louvain-la-Neuve 1995. XV + 592 p. et 50 ill. h.-t.   67 Euros

3. *Bilan et perspectives des études médiévales en Europe*, Actes du premier Congrès européen d'études médiévales (Spoleto, 27-29 mai 1993), édités par J. HAMESSE, Louvain-la-Neuve 1995. XIII + 522 p. et 32 ill. h.-t.   54 Euros

4. *Les manuscrits des lexiques et glossaires de l'Antiquité tardive à la fin du Moyen Âge*, Actes du Colloque international organisé par le «Ettore Majorana Centre for Scientific Culture» (Erice, 23-30 septembre 1994), édités par J. HAMESSE, Louvain-la-Neuve 1996. XIII + 723 p.   67 Euros

5. *Models of Holiness in Medieval Studies*, Proceedings of the International Symposium (Kalamazoo, 4-7 May 1995), edited by B.M. KIENZLE, E. WILKS DOLNIKOWSKI, R. DRAGE HALE, D. PRYDS, A.T. THAYER, Louvain-la-Neuve 1996. XX + 402 p.   49 Euros

6. *Écrit et pouvoir dans les chancelleries médiévales : espace français, espace anglais*, Actes du Colloque international de Montréal (7-9 septembre 1995) édités par K. FIANU et D.J. GUTH, Louvain-la-Neuve 1997. VIII + 342 p.   49 Euros

7. P.-A. BURTON, *Bibliotheca Aelrediana secunda (1962-1996)*. Ouvrage publié avec le concours de la Fondation Universitaire de Belgique et de la Fondation Francqui, Louvain-la-Neuve 1997. 208 p.   27 Euros

8. *Aux origines du lexique philosophique européen. L'influence de la « latinitas »*, Actes du Colloque international de Rome (23-25 mai 1996) édités par J. HAMESSE, Louvain-la-Neuve 1997. XIV + 298 p.   34 Euros

9. *Medieval Sermons and Society : Cloisters, City, University*, Proceedings of International Symposia at Kalamazoo and New York, edited by J. HAMESSE, B.M. KIENZLE, D.L. STOUDT, A.T. THAYER, Louvain-la-Neuve 1998. VIII + 414 p. et 7 ill. h.-t.   54 Euros

10. *Roma, magistra mundi. Itineraria culturae medievalis*. Mélanges offerts au Père L.E. Boyle à l'occasion de son 75e anniversaire, édités par J. HAMESSE. Ouvrage publié avec le concours de la Homeland Foundation (New York), Louvain-la-Neuve 1998. vol. I-II : XII + 1030 p. ; vol. III : VI + 406 p.   épuisé

11. *Filosofia e scienza classica, arabo-latina medievale e l'età moderna. Ciclo di seminari internazionali (26-27 gennaio 1996)* a cura di G. FEDERICI VESCOVINI, Louvain-la-Neuve 1999. VIII + 331 p.   39 Euros

12. J.L. JANSSENS, *An annotated Bibliography of Ibn Sînæ. First Supplement (1990-1994)*, uitgegeven met steun van de Universitaire Stichting van België en het Francqui-Fonds, Louvain-la-Neuve 1999. XXI + 218 p.   26 Euros

13. L.E. BOYLE, O.P., *Facing history: A different Thomas Aquinas*, with an introduction by J.-P. TORRELL, O.P., Louvain-la-Neuve 2000. XXXIV + 170 p. et 2 ill. h.- t.
                33 Euros

14. *Lexiques bilingues dans les domaines philosophique et scientifique (Moyen Âge – Renaissance)*, Actes du Colloque international organisé par l'École Pratique des Hautes Etudes – IVe Section et l'Institut Supérieur de Philosophie de l'Université Catholique de Louvain (Paris, 12-14 juin 1997) édités par J. HAMESSE et D. JACQUART, Turnhout 2001. XII + 240 p., ISBN 978-2-503-51176-4   35 Euros

15. *Les prologues médiévaux*, Actes du Colloque international organisé par l'Academia Belgica et l'École française de Rome avec le concours de la F.I.D.E.M. (Rome, 26-28 mars 1998) édités par J. HAMESSE, Turnhout 2000. 716 p., ISBN 978-2-503-51124-5
75 Euros

16. L.E. BOYLE, O.P., *Integral Palaeography*, with an introduction by F. TRONCARELLI, Turnhout 2001. 174 p. et 9 ill. h.-t., ISBN 978-2-503-51177-1   33 Euros

17. *La figura di San Pietro nelle fonti del Medioevo*, Atti del convegno tenutosi in occasione dello *Studiorum universitatum docentium congressus* (Viterbo e Roma, 5-8 settembre 2000) a cura di L. LAZZARI e A.M. VALENTE BACCI, Louvain-la-Neuve 2001. 708 p. et 153 ill. h.-t.   85 Euros

18. *Les Traducteurs au travail. Leurs manuscrits et leurs méthodes*. Actes du Colloque international organisé par le « Ettore Majorana Centre for Scientific Culture » (Erice, 30 septembre – 6 octobre 1999) édités par J. HAMESSE, Turnhout 2001. XVIII + 455 p., ISBN 978-2-503-51219-8   55 Euros

19. *Metaphysics in the Twelfth Century*. Proceedings of the International Colloquium (Frankfurt, june 2001) edited by M. LUTZ-BACHMANN et al., Turnhout 2003. XIV + 220 p., ISBN 978-2-503-52202-9   43 Euros

20. *Chemins de la pensée médiévale. Études offertes à Zénon Kaluza* éditées par P.J.J.M. BAKKER avec la collaboration de E. FAYE et Ch. GRELLARD, Turnhout 2002. XXIX + 778 p., ISBN 978-2-503-51178-8   68 Euros

21. *Filosofia in volgare nel medioevo*. Atti del Colloquio Internazionale della S.I.S.P.M. (Lecce, 27-28 settembre 2002) a cura di L. STURLESE, Louvain-la-Neuve 2003. 540 p., ISBN 978-2-503-51503-8   43 Euros

22. *Bilan et perspectives des études médiévales en Europe (1993-1998)*. Actes du deuxième Congrès européen d'études médiévales (Euroconference, Barcelone, 8-12 juin 1999), édités par J. HAMESSE, Turnhout 2003. XXXII + 656 p., ISBN 978-2-503-51615-8   65 Euros

23. *Lexiques et glossaires philosophiques de la Renaissance*. Actes du Colloque International organisé en collaboration à Rome (3-4 novembre 2000) par l'Academia Belgica, le projet « Le corrispondenze scientifiche, letterarie ed erudite dal Rinascimento all' età moderna » et l'Università degli studi di Roma « La Sapienza », édités par J. HAMESSE et M. FATTORI, Louvain-la-Neuve 2003. IX + 321 p., ISBN 978-2-503-51535-9   39 Euros

24. *Ratio et superstitio. Essays in Honor of Graziella Federici Vescovini* edited by G. MARCHETTI, V. SORGE and O. RIGNANI, Louvain-la-Neuve 2003. XXX + 676 p. – 5 ill. h.-t., ISBN 978-2-503-51523-6   54 Euros

25. *« In principio erat verbum ». Mélanges offerts à Paul Tombeur par ses anciens élèves* édités par B.-M. TOCK, Turnhout 2004. 450 p., ISBN 978-2-503-51672-6   54 Euros

26. *Duns Scot à Paris, 1302-2002*. Actes du colloque de Paris, 2-4 septembre 2002, édités par O. BOULNOIS, E. KARGER, J.-L. SOLÈRE et G. SONDAG, Turnhout 2005. XXIV + 683 p., ISBN 2-503-51810-9   54 Euros

27. *Medieval Memory. Image and text*, edited by F. WILLAERT, Turnhout 2004. XXV + 265 p., ISBN 2-503-51683-1   54 Euros

28. *La Vie culturelle, intellectuelle et scientifique à la Cour des Papes d'Avignon*. Volume en collaboration internationale édité par J. HAMESSE, Turnhout 2006. XI + 413 p. – 16 ill. h.t., ISBN 2-503-51877-X   43 Euros

29. G. MURANO, *Opere diffuse per «exemplar» e pecia*, Turnhout 2005. 897 p., ISBN 2-503-51922-9   75 Euros

30. *Corpo e anima, sensi interni e intelletto dai secoli XIII-XIV ai post-cartesiani e spinoziani*. Atti del Colloquio internazionale (Firenze, 18-20 settembre 2003) a cura di G. FEDERICI VESCOVINI, V. SORGE e C. VINTI, Turnhout 2005. 576 p., ISBN 2-503-51988-1   54 Euros

31. *Le felicità nel medioevo*. Atti del Convegno della Società Italiana per lo Studio del Pensiero Medievale (S.I.S.P.M.) (Milano, 12-13 settembre 2003), a cura di M. BETTETINI e F. D. PAPARELLA, Louvain-la-Neuve 2005. XVI + 464 p., ISBN 2-503-51875-3   43 Euros

32. *Itinéraires de la raison. Études de philosophie médiévale offertes à Maria Cândida Pacheco*, éditées par J. MEIRINHOS, Louvain-la-Neuve 2005. XXVIII + 444 p., ISBN 2-503-51987-3   43 Euros

33. *Testi cosmografici, geografici e odeporici del medioevo germanico*. Atti del XXXI Convegno dell'Associazione italiana di filologia germanica (A.I.F.G.), Lecce, 26-28 maggio 2004, a cura di D. GOTTSCHALL, Louvain-la-Neuve 2005. XV + 276 p., ISBN 2-503-52271-8   34 Euros

34. *Écriture et réécriture des textes philosophiques médiévaux. Mélanges offerts à C. Sirat* édités par J. HAMESSE et O. WEIJERS, Turnhout 2006. XXVI + 499 p., ISBN 2-503-52424-9   54 Euros

35. *Frontiers in the Middle Ages*. Proceedings of the Third European Congress of the FIDEM (Jyväskylä, june 2003), edited by O. MERISALO and P. PAHTA, Louvain-la-Neuve 2006. XII + 761p., ISBN 2-503-52420-6   65 Euros

36. *Classica et beneventana. Essays presented to Virginia Brown on the Occasion of her 65th Birthday* edited by F.T. COULSON and A. A. GROTANS, Turnhout 2006. XXIV + 444 p. – 20 ill. h.t., ISBN 978-2-503-2434-4   54 Euros

37. G. MURANO, *Copisti a Bologna (1265-1270)*, Turnhout 2006. 214 p., ISBN 2-503-52468-9   44 Euros

38. *«Ad ingenii acuitionem». Studies in honour of Alfonso Maierù*, edited by S. CAROTI, R. IMBACH, Z. KALUZA, G. STABILE and L. STURLESE. Louvain-la-Neuve 2006. VIII + 590 p., ISBN 978-2-503-52532-7   54 Euros

39. *Form and Content of Instruction in Anglo-saxon England in the Light of Contemporary Manuscript Evidence*. Papers from the International Conference (Udine, April 6th-8th 2006) edited by P. LENDINARA, L. LAZZARI, M.A. D'ARONCO, Turnhout 2007. XIII + 552 p., ISBN 978-2-503-52591-0   65 Euros

40. *Averroès et les averroïsmes latin et juif*. Actes du Colloque International (Paris, juin 2005) édités par J.-B. BRENET, Turnhout 2007. 367 p., ISBN 978-2-503-52742-0   54 Euros

41. P. LUCENTINI, *Platonismo, ermetismo, eresia nel medioevo*. Introduzione di L. STURLESE. Volume publié en co-édition et avec le concours de l'Università degli Studi di Napoli « l'Orientale » (Dipartimento di Filosofia e Politica). Louvain-la-Neuve 2007. XVI + 517 p., ISBN 978-2-503-52726-0   54 Euros

42.1. *Repertorium initiorum manuscriptorum Latinorum Medii Aevi* curante J. HAMESSE, auxiliante S. SZYLLER. Tome I : *A-C*. Louvain-la-Neuve 2007. XXXIV + 697 p., ISBN 978-2-503-52727-7   59 Euros

42.2. *Repertorium initiorum manuscriptorum Latinorum Medii Aevi* curante J. HAMESSE, auxiliante S. SZYLLER. Tome II : *D-O*. Louvain-la-Neuve 2008. 802 p., ISBN 978-2-503-53045-1   59 Euros

42.3. *Repertorium initiorum manuscriptorum Latinorum Medii Aevi* curante J. HAMESSE, auxiliante S. SZYLLER. Tome III : *P-Z*. Louvain-la-Neuve 2009, 792 p., ISBN 978-2-503-53321-6   59 Euros

42.4. *Repertorium initiorum manuscriptorum Latinorum Medii Aevi* curante J. HAMESSE, auxiliante S. SZYLLER. Tome IV : *Supplementum. Indices*. Louvain-la-Neuve 2010. 597 p., ISBN 978-2-503-53603-3   59 Euros

43. *New Essays on Metaphysics as «Scientia Transcendens»*. Proceedings of the Second International Conference of Medieval Philosophy, held at the Pontifical Catholic University of Rio Grande do Sul (PUCRS), Porto Alegre / Brazil, 15-18 August 2006, ed. R. H. PICH. Louvain-la-Neuve 2007. 388 p., ISBN 978-2-503-52787-1   43 Euros

44. A.-M. VALENTE, *San Pietro nella letteratura tedesca medievale*, Louvain-la-Neuve 2008. 240 p., ISBN 978-2-503-52846-5   43 Euros

45. B. FERNÁNDEZ DE LA CUESTA GONZÁLEZ, *En la senda del «Florilegium Gallicum». Edición y estudio del florilegio del manuscrito Córdoba, Archivo Capitular 150*, Louvain-la-Neuve 2008. 542 p., ISBN 978-2-503-52879-3   54 Euros

46. *Cosmogonie e cosmologie nel Medioevo*. Atti del convegno della Società italiana per lo studio del pensiero medievale (S.I.S.P.M.), Catania, 22-24 settembre 2006. A cura di C. MARTELLO, C. MILITELLO, A. VELLA, Louvain-la-Neuve 2008. XVI + 526 p., ISBN 978-2-503-52951-6   54 Euros

47. M. J. MUÑOZ JIMÉNEZ, *Un florilegio de biografías latinas: edición y estudio del manuscrito 7805 de la Biblioteca Nacional de Madrid*, Louvain-la-Neuve 2008. 317 p., ISBN 978-2-503-52983-7   43 Euros

48. *Continuities and Disruptions Between the Middle Ages and the Renaissance*. Proceedings of the colloquium held at the Warburg Institute, 15-16 June 2007, jointly organised by the Warburg Institute and the Gabinete de Filosofia Medieval. Ed. by C. BURNETT, J. MEIRINHOS, J. HAMESSE, Louvain-la-Neuve 2008. X + 181 p., ISBN 978-2-503-53014-7   43 Euros

50. *Florilegium mediaevale. Études offertes à Jacqueline Hamesse à l'occasion de son éméritat*. Éditées par J. MEIRINHOS et O. WEIJERS, Louvain-la-Neuve 2009. XXXIV + 636 p., ISBN 978-2-503-53146-5   60 Euros

51. *Immaginario e immaginazione nel Medioevo*. Atti del convegno della Società Italiana per lo Studio del Pensiero Medievale (S.I.S.P.M.), Milano, 25-27 settembre 2008. A cura di M. BETTETINI e F. PAPARELLA, con la collaborazione di R. FURLAN. Louvain-la-Neuve 2009. 428 p., ISBN 978-2-503-53150-2   55 Euros

52. *Lo scotismo nel Mezzogiorno d'Italia*. Atti del Congresso Internazionale (Bitonto 25-28 marzo 2008), in occasione del VII Centenario della morte di del beato Giovanni Duns Scoto. A cura di F. FIORENTINO, Porto 2010. 514 p., ISBN 978-2-503-53448-0   55 Euros

53. E. MONTERO CARTELLE, *Tipología de la literatura médica latina: Antigüedad, Edad Media, Renacimiento*, Porto 2010. 243 p., ISBN 978-2-503-53513-5   43 Euros

54. *Rethinking and Recontextualizing Glosses: New Perspectives in the Study of Late Anglo-Saxon Glossography*, edited by P. LENDINARA, L. LAZZARI, C. DI SCIACCA, Porto 2011. XX + 564 p. + XVI ill., ISBN 978-2-503-54253-9   60 Euros

55. *I beni di questo mondo. Teorie etico-economiche nel laboratorio dell'Europa medievale*. Atti del convegno della Società italiana per lo studio del pensiero medievale (S.I.S.P.M.) Roma, 19-21 settembre 2005. A cura di R. LAMBERTINI e L. SILEO, Porto 2010. 367 p., ISBN 978-2-503-53528-9   49 Euros

56. *Medicina y filología. Estudios de léxico médico latino en la Edad Media*, edición de A. I. MARTÍN FERREIRA, Porto 2010. 256 p., ISBN 978-2-503-53895-2   49 Euros

57. *Mots médiévaux offerts à Ruedi Imbach*, édité par I. ATUCHA, D. CALMA, C. KONIG-PRALONG, I. ZAVATTERO, Porto 2011. 797 p., ISBN 978-2-503-53528-9   75 Euros

58. *El florilegio, espacio de encuentro de los autores antiguos y medievales*, editado por M. J. MUÑOZ JIMÉNEZ, Porto 2011. 289 p., ISBN 978-2-503-53596-8   45 Euros

59. *Glossaires et lexiques médiévaux inédits. Bilan et perspectives*. Actes du Colloque de Paris (7 mai 2010), Édités par J. HAMESSE et J. MEIRINHOS, Porto 2011. XII + 291 p., ISBN 978-2-503-54175-4   45 Euros

60. *Anselm of Canterbury (1033-1109): Philosophical Theology and Ethics*. Proceedings of the Third International Conference of Medieval Philosophy, held at the Pontifical Catholic University of Rio Grande do Sul, Porto Alegre / Brazil (02-04 September 2009), Edited by R. Hofmeister PICH, Porto 2011. XVI + 244 p., ISBN 978-2-503-54265-2   45 Euros

61. *L'antichità classica nel pensiero medievale*. Atti del Convegno de la Società italiana per lo studio del pensiero medievale (S.I.S.P.M.), Trento, 27-29 settembre 2010. A cura di A. PALAZZO. Porto 2011. VI + 492, p., ISBN 978-2-503-54289-8   59 Euros

62. M. C. DE BONIS, *The Interlinear Glosses to the Regula Sancti Benedicti in London, British Library, Cotton Tiberius A. III*. ISBN 978-2-503-54266-9   (en préparation)

63. J. P. BARRAGÁN NIETO, *El «De secretis mulierum» atribuido a Alberto Magno: Estudio, edición crítica y traducción*. I Premio Internacional de Tesis Doctorales Fundación Ana María Aldama Roy de Estudios Latinos, Porto 2012. 600 p., ISBN 978-2-503-54392-5   65 Euros

64. *Tolerancia: teoría y práctica en la Edad Media*. Actas del Coloquio de Mendoza (15-18 de Junio de 2011), editadas por R. PERETÓ RIVAS, Porto 2012. XXI + 295 p., ISBN 978-2-503-54553-0   49 Euros

65. *Portraits de maîtres offerts à Olga Weijers*, édité par C. ANGOTTI, M. BRÎNZEI, M. TEEUWEN, Porto 2012. 521 p., ISBN 978-2-503-54801-2   65 Euros

66. L. TROMBONI, *Inter omnes Plato et Aristoteles: Gli appunti filosofici di Girolamo Savonarola*. Introduzione, edizione critica e comento, Prefazione di G. C. GARFAGNINI, Porto 2012. XV + 326 p., ISBN 978-2-503-54803-6   55 Euros

67. M. MARCHIARO, *La biblioteca di Pietro Crinito. Manoscritti e libri a stampa della raccolta libraria di un umanista fiorentino*. II Premio de la Fundación Ana María Aldama Roy de Estudios Latinos, Porto 2013. 342 p., ISBN 978-2-503-54949-1

55 Euros

68. *Phronêsis – Prudentia – Klugheit. Das Wissen des Klugen in Mittelalter, Renaissance und Neuzeit. Il sapere del saggio nel Medioevo, nel Rinascimento e nell'Età Moderna*. Herausgegeben von / A cura di A. FIDORA, A. NIEDERBERGER, M. SCATTOLA, Porto 2013. 348 p., ISBN 978-2-503-54989-7   59 Euros

69. *La compilación del saber en la Edad Media. La Compilation du savoir au Moyen Âge. The Compilation of Knowledge in the Middle Ages*. Editado por M. J. MUÑOZ, P. CAÑIZARES y C. MARTÍN, Porto 2013. 632 p., ISBN 978-2-503-55034-3   65 Euros

70. W. CHILDS, *Trade and Shipping in the Medieval West: Portugal, Castile and England*, Porto 2013. 187 p., ISBN 978-2-503-55128-9   35 Euros

71. L. LANZA, *«Ei autem qui de politia considerat ...» Aristotele nel pensiero politico medievale*, Barcelona – Madrid 2013. 305 p., ISBN 978-2-503-55127-2   49 Euros

72. *«Scholastica colonialis». Reception and Development of Baroque Scholasticism in Latin America, 16th-18th Centuries*, Edited by R. H. PICH and A. S. CULLETON, Barcelona – Roma 2016. VIII + 338 p., ISBN 978-2-503-55200-2   49 Euros

73. *Hagiography in Anglo-Saxon England: Adopting and Adapting Saints' Lives into Old English Prose (c. 950-1150)*, Edited by L. LAZZARI, P. LENDINARA, C. DI SCIACCA, Barcelona – Madrid 2014. XVIII + 589 p., ISBN 978-2-503-55199-9   65 Euros

74. *Dictionarium Latinum Andrologiae, Gynecologiae et Embryologiae. Diccionario latino de andrología, ginecología y embriología (DILAGE)*, dir. E. MONTERO CARTELLE.   (en préparation)

75. *La Typologie biblique comme forme de pensée dans l'historiographie médiévale*, sous la direction de M.T. KRETSCHMER, Turnhout 2014. XII + 279 p., ISBN 978-2-503-55447-1   54 Euros

76. *Portuguese Studies on Medieval illuminated manuscripts*, Edited by M. A. MIRANDA and A. MIGUÉLEZ CAVERO, Barcelona – Madrid 2014. XV + 195 p., ISBN 978-2-503-55473-0   49 Euros

77. S. ALLÉS TORRENT, *Las «Vitae Hannibalis et Scipionis» de Donato Acciaiuoli, traducidas por Alfonso de Palencia (1491)*, III Premio de la Fundación Ana María Aldama Roy de Estudios Latinos, Barcelona – Madrid 2014. CLXXVI + 245 p., ISBN 978-2-503-55606-2   55 Euros

78. *Guido Terreni, O. Carm. (†1342): Studies and Texts*, Edited by A. FIDORA, Barcelona – Madrid 2015. XIII + 405 p., ISBN 978-2-503-55528-7   55 Euros

79. *Sigebert de Gembloux*, Édité par J.-P. STRAUS, Barcelona – Madrid 2015. IX + 210 p. et 24 ill. h.-t., ISBN 978-2-503-56519-4   45 Euros

80. *Reading sacred scripture with Thomas Aquinas. Hermeneutical tools, theological questions and new perspectives*, Edited by P. ROSZAK and J. VIJGEN, Turnhout 2015. XVI + 601 p., ISBN 978-2-503-56227-8   65 Euros

81. V. MANGRAVITI, *L'«Odissea» marciana di Leonzio tra Boccaccio e Petrarca*, IV Premio de la Fundación Ana María Aldama Roy de Estudios Latinos (accésit), Barcelona – Roma 2016. CLXXVII + 941 p., ISBN 978-2-503-56733-4   79 Euros

82. *Formal Approaches and natural Language in Medieval Logic*, Edited by L. CESALLI, F. GOUBIER and A. DE LIBERA, with the collaboration of M. G. ISAAC, Barcelona – Roma 2016. VIII + 538 p., ISBN 978-2-503-56735-8   69 Euros

83. *Les « Auctoritates Aristotelis », leur utilisation et leur influence chez les auteurs médiévaux*, édité par J. HAMESSE et J. MEIRINHOS, Barcelona – Madrid 2015. X + 362 p., ISBN 978-2-503-56738-9   55 Euros

84. *Formas de acceso al saber en la Antigüedad Tardía y en la Alta Edad Media. La transmisión del conocimiento dentro y fuera de la escuela*, editado por D. PANIAGUA y M.ª A. ANDRÉS SANZ, Barcelona – Roma 2016. XII + 311 p., ISBN 978-2-503-56987-1   50 Euros

85. C. TARLAZZI, *Individui universali. Il realismo di Gualtiero di Mortagne nel XII secolo*, IV Premio Internacional de Tesis Doctorales de la Fundación Ana María Aldama Roy de Estudios Latinos, Barcelona – Roma 2017. XL + 426 p., ISBN 978-2-503-57565-0   55 Euros

86. *Lieu, espace, mouvement : physique, métaphysique et cosmologie (XIIe-XVIe siècles)*, Actes du Colloque International, Université de Fribourg (Suisse), 12-14 mars 2015, édités par T. SUAREZ-NANI, O. RIBORDY et A. PETAGINE, Barcelona – Roma 2017. XXIII + 318 p., ISBN 978-2-503-57552-0   49 Euros

87. *La letteratura di istruzione nel medioevo germanico. Studi in onore di Fabrizio D. Raschellà*, a cura di M. CAPARRINI, M. R. DIGILIO, F. FERRARI, Barcelona – Roma 2017. X + 330 p., ISBN 978-2-503-57927-6   49 Euros

Orders must be sent to // *Les commandes sont à adresser à* :
Brepols Publishers
Begijnhof 67
B-2300 Turnhout (Belgium)
Phone +32 14 44 80 30   Fax +32 14 42 89 19
http://www.brepols.net   E-mail: orders@brepols.net

Imprimé par Gràfiques 92, s.a.
Barcelona